English Dialogue Diaries 1 2

cemal yazıcı

Published by cemal yazıcı, 2024.

While every precaution has been taken in the preparation of this book, the publisher assumes no responsibility for errors or omissions, or for damages resulting from the use of the information contained herein.

ENGLISH DIALOGUE DIARIES 1 2

First edition. September 15, 2024.

Copyright © 2024 cemal yazıcı.

ISBN: 979-8227637048

Written by cemal yazıcı.

İçerik tablosu

PREFACE

English dialogue diaries 1

"Unlock the joy of learning English with our engaging two-book set! Dive into fun, interactive dialogues that make mastering the language enjoyable and effective. Perfect for learners of all levels, this collection enhances your conversational skills while keeping the process entertaining. Start your English learning adventure today!"

"Discover the innovative technique of English mutual conversations, designed to enhance language learning through engaging, scenario-based dialogues. Explore practical situations that foster meaningful exchanges, improve communication skills, and boost confidence in conversational English. Perfect for learners at any level!". "Enthusiastically read through engaging English conversation scenarios with our interactive guide! Explore a variety of speaking styles, tips for effective communication, and relatable dialogue that fosters connection and understanding in everyday interactions.

Perfect for language learners and anyone who wants to improve their speaking skills!".

ÖNSÖZ

İngilizce diyalog günlükleri 1

"İlgi çekici iki kitaplık setimizle İngilizce öğrenmenin keyfini çıkarın! Dilde ustalaşmayı keyifli ve etkili hale getiren eğlenceli, etkileşimli diyaloglara dalın. Her seviyeden öğrenci için mükemmel olan bu koleksiyon, süreci eğlenceli tutarken konuşma becerilerinizi geliştirir. İngilizce öğrenme maceranıza bugün başlayın!"

"İlgi çekici, senaryo tabanlı diyaloglar yoluyla dil öğrenimini geliştirmek için tasarlanmış yenilikçi İngilizce karşılıklı konuşma tekniğini keşfedin. Anlamlı değişimleri teşvik eden, iletişim becerilerini geliştiren ve konuşma İngilizcesine olan güveni artıran pratik durumları keşfedin. Her seviyedeki öğrenciler için mükemmel!". " İnteraktif rehberimizle ilgi çekici İngilizce konuşma senaryolarını coşkuyla okuyun! Günlük etkileşimlerde bağlantı ve anlayışı teşvik eden çeşitli konuşma stillerini, etkili iletişim için ipuçlarını ve ilişkilendirilebilir diyaloğu keşfedin.

Dil öğrenenler ve konuşma becerilerini geliştirmek isteyen herkes için mükemmel!".

Book 1
English dialogue diaries

1

"Stories Told Through English Conversations"
Kitap 1
İngilizce diyalog günlükleri 1

"İngilizce Sohbetler Üzerinden Anlatılan Hikayeler"

Fitness Salonu

1- The Fitness Saloon 1

A lively fitness saloon filled with people working out, upbeat music playing in the background. Neon lights and gym equipment surround the space. The main characters, Jess and Mike, are at the water station, catching their breath after a workout.

Jess: (wiping sweat off her forehead) Wow, I think I might have overdone it today. My arms feel like jelly!

Mike: (chuckling) Welcome to the club! That last set of push-ups was brutal. I didn't think I'd make it through.

Jess: (laughs) I kept counting down but somehow it just kept getting harder. How do you manage to look so fresh after that?

Mike: (grinning) I've got a secret weapon—it's called coffee and a lot of carbs! But really, it's just about getting used to it. The more you do, the easier it gets.

Jess: (filling her water bottle) I'm starting to think that's just a myth they tell people to keep them coming back. I'm not sure if I can handle another leg day after today.

Mike: (playfully) Oh come on! Think of it this way: each leg day is one step closer to those ultimate goals. Plus, you get to show off your hard work!

Jess: (smirking) If by "show off" you mean wobbling out of the gym like a baby deer, then sure!

Mike: (laughs) True, but it's all about progress. Speaking of which, have you tried that new yoga class they're offering on Thursdays?

Jess: Not yet! I was thinking about it. I could use some flexibility. My hamstrings are definitely not fans of my workout routine.

Mike: (nodding) Trust me, you'll thank yourself later. Plus, it's a great way to unwind after a tough week.

Jess: (perking up) You're right. A little zen time wouldn't hurt. Are you going to join me?

Mike: If you don't mind my terrible downward dog, I'm in!

Jess: (smiling) We can suffer through it together then. Just promise me there won't be any hot yoga. I can't handle that level of sweat!

Mike: (laughs) No promises! Just remember: if you can make it through the sweat, you can make it through anything!

Jess: (lifting her water bottle in a mock toast) Cheers to that! Here's to pain, progress, and plenty of post-workout snacks!

Mike: (clinking his water bottle against hers) And to making the gym our second home. Let's make it worthwhile!

(They both take a big sip of water, energized for their next workout while chatting about upcoming classes and fitness goals)

1- Fitness Salonu 1

Egzersiz yapan insanlarla dolu, arka planda çalan hareketli müziklerle dolu canlı bir fitness salonu. Neon ışıklar ve spor salonu ekipmanları alanı çevreliyor. Ana karakterler Jess ve Mike, su istasyonundalar ve bir antrenmandan sonra nefeslerini tutuyorlar.

Jess: (alnındaki teri silerek) Vay canına, sanırım bugün aşırıya kaçmış olabilirim. Kollarım jöle gibi hissediyor!

Mike: (kıkırdar) Kulübe hoş geldin! Bu son şınav seti acımasızdı. Bunu başaracağımı düşünmemiştim.

Jess: (gülüyor) Geri saymaya devam ettim ama bir şekilde daha da zorlaşmaya devam etti. Bundan sonra bu kadar taze görünmeyi nasıl başarıyorsunuz?

Mike: (sırıtarak) Gizli bir silahım var - adı kahve ve çok fazla karbonhidrat! Ama gerçekten, bu sadece alışmakla ilgili. Ne kadar çok yaparsanız, o kadar kolaylaşır.

Jess: (su şişesini doldururken) Bunun sadece insanlara geri gelmelerini sağlamaları için söyledikleri bir efsane olduğunu düşünmeye başlıyorum. Bugünden bir gün sonra başka bir bacakla başa çıkabilir miyim emin değilim.

Mike: (şakacı bir şekilde) Oh hadi! Bunu şu şekilde düşünün: her bacak günü bu nihai hedeflere bir adım daha yaklaşıyor. Ayrıca, sıkı çalışmanızı sergileyebilirsiniz!

Jess: (sırıtarak) "Gösteriş yapmak" derken spor salonundan yavru bir geyik gibi sallanmayı kastediyorsan, o zaman tabii!

Mike: (gülüyor) Doğru, ama her şey ilerlemeyle ilgili. Hangisinden bahsetmişken, Perşembe günleri sundukları yeni yoga dersini denediniz mi?

Jess: Henüz değil! Bunu düşünüyordum. Biraz esneklik kullanabilirim. Hamstringlerim kesinlikle egzersiz rutinimin hayranı değil.

Mike: (başını sallayarak) İnan bana, kendine daha sonra teşekkür edeceksin. Ayrıca, zor bir haftadan sonra gevşemek için harika bir yoldur.

Jess: (canlanarak) Haklısın. Biraz zen zamanının zararı olmaz. Bana katılacak mısın?

Mike: Korkunç aşağı bakan köpeğime aldırış etmiyorsan, ben varım!

Jess: (gülümseyerek) O zaman birlikte acı çekebiliriz. Sadece bana söz ver, hiç sıcak yoga olmayacak. Bu ter seviyesini kaldıramam!

Mike: (gülüyor) Söz yok! Unutmayın: eğer terin içinden geçebilirseniz, her şeyin üstesinden de geçebilirsiniz!

Jess: (sahte bir tostta su şişesini kaldırarak) Buna şerefe! İşte acı, ilerleme ve bol miktarda antrenman sonrası atıştırmalık!

Mike: (su şişesini onunkine vurarak) Ve spor salonunu ikinci evimiz yapmak. Buna değer kılalım!

(Her ikisi de büyük bir yudum su alır, yaklaşan dersler ve fitness hedefleri hakkında sohbet ederken bir sonraki antrenmanları için enerji kazanırlar)

2- The Fitness Saloon 2

A rustic-themed fitness center with wooden accents and a bar area that serves smoothies and health snacks. The ambiance is energetic yet cozy.

Characters:

1. **Jake** - An enthusiastic gym owner, always eager to motivate others.
2. **Sara** - A newcomer to the fitness saloon, hesitant but curious.
3. **Tom** - A regular member, known for his humor and laid-back attitude.

(Jake stands behind the reception desk as Sara enters, looking around nervously.)

Jake: (cheerfully) Welcome to the Fitness Saloon! First time here?

Sara: (nervously) Yeah, I just moved to the area and thought I'd check it out. It looks different from regular gyms.

Jake: Different is good! We're all about combining fitness with fun. Think of it as a place where you can break a sweat and chill at the same time.

(Tom, stretching in the corner, overhears the conversation and saunters over.)

Tom: (grinning) He's not kidding! Last week, I did squats and then treated myself to a smoothie that was practically dessert!

Sara: (laughs) That sounds tempting... but what if I'm terrible at working out?

Jake: (reassuringly) Everyone starts somewhere! Here, you can go at your own pace. Plus, we have group classes that are super supportive. You'll find your groove in no time!

Tom: (teasingly) Yeah, and if you drop a dumbbell, we won't judge! We'll just see it as a new fitness trend: the "Oops, I'm Strength Training" style!

Sara: (smiling) Okay, that actually sounds fun. What classes do you recommend for a beginner like me?

Jake: We have a "Foundations" class that covers the basics, plus a "Dance Cardio" class that feels less like working out and more like a party!

Tom: Trust me, you'll be hooked. Plus, if you can keep up with Janice in the Dance Cardio, you're basically a fitness legend!

Sara: (laughs) Janice? Who's Janice?

Jake: (chuckling) Our unofficial Dance Cardio queen. She's a whirlwind of energy! But don't worry, she's very encouraging.

Sara: Sounds like a challenge! I think I can handle it... as long as you promise there are smoothies afterward.

Tom: (mock serious) Only if you manage to not trip over your own feet!

Jake: (laughs) Deal! How about you join our class tomorrow? I'll make sure to reserve a spot for you.

Sara: Okay, I'm in! Just promise not to laugh too much when I fumble around!

Jake: No promises! But I can guarantee you'll leave with a smile—and a delicious smoothie, of course.

(They all chuckle as Sara fills out her membership form, excited and ready to start her fitness journey.)

2- Fitness Salonu 2

Ahşap detaylara sahip rustik temalı fitness merkezinin yanı sıra smoothie'ler ve sağlıklı atıştırmalıklar sunan bir bar alanı bulunmaktadır. Ambiyans enerjik ama rahat.

Karakter:

1. **Jake** - Hevesli bir spor salonu sahibi, her zaman başkalarını motive etmeye hevesli.
2. **Sara** - Fitness salonuna yeni gelen, tereddütlü ama meraklı.
3. **Tom** - Mizahı ve rahat tavrıyla tanınan düzenli bir üye.

(Sara içeri girerken Jake resepsiyonun arkasında duruyor ve gergin bir şekilde etrafına bakıyor.)

Jake: (neşeyle) Fitness salonuna hoş geldin! Buraya ilk kez mi geliyorsunuz?

Sara: (gergin bir şekilde) Evet, bölgeye yeni taşındım ve kontrol edeyim dedim. Normal spor salonlarından farklı görünüyor.

Jake: Farklı olmak iyidir! Hepimiz zindeliği eğlenceyle birleştirmekle ilgiliyiz. Aynı anda hem ter atabileceğiniz hem de üşüyebileceğiniz bir yer olarak düşünün.

(Köşede gerinen Tom, konuşmaya kulak misafiri olur ve aylak aylak dolaşır.)

Tom: (sırıtarak) Şaka yapmıyor! Geçen hafta squat yaptım ve sonra kendime neredeyse tatlı olan bir smoothie ısmarladım!

Sara: (gülüyor) Kulağa cazip geliyor... ama ya egzersiz yapmakta berbatsam?

Jake: (güven verici bir şekilde) Herkes bir yerden başlar! Burada kendi hızınızda gidebilirsiniz. Ayrıca, süper destekleyici grup sınıflarımız var. Kısa sürede oluğunuzu bulacaksınız!

Tom: (alaycı bir şekilde) evet ve eğer bir dambıl düşürürsen, yargılamayacağız! Bunu sadece yeni bir fitness trendi olarak göreceğiz: "Oops, I'm Strength Training" tarzı!

Sara: (gülümseyerek) Tamam, aslında kulağa eğlenceli geliyor. Benim gibi yeni başlayanlar için hangi dersleri önerirsiniz?

Jake: Temel bilgileri kapsayan bir "Temeller" sınıfımız ve ayrıca egzersiz yapmaktan çok bir parti gibi hissettiren bir "Dans Kardiyo" sınıfımız var!

Tom: İnan bana, bağımlısı olacaksın. Ayrıca, Dance Cardio'da Janice'e ayak uydurabilirseniz, temelde bir fitness efsanesisiniz!

Sara: (gülüyor) Janice? Janice kimdir?

Jake: (kıkırdar) Resmi olmayan Dans Kardiyo kraliçemiz. O bir enerji kasırgası! Ama merak etmeyin, o çok cesaret verici.

Sara: Kulağa bir meydan okuma gibi geliyor! Sanırım üstesinden gelebilirim... Söz verdiğin sürece daha sonra smoothie'ler var.

Tom: (alaycı bir ciddiyetle) Sadece kendi ayaklarına takılıp düşmemeyi başarabilirsen!

Jake: (gülüyor) Anlaştık! Yarın dersimize katılmaya ne dersin? Senin için bir yer ayırtacağımdan emin olacağım.

Sara: Tamam, ben varım! Sadece etrafta dolaşırken çok fazla gülmeyeceğime söz ver!

Jake: Söz yok! Ama bir gülümseme ve tabii ki lezzetli bir smoothie ile ayrılacağınızı garanti edebilirim.

(Sara üyelik formunu doldururken, heyecanlı ve fitness yolculuğuna başlamaya hazır bir şekilde hepsi kıkırdıyor.)

3- The Fitness Saloon 3

A vibrant and energetic fitness saloon filled with workout machines, weights, and motivational posters. A few patrons are lifting weights, while others are participating in group classes.

Characters:

- **Alex:** A fitness enthusiast and gym-goer.
- **Jordan:** The enthusiastic fitness instructor.
- **Tyler:** A newcomer to the fitness saloon.

(Scene opens with Alex stretching by the weights. Jordan walks by, holding a clipboard.)

Jordan: (enthusiastically) Hey, Alex! Ready to crush those personal bests today?

Alex: (grinning) You know it! I'm hoping to lift my body weight on the bench press. It's about time I hit that milestone!

Jordan: That's the spirit! Remember to warm up properly. Safety first, especially with those heavy weights.

(Tyler walks in, looking unsure and glancing around.)

Tyler: (hesitantly) Uh, hi! Is this where the fitness classes are held?

Jordan: (smiling and approaching Tyler) Absolutely! Welcome to the Fitness Saloon! Are you new to working out?

Tyler: A bit. I used to just jog outside, but I figured it's time for something more... intense?

Alex: (chiming in) You've come to the right place! It can be a bit overwhelming at first, but everyone here is super friendly.

Jordan: (nodding) No worries, Tyler. We've got plenty of options for you—yoga, HIIT, weight training... What interests you the most?

Tyler: I think... maybe some group classes? I could use the motivation from others.

Jordan: Great choice! Our class schedule is posted right by the entrance. We have a beginners' class starting in 10 minutes.

Alex: (encouraging) You should totally join! It'll be fun, and you'll make new friends in no time.

Tyler: (smiling nervously) Alright, sounds good! I guess I could use the help.

Jordan: (clapping hands) Awesome! I'll be leading the class, so you'll be in good hands. Just remember to pace yourself and have fun!

(Tyler nods and heads toward the entrance to check the schedule. Alex gives Jordan a thumbs up.)

Alex: You think he'll do fine with the group?

Jordan: Some people feel intimidated, but that's what the Fitness Saloon is all about—support and community! Besides, everyone starts somewhere.

(As the countdown to class begins, upbeat music starts playing in the background.)

Alex: Alright, I'm off to warm up properly. See you in class, Jordan! And good luck, Tyler!

Tyler: (giving a thumbs up) Thanks, guys! Here goes nothing

3- Fitness Salonu 3

Egzersiz makineleri, ağırlıklar ve motivasyon posterleriyle dolu canlı ve enerjik bir fitness salonu. Birkaç müşteri ağırlık kaldırırken, diğerleri grup derslerine katılıyor.

Karakter:

- **Alex:** Bir fitness tutkunu ve spor salonu müdavimi.
- **Jordan:** Hevesli fitness eğitmeni.
- **Tyler:** Fitness salonuna yeni gelen biri.

(Sahne, Alex'in ağırlıklar tarafından gerinmesiyle açılır. Jordan elinde bir panoyla yanından geçiyor.)

Jordan: (coşkuyla) Hey, Alex! Bugün bu kişisel rekorları kırmaya hazır mısınız?

Alex: (sırıtarak) Biliyorsun! Bench press'te vücut ağırlığımı kaldırmayı umuyorum. O dönüm noktasına ulaşma zamanım geldi!

Jordan: İşte ruh bu! Düzgün ısınmayı unutmayın. Önce güvenlik, özellikle de bu ağır ağırlıklarla.

(Tyler içeri giriyor, emin görünmüyor ve etrafına bakınıyor.)

Tyler: (tereddütle) Ah, merhaba! Fitness derslerinin yapıldığı yer burası mı?

Jordan: (gülümsüyor ve Tyler'a yaklaşıyor) Kesinlikle! Fitness salonuna hoş geldiniz! Egzersiz yapmaya yeni mi başladınız?

Tyler: Biraz. Eskiden sadece dışarıda koşardım, ama daha fazlasının zamanının geldiğini düşündüm... yoğun?

Alex: (araya girerek) Doğru yere geldiniz! İlk başta biraz bunaltıcı olabilir, ancak buradaki herkes süper arkadaş canlısı.

Jordan: (başını sallayarak) Endişelenme, Tyler. Sizin için birçok seçeneğimiz var - yoga, HIIT, ağırlık antrenmanı... Sizi en çok ne ilgilendiriyor?

Tyler: Bence... Belki bazı grup dersleri? Başkalarından gelen motivasyonu kullanabilirim.

Ürdün: Harika bir seçim! Ders programımız girişin hemen yanında asılıdır. 10 dakika içinde başlayan bir başlangıç sınıfımız var.

Alex: (cesaret verici) Kesinlikle katılmalısın! Eğlenceli olacak ve kısa sürede yeni arkadaşlar edineceksiniz.

Tyler: (gergin bir şekilde gülümseyerek) Pekala, kulağa hoş geliyor! Sanırım yardımı kullanabilirim.

Jordan: (el çırparak) Harika! Sınıfa liderlik edeceğim, bu yüzden emin ellerde olacaksın. Sadece hızınızı ayarlamayı ve eğlenmeyi unutmayın!

(Tyler başını salladı ve programı kontrol etmek için girişe doğru yöneldi. Alex, Jordan'a tam not verir.)

Alex: Grupla iyi olacağını mı düşünüyorsun?

Jordan: Bazı insanlar korkmuş hissediyor, ancak Fitness Saloon'un amacı da bu: destek ve topluluk! Kaldı ki herkes bir yerden başlar.

(Ders için geri sayım başladığında, arka planda hareketli müzik çalmaya başlar.)

Alex: Pekala, düzgün bir şekilde ısınmaya gidiyorum. Sınıfta görüşürüz, Jordan! Ve iyi şanslar, Tyler!

Tyler: (başparmak havaya) Teşekkürler çocuklar! İşte hiçbir şey yok!

4- A trendy fitness saloon

A trendy fitness salon, with upbeat music playing in the background, colorful workout gear on display, and eager patrons chatting among themselves. A personal trainer and a newcomer are discussing a workout routine.

Trainer: (smiling) Hey there! Welcome to the Fitness Saloon! I can see you're checking out the equipment. Is this your first time here?

Newcomer: Yeah, it is! I've been wanting to get into a workout routine, but I'm not really sure where to start.

Trainer: No worries, you're in the right place! We've got everything from cardio machines to weights, plus some amazing group classes. What are your fitness goals?

Newcomer: Well, I want to lose a bit of weight and tone up. I've tried following videos at home, but it's hard to stay motivated.

Trainer: I totally get that! It's much easier to stay motivated when you're in a supportive environment. How about we start with a quick assessment? I can tailor a plan that suits you best.

Newcomer: That sounds great! I've always been apprehensive about using the weights, though. They seem intimidating.

Trainer: They can be at first, but once you get the hang of it, they'll become your best friends! Plus, I'll be right here to guide you through it. How about we start with some basic movements to build your confidence?

Newcomer: I'd really appreciate that! And I've heard about the group classes here. Do you think I should try one?

Trainer: Absolutely! Our classes are fun, and a great way to meet people. Plus, they're structured to accommodate all fitness levels. There's a HIIT class on Thursdays that's super popular—perfect for burning calories!

Newcomer: That sounds like something I'd enjoy. Do you take the classes too?

Trainer: I do! I love getting in on the action. It keeps me fit and allows me to connect with members. Speaking of connections, don't be shy to talk to others—everyone here is rooting for each other!

Newcomer: That's reassuring! I guess we're all in this together. I'm excited to get started!

Trainer: That's the spirit! Let's hit the mats for a quick warm-up, then I'll show you how to use some of the machines. Soon enough, you'll be a pro!

Newcomer: Yes! Let's do this!

4- Modaya uygun bir fitness salonu

Arka planda çalan hareketli müzik, sergilenen renkli egzersiz malzemeleri ve kendi aralarında sohbet eden hevesli müşteriler ile modaya uygun bir fitness salonu. Bir kişisel antrenör ve yeni gelen bir kişi bir egzersiz rutinini tartışıyor.

Eğitmen: (gülümseyerek) Merhaba! Fitness salonuna hoş geldiniz! Ekipmanı kontrol ettiğinizi görebiliyorum. Buraya ilk kez mi geliyorsun?

Yeni gelen: evet öyle! Bir egzersiz rutinine girmek istiyordum ama nereden başlayacağımdan gerçekten emin değilim.

Eğitmen: Endişelenmeyin, doğru yerdesiniz! Kardiyo makinelerinden ağırlıklara kadar her şeye ve ayrıca bazı harika grup derslerine sahibiz. Fitness hedefleriniz neler?

Yeni gelen: Biraz kilo vermek ve formda kalmak istiyorum. Evde videoları takip etmeyi denedim ama motive olmak zor.

Eğitmen: Bunu tamamen anlıyorum! Destekleyici bir ortamdayken motive olmak çok daha kolaydır. Hızlı bir değerlendirme ile başlasak nasıl olur? Size en uygun planı hazırlayabilirim.

Yeni gelen: Kulağa harika geliyor! Yine de ağırlıkları kullanma konusunda her zaman endişeli olmuşumdur. Korkutucu görünüyorlar.

Eğitmen: İlk başta olabilirler, ama bir kez alıştığınızda, en iyi arkadaşlarınız olacaklar! Ayrıca, size bu konuda rehberlik etmek için burada olacağım. Güveninizi artırmak için bazı temel hareketlerle başlasak nasıl olur?

Yeni gelen: Bunu gerçekten takdir ederim! Ve buradaki grup derslerini duydum. Sence bir tane denemeli miyim?

Eğitmen: Kesinlikle! Derslerimiz eğlencelidir ve insanlarla tanışmak için harika bir yoldur. Ayrıca, tüm fitness seviyelerine uyum sağlayacak şekilde yapılandırılmışlardır. Perşembe günleri çok popüler olan bir HIIT sınıfı var - kalori yakmak için mükemmel!

Yeni gelen: Bu hoşuma gidecek bir şeye benziyor. Siz de derslere katılıyor musunuz?

Eğitmen: Evet! Aksiyona girmeyi seviyorum. Beni formda tutuyor ve üyelerle bağlantı kurmamı sağlıyor. Bağlantılardan bahsetmişken, başkalarıyla konuşmaktan çekinmeyin - buradaki herkes birbirini destekliyor!

Yeni gelen: Bu güven verici! Sanırım hepimiz bu işte birlikteyiz. Başlamak için heyecanlıyım!

Eğitmen: İşte ruh bu! Hızlı bir ısınma için paspaslara vuralım, sonra size bazı makinelerin nasıl kullanılacağını göstereceğim. Yakında, bir profesyonel olacaksın!

Yeni gelen: Evet! Hadi bunu yapalım!

5- Fitness Friends

A bright, modern fitness salon filled with exercise equipment. Two girls, Mia and Lily, are taking a break after a high-intensity workout.

Mia: (wiping sweat off her forehead) Wow, that was intense! I didn't think we'd go that hard on leg day!

Lily: (smirking) You know me, I'm all about pushing limits! But you kept up really well! I'm impressed!

Mia: Thanks! I think that last set of squats almost did me in, though. My legs feel like jelly.

Lily: (laughs) Same here! But remember how much stronger we're getting? It's totally worth it!

Mia: Absolutely! (pointing to the squat rack) I can't believe how much we've improved since we started. Do you remember when we could barely lift those weights?

Lily: (grinning) Ugh, yes! We should've taken a video for evidence. Now we're practically pros!

Mia: (playfully) Pros? Let's not get ahead of ourselves! We still have to master those deadlifts.

Lily: True! But if we keep at it, we'll be lifting like champions in no time. How about we do another set before we move on?

Mia: (sighing dramatically) Ugh, do we have to? Can't we just enjoy the post-workout glow for a bit?

Lily: (raising an eyebrow) Come on! Just one more set, and then we can treat ourselves to smoothies! Think of it as motivation.

Mia: (brightening up) Okay, you're right. I can't resist a good smoothie! Let's do it!

(They both walk over to the weights, laughing and chatting as they prepare for another set.)

Lily: And after smoothies, let's hit that new yoga class we've been talking about!

Mia: Oh, definitely! Balancing out all this strength training with some flexibility sounds perfect.

Lily: Exactly! We're gonna crush it today!

(They share a determined glance and get ready, eager to tackle the next challenge together)

Scene fades as they begin their next set, the sounds of the gym motivating them onward.

5- Fitness Arkadaşları

Egzersiz ekipmanlarıyla dolu aydınlık, modern bir fitness salonu. İki kız, Mia ve Lily, yüksek yoğunluklu bir antrenmandan sonra mola veriyorlar.

Mia: (alnındaki teri silerek) Vay canına, çok yoğundu! Bacak gününde bu kadar sert gideceğimizi düşünmemiştim!

Lily: (sırıtarak) Beni tanıyorsun, sınırları zorlamak üzereyim! Ama gerçekten iyi devam ettin! Etkilendim!

Mia: Teşekkürler! Sanırım son squat seti beni neredeyse içine çekti. Bacaklarım jöle gibi hissediyor.

Lily: (gülüyor) Burada da aynı! Ama ne kadar güçlendiğimizi hatırlıyor musun? Tamamen buna değer!

Mia: Kesinlikle! (çömelme rafını işaret ederek) Başladığımızdan beri ne kadar geliştiğimize inanamıyorum. O ağırlıkları zar zor kaldırabildiğimizi hatırlıyor musunuz?

Lily: (sırıtarak) Ah, evet! Kanıt için bir video çekmeliydik. Artık neredeyse profesyoneliz!

Mia: (şakacı bir şekilde) Artıları? Kendimizin önüne geçmeyelim! Hala bu deadliftlerde ustalaşmamız gerekiyor.

Lily: Doğru! Ama buna devam edersek, kısa sürede şampiyon gibi kaldıracağız. Devam etmeden önce başka bir set yapmaya ne dersiniz?

Mia: (dramatik bir şekilde iç çekerek) Ah, zorunda mıyız? Antrenman sonrası ışıltısının tadını biraz çıkaramaz mıyız?

Lily: (bir kaşını kaldırarak) Hadi! Sadece bir set daha, sonra kendimize smoothie'ler ısmarlayabiliriz! Bunu motivasyon olarak düşünün.

Mia: (aydınlanarak) Tamam, haklısın. İyi bir smoothie'ye karşı koyamam! Haydi Yapalım şunu!

(İkisi de ağırlıklara doğru yürüyorlar, başka bir sete hazırlanırken gülüyor ve sohbet ediyorlar.)

Lily: Ve smoothie'lerden sonra, bahsettiğimiz yeni yoga dersine gidelim!

Mia: Oh, kesinlikle! Tüm bu kuvvet antrenmanını biraz esneklikle dengelemek kulağa mükemmel geliyor.

Lily: Kesinlikle! Bugün onu ezeceğiz!

(Kararlı bir bakış paylaşırlar ve hazırlanırlar, bir sonraki zorluğun üstesinden birlikte gelmeye heveslidirler)

Bir sonraki sete başladıklarında sahne kayboluyor, spor salonunun sesleri onları ileriye doğru motive ediyor.

On a date

1- Jamie and Alex

A cozy little Italian restaurant, softly lit with candles on the table. The sound of quiet music plays in the background as two characters, Alex and Jamie, sit across from each other, a half-eaten plate of spaghetti between them.

Jamie: (twirling a forkful of spaghetti) You know, I was really looking forward to this all week. I'd heard their marinara is to die for.

Alex: (grinning) It definitely lived up to the hype! You were right to suggest it. Your taste in food is impeccable.

Jamie: (laughs) Thanks! I have a knack for finding good places. It's like my secret talent. What about you? Any hidden talents I should know about?

Alex: Hmm, well... I can juggle. But it mostly comes in handy at parties. Everyone loves a good juggling act.

Jamie: (eyes wide) No way! You have to show me sometime. I can barely keep my phone from falling out of my hand.

Alex: (chuckling) Deal! Just don't expect any flaming torches. I'm still working on the basics.

Jamie: (playfully) If you throw in some flaming torches, I'll consider it a bonus.

Alex: Alright, we can make it a full show. Just picture it—Alex the Juggler, with Jamie the...uh...cheering section?

Jamie: (smirking) I'll bring the glitter and sparkles. It'll be a night to remember!

Alex: (leaning in, intrigued) So, glitter and sparkles, huh? What's your ideal night out then?

Jamie: (thoughtfully) Probably something adventurous. Maybe a concert or an art exhibit. I love when things are unexpected. How about you?

Alex: I think I'd love a good hike followed by a picnic. There's something magical about being outdoors under the stars, don't you think?

Jamie: (nodding) Absolutely! Especially if there's food involved. I'm all in for a picnic.

Alex: (smirking) Perfect! I can juggle the snacks while you cheer me on.

Jamie: (playfully rolls eyes) Okay, just try not to drop the sandwiches!

Alex: (laughs) No promises! But hey, at least it'll be entertaining.

(Their laughter fades a little as they look into each other's eyes, a comfortable silence settling in.)

Jamie: (softly) I really enjoyed tonight, Alex.

Alex: (smiling warmly) Me too, Jamie. I'm glad we decided to go out. It feels... easy, you know?

Jamie: (nodding) Yeah, like I've known you forever.

Alex: (taking a sip of water) Maybe that's a sign we should do this again.

Jamie: (smiling brightly) I'd love that. How about next weekend?

Alex: It's a date!

(They both smile, their connection growing as they finish their meal and the conversation flows effortlessly)

1- Jamie ve Alex

Masanın üzerinde mumlarla yumuşak bir şekilde aydınlatılmış şirin küçük bir İtalyan restoranı. İki karakter, Alex ve Jamie, aralarında yarısı yenmiş bir spagetti tabağıyla karşılıklı otururken arka planda sessiz müziğin sesi çalıyor.

Jamie: (bir çatal dolusu spagetti döndürerek) Biliyorsun, bütün hafta bunu gerçekten dört gözle bekliyordum. Marinalarının uğrunda ölmeye değer olduğunu duymuştum.

Alex: (sırıtarak) Kesinlikle hype'ı karşıladı! Bunu önermekte haklıydın. Yemek zevkiniz kusursuz.

Jamie: (gülüyor) Teşekkürler! İyi yerler bulma konusunda bir hünerim var. Sanki benim gizli yeteneğim. Ya sen? Bilmem gereken gizli yetenekler var mı?

Alex: Hmm, peki... Hokkabazlık yapabilirim. Ama çoğunlukla partilerde işe yarar. Herkes iyi bir hokkabazlık hareketini sever.

Jamie: (gözleri kocaman açılmış) Asla! Bana bir ara göstermelisin. Telefonumun elimden düşmesini zar zor tutabiliyorum.

Alex: (kıkırdar) Anlaştık! Sadece yanan meşaleler beklemeyin. Hala temel bilgiler üzerinde çalışıyorum.

Jamie: (şakacı bir şekilde) Eğer biraz alevli meşale atarsan, bunu bir bonus olarak kabul edeceğim.

Alex: Pekala, bunu tam bir gösteri haline getirebiliriz. Sadece hayal edin - Hokkabaz Alex, Jamie ile birlikte... hıı... tezahürat bölümü?

Jamie: (sırıtarak) Parıltıyı ve parıltıları getireceğim. Hatırlanacak bir gece olacak!

Alex: (eğilmiş, meraklı) Yani, parıltı ve parıltılar, ha? O zaman dışarıda geçirdiğin ideal gece hangisi?

Jamie: (düşünceli bir şekilde) Muhtemelen maceracı bir şey. Belki bir konser ya da bir sanat sergisi. İşlerin beklenmedik olmasını seviyorum. Ya sen?

Alex: Sanırım iyi bir yürüyüşün ardından piknik yapmayı çok isterim. Açık havada, yıldızların altında olmanın büyülü bir yanı var, sence de öyle değil mi?

Jamie: (başını sallayarak) Kesinlikle! Özellikle de işin içinde yiyecek varsa. Pikniğe geldim.

Alex: (sırıtarak) Mükemmel! Sen beni neşelendirirken ben atıştırmalıklarla hokkabazlık yapabilirim.

Jamie: (şakacı bir şekilde gözlerini devirir) Tamam, sadece sandviçleri düşürmemeye çalış!

Alex: (gülüyor) Söz yok! Ama hey, en azından eğlenceli olacak.

(Birbirlerinin gözlerinin içine baktıklarında kahkahaları biraz sönüyor, rahat bir sessizlik yerleşiyor.)

Jamie: (yumuşak bir sesle) Bu geceden gerçekten keyif aldım Alex.

Alex: (sıcak bir şekilde gülümseyerek) Ben de, Jamie. Dışarı çıkmaya karar verdiğimiz için mutluyum. Hissettiriyor... Kolay değil mi?

Jamie: (başını sallayarak) Evet, sanki seni sonsuza dek tanıyormuşum gibi.

Alex: (bir yudum su alarak) Belki de bu, bunu tekrar yapmamız gerektiğinin bir işaretidir.

Jamie: (parlak bir şekilde gülümsüyor) Bunu çok isterim. Gelecek hafta sonu ne dersin?

Alex: Bu bir randevu!

(İkisi de gülümser, yemeklerini bitirirken bağlantıları büyür ve sohbet zahmetsizce akar)

2- Mia and Jake

Mia: (sipping her glass of Chianti) So, Jake, what's your idea of a perfect weekend?

Jake: (smiling) Honestly? A mix of adventure and relaxation. Maybe a hike during the day, followed by a movie marathon at home. How about you?

Mia: Ooh, that sounds nice! I'm more of a brunch enthusiast, though. I love trying new cafés. If there's avocado toast involved, even better!

Jake: (chuckles) That's a solid choice. I've been on the hunt for the best avocado toast in the city. Maybe we should team up for a brunch tour?

Mia: (grinning) Count me in! But I have to warn you, I have a pretty high standard for my toast.

Jake: (leaning in) Challenge accepted! So, what's your go-to order besides the avocado?

Mia: I have this weakness for fluffy pancakes. They remind me of my childhood. What about you?

Jake: (nodding) I can't resist a classic eggs Benedict. They just scream "weekend" to me.

Mia: (playfully) We'll have to see who makes the better choice then. Food is a serious matter!

Jake: (laughing) Agreed! So, tell me a bit about yourself. What do you do when you're not exploring brunch spots?

Mia: I'm a graphic designer. I love bringing ideas to life visually. What about you?

Jake: I'm a software developer. It's a lot of sitting at a desk, but I enjoy the challenge. Plus, it pays for my brunch adventures!

Mia: (raising her glass) To brunch adventures and challenge accepted!

Jake: (clinking his glass with hers) Cheers to that! So, any fun projects you're working on now?

Mia: I'm currently designing a series of posters for a local music festival. It's a great way to combine my love for art and music.

Jake: That sounds amazing! I love live music. Have you been to any good concerts lately?

Mia: Just last month! I saw a band I've loved since high school. There's something magical about seeing them live.

Jake: (eyes sparkling) I get that! There's nothing like the energy of a crowd. Do you play any instruments?

Mia: I dabble in guitar a little. I'm no rock star, but I can strum a few chords. How about you?

Jake: (grinning) I play the piano. I used to take lessons, but now I just play for fun.

Mia: You should teach me a few things sometime. We'll make a duet of brunch memories and music!

Jake: (mock serious) Only if we can add a dance-off to the brunch tour!

Mia: (laughs) Now you're talking. I'll hold you to that!

(The rest of the evening continues with laughter, shared stories, and the promise of future adventures together)

2- Mia ve Jake

Mia: (Chianti bardağını yudumlarken) Peki, Jake, mükemmel bir hafta sonu fikrin nedir?

Jake: (gülümseyerek) Dürüst olmak gerekirse? Macera ve rahatlamanın bir karışımı. Belki gün içinde bir yürüyüş, ardından evde bir film maratonu. Ya sen?

Mia: Ooh, kulağa hoş geliyor! Yine de ben daha çok bir brunch meraklısıyım. Yeni kafeler denemeyi seviyorum. İşin içinde avokado tostu varsa, daha da iyi!

Jake: (kıkırdar) Bu sağlam bir seçim. Şehirdeki en iyi avokado tostu için avdaydım. Belki de bir brunch turu için takım olmalıyız?

Mia: (sırıtarak) Beni de sayın! Ama sizi uyarmalıyım, tostum için oldukça yüksek bir standardım var.

Jake: (eğilerek) Meydan okuma kabul edildi! Peki, avokado dışında tercih ettiğiniz sipariş nedir?

Mia: Kabarık kreplere karşı bir zaafım var. Bana çocukluğumu hatırlatıyorlar. Ya sen?

Jake: (başını sallayarak) Klasik bir yumurta Benedict'e karşı koyamıyorum. Bana sadece "hafta sonu" diye bağırıyorlar.

Mia: (şakacı bir şekilde) O zaman kimin daha iyi seçim yapacağını görmemiz gerekecek. Yemek ciddi bir konudur!

Jake: (gülüyor) Katılıyorum! Bana biraz kendinden bahset. Brunch noktalarını keşfetmediğiniz zamanlarda ne yaparsınız?

Mia: Ben bir grafik tasarımcıyım. Fikirleri görsel olarak hayata geçirmeyi seviyorum. Ya sen?

Jake: Ben bir yazılım geliştiricisiyim. Masa başında oturmak çok fazla ama meydan okumadan zevk alıyorum. Ayrıca, brunch maceralarım için para ödüyor!

Mia: (kadehini kaldırarak) Brunch maceraları ve meydan okumalar kabul edildi!

Jake: (kadehini onunkiyle tokuşturarak) Buna şerefe! Peki, şu anda üzerinde çalıştığınız eğlenceli projeler var mı?

Mia: Şu anda yerel bir müzik festivali için bir dizi poster tasarlıyorum. Sanat ve müziğe olan sevgimi birleştirmenin harika bir yolu.

Jake: Kulağa harika geliyor! Canlı müziği çok seviyorum. Son zamanlarda iyi konserlere gittiniz mi?

Mia: Daha geçen ay! Liseden beri sevdiğim bir grup izledim. Onları canlı görmenin büyülü bir yanı var.

Jake: (gözleri pırıl pırıl) Anladım! Kalabalığın enerjisi gibisi yoktur. Herhangi bir enstrüman çalıyor musunuz?

Mia: Biraz gitarla uğraşıyorum. Ben rock yıldızı değilim ama birkaç akoru tıngırdatabilirim. Ya sen?

Jake: (sırıtarak) Ben piyano çalıyorum. Eskiden ders alırdım ama şimdi sadece eğlenmek için oynuyorum.

Mia: Bir ara bana birkaç şey öğretmelisin. Brunch anıları ve müzikten oluşan bir düet yapacağız!

Jake: (alaycı bir ciddiyetle) Keşke brunch turuna bir dans gösterisi de ekleyebilirsek!

Mia: (gülüyor) Şimdi konuşuyorsun. Seni buna tutacağım!

(Akşamın geri kalanı kahkahalar, paylaşılan hikayeler ve birlikte gelecekteki maceraların vaadiyle devam ediyor)

3- Italian restaurant

A cozy little Italian restaurant with dim lighting and soft music playing in the background. Two people, Alex and Jamie, sit at a small table for two, candlelight flickering between them.

Alex: (smiling) So, I have to ask, what's your favorite Italian dish?

Jamie: (grinning) Oh, that's easy! It's definitely risotto. There's just something so comforting about it. What about you?

Alex: (leaning in) I have a serious weakness for fettuccine alfredo. I mean, who can resist creamy pasta?

Jamie: (laughs) Right? It's a classic! I feel like it's the kind of dish that just makes everything better.

Alex: (nodding) Exactly! So, what brought you to try this place out?

Jamie: A friend recommended it to me. She said the ambiance is perfect for a date. (pausing) A little pressure there, huh?

Alex: (playfully) No pressure! Just means I have to step up my game, right?

Jamie: (with a playful smile) Well, you're off to a good start, so keep it coming!

Alex: (chuckling) Okay, challenge accepted. So, tell me something interesting about you.

Jamie: Hmm, let's see... I once went skydiving on a whim. (raising an eyebrow) Can you believe that?

Alex: (eyes wide) No way! That's amazing. I don't think I could ever do that.

Jamie: (laughs) It was terrifying...and exhilarating all at once! What about you? What's something risky you've done?

Alex: (thinking) Well, I signed up for a dance class once. I'm not the most coordinated person, so it was definitely a leap.

Jamie: (impressed) That's brave! How did it go?

Alex: (smirking) Let's just say my two left feet made a memorable impression... on everyone else, not just me!

Jamie: (giggling) I would have loved to see that! Maybe a little dancing should be our next date?

Alex: (grinning) You're on! But just know, I might step on your toes.

Jamie: (leaning closer) As long as we're having fun, I think I can handle it.

Alex: (softly) You know, this has been really nice. I'm glad we decided to meet.

Jamie: (smiling warmly) Me too. I was a little nervous when I walked in, but this feels easy.

Alex: (smiling back) Good. That's the goal. Here's to more shared laughs and pasta!

Jamie: Cheers to that!

(They clink their glasses, both feeling the connection grow.)

3- İtalyan restoranı

Loş ışıklı ve arka planda çalan yumuşak müzik ile şirin küçük bir İtalyan restoranı. İki kişi, Alex ve Jamie, aralarında mum ışığı titreyen iki kişilik küçük bir masada oturuyorlar.

Alex: (gülümseyerek) Sormak zorundayım, en sevdiğin İtalyan yemeği nedir?

Jamie: (sırıtarak) Oh, bu çok kolay! Kesinlikle risotto. Bunda çok rahatlatıcı bir şey var. Ya sen?

Alex: (eğilerek) Fettuccine Alfredo'ya karşı ciddi bir zaafım var. Demek istediğim, kremalı makarnaya kim karşı koyabilir?

Jamie: (gülüyor) Değil mi? Bu bir klasik! Her şeyi daha iyi hale getiren türden bir yemek olduğunu hissediyorum.

Alex: (başını sallayarak) Kesinlikle! Peki, sizi bu yeri denemeye iten neydi?

Jamie: Bir arkadaşım bana tavsiye etti. Ambiyansın bir randevu için mükemmel olduğunu söyledi. (duraklıyor) Orada biraz baskı var, ha?

Alex: (şakacı bir şekilde) Baskı yok! Sadece oyunumu hızlandırmam gerektiği anlamına geliyor, değil mi?

Jamie: (şakacı bir gülümsemeyle) Pekala, iyi bir başlangıç yaptın, o yüzden devam et!

Alex: (kıkırdar) Tamam, meydan okuma kabul edildi. Öyleyse, bana kendin hakkında ilginç bir şey söyle.

Jamie: Hmm, bakalım ... Bir keresinde bir hevesle paraşütle atlamaya gittim. (bir kaşını kaldırarak) Buna inanabiliyor musun?

Alex: (gözleri fal taşı gibi açılmış) Asla! Bu inanılmaz. Bunu yapabileceğimi hiç sanmıyorum.

Jamie: (gülüyor) Korkunçtu... ve aynı anda heyecan verici! Ya sen? Yaptığınız riskli bir şey nedir?

Alex: (düşünerek) Bir keresinde bir dans kursuna kaydolmuştum. Ben en koordineli kişi değilim, bu yüzden kesinlikle bir sıçramaydı.

Jamie: (etkilendim) Bu cesurca! Nasıl geçti?

Alex: (sırıtarak) Diyelim ki iki sol ayağım unutulmaz bir izlenim bıraktı... sadece bana değil, herkese karşı!

Jamie: (kıkırdayarak) Bunu görmeyi çok isterdim! Belki biraz dans etmek bir sonraki randevumuz olmalı?

Alex: (sırıtarak) Başladın! Ama bil ki, ayak parmaklarına basabilirim.

Jamie: (daha yakın eğilerek) Eğlendiğimiz sürece, bununla başa çıkabileceğimi düşünüyorum.

Alex: (yumuşak bir sesle) Biliyorsun, bu gerçekten güzel oldu. İyi ki buluşmaya karar vermişiz.

Jamie: (sıcak bir şekilde gülümseyerek) Ben de. İçeri girdiğimde biraz gergindim ama bu kolay geliyor.

Alex: (gülümseyerek) Güzel. Amaç bu. İşte daha fazla paylaşılan kahkaha ve makarna!

Jamie: Buna şerefe!

(Gözlüklerini tokuştururlar, her ikisi de bağlantının büyüdüğünü hisseder.)

4- Emily and Jake

A cozy Italian restaurant with dim lighting and soft music playing in the background.

Emily: (smiling) I can't believe we're finally here. I've heard so much about this place!

Jake: (grinning) Me too! I've been wanting to try their truffle pasta for ages. I hope it lives up to the hype.

Emily: (playfully) If it doesn't, I might have to hold you responsible for ruining our date!

Jake: (laughs) Fair enough! But don't worry, I've done some research. It's supposed to be amazing. What about you? What are you thinking of ordering?

Emily: I'm torn between the margherita pizza and the mushroom risotto. I can never say no to pizza!

Jake: Can't go wrong with pizza! (pauses) So, tell me more about yourself. What do you like to do besides exploring new restaurants?

Emily: Well, I love hiking. There's something so refreshing about being outdoors, you know? How about you?

Jake: I'm really into photography. Nature, urban scenes, anything that catches my eye. I even did a little photoshoot during my last hike.

Emily: That sounds amazing! Do you have a favorite spot to take pictures?

Jake: (enthusiastic) Absolutely! There's this hidden waterfall about an hour from the city. The light hits it just right in the afternoon. I'd love to take you there sometime!

Emily: I'd love that! Sounds like the perfect adventure.

Jake: (smiling) Great! It's a date, then. (looks at menu) Speaking of adventures, have you ever tried cooking any of these dishes?

Emily: (laughs) Definitely! I make a pretty decent carbonara, but I burned a batch of garlic bread last week.

Jake: (teasingly) A carbonara and a side of... charcoal bread?

Emily: (grinning) Hey, it was a learning experience!

Jake: (playful) You can't be a master chef overnight. But I think that's part of the fun!

Emily: Exactly! I guess that makes every kitchen disaster a funny story for later.

Jake: (nodding) Exactly. So, what's next on your cooking experiments list?

Emily: (thoughtful) I want to try homemade gnocchi. It seems like a fun challenge!

Jake: Oh, I'd love to be your taste tester! Just let me know when.

Emily: (smiling) It's a date! You'd better bring your appetite.

Jake: (laughs) It's a deal!

(**The waiter arrives at their table to take their orders, and the conversation continues to flow comfortably.**)

4- Emily ve Jake

Loş aydınlatması ve arka planda çalan yumuşak müziği olan rahat bir İtalyan restoranı.

Emily: (gülümseyerek) Sonunda burada olduğumuza inanamıyorum. Burası hakkında o kadar çok şey duydum ki!

Jake: (sırıtarak) Ben de! Uzun zamandır trüflü makarnalarını denemek istiyordum. Umarım yutturmaca kadar yaşar.

Emily: (şakacı bir şekilde) Olmazsa, randevumuzu mahvetmekten seni sorumlu tutmak zorunda kalabilirim!

Jake: (gülüyor) Yeterince adil! Ama merak etmeyin, biraz araştırma yaptım. Harika olması gerekiyordu. Ya sen? Ne sipariş etmeyi düşünüyorsun?

Emily: Margherita pizza ve mantarlı risotto arasında kaldım. Pizzaya asla hayır diyemem!

Jake: Pizza ile yanlış gidemem! (duraklar) Bana kendinden daha fazla bahset. Yeni restoranlar keşfetmekten başka ne yapmaktan hoşlanırsınız?

Emily: Yürüyüş yapmayı seviyorum. Dışarıda olmanın çok ferahlatıcı bir yanı var, biliyor musun? Ya sen?

Jake: Fotoğrafçılıkla gerçekten ilgileniyorum. Doğa, şehir manzaraları, gözüme çarpan her şey. Son yürüyüşüm sırasında küçük bir fotoğraf çekimi bile yaptım.

Emily: Kulağa harika geliyor! Fotoğraf çekmek için favori bir yeriniz var mı?

Jake: (coşkulu) Kesinlikle! Şehirden yaklaşık bir saat uzaklıkta gizli bir şelale var. Işık tam öğleden sonra vuruyor. Seni bir ara oraya götürmeyi çok isterim!

Emily: Buna bayılırım! Kulağa mükemmel bir macera gibi geliyor.

Jake: (gülümseyerek) Harika! O zaman bu bir tarih. (menüye bakar) Maceralardan bahsetmişken, hiç bu yemeklerden herhangi birini pişirmeyi denediniz mi?

Emily: (gülüyor) Kesinlikle! Oldukça iyi bir carbonara yapıyorum ama geçen hafta bir grup sarımsaklı ekmek yaktım.

Jake: (alaycı bir şekilde) Bir carbonara ve bir tarafı... Kömür ekmeği?

Emily: (sırıtarak) Hey, bu bir öğrenme deneyimiydi!

Jake: (şakacı) Bir gecede usta bir şef olamazsın. Ama bence bu eğlencenin bir parçası!

Emily: Kesinlikle! Sanırım bu, her mutfak felaketini daha sonrası için komik bir hikaye haline getiriyor.

Jake: (başını sallayarak) Kesinlikle. Peki, yemek deneyleri listenizde sırada ne var?

Emily: (düşünceli) Ev yapımı gnocchi denemek istiyorum. Eğlenceli bir meydan okuma gibi görünüyor!

Jake: Oh, senin tat testçin olmayı çok isterim! Sadece ne zaman bana haber ver.

Emily: (gülümseyerek) Bu bir randevu! İştahını getirsen iyi olur.

Jake: (gülüyor) Bu bir anlaşma!

(Garson siparişlerini almak için masalarına gelir ve sohbet rahat bir şekilde akmaya devam eder.)

5- Julia and Mike

Mike: (taking a sip of his wine) So, Julia, what's been the highlight of your week so far?

Julia: (smiling) Honestly? This date! But if I had to pick something else, I'd say finally finishing that book I've been reading for ages. It felt like a huge accomplishment!

Mike: What was the book about?

Julia: It's a mystery novel. You know, the kind where you think you've figured it out, and then the author throws a curveball. I love those twists!

Mike: (leaning in) I can't resist a good twist! Maybe we should start a book club—just the two of us.

Julia: (laughing) I like the sound of that! But we might end up spending more time debating the endings than actually reading.

Mike: (grinning) As long as we have wine and your delicious homemade pasta to keep us fueled, I'm in!

Julia: (playfully) Now you're just trying to sweet-talk me into cooking for you.

Mike: (raising an eyebrow) Well, can you blame me? Your cooking is legendary!

Julia: (blushing) Okay, okay, I'll give you that. Besides, who doesn't love an excuse to spend more time together?

Mike: Exactly! Speaking of spending time together, what else is on your bucket list?

Julia: Hmm... I'd love to travel to Italy someday and try real Italian food. What about you?

Mike: Italy sounds amazing! For me, I've always wanted to go skydiving.

Julia: (eyes widening) Skydiving? That sounds exhilarating—and terrifying!

Mike: (chuckling) It is! But think about the view. I want to conquer my fears.

Julia: (smiling) You're brave, Mike. I'll stick to my book club and pasta for now!

Mike: (raising his glass) Here's to both of us daring to step out of our comfort zones, in our own ways!

Julia: (clinking glasses with Mike) Cheers to that!

(They both take a sip of their wine, sharing a warm smile that hints at the growing connection between them.)

5- Julia ve Mike

Mike: (şarabından bir yudum alarak) Peki, Julia, şu ana kadar haftanın en önemli olayı neydi?

Julia: (gülümseyerek) Dürüst olmak gerekirse? Bu tarih! Ama başka bir şey seçmem gerekseydi, sonunda yıllardır okuduğum o kitabı bitirdiğimi söylerdim. Büyük bir başarı gibi hissettim!

Mike: Kitap ne hakkındaydı?

Julia: Bu bir gizem romanı. Bilirsiniz, çözdüğünüzü düşündüğünüz türden bir şey ve sonra yazar bir eğri top fırlatır. Bu kıvrımları seviyorum!

Mike: (eğilerek) İyi bir bükülmeye karşı koyamıyorum! Belki de bir kitap kulübü kurmalıyız - sadece ikimiz.

Julia: (gülüyor) Bunun sesi hoşuma gidiyor! Ancak, sonları tartışmak için gerçekten okumaktan daha fazla zaman harcayabiliriz.

Mike: (sırıtarak) Şarabımız ve bizi besleyecek lezzetli ev yapımı makarnanız olduğu sürece, ben varım!

Julia: (şakacı bir şekilde) Şimdi sadece beni kendin için yemek pişirmeye tatlı bir şekilde ikna etmeye çalışıyorsun.

Mike: (bir kaşını kaldırarak) Peki, beni suçlayabilir misin? Yemekleriniz efsanevi!

Julia: (kızararak) Tamam, tamam, sana bunu vereceğim. Ayrıca, birlikte daha fazla zaman geçirmek için bir bahaneyi kim sevmez ki?

Mike: Kesinlikle! Birlikte vakit geçirmekten bahsetmişken, yapılacaklar listenizde başka neler var?

Julia: Hımm... Bir gün İtalya'ya seyahat etmeyi ve gerçek İtalyan yemeklerini denemeyi çok isterim. Ya sen?

Mike: İtalya kulağa harika geliyor! Benim için her zaman paraşütle atlamaya gitmek istemişimdir.

Julia: (gözleri genişler) Paraşütle atlama mı? Kulağa canlandırıcı ve ürkütücü geliyor!

Mike: (kıkırdar) Öyle! Ama manzarayı düşünün. Korkularımı yenmek istiyorum.

Julia: (gülümseyerek) Cesursun Mike. Şimdilik kitap kulübüme ve makarnaya bağlı kalacağım!

Mike: (kadehini kaldırarak) İşte ikimize de kendi yöntemlerimizle konfor alanlarımızdan çıkmaya cesaret ediyoruz!

Julia: (Mike ile kadeh tokuşturarak) Buna şerefe!

(İkisi de şaraplarından bir yudum alıyor ve aralarındaki artan bağa işaret eden sıcak bir gülümsemeyi paylaşıyorlar.)

Pharmacy

Eczane

1- Alex and Jamie

Inside a bustling pharmacy. The sound of a cash register ringing and customers chatting fills the air. Two pharmacy technicians, Alex and Jamie, are at the counter, discussing the day's tasks while organizing medication.

Alex: (holding up a bottle of medication) Hey Jamie, do you know if we have a new shipment of the allergy meds coming in today?

Jamie: (glancing at the inventory sheet) Yes, it should be arriving later this afternoon. But we're running low, so let's prioritize restocking the shelves as soon as it gets here.

Alex: Good call. I've also noticed that our stock of kids' vitamins is running low. Should I put in an order for more?

Jamie: Definitely. We can't have parents coming in and leaving empty-handed! Plus, they're always in demand this time of year.

(A customer approaches the counter, looking a bit confused.)

Customer: Excuse me, can you help me find something? I'm looking for a cough syrup for my daughter.

Alex: Of course! Can you tell me her age? That way, I can recommend the appropriate dosage.

Customer: She's seven.

Jamie: (gesturing to the shelf) We have a few options right over there. I recommend checking for one that's alcohol-free and suitable for her age group.

Customer: (nodding) Great, I'll take a look. Thank you!

(The customer walks away towards the shelves.)

Alex: (turning back to Jamie) You always handle customer queries so smoothly. I'll have to pick up some tips from you.

Jamie: (smiling) It's all about patience and making sure they feel comfortable. Speaking of comfort, have you had a chance to test out that new automated dispensing machine yet?

Alex: I did! It's a game changer. I love how quickly it organizes prescriptions. Just wish it could also handle customer interactions!

Jamie: (laughing) Imagine the conversations it would have! "Error: Not enough patience detected. Please try again."

(They both chuckle, and a few moments later, another customer approaches.)

Customer 2: Hi, I have a prescription here and I'm in a bit of a hurry. Is it ready?

Jamie: (checking the system) Let me take a quick look for you. Can I have your name, please?

Customer 2: Sure, it's Sarah Thompson.

Alex: (searching) Alright, I see it... Just one moment, let me grab it for you!

(As Sarah waits, Alex and Jamie continue to discuss the day's workflow while efficiently managing ongoing customer interactions.)

1- Alex ve Jamie

Hareketli bir eczanenin içinde. Bir yazar kasanın çalması ve sohbet eden müşterilerin sesi havayı dolduruyor. İki eczane teknisyeni, Alex ve Jamie, ilaçları düzenlerken günün görevlerini tartışıyorlar.

Alex: (bir şişe ilaç tutarak) Hey Jamie, bugün yeni bir alerji ilacı sevkiyatımız olup olmadığını biliyor musun?

Jamie: (envanter sayfasına bakarak) Evet, bu öğleden sonra gelmesi gerekiyor. Ama azalıyoruz, bu yüzden buraya gelir gelmez rafları yeniden stoklamaya öncelik verelim.

Alex: İyi arama. Ayrıca çocuk vitamin stokumuzun azaldığını da fark ettim. Daha fazlası için sipariş vermeli miyim?

Jamie: Kesinlikle. Ebeveynlerin gelip eli boş gitmesine izin veremeyiz! Ayrıca, yılın bu zamanında her zaman talep görüyorlar.

(Bir müşteri biraz kafası karışmış görünerek tezgaha yaklaşıyor.)

Müşteri: Affedersiniz, bir şey bulmama yardımcı olabilir misiniz? Kızım için öksürük şurubu arıyorum.

Alex: Elbette! Bana yaşını söyleyebilir misin? Bu şekilde uygun dozu önerebilirim.

Müşteri: Yedi yaşında.

Jamie: (rafı işaret ederek) Orada birkaç seçeneğimiz var. Alkolsüz ve yaş grubuna uygun bir tane kontrol etmenizi öneririm.

Müşteri: (başını sallayarak) Harika, bir bakacağım. Teşekkür ederim!

(Müşteri raflara doğru uzaklaşır.)

Alex: (Jamie'ye dönerek) Müşteri sorularını her zaman çok sorunsuz bir şekilde ele alıyorsun. Sizden bazı ipuçları almam gerekecek.

Jamie: (gülümsüyor) Her şey sabır ve kendilerini rahat hissetmelerini sağlamakla ilgili. Konfordan bahsetmişken, bu yeni otomatik dağıtım makinesini henüz test etme şansınız oldu mu?

Alex: Yaptım! Bu bir oyun değiştirici. Reçeteleri ne kadar hızlı düzenlediğini seviyorum. Keşke müşteri etkileşimlerini de idare edebilseydi!

Jamie: (gülüyor) Yapacağı konuşmaları hayal edin! "Hata: Yeterli sabır algılanmadı. Lütfen tekrar deneyin."

(İkisi de kıkırdar ve birkaç dakika sonra başka bir müşteri yaklaşır.)

Müşteri 2: Merhaba, burada bir reçetem var ve biraz acelem var. Hazır mı?

Jamie: (sistemi kontrol ederek) Senin için hızlıca bir göz atmama izin ver. İsminizi alabilir miyim lütfen?

Müşteri 2: Tabii, ben Sarah Thompson.

Alex: (arıyor) Tamam, anlıyorum... Sadece bir dakika, senin için alayım!

(Sarah beklerken, Alex ve Jamie bir yandan devam eden müşteri etkileşimlerini verimli bir şekilde yönetirken bir yandan da günün iş akışını tartışmaya devam ediyor.)

2- At the Pharmacy

A small, cozy pharmacy with shelves lined with colorful products. Two girls, Mia and Lily, are browsing the aisles.

Mia: (holding up a bottle) Hey, Lily, do you think this vitamin C serum actually does anything?

Lily: (leans in for a closer look) I've heard great things about it! I mean, if it's from that brand, it's probably legit. But I think you have to use it consistently for it to work.

Mia: True. I'm just so bad at sticking to a routine. (puts the bottle back on the shelf) Maybe I should just stick to my moisturizer?

Lily: (laughs) Or just drink more orange juice! But seriously, what do you think of this face mask? (holds up a bright, packaging) It says it's hydrating.

Mia: (eyes widen) Ooh, that looks fun! I love a good face mask. You know I'll probably just end up using it while binge-watching my shows.

Lily: (grinning) Same! It's the perfect self-care routine. You should get it!

Mia: (grabs the mask) Okay, sold! Just wait until you see me with a bright, glowing face.

Lily: (nudges her playfully) Can't wait! By the way, do you need anything for that cold you've been fighting?

Mia: Ugh, I forget about that. I should probably get some cough drops, right?

Lily: Definitely. (points to the cough drop section) Look over there. I heard these honey-flavored ones are really soothing.

Mia: (picks up a pack) Honey-flavored? That sounds nice! I might not even mind using these.

Lily: (enthusiastically) And look! They even come in a cute tin. Perfect for your bag!

Mia: (laughs) Because obviously, I need another cute thing in my bag.

Lily: Priorities, Mia! Gotta stay stylish even when you're sick.

Mia: (smirks) You're right. Okay, let me grab a pack. (glances at the checkout) We should probably head to the counter soon; I don't want to keep you here forever.

Lily: (smirking) Oh please, I could spend hours in here! It's like a treasure hunt.

Mia: (pretending to search) Alright then, treasure hunter! What's next on our shopping list?

Lily: Um, I think I need some hand sanitizer. You can never have enough of that!

Mia: (nods) True! With all the germs floating around, it's like our secret weapon.

Lily: (laughs) Exactly! Let's conquer this pharmacy together!

(They laugh and head to the checkout together, bags in hand.)

2- Eczanede

Rengarenk ürünlerle kaplı rafları olan küçük, şirin bir eczane. İki kız, Mia ve Lily, koridorlarda geziniyor.

Mia: (bir şişe tutarak) Hey, Lily, bu C vitamini serumunun gerçekten bir şey yaptığını düşünüyor musun?

Lily: (daha yakından bakmak için eğilir) Bu konuda harika şeyler duydum! Demek istediğim, eğer o markadan geliyorsa, muhtemelen yasaldır. Ama bence çalışması için sürekli olarak kullanmanız gerekiyor.

Mia: Doğru. Bir rutine bağlı kalmakta çok kötüyüm. (şişeyi tekrar rafa koyar) Belki de sadece nemlendiricime bağlı kalmalıyım?

Lily: (gülüyor) Ya da sadece daha fazla portakal suyu iç! Ama cidden, bu yüz maskesi hakkında ne düşünüyorsun? (parlak bir ambalaj tutar) Nemlendirici olduğunu söylüyor.

Mia: (gözleri genişler) Ooh, eğlenceli görünüyor! İyi bir yüz maskesini severim. Biliyorsun, muhtemelen şovlarımı art arda izlerken onu kullanacağım.

Lily: (sırıtarak) Aynı! Mükemmel bir kişisel bakım rutinidir. Almalısın!

Mia: (maskeyi alır) Tamam, satıldı! Beni parlak, ışıltılı bir yüzle görene kadar bekle.

Lily: (şakacı bir şekilde onu dürter) Sabırsızlanıyorum! Bu arada, savaştığın o soğuk algınlığı için bir şeye ihtiyacın var mı?

Mia: Ah, bunu unuttum. Muhtemelen biraz öksürük damlası almalıyım, değil mi?

Lily: Kesinlikle. (öksürük damlası bölümüne işaret eder) Şuraya bak. Bu bal aromalı olanların gerçekten yatıştırıcı olduğunu duydum.

Mia: (bir paket alır) Bal aromalı mı? Kulağa hoş geliyor! Bunları kullanmayı bile umursamayabilirim.

Lily: (coşkuyla) Ve bak! Hatta sevimli bir teneke kutuda geliyorlar. Çantanız için mükemmel!

Mia: (gülüyor) Çünkü açıkçası, çantamda başka bir sevimli şeye ihtiyacım var.

Lily: Öncelikler, Mia! Hasta olduğunuzda bile şık kalmalısın.

Mia: (sırıtıyor) Haklısın. Tamam, bir paket alayım. (kasaya bakar) Muhtemelen yakında tezgaha gitmeliyiz; Seni sonsuza kadar burada tutmak istemiyorum.

Lily: (sırıtarak) Oh lütfen, burada saatler geçirebilirim! Bir hazine avı gibi.

Mia: (arıyormuş gibi yaparak) Tamam o zaman, hazine avcısı! Alışveriş listemizde sırada ne var?

Lily: Sanırım biraz el dezenfektanına ihtiyacım var. Bundan asla yeterince alamazsın!

Mia: (başını sallar) Doğru! Etrafta dolaşan tüm mikroplarla, bu bizim gizli silahımız gibi.

Lily: (gülüyor) Kesinlikle! Gelin bu eczaneyi birlikte fethedelim!

(Gülüyorlar ve ellerinde çantalarla birlikte kasaya gidiyorlar.)

3- Mia and Sophie

Mia: (looking around) Wow, this place is bigger than I thought! Where do we even start?

Sophie: (grinning) I think we should head straight to the cosmetics aisle. Heard they have some new brands!

Mia: Yes! And maybe we can find that face mask we wanted to try.

Sophie: Good idea! (They walk over to the cosmetics section.) Look! They have that brand we saw online. What do you think?

Mia: (picking up a product) This is the one! It says it's made with natural ingredients. I love that!

Sophie: (nodding) And it's cruelty-free! Definitely a win. Should we get two so we can try them together for our sleepover?

Mia: (enthusiastic) Absolutely!

Sophie: (looking at the price) Wait, let's check if there are any discounts.

Mia: Good call. (She checks her phone.) Oh! I found a coupon for 20% off any skincare purchase!

Sophie: Perfect! We can get some snacks with the money we save.

Mia: (laughs) Multitasking like pros! Speaking of snacks, we should grab some vitamins while we're here.

Sophie: Smart! We'll be healthy and glowing after our sleepover.

Mia: (heading toward the vitamin section) I'm definitely getting vitamin C. Winter's coming, and I can't afford to get sick!

Sophie: (sneezes) Ugh, tell me about it. I think I'm getting a cold already!

Mia: (playfully) Maybe it's because you never wear your jacket when it's cold!

Sophie: (smirking) Okay, okay! But fashion over function, right?

Mia: (shakes her head, smiling) Sure, until you're sneezing all over our bone broth!

Sophie: (laughs) Let's just grab our stuff and head out before I catch something else.

Mia: Deal! (They head to the checkout, excited about their haul.)

Sophie: (noting the cashier) I can't wait to try everything tonight!

Mia: Me neither! This will be the best sleepover ever!

3- Mia ve Sophie

Mia: (etrafına bakarak) Vay canına, burası düşündüğümden daha büyük! Nereden başlamalıyız?

Sofi: (sırıtarak) Bence doğruca kozmetik reyonuna gitmeliyiz. Bazı yeni markaları olduğunu duydum!

Mia: Evet! Ve belki de denemek istediğimiz o yüz maskesini bulabiliriz.

Sophie: İyi fikir! (Kozmetik bölümüne doğru yürüyorlar.) Bakmak! İnternette gördüğümüz o markaya sahipler. Ne düşünüyorsun?

Mia: (bir ürün alarak) İşte o! Doğal malzemelerle yapıldığını söylüyor. Bunu seviyorum!

Sofi: (başını sallayarak) Ve zulüm içermez! Kesinlikle bir galibiyet. Pijama partimiz için birlikte deneyebilmemiz için iki tane almalı mıyız?

Mia: (hevesli) Kesinlikle!

Sofi: (fiyata bakarak) Bekle, herhangi bir indirim olup olmadığını kontrol edelim.

Mia: İyi arama. (Telefonunu kontrol ediyor.) Aman! Herhangi bir cilt bakımı alışverişinde %20 indirim kuponu buldum!

Sophie: Mükemmel! Biriktirdiğimiz para ile bazı atıştırmalıklar alabiliyoruz.

Mia: (gülüyor) Profesyoneller gibi çoklu görev! Atıştırmalıklardan bahsetmişken, buradayken biraz vitamin almalıyız.

Sophie: Akıllı! Pijama partimizden sonra sağlıklı ve ışıltılı olacağız.

Mia: (vitamin bölümüne doğru ilerlerken) Kesinlikle C vitamini alıyorum. Kış geliyor ve hastalanmayı göze alamam!

Sofi: (hapşırır) Ah, anlat bana. Sanırım şimdiden üşüyorum!

Mia: (şakacı bir şekilde) Belki de hava soğukken ceketini hiç giymediğin içindir!

Sofi: (sırıtarak) Tamam, tamam! Ama işlev yerine moda, değil mi?

Mia: (başını sallar, gülümser) Tabii, kemik suyumuzun her yerine hapşırana kadar!

Sofi: (gülüyor) Hadi eşyalarımızı alalım ve ben başka bir şey yakalamadan dışarı çıkalım.

Mia: Anlaştık! (Çekimleri için heyecanlı bir şekilde kasaya giderler.)

Sofi: (kasiyere dikkat ederek) Bu gece her şeyi denemek için sabırsızlanıyorum!

Mia: Ben de değil! Bu şimdiye kadarki en iyi pijama partisi olacak!

4- Friendly Pharmacist

A local pharmacy with shelves stocked with various health products. The front counter is manned by a friendly pharmacist, Alex. The doorbell chimes as a customer, Sarah, enters.

Sarah: (looking around) Hi there! Do you have a moment?

Alex: (smiling) Of course! Welcome to the pharmacy. How can I assist you today?

Sarah: I hope so! I've been feeling under the weather lately. I've got a sore throat and a bit of a cough.

Alex: I'm sorry to hear that. Have you taken anything for it yet?

Sarah: Just some over-the-counter cough drops, but they don't seem to be helping much.

Alex: Alright. Let's see what we can do to help. For a sore throat, a throat spray might provide some relief. We also have some lozenges with added soothing ingredients.

Sarah: That sounds promising! Do you have anything for the cough as well?

Alex: Yes, we have a few options. Would you prefer a syrup or a tablet? The syrup works a bit faster, while the tablets may last longer.

Sarah: I think I'd prefer the syrup. I've used it before, and it usually helps.

Alex: Great choice! I'll recommend a honey-based syrup; it's effective and will help soothe your throat as well.

Sarah: Perfect! Is there anything else I should keep in mind while I'm feeling like this?

Alex: Make sure to stay hydrated—warm teas can be really helpful. And try to rest as much as you can. If your symptoms persist for more than a few days or worsen, it might be worth checking in with a doctor.

Sarah: Thank you so much! You've been really helpful.

Alex: No problem at all! Let me grab those products for you. (pauses) Do you have any other concerns or questions while you're here?

Sarah: Not right now, but I appreciate it!

Alex: Alright! I'll just ring this up for you. With the syrup and the throat lozenges, you should be on your way to feeling better soon!

(Alex gathers the items and starts checking them out.)

Sarah: Thanks again! You've relieved a lot of my worry.

Alex: It's what I'm here for! Take care of yourself, and don't hesitate to come back if you need anything else.

Sarah: I will! Have a great day!

Alex: You too! Feel better soon!

4- Güler Yüzlü Eczacı

Çeşitli sağlık ürünleri ile dolu rafları olan yerel bir eczane. Ön tezgah, dost canlısı bir eczacı olan Alex tarafından yönetiliyor. Müşteri Sarah içeri girerken kapı zili çalıyor.

Sarah: (etrafına bakarak) Merhaba! Bir anınız var mı?

Alex: (gülümseyerek) Elbette! Eczaneye hoş geldiniz. Bugün size nasıl yardımcı olabilirim?

Sarah: Umarım öyledir! Son zamanlarda kendimi kötü hissediyorum. Boğaz ağrım ve biraz öksürüğüm var.

Alex: Bunu duyduğuma üzüldüm. Henüz bunun için bir şey aldın mı?

Sarah: Sadece reçetesiz satılan bazı öksürük damlaları, ama pek yardımcı olmuyor gibi görünüyorlar.

Alex: Tamam. Yardım etmek için neler yapabileceğimize bakalım. Boğaz ağrısı için boğaz spreyi biraz rahatlama sağlayabilir. Ayrıca yatıştırıcı malzemeler eklenmiş bazı pastillerimiz de var.

Sarah: Kulağa umut verici geliyor! Öksürük için de bir şeyiniz var mı?

Alex: Evet, birkaç seçeneğimiz var. Şurup mu yoksa tablet mi tercih edersiniz? Şurup biraz daha hızlı çalışır, tabletler ise daha uzun süre dayanabilir.

Sarah: Sanırım şurubu tercih ederim. Daha önce kullandım ve genellikle yardımcı oluyor.

Alex: Harika bir seçim! Bal bazlı bir şurup önereceğim; Etkilidir ve boğazınızı da yatıştırmaya yardımcı olur.

Sarah: Mükemmel! Böyle hissederken aklımda tutmam gereken başka bir şey var mı?

Alex: Susuz kalmadığınızdan emin olun, sıcak çaylar gerçekten yardımcı olabilir. Ve elinizden geldiğince dinlenmeye çalışın. Belirtileriniz birkaç günden fazla devam ederse veya kötüleşirse, bir doktora danışmanız faydalı olabilir.

Sarah: Çok teşekkür ederim! Gerçekten çok yardımcı oldunuz.

Alex: Hiç sorun değil! Senin için bu ürünleri alayım. (duraklar) Buradayken başka endişeleriniz veya sorularınız var mı?

Sarah: Şu anda değil, ama takdir ediyorum!

Alex: Tamam! Bunu senin için çalacağım. Şurup ve boğaz pastilleri ile yakında daha iyi hissetme yolunda olmalısınız!

(Alex eşyaları toplar ve kontrol etmeye başlar.)

Sarah: Tekrar teşekkürler! Endişemin çoğunu giderdin.

Alex: Bunun için buradayım! Kendinize iyi bakın ve başka bir şeye ihtiyacınız olursa geri gelmekten çekinmeyin.

Sarah: Yapacağım! İyi günler!

Alex: Sen de! Yakında daha iyi hissedin!

5- Local Pharmacy

A small, local pharmacy. The warm light casts a welcoming glow over the aisles stocked with health and beauty products. The sound of a bell jingles as the door opens.

Customer (Sarah): (enters the pharmacy, looking a bit frazzled) Hi there! Excuse me, could you help me find something?

Pharmacist (Tom): (smiling) Of course! Welcome to the pharmacy. What are you looking for today?

Sarah: I need to get some cold medicine. I've been feeling pretty terrible all week.

Tom: I'm sorry to hear that! Do you have a preference for a specific type of cold medication? We have everything from decongestants to cough syrups.

Sarah: Oh, I'm not sure. I just want something that will help me feel better quickly.

Tom: Let's narrow it down a bit. Are you dealing with a cough, stuffiness, or something else?

Sarah: Mostly a stuffy nose and a really annoying cough.

Tom: Got it. How about this combination product? It's designed to relieve congestion and has a cough suppressant as well. It's worked well for others in your situation.

Sarah: That sounds perfect! Do I need to take it with food?

Tom: You can take it with or without food, but taking it with a light meal might help reduce any stomach discomfort if you're sensitive.

Sarah: Great! I'll take it. Also, do you have anything for sore throat relief?

Tom: Yes, we have lozenges and throat sprays that can help soothe the pain. Would you like me to show you those?

Sarah: Yeah, that would be wonderful.

Tom: (leads her to the throat care aisle) Here we go! These lozenges are pretty popular, and the spray can provide quick relief.

Sarah: I'll grab the lozenges. Thanks so much for your help!

Tom: No problem at all! Is there anything else you need while you're here?

Sarah: Actually, do you sell any herbal teas? I heard ginger tea is good for colds.

Tom: We do! We have a few varieties right over here. (points to the shelf) Ginger tea is a great choice—it can help soothe your throat and has some anti-inflammatory properties.

Sarah: Perfect! I'll take a box of that too.

Tom: Great selections! Let me ring you up. (leads her to the checkout)

Sarah: Thank you! I really appreciate your help.

Tom: My pleasure! I hope you feel better soon. If you have any other questions or need advice, don't hesitate to ask.

Sarah: I will, thank you!

(Sarah pays and heads out, a bit relieved and hopeful about her recovery.)

5- Yerel Eczane

Küçük, yerel bir eczane. Sıcak ışık, sağlık ve güzellik ürünleriyle dolu koridorların üzerine davetkar bir parıltı yayıyor. Kapı açılırken bir zil sesi duyuluyor.

Müşteri (Sarah): (eczaneye girer, biraz bitkin görünüyordu) Merhaba! Affedersiniz, bir şey bulmama yardım eder misiniz?

Eczacı (Tom): (gülümseyerek) Elbette! Eczaneye hoş geldiniz. Bugün ne arıyorsun?

Sarah: Soğuk algınlığı ilacı almam gerekiyor. Bütün hafta boyunca kendimi çok kötü hissettim.

Tom: Bunu duyduğuma üzüldüm! Belirli bir soğuk algınlığı ilacı türü için bir tercihiniz var mı? Dekonjestanlardan öksürük şuruplarına kadar her şeye sahibiz.

Sarah: Ah, emin değilim. Sadece hızlı bir şekilde daha iyi hissetmeme yardımcı olacak bir şey istiyorum.

Tom: Biraz daraltalım. Öksürük, tıkanıklık veya başka bir şeyle mi uğraşıyorsunuz?

Sarah: Çoğunlukla burun tıkanıklığı ve gerçekten sinir bozucu bir öksürük.

Tom: Anladım. Bu kombinasyon ürününe ne dersiniz? Tıkanıklığı gidermek için tasarlanmıştır ve ayrıca öksürük kesici vardır. Sizin durumunuzdaki diğer kişiler için iyi çalıştı.

Sarah: Kulağa mükemmel geliyor! Yemekle birlikte almam gerekir mi?

Tom: Yemekle birlikte veya yemeksiz alabilirsiniz, ancak hafif bir yemekle birlikte almak, hassassanız herhangi bir mide rahatsızlığını azaltmaya yardımcı olabilir.

Sarah: Harika! Onu alacağım. Ayrıca, boğaz ağrısını hafifletmek için bir şeyiniz var mı?

Tom: Evet, acıyı yatıştırmaya yardımcı olabilecek pastiller ve boğaz spreylerimiz var. Sana bunları göstermemi ister misin?

Sarah: Evet, bu harika olurdu.

Tom: (onu boğaz bakım reyonuna götürür) İşte başlıyoruz! Bu pastiller oldukça popülerdir ve sprey hızlı bir rahatlama sağlayabilir.

Sarah: Pastiller alacağım. Yardımın için çok teşekkürler!

Tom: Hiç sorun değil! Buradayken ihtiyacın olan başka bir şey var mı?

Sarah: Aslında, hiç bitki çayı satıyor musunuz? Zencefil çayının soğuk algınlığına iyi geldiğini duydum.

Tom: Yaparız! Burada birkaç çeşidimiz var. (rafı işaret eder) Zencefil çayı harika bir seçimdir - boğazınızı yatıştırmaya yardımcı olabilir ve bazı anti-inflamatuar özelliklere sahiptir.

Sarah: Mükemmel! Ben de ondan bir kutu alacağım.

Tom: Harika seçimler! Seni aramama izin ver. (onu kasaya yönlendirir)

Sarah: Teşekkür ederim! Yardımın için gerçekten minnettarım.

Tom: Benim için zevk! Umarım yakında daha iyi hissedersin. Başka sorularınız varsa veya tavsiyeye ihtiyacınız varsa, sormaktan çekinmeyin.

Sarah: Yapacağım, teşekkür ederim!

(Sarah öder ve biraz rahatlamış ve iyileşmesi konusunda umutlu bir şekilde dışarı çıkar.)

Argue about theater

Tiyatro hakkında tartışın

1- Scene

The Great Theater Debate
Characters:

- Alex: A passionate theater enthusiast
- Jamie: A skeptical friend who prefers movies

[Scene: A cozy cafe with soft music playing in the background. Alex and Jamie sit at a table with coffee cups in hand.]

Alex: (leaning forward) You've got to admit, Jamie, there's something magical about live theater. The energy, the spontaneity—it's electric!

Jamie: (rolling eyes) Electric? More like risky. Every show is a gamble. You never know if the actors will forget their lines or if the set will collapse. At least with movies, everything's polished and perfect.

Alex: (smirking) And where's the fun in that? Theater is raw and real. It's a unique experience every time. You can't replicate that in a movie theater.

Jamie: (crossing arms) Unique? Sure. But what if I'd rather watch a story unfold from the comfort of my couch without worrying about a scene falling flat? Movies have special effects, professional editing—everything a theater can't compete with.

Alex: (animatedly) But that's the point! Theater is about the human connection. You can see the sweat, the emotion, the mistakes—it makes the performance feel alive. You can't capture that on film.

Jamie: (sighing) But that doesn't mean theater is better. You're just romanticizing a format that's outdated. People want to be entertained, and films do that on a larger scale.

Alex: (raising an eyebrow) Outdated? Theater has been around for centuries. Think about it—in ancient Greece, the entire community gathered to watch a play! It's a tradition that brings people together.

Jamie: (shrugging) Well, society has changed. We've evolved to appreciate complex narratives, stunning visuals, and—let's be honest—a good CGI dragon.

Alex: (laughing) A CGI dragon? Really? You can't tell me that's more exciting than watching a skilled actor portray a tragic hero right in front of you, pouring their heart out on stage!

Jamie: (relenting slightly) Okay, I'll give you the acting part. But what about accessibility? Not everyone can afford theater tickets or even get to a theater. Movies are everywhere!

Alex: (nodding) That's a fair point. But consider the community aspect! Local theaters create a space for artists to grow, and they foster creativity. How many indie films do you see that get lost in the sea of blockbusters?

Jamie: (sipping coffee) Alright, I see your angle. But let's agree to disagree. Theater has its charms, but movies are just... more fun.

Alex: (smirking) Fun? Or predictable? You may miss out on unforgettable moments that only live acting can provide.

Jamie: (grinning) And you may end up watching a three-hour snoozefest!

Alex: (laughing) Fair enough! Maybe you'll join me for a show someday. You might just catch the theater bug!

Jamie: (playfully) And maybe I'll take you to a blockbuster binge. We can see who falls asleep first!

[They both laugh, clinking their coffee cups together in a toast.]

Alex: To theater and movies—the best of both worlds!

Jamie: Cheers to that!

[**Scene fades out with laughter as they continue their talk, both enjoying their differing opinions.**]

1- Sahne

Büyük Tiyatro Tartışması
Karakter:

- Alex: Tutkulu bir tiyatro tutkunu
- Jamie: Filmleri tercih eden şüpheci bir arkadaş

[Sahne: Arka planda yumuşak müzik çalan rahat bir kafe. Alex ve Jamie ellerinde kahve fincanlarıyla bir masada oturuyorlar.]

Alex: (öne eğilerek) Kabul etmelisin Jamie, canlı tiyatronun büyülü bir yanı var. Enerji, kendiliğindenlik - elektrik!

Jamie: (yuvarlanan gözler) Elektrik mi? Daha çok riskli gibi. Her gösteri bir kumardır. Oyuncular repliklerini unutacak mı yoksa set çökecek mi asla bilemezsiniz. En azından filmlerde her şey gösterişli ve mükemmel.

Alex: (sırıtarak) Peki eğlence bunun neresinde? Tiyatro ham ve gerçektir. Her seferinde benzersiz bir deneyim. Bunu bir sinema salonunda tekrarlayamazsınız.

Jamie: (kollarını kavuşturarak) Benzersiz mi? Emin. Ama ya bir sahnenin düz düşmesi konusunda endişelenmeden kanepemin rahatlığında bir hikayenin ortaya çıkmasını izlemeyi tercih edersem? Filmlerin özel efektleri, profesyonel kurgusu - bir tiyatronun rekabet edemeyeceği her şeyi vardır.

Alex: (hareketli bir şekilde) Ama mesele bu! Tiyatro insan bağı ile ilgilidir. Teri, duyguyu, hataları görebilirsiniz - bu, performansın canlı hissettirmesini sağlar. Bunu filme alamazsınız.

Jamie: (iç çeker) Ama bu tiyatronun daha iyi olduğu anlamına gelmez. Sadece modası geçmiş bir formatı romantikleştiriyorsunuz.

İnsanlar eğlenmek istiyor ve filmler bunu daha büyük ölçekte yapıyor.

Alex: (bir kaşını kaldırarak) Modası geçmiş mi? Tiyatro yüzyıllardır var. Bir düşünün, antik Yunanistan'da tüm topluluk bir oyun izlemek için toplanırdı! İnsanları bir araya getiren bir gelenektir.

Jamie: (omuz silkerek) Toplum değişti. Karmaşık anlatıları, çarpıcı görselleri ve dürüst olalım, iyi bir CGI ejderhasını takdir etmek için geliştik.

Alex: (gülüyor) Bir CGI ejderhası mı? Gerçekten? Yetenekli bir aktörün tam önünüzde trajik bir kahramanı canlandırıp sahneye içini dökmesini izlemekten daha heyecan verici olduğunu bana söyleyemezsiniz!

Jamie: (hafifçe yumuşayarak) Tamam, sana oyunculuk kısmını vereceğim. Peki ya erişilebilirlik? Herkes tiyatro bileti alamaz, hatta bir tiyatroya bile gidemez. Filmler her yerde!

Alex: (başını sallayarak) Bu adil bir nokta. Ancak topluluk yönünü düşünün! Yerel tiyatrolar, sanatçıların büyümesi için bir alan yaratır ve yaratıcılığı teşvik eder. Gişe rekorları kıran filmler denizinde kaybolan kaç tane bağımsız film görüyorsunuz?

Jamie: (kahvesini yudumlarken) Pekala, açınızı anlıyorum. Ama aynı fikirde olmamayı kabul edelim. Tiyatronun cazibesi vardır, ancak filmler sadece... daha fazla eğlence.

Alex: (sırıtarak) Eğlenceli mi? Yoksa tahmin edilebilir mi? Sadece canlı oyunculuğun sağlayabileceği unutulmaz anları kaçırabilirsiniz.

Jamie: (sırıtarak) Ve sonunda üç saatlik bir erteleme festivali izleyebilirsin!

Alex: (gülüyor) Yeterince adil! Belki bir gün bir gösteri için bana katılırsın. Sadece tiyatro böceğini yakalayabilirsin!

Jamie: (şakacı bir şekilde) Ve belki seni gişe rekorları kıran bir alemine götürürüm. İlk kimin uykuya daldığını görebiliriz!

[İkisi de gülüyor, kahve fincanlarını tost yaparken tokuşturuyorlar.]

Alex: Tiyatro ve sinemaya, her iki dünyanın da en iyisi!

Jamie: Buna şerefe!

[Konuşmalarına devam ederken sahne kahkahalarla kayboluyor, ikisi de farklı görüşlerinin tadını çıkarıyor.]

2- The Showdown at the Theater Cafe

- **Maya**: A passionate theater enthusiast who loves classic plays.
- **Jordan**: A contemporary theater lover who believes in pushing boundaries.

Scene: A cozy café adjacent to a bustling theater. The aroma of coffee wafts through the air as Maya and Jordan sit at a small table.

Maya: (sipping her latte) I just don't understand why you think modern theater is so much better than the classics. There's a certain elegance in the works of Shakespeare and Chekhov that you just can't replicate.

Jordan: (leaning forward) Elegance? Sure, but elegance doesn't resonate with everyone. Modern plays tackle real issues—mental health, identity, social justice. They reflect our world today!

Maya: (raising an eyebrow) Okay, but can't we appreciate those themes in a more timeless context? Shakespeare delved into human emotions like jealousy and ambition—they're still relevant!

Jordan: (crossing arms) Relevant, yes, but the language can be a barrier! Not everyone understands iambic pentameter. Modern language connects with today's audience. It's important to speak their language, literally!

Maya: (sighing) So, let me get this straight: you think sacrificing the beauty of language for accessibility is the way to go? What about the artistry? Theater is an experience, not just a message on a banner!

Jordan: (smirking) But artistry should evolve, right? Imagine if we all stuck to the same styles forever. How boring would that be? If theater doesn't evolve, it becomes irrelevant.

Maya: (firmly) I disagree! Classics can be rejuvenated! Look at all the amazing adaptations we've seen. It's not about throwing the old away; it's about honoring it while finding new ways to present it.

Jordan: (nodding, but unconvinced) I get that, but sometimes those adaptations lose the essence of the original. I saw a production of "Hamlet" set in a futuristic dystopia—I mean, why not just create something new instead of rehashing the old?

Maya: (smiling slightly) That's the beauty of theater! It can be both old and new. Every generation reinvents stories. But what I'm advocating for is a respect for the roots, instead of completely uprooting them.

Jordan: (pausing, considering) Fair point. But how do you reconcile the fact that so many modern playwrights are creating phenomenal work that the classics seem... archaic by comparison?

Maya: (taking a deep breath) Look, Jordan, all I'm saying is that both classics and modern works have their place. They each fulfill different needs in different audiences. A night at the theater can be an adventure into the past or a reflection of the present!

Jordan: (smiling) Alright, truce for now! But I still think we should leave some of the old behind. Deal?

Maya: (laughing) Deal! But next time, I'm dragging you to a Shakespeare play.

Jordan: (grinning) And I'm taking you to that immersive theater show I mentioned!

(They clink their coffee cups together, a mix of old and new friendships flourishing amidst their debates.)

2- Tiyatro Kafe'deki Hesaplaşma

- **Maya:** Klasik oyunları seven tutkulu bir tiyatro tutkunu.
- **Jordan:** Sınırları zorlamaya inanan çağdaş bir tiyatro aşığı.

Sahne: Hareketli bir tiyatronun bitişiğinde şirin bir kafe. Maya ve Jordan küçük bir masada otururken kahvenin kokusu havada yayılıyor.

Maya: (lattesini yudumlarken) Modern tiyatronun neden klasiklerden çok daha iyi olduğunu düşündüğünü anlamıyorum. Shakespeare ve Çehov'un eserlerinde kopyalayamayacağınız belli bir zarafet var.

Jordan: (öne eğilerek) Zarafet mi? Elbette, ama zarafet herkeste yankı uyandırmaz. Modern oyunlar akıl sağlığı, kimlik, sosyal adalet gibi gerçek sorunları ele alıyor. Bugünkü dünyamızı yansıtıyorlar!

Maya: (bir kaşını kaldırarak) Tamam, ama bu temaları daha zamansız bir bağlamda değerlendiremez miyiz? Shakespeare, kıskançlık ve hırs gibi insani duyguları araştırdı - bunlar hala geçerli!

Jordan: (kolları kavuşturarak) İlgili, evet, ama dil bir engel olabilir! Herkes iambik pentametreyi anlamıyor. Modern dil, günümüz izleyicisiyle bağlantı kurar. Kelimenin tam anlamıyla onların dilini konuşmak önemlidir!

Maya: (iç çekerek) Şunu açıklığa kavuşturmama izin verin: Erişilebilirlik için dilin güzelliğini feda etmenin doğru yol olduğunu mu düşünüyorsun? Peki ya sanat? Tiyatro bir deneyimdir, sadece bir pankarttaki bir mesaj değil!

Jordan: (sırıtarak) Ama sanat evrim geçirmeli, değil mi? Hepimizin sonsuza kadar aynı stillere bağlı kaldığımızı hayal edin. Bu ne kadar sıkıcı olurdu? Tiyatro evrim geçirmezse, önemsizleşir.

Maya: (Kesinlikle) Katılmıyorum! Klasikler gençleştirilebilir! Gördüğümüz tüm harika uyarlamalara bakın. Bu eskiyi atmakla ilgili değil; Bu, onu sunmanın yeni yollarını bulurken onu onurlandırmakla ilgilidir.

Jordan: (başını sallayarak ama ikna olmayarak) Anlıyorum, ama bazen bu uyarlamalar orijinalin özünü kaybediyor. Fütüristik bir distopyada geçen bir "Hamlet" prodüksiyonu izledim - yani, neden eskiyi yeniden şekillendirmek yerine yeni bir şey yaratmıyorsunuz?

Maya: (hafifçe gülümseyerek) İşte tiyatronun güzelliği bu! Hem eski hem de yeni olabilir. Her nesil hikayeleri yeniden keşfediyor. Ama benim savunduğum şey, kökleri tamamen söküp atmak yerine, köklere saygı duymak.

Ürdün: (duraklayarak, düşünerek) Adil nokta. Ama bu kadar çok modern oyun yazarının klasiklerin göründüğü olağanüstü eserler yarattığı gerçeğini nasıl uzlaştırıyorsunuz... Karşılaştırıldığında arkaik mi?

Maya: (derin bir nefes alarak) Bak Jordan, tek söylediğim hem klasiklerin hem de modern eserlerin yeri olduğu. Her biri farklı kitlelerde farklı ihtiyaçları karşılar. Tiyatroda bir gece, geçmişe doğru bir macera ya da şimdiki zamanın bir yansıması olabilir!

Jordan: (gülümseyerek) Tamam, şimdilik ateşkes! Ama yine de eskilerin bir kısmını geride bırakmamız gerektiğini düşünüyorum. Anlaşma?

Maya: (gülüyor) Anlaştık! Ama bir dahaki sefere sizi bir Shakespeare oyununa sürüklüyorum.

Jordan: (sırıtarak) Ve seni bahsettiğim o sürükleyici tiyatro gösterisine götürüyorum!

(Kahve fincanlarını birbirine tokuşturuyorlar, tartışmalarının ortasında eski ve yeni dostlukların bir karışımı gelişiyor.)

3- A Stage for Debate

- Alex: A passionate theater enthusiast
- Jamie: A skeptical friend who worries about the relevance of theater in modern society

[Setting: A coffee shop near a local theater. Soft chatter and ambient noise fill the air.]

Alex: (excitedly) I can't believe you're not coming to the opening night! This new play is supposed to be mind-blowing!

Jamie: (sipping coffee) Honestly, Alex, theater feels so outdated. I mean, who even has the time to sit through a three-hour show when there are so many streaming options?

Alex: (leaning in) That's exactly why you should come! Theater offers an experience you just can't get at home. The live atmosphere, the energy of the audience, the adrenaline of the performers—it's a magical connection!

Jamie: (rolling eyes) Magic? More like a relic. Don't you think it's a bit pretentious? It's all just people in costumes pretending to be someone else.

Alex: (frowning) It's not just pretending! Theater explores the human experience, urges us to confront societal issues. Every performance can spark conversation and inspire change!

Jamie: (crossing arms) Conversation? Sure, but don't you think films do the same thing, sometimes even better? They have better special effects, and they reach a wider audience.

Alex: But films are edited! Theater is raw and spontaneous. There's this vulnerability that actors showcase—they feed off the crowd. Just one mistake can change the entire night!

Jamie: (sighing) That sounds chaotic, not thrilling. What if you went to see a play and the lead forgets their lines? I'd find it awkward rather than exhilarating.

Alex: (smirking) That's part of the charm! Those moments create memories. I still talk about the time an actor ad-libbed because of a prop malfunction. If you're looking for flawless perfection, maybe you're missing the point.

Jamie: (raising an eyebrow) But does it still resonate with today's audience? Younger generations are glued to their phones and binge-watching series. Why would they want to sit in a theater for hours?

Alex: (determined) Theater can adapt! Look at how many modern plays incorporate multimedia and engage with social media. It's evolving! Plus, it's not just about entertainment—it's about community, connection.

Jamie: (softening) I get that. But still, does it really have a place in a world dominated by technology?

Alex: Definitely! It's an escape, a respite from our screens. It reminds us of the stories we share as humans. Come with me, and you might just feel that connection again!

Jamie: (smiling reluctantly) Okay, okay. I'll think about it—but if I end up bored, I'm blaming you!

Alex: (grinning) Fair enough. Just keep an open mind. You might surprise yourself!

[Scene fades as they continue to talk, the argument easing into playful banter about other interests.

3- Bir Tartışma Sahnesi

- Alex: Tutkulu bir tiyatro tutkunu
- Jamie: Tiyatronun modern toplumdaki önemi konusunda endişelenen şüpheci bir arkadaş

[Ortam: Yerel bir tiyatronun yakınında bir kahve dükkanı. Yumuşak gevezelik ve ortam gürültüsü havayı doldurur.]

Alex: (heyecanla) Açılış gecesine gelmediğine inanamıyorum! Bu yeni oyunun akıllara durgunluk vermesi gerekiyordu!

Jamie: (kahvesini yudumlarken) Dürüst olmak gerekirse, Alex, tiyatro çok modası geçmiş hissediyor. Demek istediğim, bu kadar çok akış seçeneği varken kimin üç saatlik bir şovda oturacak zamanı var ki?

Alex: (eğilerek) İşte tam da bu yüzden gelmelisin! Tiyatro, evde elde edemeyeceğiniz bir deneyim sunuyor. Canlı atmosfer, seyircinin enerjisi, sanatçıların adrenalini - bu büyülü bir bağlantı!

Jamie: (yuvarlanan gözler) Sihir mi? Daha çok bir kalıntı gibi. Biraz iddialı değil mi sizce? Hepsi sadece başka biri gibi davranan kostümlü insanlar.

Alex: (kaşlarını çatarak) Bu sadece rol yapmak değil! Tiyatro insan deneyimini araştırır, bizi toplumsal sorunlarla yüzleşmeye teşvik eder. Her performans sohbeti ateşleyebilir ve değişime ilham verebilir!

Jamie: (kollarını kavuşturarak) Konuşma? Elbette, ama filmlerin de aynı şeyi, hatta bazen daha iyisini yaptığını düşünmüyor musunuz? Daha iyi özel efektlere sahipler ve daha geniş bir kitleye ulaşıyorlar.

Alex: Ama filmler kurguludur! Tiyatro ham ve kendiliğindendir. Oyuncuların sergilediği bir güvenlik açığı var - kalabalıktan besleniyorlar. Tek bir hata tüm geceyi değiştirebilir!

Jamie: (iç çekerek) Kulağa kaotik geliyor, heyecan verici değil. Ya bir oyun izlemeye gittiyseniz ve başrol repliklerini unutursa? Canlandırıcı olmaktan ziyade garip bulurdum.

Alex: (sırıtarak) Bu da çekiciliğin bir parçası! O anlar anılar yaratır. Hala bir aktörün bir pervane arızası nedeniyle reklam verdiği zamandan bahsediyorum. Kusursuz bir mükemmellik arıyorsanız, belki de asıl noktayı kaçırıyorsunuzdur.

Jamie: (bir kaşını kaldırarak) Ama yine de bugünün izleyicisinde yankı uyandırıyor mu? Genç nesiller telefonlarına ve art arda izlenen dizilere yapışmış durumda. Neden saatlerce tiyatroda oturmak istesinler ki?

Alex: (kararlı) Tiyatro uyum sağlayabilir! Kaç tane modern oyunun multimedya içerdiğine ve sosyal medyayla etkileşime girdiğine bakın. Gelişiyor! Ayrıca, bu sadece eğlence ile ilgili değil, aynı zamanda topluluk ve bağlantı ile de ilgilidir.

Jamie: (yumuşayarak) Anladım. Ama yine de, teknolojinin hakim olduğu bir dünyada gerçekten bir yeri var mı?

Alex: Kesinlikle! Bu bir kaçış, ekranlarımızdan bir soluklanma. Bize insan olarak paylaştığımız hikayeleri hatırlatıyor. Benimle gel ve belki de o bağlantıyı tekrar hissedebilirsin!

Jamie: (isteksizce gülümseyerek) Tamam, tamam. Bunu düşüneceğim - ama sonunda sıkılırsam, seni suçluyorum!

Alex: (sırıtarak) Yeterince adil. Sadece açık fikirli olun. Kendinizi şaşırtabilirsiniz!

[**Konuşmaya devam ettikçe sahne kayboluyor, tartışma diğer ilgi alanları hakkında şakacı bir şakaya dönüşüyor.**]

4- The Great Theater Debate

Characters:

- Alex: A passionate theater enthusiast who believes in traditional performances.
- Jamie: A modern theater artist who supports experimental and digital theater.

Scene: A cozy coffee shop, the scent of freshly brewed espresso fills the air. Alex and Jamie sit across from each other, animatedly discussing their views on theater.

Alex: I just don't understand how you can call that avant-garde piece anything close to theater! It was nothing but flashing lights and random sound bites. Where's the story? Where's the craft?

Jamie: Oh, come on, Alex! Theater isn't just about the traditional narrative structure anymore. It's about pushing boundaries and exploring new mediums. That piece challenged the audience to think outside the box.

Alex: But what about the emotional connection? Traditional theater has the ability to transport you to another world through well-crafted dialogue and character development. That experimental stuff felt more like an art installation gone wrong!

Jamie: But the world is changing! If we only stick to the classics, we're ignoring the voices of a whole generation. Look at how technology can enhance storytelling. We have to embrace those new forms!

Alex: I get that, and I appreciate innovation, but it shouldn't come at the cost of substance. There's something magical about watching a live performance that's grounded in human experiences, something raw and relatable.

Jamie: And there's something liberating about breaking free from those expectations! What if the play doesn't have a clear plot or characters? What if it's a reflection of chaos in our modern lives? Isn't that worth exploring too?

Alex: I'm all for exploring chaos, but there's a fine line between chaos and confusion! As a theatergoer, I want to feel something, even if it's discomfort. But when I leave a show completely bewildered, it feels like a waste of time.

Jamie: But isn't that what art is for? To provoke thought and debate? If everyone walks away feeling the same way, where's the growth? Art should challenge us, not just entertain!

Alex: I agree that it should challenge us, but can't it do so while still telling a story? There are countless ways to innovate without losing the essence of what theater is. Shakespeare was groundbreaking for his time, but the core of his work remains timeless.

Jamie: Fair point, but isn't there room in the theater community for both? Traditional and experimental? We need a spectrum of voices to truly represent the world we live in. What if your beloved classics are seen through a new lens?

Alex: I guess that's true. Maybe some experimentation can breathe new life into the old. But I still think there needs to be a balance.

Jamie: Exactly! A little back and forth never hurt anyone. Just think—a fusion show that intertwines Shakespeare with multimedia elements. Wouldn't that be something?

Alex: Now you're speaking my language! As long as I can still hear those beautifully crafted lines, I might just be on board.

Jamie: Deal! Let's create theater that recognizes its roots while reaching for the stars.

(They clink their coffee mugs, both smirking, knowing they'll continue to argue, but with a newfound respect for each other's viewpoints.)

4- Büyük Tiyatro Tartışması

Karakter:

- Alex: Geleneksel performanslara inanan tutkulu bir tiyatro tutkunu.
- Jamie: Deneysel ve dijital tiyatroyu destekleyen modern bir tiyatro sanatçısı.

Sahne: Rahat bir kahve dükkanı, taze demlenmiş espresso kokusu havayı dolduruyor. Alex ve Jamie karşılıklı oturuyorlar ve tiyatro hakkındaki görüşlerini hararetli bir şekilde tartışıyorlar.

Alex: Bu avangart esere nasıl tiyatroya yakın bir şey diyebileceğinizi anlamıyorum! Yanıp sönen ışıklar ve rastgele ses ısırıklarından başka bir şey değildi. Hikaye nerede? Zanaat nerede?

Jamie: Ah, hadi, Alex! Tiyatro artık sadece geleneksel anlatı yapısından ibaret değil. Bu, sınırları zorlamak ve yeni ortamlar keşfetmekle ilgilidir. Bu parça, seyirciyi kalıpların dışında düşünmeye davet etti.

Alex: Peki ya duygusal bağ? Geleneksel tiyatro, iyi hazırlanmış diyalog ve karakter gelişimi yoluyla sizi başka bir dünyaya taşıma yeteneğine sahiptir. Bu deneysel şeyler daha çok yanlış giden bir sanat enstalasyonu gibi geldi!

Jamie: Ama dünya değişiyor! Sadece klasiklere bağlı kalırsak, bütün bir neslin sesini görmezden geliriz. Teknolojinin hikaye anlatımını nasıl geliştirebileceğine bakın. Bu yeni formları kucaklamak zorundayız!

Alex: Bunu anlıyorum ve yeniliği takdir ediyorum, ancak bu içerik pahasına olmamalı. İnsan deneyimlerine dayanan canlı bir performans izlemenin büyülü bir yanı var, ham ve ilişkilendirilebilir bir şey.

Jamie: Ve bu beklentilerden kurtulmanın özgürleştirici bir yanı var! Ya oyunun net bir konusu veya karakterleri yoksa? Ya modern yaşamlarımızdaki kaosun bir yansımasıysa? Bu da keşfetmeye değer değil mi?

Alex: Ben kaosu keşfetmekten yanayım ama kaos ve kafa karışıklığı arasında ince bir çizgi var! Bir tiyatro izleyicisi olarak, rahatsızlık da olsa bir şeyler hissetmek istiyorum. Ama bir gösteriden tamamen şaşkın bir şekilde ayrıldığımda, zaman kaybı gibi geliyor.

Jamie: Ama sanat bunun için değil mi? Düşünceyi ve tartışmayı kışkırtmak için mi? Herkes aynı şekilde hissederek uzaklaşırsa, büyüme nerede? Sanat bize meydan okumalı, sadece eğlendirmekle kalmamalı!

Alex: Bize meydan okuması gerektiğine katılıyorum, ama bunu hala bir hikaye anlatırken yapamaz mı? Tiyatronun özünü kaybetmeden yenilik yapmanın sayısız yolu vardır. Shakespeare, zamanı için çığır açıcıydı, ancak eserinin özü zamansız olmaya devam ediyor.

Jamie: Adil bir nokta, ama tiyatro camiasında her ikisine de yer yok mu? Geleneksel ve deneysel? Yaşadığımız dünyayı gerçekten temsil etmek için bir ses yelpazesine ihtiyacımız var. Ya sevdiğiniz klasikler yeni bir mercekten görülüyorsa?

Alex: Sanırım bu doğru. Belki biraz deney eskiye yeni bir soluk getirebilir. Ama yine de bir denge olması gerektiğini düşünüyorum.

Jamie: Kesinlikle! Biraz ileri geri kimseye zarar vermez. Bir düşünün - Shakespeare'i multimedya öğeleriyle iç içe geçiren bir füzyon gösterisi. Bu bir şey olmaz mıydı?

Alex: Artık benim dilimi konuşuyorsun! Bu güzel hazırlanmış satırları hala duyabildiğim sürece, sadece gemide olabilirim.

Jamie: Anlaştık! Yıldızlara uzanırken köklerini tanıyan bir tiyatro yaratalım.

(Kahve fincanlarını tokuşturuyorlar, ikisi de sırıtıyor, tartışmaya devam edeceklerini biliyorlar, ama birbirlerinin bakış açılarına yeni bir saygı duyuyorlar.)

5- A cozy coffee shop with small tables

A cozy coffee shop with small tables, the sound of clinking cups and quiet chatter in the background. JESS and SAM, two friends with a passion for the arts, engage in a spirited debate about theater.

JESS: Honestly, Sam, I think modern theater has completely lost the plot. It's all about flashy productions and big names now. What happened to the subtlety and depth of classic plays?

SAM: Are you kidding me? Modern theater is a breath of fresh air! It's evolving and pushing boundaries. The themes are more relevant than ever, tackling issues that resonate with today's audience.

JESS: But at what cost? Some of these experimental pieces are so abstract that they lose their emotional impact. You walk out feeling confused instead of moved. I'd rather see a classic done well than a meaningless avant-garde piece.

SAM: I get what you're saying, but isn't it important to challenge audiences? Theater should make you think! Plus, classics can be overdone. How many times can we sit through Hamlet or A Streetcar Named Desire before it feels stale?

JESS: Sure, but the reason those plays are classics is that they have universal themes and strong storytelling. You can't just disregard the foundations of theater because something shiny catches your eye.

SAM: I'm not saying we should disregard them, but we also shouldn't ignore new perspectives. Take that recent play about climate change—how often do you see something so relevant and urgent on stage? It's not just entertainment; it's commentary!

JESS: Commentary, yes, but it still has to be engaging! I watched that play, and when the lights went out, I thought I left the theater and walked into a PowerPoint presentation. Great message, but it felt more like a lecture than a performance.

SAM: Maybe being challenged isn't always comfortable. Theater should provoke, make us squirm a little. Besides, not every modern piece is like that. Have you seen the latest adaptation of a contemporary novel? Those can be brilliant!

JESS: I guess I just long for the storytelling that resonates on a deeper emotional level—something that stays with you long after you leave the theater. More poetry, less performance art.

SAM: And I appreciate that, but I think there's room for all kinds of theater. The beauty of it lies in its diversity. You might be surprised how a different kind of storytelling can resonate with you if you give it a chance.

JESS: Maybe you're right. I'll try to keep an open mind. But the next time I hear about another experimental piece, I might just need a strong coffee to stomach it!

SAM: Deal! And who knows, maybe I can turn you into a fan of modern theater yet!

They both laugh, sipping their coffee, a friendly truce as they continue discussing their love for the theater.

5- Küçük masaları olan şirin bir kahve dükkanı

Küçük masaları, tokuşturulan fincanların sesi ve arka planda sessiz gevezelikleri olan rahat bir kahve dükkanı. Sanata tutkuyla bağlı iki arkadaş olan JESS ve SAM, tiyatro hakkında hararetli bir tartışmaya girerler.

JESS: Dürüst olmak gerekirse, Sam, modern tiyatronun olay örgüsünü tamamen kaybettiğini düşünüyorum. Artık her şey gösterişli yapımlar ve büyük isimlerle ilgili. Klasik oyunların inceliğine ve derinliğine ne oldu?

SAM: Benimle dalga mı geçiyorsun? Modern tiyatro yeni bir soluktur! Gelişiyor ve sınırları zorluyor. Temalar her zamankinden daha alakalı ve günümüz izleyicisinde yankı uyandıran sorunları ele alıyor.

JESS: Ama ne pahasına? Bu deneysel eserlerden bazıları o kadar soyut ki duygusal etkilerini kaybediyorlar. Hareket etmek yerine kafanız karışmış hissederek dışarı çıkarsınız. Anlamsız bir avangart parçadan ziyade iyi yapılmış bir klasiği görmeyi tercih ederim.

SAM: Ne dediğini anlıyorum, ama izleyicilere meydan okumak önemli değil mi? Tiyatro düşündürmeli! Ayrıca, klasikler aşırıya kaçabilir. Hamlet'i ya da Arzu Tramvayı'nı bayatlamadan önce kaç kez oturabiliriz?

JESS: Elbette, ama bu oyunların klasik olmasının nedeni, evrensel temalara ve güçlü hikaye anlatımına sahip olmalarıdır. Gözünüze parlak bir şey çarpıyor diye tiyatronun temellerini göz ardı edemezsiniz.

SAM: Onları göz ardı etmemiz gerektiğini söylemiyorum, ama aynı zamanda yeni bakış açılarını da görmezden gelmemeliyiz. İklim değişikliğiyle ilgili son oyunu ele alalım - sahnede bu kadar alakalı ve acil bir şeyi ne sıklıkla görüyorsunuz? Bu sadece eğlence değil; Bu bir yorum!

JESS: Yorum, evet, ama yine de ilgi çekici olmalı! O oyunu izledim ve ışıklar söndüğünde tiyatrodan çıktığımı ve bir PowerPoint sunumuna girdiğimi düşündüm. Harika bir mesaj, ama bir performanstan çok bir ders gibi hissettim.

SAM: Belki de meydan okumak her zaman rahat değildir. Tiyatro kışkırtmalı, bizi biraz kıvrandırmalı. Kaldı ki her modern parça böyle değildir. Çağdaş bir romanın en son uyarlamasını gördünüz mü? Bunlar harika olabilir!

JESS: Sanırım daha derin bir duygusal düzeyde yankılanan hikaye anlatımını özlüyorum - tiyatrodan ayrıldıktan çok sonra bile seninle kalan bir şey. Daha fazla şiir, daha az performans sanatı.

SAM: Ve bunu takdir ediyorum, ama bence her tür tiyatro için yer var. Bunun güzelliği çeşitliliğinde yatmaktadır. Bir şans verirseniz, farklı bir hikaye anlatımının sizinle nasıl rezonansa girebileceğine şaşırabilirsiniz.

JESS: Belki de haklısın. Açık fikirli olmaya çalışacağım. Ama bir dahaki sefere başka bir deneysel parça duyduğumda, midemi bulandırmak için sadece güçlü bir kahveye ihtiyacım olabilir!

SAM: Anlaştık! Ve kim bilir, belki de sizi henüz bir modern tiyatro hayranı haline getirebilirim!

İkisi de gülüyor, kahvelerini yudumluyor, tiyatroya olan sevgilerini tartışmaya devam ederken dostça bir ateşkes.

At pet shop

Evcil hayvan dükkanında

1- Samantha and Jake

A cozy pet shop filled with the sounds of barking dogs, chirping birds, and the rustling of small animals in their cages. The shop is filled with colorful toys, pet food, and various habitats.

Characters:

- Samantha: A first-time pet owner, excited but a bit overwhelmed.
- Jake: A knowledgeable pet shop employee, friendly and eager to help.

Samantha: (looking around the shop) Wow, there are so many animals! I didn't expect it to be this busy.

Jake: (approaching her with a smile) It can be a bit overwhelming at first! What kind of pet are you thinking about getting?

Samantha: I'm not entirely sure... I've always loved dogs, but I heard they require a lot of time and attention.

Jake: That's true! Dogs are wonderful companions, but they do need regular walks and playtime. How much time do you have to dedicate to a pet each day?

Samantha: I work full-time during the week. I can take them for walks in the morning and evening, but I'm not home during the day.

Jake: In that case, maybe a dog isn't the best choice. Have you considered getting a cat or perhaps something smaller, like a hamster or a guinea pig?

Samantha: (pondering) I hadn't thought about that. A cat could be nice... I've heard they're more independent.

Jake: Exactly! Cats are typically more self-sufficient. They enjoy their alone time and can be left during the day, as long as they have food, water, and some toys to keep them entertained.

Samantha: Do you have cats for adoption here?

Jake: Yes, we have a few! Let's take a look at them. (gestures towards the cat section)

Samantha: (walking over, glancing at the cats) They're so cute! Look at that one! (points to a fluffy orange tabby)

Jake: That's Mango! He's around two years old, very playful and friendly. Loves to cuddle too!

Samantha: (bending down to get a closer look) He looks like he has such a sweet personality. What about his care? Is it a lot different from a dog?

Jake: Not really! Cats need good quality food, fresh water, and a clean litter box. Regular vet check-ups are important too. Plus, you'll want to spend time playing with him to keep him stimulated.

Samantha: Sounds manageable! What do you think is the most important thing for a first-time cat owner to know?

Jake: I'd say patience is key. Every cat has its own personality, and it might take some time for Mango to adjust to a new home. Just give him space when he needs it, and soon he'll come to trust you.

Samantha: That makes sense. I think I want to meet him! Can we do that?

Jake: Absolutely! I'll grab a few treats to help you bond with him.

Samantha: (smiling) This is exciting! I can't believe I might be bringing home a new friend today.

Jake: (grinning) We'll make sure it's a perfect match. Let's go meet Mango!

The scene ends with Samantha glowing with hope and anticipation, ready to meet her potential new pet.

1- Samantha ve Jake

Havlayan köpeklerin, cıvıl cıvıl kuşların ve kafeslerindeki küçük hayvanların hışırtılarıyla dolu şirin bir evcil hayvan dükkanı. Dükkan rengarenk oyuncaklar, evcil hayvan maması ve çeşitli yaşam alanlarıyla dolu.

Karakter:

- Samantha: İlk kez evcil hayvan sahibi, heyecanlı ama biraz bunalmış.
- Jake: Bilgili bir evcil hayvan dükkanı çalışanı, arkadaş canlısı ve yardım etmeye istekli.

Samantha: (dükkanın etrafına bakarak) Vay canına, o kadar çok hayvan var ki! Bu kadar yoğun olmasını beklemiyordum.

Jake: (ona gülümseyerek yaklaşarak) İlk başta biraz bunaltıcı olabilir! Ne tür bir evcil hayvan almayı düşünüyorsunuz?

Samantha: Tam olarak emin değilim... Köpekleri her zaman sevmişimdir, ama çok zaman ve dikkat gerektirdiklerini duydum.

Jake: Bu doğru! Köpekler harika arkadaşlardır, ancak düzenli yürüyüşlere ve oyun zamanına ihtiyaçları vardır. Her gün bir evcil hayvana ne kadar zaman ayırmanız gerekiyor?

Samantha: Hafta içi tam zamanlı çalışıyorum. Onları sabah ve akşam yürüyüşe çıkarabiliyorum ama gündüzleri evde değilim.

Jake: Bu durumda, belki de bir köpek en iyi seçim değildir. Bir kedi ya da belki de hamster ya da kobay gibi daha küçük bir şey almayı düşündünüz mü?

Samantha: (düşünerek) Bunu hiç düşünmemiştim. Bir kedi iyi olabilir... Daha bağımsız olduklarını duydum.

Jake: Kesinlikle! Kediler tipik olarak kendi kendine yeterlidir. Yalnız zamanlarının tadını çıkarırlar ve yiyecekleri, suları ve onları eğlendirecek bazı oyuncakları olduğu sürece gün içinde bırakılabilirler.

Samantha: Burada evlat edinilecek kedileriniz var mı?

Jake: Evet, birkaç tane var! Onlara bir göz atalım. (kedi bölümüne doğru hareket eder)

Samantha: (yürüyor, kedilere bakıyor) Çok tatlılar! Şuna bak! (kabarık turuncu bir tekiri işaret eder)

Jake: Bu Mango! Yaklaşık iki yaşında, çok eğlenceli ve arkadaş canlısı. Sarılmayı da seviyor!

Samantha: (daha yakından bakmak için eğilerek) Çok tatlı bir kişiliğe sahip gibi görünüyor. Peki ya bakımı? Bir köpekten çok farklı mı?

Jake: Pek sayılmaz! Kedilerin kaliteli mamaya, tatlı suya ve temiz bir kum kabına ihtiyacı vardır. Düzenli veteriner kontrolleri de önemlidir. Ayrıca, onu uyarmak için onunla oynamak için zaman harcamak isteyeceksiniz.

Samantha: Kulağa yönetilebilir geliyor! Sizce ilk kez kedi sahibi olan birinin bilmesi gereken en önemli şey nedir?

Jake: Sabrın anahtar olduğunu söyleyebilirim. Her kedinin kendine özgü bir kişiliği vardır ve Mango'nun yeni bir eve alışması biraz zaman alabilir. İhtiyacı olduğunda ona yer verin ve yakında size güvenmeye başlayacaktır.

Samantha: Bu mantıklı. Sanırım onunla tanışmak istiyorum! Bunu yapabilir miyiz?

Jake: Kesinlikle! Onunla bağ kurmanıza yardımcı olacak birkaç ödül alacağım.

Samantha: (gülümseyerek) Bu heyecan verici! Bugün eve yeni bir arkadaş getirebileceğime inanamıyorum.

Jake: (sırıtarak) Mükemmel bir eşleşme olduğundan emin olacağız. Hadi Mango ile tanışalım!

Sahne, Samantha'nın potansiyel yeni evcil hayvanıyla tanışmaya hazır bir şekilde umut ve beklentiyle parlamasıyla sona erer.

2- This place is amazing

A bright, bustling pet shop filled with various animals, toys, and supplies. The sound of barking dogs and chirping birds fills the air.

Characters: Emma (a curious young woman) and Jake (a friendly pet shop employee)

Emma: (enters the shop, looking around with wide eyes) Wow, this place is amazing! I didn't realize how many pets you had.

Jake: (smiling) Thanks! We pride ourselves on having a little bit of everything. Are you looking for anything specific today?

Emma: I'm thinking about getting a pet, but I'm not sure what would be the best fit for me. I live in a small apartment.

Jake: Got it! How much space do you have, and how active are you?

Emma: Well, it's just me and I work a lot, so I need something that doesn't require constant attention.

Jake: Sounds like a smaller pet might be ideal then. Have you considered a guinea pig or a cat? They're both relatively low-maintenance.

Emma: I've thought about a cat, but I'm not sure how they'd do in a small space.

Jake: Cats are quite adaptable! As long as you provide them with some playtime, they can be perfectly happy in an apartment. Plus, they're very independent.

Emma: That sounds great! What about the grooming? I've heard cats can be a handful.

Jake: It depends on the breed. Long-haired cats will need more grooming than short-haired ones. We have a few adorable short-haired options right over there.

(Jake points towards a section with playful kittens.)

Emma: (walking over, kneeling to peek into the enclosure) Oh my gosh, they're so cute! I could spend all day watching them play.

Jake: They're definitely entertaining! Just remember, while they can be independent, they still need love and attention.

Emma: Good to know! How do I know if a cat will have a good temperament?

Jake: Observe how they interact with each other. The ones that are playful and confident are usually good choices. Also, ask about their backgrounds. We have all the info on them.

Emma: (gesturing to a little gray kitten batting at a toy) I think I'm falling in love!

Jake: (chuckling) That one has a great personality! Would you like to take it out and see how it interacts with you?

Emma: Really? Yes, I'd love to!

(Jake carefully picks up the kitten and hands it to Emma, who can't help but smile as the kitten nuzzles against her.)

Emma: I think we might be a match!

Jake: That's fantastic! After you decide, I can help you with supplies to get started.

Emma: Yes, yes! Let's do it!

(They walk toward the checkout, and the kitten playfully swats at Emma's hair along the way.)

2- Burası muhteşem

Çeşitli hayvanlar, oyuncaklar ve malzemelerle dolu parlak, hareketli bir evcil hayvan dükkanı. Havlayan köpeklerin ve cıvıl cıvıl kuşların sesi havayı dolduruyor.

Karakterler: Emma (meraklı bir genç kadın) ve Jake (arkadaş canlısı bir evcil hayvan dükkanı çalışanı)

Emma: (dükkana girer, kocaman gözlerle etrafa bakar) Vay canına, burası harika! Kaç tane evcil hayvanın olduğunu fark etmedim.

Jake: (gülümseyerek) Teşekkürler! Her şeyden biraz sahip olmaktan gurur duyuyoruz. Bugün özel bir şey mi arıyorsunuz?

Emma: Bir evcil hayvan almayı düşünüyorum ama benim için en uygun olanın ne olacağından emin değilim. Küçük bir apartman dairesinde yaşıyorum.

Jake: Anladım! Ne kadar alanınız var ve ne kadar aktifsiniz?

Emma: Şey, sadece ben ve çok çalışıyorum, bu yüzden sürekli dikkat gerektirmeyen bir şeye ihtiyacım var.

Jake: O zaman daha küçük bir evcil hayvan ideal olabilir gibi görünüyor. Bir kobay ya da kedi düşündünüz mü? Her ikisi de nispeten az bakım gerektirir.

Emma: Bir kedi hakkında düşündüm, ama küçük bir alanda nasıl yapacaklarından emin değilim.

Jake: Kediler oldukça uyumlu! Onlara biraz oyun zamanı sağladığınız sürece, bir apartman dairesinde mükemmel bir şekilde mutlu olabilirler. Ayrıca, çok bağımsızdırlar.

Emma: Kulağa harika geliyor! Peki ya tımar? Kedilerin bir avuç olabileceğini duydum.

Jake: Cinsine göre değişir. Uzun tüylü kediler, kısa tüylü kedilerden daha fazla tımarlamaya ihtiyaç duyacaktır. Orada birkaç sevimli kısa saçlı seçeneğimiz var.

(Jake, oyuncu yavru kedilerin olduğu bir bölümü işaret ediyor.)

Emma: (yürüyor, muhafazaya bakmak için diz çöküyor) Aman Tanrım, çok tatlılar! Bütün günümü onların oyunlarını izleyerek geçirebilirdim.

Jake: Kesinlikle eğlenceliler! Unutmayın, bağımsız olabilseler de yine de sevgiye ve ilgiye ihtiyaçları vardır.

Emma: Bunu bildiğim iyi oldu! Bir kedinin iyi bir mizaca sahip olup olmadığını nasıl anlarım?

Jake: Birbirleriyle nasıl etkileşime girdiklerini gözlemleyin. Eğlenceli ve kendine güvenen olanlar genellikle iyi seçimlerdir. Ayrıca, geçmişleri hakkında da sorun. Onlarla ilgili tüm bilgilere sahibiz.

Emma: (bir oyuncağa vuran küçük gri bir kedi yavrusunu işaret ederek) Sanırım aşık oluyorum!

Jake: (kıkırdar) Onun harika bir kişiliği var! Onu çıkarmak ve sizinle nasıl etkileşime girdiğini görmek ister misiniz?

Emma: Gerçekten mi? Evet, çok isterim!

(Jake yavru kediyi dikkatlice alır ve yavru kedi ona burun kıvırırken gülümsemekten kendini alamayan Emma'ya verir.)

Emma: Sanırım bir eşleşme olabiliriz!

Jake: Bu harika! Karar verdikten sonra, başlamanız için size malzeme konusunda yardımcı olabilirim.

Emma: Evet, evet! Haydi Yapalım şunu!

(Kasaya doğru yürürler ve yavru kedi yol boyunca şakacı bir şekilde Emma'nın saçına bakar.)

3- A customer

A cozy pet shop filled with various animals and their supplies. The scent of pet food and the sound of excited barks and chirps fill the air. A customer, Sarah, walks in and approaches the counter where Tom, the shop owner, is organizing some snacks.

Sarah: (smiling) Hi there! I'm looking to adopt a pet, but I'm not sure what would be best for me.

Tom: (cheerfully) Well, you've come to the right place! What kind of lifestyle do you have? Are you looking for something active, or maybe a cuddly companion?

Sarah: I work from home most days, so I have time to take care of a pet. I'd love something affectionate but maybe not too high-energy.

Tom: Great! Let's see... (gestures towards a cozy corner) How about this little guy? This is Benny, a six-month-old French Bulldog. He loves cuddling and is pretty laid-back.

Sarah: (kneeling down to look at Benny) Aww, he's adorable! Does he need a lot of exercise?

Tom: Not too much. He's perfect for short walks and loves to lounge around with his humans. What are your thoughts on grooming?

Sarah: I would prefer something low maintenance. My schedule can get quite hectic!

Tom: Perfect! French Bulldogs have short coats, so they're easy to groom. You just need to keep an eye on his ears and skin folds.

Sarah: (petting Benny gently) He seems like a good fit! What else do I need to prepare for if I decide to adopt him?

Tom: You'll need to think about food, toys, and a comfy bed. Plus, some gentle training will go a long way with his behavior. We have some great training classes nearby if you're interested.

Sarah: (nodding) That sounds doable! I think I'm falling for him. Is there anything specific I should know about French Bulldogs?

Tom: They can be prone to some health issues, especially respiratory problems. It's important to monitor his breathing, especially in hot weather. Also, they can be stubborn little ones, so patience is key!

Sarah: (smiling) I think I can manage that! I've always wanted a dog that's a little quirky.

Tom: He's definitely got personality! Would you like to take him for a short walk around the shop to see how you both get along?

Sarah: I'd love to! (stands up, excitedly) Let's do it, Benny!

Tom: (hands Sarah a leash) Here you go! Just take it slow and let him explore a little.

(As Sarah and Benny stroll around, they encounter other animals in the shop, and Sarah's smile grows bigger.)

Sarah: (laughs) Look at him sniff everything! This is the best decision!

Tom: I think you two are going to be great together! Just remember, adopting is a commitment, but it sounds like you're ready for it.

Sarah: (looking at Benny with affection) Oh, I absolutely am. Let's make this official!

(Tom smiles as they walk back to the counter to complete the adoption process, knowing that another happy pet owner is about to begin their journey.)

3- Bir müşteri

Çeşitli hayvanlar ve malzemeleri ile dolu şirin bir evcil hayvan dükkanı. Evcil hayvan mamasının kokusu ve heyecanlı havlamaların ve cıvıltıların sesi havayı doldurur. Bir müşteri, Sarah, içeri girer ve dükkan sahibi Tom'un atıştırmalıklar düzenlediği tezgaha yaklaşır.

Sarah: (gülümseyerek) Merhaba! Bir evcil hayvan sahiplenmek istiyorum ama benim için en iyisinin ne olacağından emin değilim.

Tom: (neşeyle) Pekala, doğru yere geldiniz! Nasıl bir yaşam tarzınız var? Aktif bir şey mi arıyorsunuz, yoksa sevimli bir arkadaş mı?

Sarah: Çoğu gün evden çalışıyorum, bu yüzden bir evcil hayvana bakmak için zamanım var. Sevecen bir şey isterdim ama belki de çok yüksek enerjili değil.

Tom: Harika! Bakalım... (rahat bir köşeye doğru hareketler) Bu küçük adama ne dersin? Bu Benny, altı aylık bir Fransız Bulldog. Sarılmayı sever ve oldukça rahattır.

Sarah: (Benny'ye bakmak için diz çökerek) Ah, o çok sevimli! Çok fazla egzersize ihtiyacı var mı?

Tom: Çok fazla değil. Kısa yürüyüşler için mükemmeldir ve insanlarıyla birlikte dinlenmeyi sever. Bakım hakkında ne düşünüyorsun?

Sarah: Az bakım gerektiren bir şeyi tercih ederim. Programım oldukça telaşlı olabilir!

Tom: Mükemmel! Fransız Bulldoglarının kısa tüyleri vardır, bu yüzden tımarları kolaydır. Sadece kulaklarına ve cilt kıvrımlarına göz kulak olmanız gerekiyor.

Sarah: (Benny'yi nazikçe okşayarak) İyi bir uyum gibi görünüyor! Onu evlat edinmeye karar verirsem başka neye hazırlanmam gerekiyor?

Tom: Yemek, oyuncaklar ve rahat bir yatak hakkında düşünmeniz gerekecek. Ayrıca, bazı nazik eğitimler davranışlarında uzun bir yol kat edecektir. İlgileniyorsanız, yakınlarda harika eğitim sınıflarımız var.

Sarah: (başını sallayarak) Kulağa yapılabilir geliyor! Sanırım ona aşık oluyorum. Fransız Bulldogları hakkında bilmem gereken özel bir şey var mı?

Tom: Bazı sağlık sorunlarına, özellikle solunum problemlerine yatkın olabilirler. Özellikle sıcak havalarda solunumunu izlemek önemlidir. Ayrıca inatçı küçükler olabilirler, bu yüzden sabır çok önemlidir!

Sarah: (gülümseyerek) Sanırım bunu başarabilirim! Her zaman biraz tuhaf bir köpek istemişimdir.

Tom: Kesinlikle bir kişiliği var! İkinizin de nasıl anlaştığını görmek için onu dükkanın etrafında kısa bir yürüyüşe çıkarmak ister misiniz?

Sarah: Çok isterim! (heyecanla ayağa kalkar) Hadi yapalım Benny!

Tom: (Sarah'ya tasma verir) Hadi bakalım! Sadece yavaşlayın ve biraz keşfetmesine izin verin.

(Sarah ve Benny etrafta dolaşırken dükkanda başka hayvanlarla karşılaşırlar ve Sarah'nın gülümsemesi daha da büyür.)

Sarah: (gülüyor) Ona bak, her şeyi kokla! Bu en iyi karar!

Tom: Bence ikiniz birlikte harika olacaksınız! Unutmayın, evlat edinmek bir taahhüttür, ancak bunun için hazırmışsınız gibi görünüyor.

Sarah: (Benny'ye sevgiyle bakarak) Oh, kesinlikle öyleyim. Bunu resmileştirelim!

(Tom, başka bir mutlu evcil hayvan sahibinin yolculuğuna başlamak üzere olduğunu bilerek, evlat edinme sürecini tamamlamak için tezgaha geri dönerken gülümsüyor.)

4- The shop owner

Inside a bustling pet shop. The walls are lined with colorful fish tanks, birdcages filled with chirping birds, and rows of adorable puppies and kittens in playpens. Customers browse through aisles filled with toys, food, and pet supplies.

Characters:

- Emily: A young woman in her late 20s, looking for a pet.
- Jake: The friendly pet shop employee.
- Mr. Thompson: An elderly man who's looking for a gift for his granddaughter.

Emily: (walking up to a puppy pen) Oh my gosh, look at these little guys! They're so cute!

Jake: (smiling) Right? Those golden retriever puppies are the biggest crowd-pleasers. They're as playful as they look!

Emily: (bending down to pet a puppy) I can't decide if I want a puppy or a kitten. They're both so adorable!

Jake: (nods) It really depends on your lifestyle. Puppies need a lot of exercise and training, while kittens generally require less active care but can be quite mischievous!

Emily: (sighs) I live in a small apartment; I think a kitten might be better. Any recommendations?

Jake: We have some lovely tabby kittens in the back. They're playful and affectionate, perfect for an apartment setting!

Mr. Thompson: (approaching with a birdcage) Excuse me, young man. I'm looking to buy a parakeet for my granddaughter. Do you have any recommendations?

Jake: Absolutely! We have several colorful parakeets right here. They're great companions and can be taught to talk. How old is your granddaughter?

Mr. Thompson: She just turned six. I think she'd love the interaction.

Jake: In that case, I'd recommend the green one; he's very playful and loves attention. Do you want to check him out?

Mr. Thompson: (smiling) Yes, please. My granddaughter would be thrilled!

Emily: (still watching the puppies) I think I might just stand here for a while and let them win me over.

Jake: (chuckling) That's a classic move. Just be careful; they can be very persuasive!

Emily: (laughs) I can see that! How about we make a deal? If you help me with the kittens, I promise to take home a puppy next time!

Jake: (grinning) I'll hold you to that! Let's go see those kittens!

(They walk toward the back of the shop while Mr. Thompson carefully inspects the parakeets with excitement.)

4- Dükkan sahibi

Hareketli bir evcil hayvan dükkanının içinde. Duvarlar rengarenk balık tankları, cıvıl cıvıl kuşlarla dolu kuş kafesleri ve oyun parklarında sıra sıra sevimli köpek yavruları ve yavru kedilerle kaplı. Müşteriler oyuncak, yiyecek ve evcil hayvan malzemeleriyle dolu koridorlara göz atıyor.

Karakter:

- Emily: 20'li yaşlarının sonlarında evcil hayvan arayan genç bir kadın.
- Jake: Dost canlısı evcil hayvan dükkanı çalışanı.
- Bay Thompson: Torunu için bir hediye arayan yaşlı bir adam.

Emily: (bir köpek yavrusu ağılına doğru yürüyerek) Aman Tanrım, şu küçük adamlara bak! Çok tatlılar!

Jake: (gülümseyerek) Değil mi? Bu golden retriever yavruları kalabalığı en çok memnun edenlerdir. Göründükleri kadar eğlenceliler!

Emily: (bir köpek yavrusu okşamak için eğilerek) Bir köpek yavrusu mu yoksa yavru kedi mi istediğime karar veremiyorum. İkisi de çok sevimli!

Jake: (başını sallar) Bu gerçekten senin yaşam tarzına bağlı. Yavru köpekler çok fazla egzersiz ve eğitime ihtiyaç duyarken, yavru kediler genellikle daha az aktif bakıma ihtiyaç duyar ancak oldukça yaramaz olabilir!

Emily: (iç çeker) Küçük bir apartman dairesinde yaşıyorum; Bence bir yavru kedi daha iyi olabilir. Herhangi bir öneri var mı?

Jake: Arkada çok sevimli tekir yavru kediler var. Eğlenceli ve sevecenler, bir apartman ortamı için mükemmeller!

Bay Thompson: (Kuş kafesiyle yaklaşarak) Affedersiniz genç adam. Torunum için bir muhabbet kuşu almak istiyorum. Herhangi bir tavsiyeniz var mı?

Jake: Kesinlikle! Burada birkaç renkli muhabbet kuşumuz var. Onlar harika arkadaşlardır ve konuşmayı öğretebilirler. Torununuz kaç yaşında?

Bay Thompson: Altı yaşına yeni bastı. Etkileşimi seveceğini düşünüyorum.

Jake: O durumda, yeşil olanı öneririm; çok eğlenceli ve ilgiyi seviyor. Onu kontrol etmek ister misin?

Bay Thompson: (gülümseyerek) Evet, lütfen. Torunum çok heyecanlanırdı!

Emily: (hala yavru köpekleri izliyor) Sanırım bir süreliğine burada durabilir ve beni kazanmalarına izin verebilirim.

Jake: (kıkırdar) Bu klasik bir hareket. Sadece dikkatli ol; Çok ikna edici olabilirler!

Emily: (gülüyor) Bunu görebiliyorum! Bir anlaşma yapsak nasıl olur? Yavru kedilerde bana yardım edersen, bir dahaki sefere eve bir köpek yavrusu götüreceğime söz veriyorum!

Jake: (sırıtarak) Seni buna tutacağım! Hadi o yavru kedileri görmeye gidelim!

(Bay Thompson muhabbet kuşlarını heyecanla dikkatle incelerken dükkanın arkasına doğru yürüyorlar.)

5- A cheerful pet shop

A cheerful pet shop bustling with customers and the sounds of barking dogs, chirping birds, and the rustling of small animals.

Characters: Sarah (a young woman in her 20s), Mark (a friendly shop employee), and a curious little girl named Lily with her mom.

Sarah: (looking around) Wow, this place is amazing! I didn't realize how many different pets you had.

Mark: (smiling) Thanks! We have everything from furry friends to scaly companions. Looking for something specific?

Sarah: I'm thinking about getting a dog. My apartment allows pets, but I'm not sure what breed would be best for me.

Mark: Do you have a lot of space? And are you active? Some breeds need more exercise than others.

Sarah: I live in a one-bedroom apartment. I run in the mornings, but I'm not home during the day.

Mark: In that case, you might want to consider a breed that doesn't require too much grooming and can handle being alone for a bit. A French Bulldog or a Cavalier King Charles Spaniel could be good options.

Lily: (tugging on her mom's sleeve) Mommy, can we get a puppy? Please, please?

Mom: (smiling) We'll see, sweetie. We're just looking for now.

Mark: (kneeling down to Lily's level) If you could have any puppy, what kind would you want?

Lily: (eyes wide) A golden retriever! They're so fluffy and friendly!

Sarah: (laughs) They really are! I've always found them to be super loving.

Mark: (pointing towards a play area) We actually have a litter of golden retriever puppies back there. Would you like to see them?

Lily: (jumping with excitement) Yes, please!

Mom: (sighs playfully) Alright, just for a quick look.

(They all walk toward the back of the store, and soon they see a cute litter of puppies tumbling over each other.)

Lily: (gasping) Oh my gosh! They're so cute!

Sarah: (smiling) They really are. I can't believe how energetic they are!

Mark: (watching the puppies) They are just starting to learn how to play. They'll be ready for adoption in a few weeks!

Lily: (kneeling down, trying to pet one) Can I hold one, Mommy?

Mom: (looking at Mark) Is it safe for her to hold one, or are they too wiggly?

Mark: (nodding) It's safe! I can help you, Lily. Just sit down and I'll hand one to you.

(Mark carefully hands a golden retriever puppy to Lily, who beams with joy.)

Lily: (giggling) He's so soft! Can we take him home?

Mom: (smiling) We'll need to think about it. But how cute is he?

Sarah: (softening) If I didn't have my heart set on a smaller dog, I would be so tempted too!

Mark: (watching the happy scene) It's really a great time to adopt. These puppies will bring so much joy.

(The group continues to play with the puppies, laughter filling the air as the shop buzzes with life.)

5- Neşeli bir evcil hayvan dükkanı

Müşterilerle ve havlayan köpeklerin sesleri, cıvıl cıvıl kuşlar ve küçük hayvanların hışırtılarıyla dolup taşan neşeli bir evcil hayvan dükkanı.

Karakterler: Sarah (20'li yaşlarında genç bir kadın), Mark (arkadaş canlısı bir dükkan çalışanı) ve annesiyle birlikte Lily adında meraklı küçük bir kız.

Sarah: (etrafına bakınarak) Vay canına, burası harika! Kaç farklı evcil hayvanınız olduğunu fark etmedim.

Mark: (gülümseyerek) Teşekkürler! Tüylü arkadaşlardan pullu arkadaşlara kadar her şeye sahibiz. Belirli bir şey mi arıyorsunuz?

Sarah: Bir köpek almayı düşünüyorum. Dairem evcil hayvanlara izin veriyor, ancak hangi cinsin benim için en iyi olacağından emin değilim.

Mark: Çok fazla alanınız var mı? Ve aktif misin? Bazı ırklar diğerlerinden daha fazla egzersize ihtiyaç duyar.

Sarah: Tek yatak odalı bir dairede yaşıyorum. Sabahları koşuyorum ama gündüzleri evde olmuyorum.

Mark: Bu durumda, çok fazla bakım gerektirmeyen ve bir süreliğine yalnız kalmayı kaldırabilen bir cins düşünmek isteyebilirsiniz. Bir Fransız Bulldog veya bir Cavalier King Charles Spaniel iyi seçenekler olabilir.

Lily: (annesinin kolunu çekiştirerek) Anne, bir köpek yavrusu alabilir miyiz? Lütfen, lütfen?

Anne: (gülümseyerek) Göreceğiz tatlım. Şimdilik sadece arıyoruz.

Mark: (Lily'nin seviyesine diz çökerek) Eğer herhangi bir köpek yavrusu alabilseydin, ne tür bir köpek isterdin?

Lily: (gözleri kocaman açılmış) Bir golden retriever! Çok kabarık ve arkadaş canlısılar!

Sarah: (gülüyor) Gerçekten öyleler! Onları her zaman çok sevgi dolu bulmuşumdur.

Mark: (bir oyun alanını işaret ederek) Aslında orada bir sürü golden retriever yavrusu var. Onları görmek ister misiniz?

Lily: (heyecanla zıplayarak) Evet, lütfen!

Anne: (şakacı bir şekilde iç çeker) Pekala, sadece hızlı bir bakış için.

(Hepsi mağazanın arkasına doğru yürürler ve kısa süre sonra birbirlerinin üzerine yuvarlanan sevimli bir köpek yavrusu görürler.)

Lily: (nefes nefese) Aman Tanrım! Çok tatlılar!

Sarah: (gülümseyerek) Gerçekten öyleler. Ne kadar enerjik olduklarına inanamıyorum!

Mark: (yavru köpekleri izlerken) Nasıl oynanacağını öğrenmeye yeni başlıyorlar. Birkaç hafta içinde evlat edinilmeye hazır olacaklar!

Lily: (diz çökerek, birini okşamaya çalışarak) Bir tane tutabilir miyim anne?

Anne: (Mark'a bakarak) Bir tane tutması güvenli mi, yoksa çok mu kıpır kıpır?

Mark: (başını sallayarak) Güvenli! Sana yardım edebilirim Lily. Sadece otur ve sana bir tane vereceğim.

(Mark, sevinçle parlayan Lily'ye dikkatlice bir golden retriever köpek yavrusu verir.)

Lily: (kıkırdar) O çok yumuşak! Onu eve götürebilir miyiz?

Anne: (gülümseyerek) Bunun hakkında düşünmemiz gerekecek. Ama o ne kadar tatlı?

Sarah: (yumuşayarak) Eğer kalbim daha küçük bir köpeğe bağlı olmasaydı, ben de çok cezbedilirdim!

Mark: (mutlu sahneyi izlerken) Evlat edinmek için gerçekten harika bir zaman. Bu köpek yavruları çok fazla neşe getirecek.

(Grup yavru köpeklerle oynamaya devam ediyor, dükkan hayatla dolup taşarken kahkahalar havayı dolduruyor.)

At the bank

Bankada

1- Mr. Johnson

Inside a bustling bank branch. Customers are in line, and tellers are busy assisting them.

Characters:

- **Samantha: A young woman in her late twenties, looking a bit anxious.**
- **Mr. Johnson: A friendly bank teller in his forties.**
- **Old Mrs. Thompson: An elderly woman waiting in line behind Samantha.**

Samantha: (approaching the counter) Hi there! I hope you can help me. I'm trying to withdraw some money, but my card isn't working.

Mr. Johnson: (smiling) Of course! Let's take a look. Can I have your ID, please?

Samantha: (nervously rummaging through her bag) Sure! Ugh, where is it...? (finds it and hands it over) Here you go.

Mr. Johnson: (taking the ID) Thank you. Just a moment, let me check your account. (types on the computer) It looks like your card might have been temporarily locked due to some unusual activity. Did you try to use it in a different location recently?

Samantha: (sighs) Oh, yes! I was on vacation and used it a couple of times abroad. I didn't realize that would trigger a lock.

Mr. Johnson: It's a security measure to protect your account. No worries, I can unlock it for you right now. (starts clicking) It'll just take a moment.

Old Mrs. Thompson: (leaning in slightly, smiling) Excuse me, dear, but I can relate! I had my card frozen once for buying too many flowers at the farmer's market.

Samantha: (chuckles) Really? That's quite the reason! I'd love to treat myself to flowers again, but maybe I'll use cash next time!

Mr. Johnson: All set, Samantha! Your card is unlocked, and you should be able to use it again immediately.

Samantha: Thank you so much! You've saved me a hassle. I really appreciate it.

Mr. Johnson: No problem at all! Is there anything else I can help you with today?

Samantha: (pausing) Actually, now that you mention it... I've been considering opening a savings account.

Mr. Johnson: Great! I can help you with that! (smiling) Just step over to my colleague, Lisa, at the next desk when you're ready.

Old Mrs. Thompson: (nods approvingly) Smart choice, dear. A savings account is always a good idea!

Samantha: (smiling) Thanks, I'll do that!

Mr. Johnson: And don't hesitate to reach out if you encounter any more issues with your card.

Samantha: I won't, thanks again! (walks towards Lisa's desk)

Old Mrs. Thompson: (to Mr. Johnson) You always seem to have the right answers, don't you?

Mr. Johnson: (grinning) Just doing my job!

(Scene fades as the bank continues to buzz with activity.)

1- Bay Johnson

Hareketli bir banka şubesinin içinde. Müşteriler sırada ve veznedarlar onlara yardımcı olmakla meşgul.

Karakter:

- **Samantha: Yirmili yaşlarının sonlarında, biraz endişeli görünen genç bir kadın.**
- **Bay Johnson: Kırklı yaşlarında arkadaş canlısı bir banka memuru.**
- **Yaşlı Bayan Thompson: Samantha'nın arkasında sırada bekleyen yaşlı bir kadın.**

Samantha: (tezgaha yaklaşarak) Merhaba! Umarım bana yardım edebilirsin. Biraz para çekmeye çalışıyorum ama kartım çalışmıyor.

Bay Johnson: (gülümseyerek) Elbette! Hadi bir bakalım. Kimliğinizi alabilir miyim lütfen?

Samantha: (gergin bir şekilde çantasını karıştırarak) Tabii! Ah, nerede...? (bulur ve teslim eder) Hadi bakalım.

Bay Johnson: (kimliği alarak) Teşekkür ederim. Bir dakika, hesabınızı kontrol etmeme izin verin. (bilgisayardaki türler) Görünüşe göre kartınız bazı olağandışı etkinlikler nedeniyle geçici olarak kilitlenmiş olabilir. Son zamanlarda farklı bir yerde kullanmayı denediniz mi?

Samantha: (iç çeker) Ah, evet! Tatildeydim ve yurt dışında birkaç kez kullandım. Bunun bir kilidi tetikleyeceğini fark etmemiştim.

Bay Johnson: Bu, hesabınızı korumak için bir güvenlik önlemidir. Endişelenmeyin, şu anda sizin için kilidini açabilirim. (tıklamaya başlar) Sadece bir dakikanızı alacak.

İhtiyar Bayan Thompson: (hafifçe eğilerek, gülümseyerek) Affedersiniz canım, ama ilişki kurabilirim! Çiftçi pazarından çok fazla çiçek aldığım için kartımı bir kez dondurdum.

Samantha: (kıkırdar) Gerçekten mi? İşte tam da bu yüzden! Kendime tekrar çiçeklerle ısmarlamayı çok isterim ama belki bir dahaki sefere nakit kullanırım!

Bay Johnson: Her şey hazır, Samantha! Kartınızın kilidi açık ve hemen tekrar kullanabilmeniz gerekir.

Samantha: Çok teşekkür ederim! Beni bir zahmetten kurtardın. Bunu gerçekten takdir ediyorum.

Bay Johnson: Hiç sorun değil! Bugün size yardımcı olabileceğim başka bir şey var mı?

Samantha: (duraklayarak) Aslında, şimdi bundan bahsettiğine göre... Bir tasarruf hesabı açmayı düşünüyordum.

Bay Johnson: Harika! Sana bu konuda yardımcı olabilirim! (gülümsüyor) Hazır olduğunuzda yan masada oturan iş arkadaşım Lisa'nın yanına gidin.

İhtiyar Bayan Thompson: (onaylayarak başını sallar) Akıllıca bir seçim, canım. Bir tasarruf hesabı her zaman iyi bir fikirdir!

Samantha: (gülümseyerek) Teşekkürler, bunu yapacağım!

Bay Johnson: Kartınızla ilgili daha fazla sorunla karşılaşırsanız bize ulaşmaktan çekinmeyin.

Samantha: Yapmayacağım, tekrar teşekkürler! (Lisa'nın masasına doğru yürür)

İhtiyar Bayan Thompson: (Bay Johnson'a) Her zaman doğru cevapları buluyorsunuz gibi görünüyor, değil mi?

Bay Johnson: (sırıtarak) Sadece işimi yapıyorum!

(Banka hareketliliğe devam ettikçe sahne kaybolur.)

2- Mike and Sarah

Inside a bustling bank, with customers milling around the counters. A customer, MIKE, is standing at the service counter, speaking with a bank teller, SARAH.

MIKE: (looking a bit frustrated) Excuse me, I've been waiting for nearly twenty minutes. Is there anyone who can help me with my account?

SARAH: (smiling empathetically) I'm so sorry for the wait, sir. We've had a rush this morning. How can I assist you with your account today?

MIKE: I need to dispute a charge. I noticed a transaction that I didn't authorize.

SARAH: I understand. Could you please provide me with the details of the transaction?

MIKE: Sure, it's a $300 charge from an online retailer I've never heard of.

SARAH: (typing on the computer) Let me pull up your account. What's the name of the retailer?

MIKE: It's called "Trendify." I've never shopped there, and I'm worried someone might have stolen my card information.

SARAH: (nodding) I'll definitely help you with that. In the meantime, have you checked your recent transactions to see if there are any other suspicious charges?

MIKE: No, I haven't. I just noticed this one, but I'll pull up my app right now.

SARAH: Sounds good. I'll also put a freeze on your card to prevent any further unauthorized activity while we investigate this.

MIKE: (sighing in relief) Thank you! That would make me feel a lot safer.

SARAH: (smiling) Of course! Just one moment while I process that for you.

(A couple of minutes pass as SARAH types on the computer.)

SARAH: Okay, I've frozen your card. You'll receive a confirmation text shortly. Once we verify this charge, we'll issue you a new card as well.

MIKE: (nodding) Great, thank you. How long does the dispute process usually take?

SARAH: It can take up to 10 business days, but we'll keep you updated via email and phone.

MIKE: Perfect! I appreciate you helping me out today.

SARAH: My pleasure! Is there anything else I can assist you with while you're here?

MIKE: No, that's it for now. Thanks again for your help!

SARAH: You're welcome! Have a great day, and don't hesitate to reach out if you need anything else!

(MIKE walks away, feeling relieved as he heads towards the exit.)

2- Mike ve Sarah

Kalabalık bir bankanın içinde, müşteriler tezgahların etrafında dolaşıyor. Bir müşteri, MIKE, servis kontuarında duruyor ve bir banka memuru olan SARAH ile konuşuyor.

MIKE: (biraz sinirli görünüyor) Affedersiniz, neredeyse yirmi dakikadır bekliyorum. Hesabımla ilgili bana yardımcı olabilecek biri var mı?

SARAH: (empatik bir şekilde gülümseyerek) Beklediğim için çok üzgünüm efendim. Bu sabah bir telaşımız oldu. Bugün hesabınızla ilgili size nasıl yardımcı olabilirim?

MIKE: Bir suçlamaya itiraz etmem gerekiyor. Yetki vermediğim bir işlem fark ettim.

SARAH: Anlıyorum. Lütfen bana işlemin detaylarını verebilir misiniz?

MIKE: Elbette, daha önce hiç duymadığım bir çevrimiçi perakendeciden 300 dolarlık bir ücret.

SARAH: (bilgisayarda yazarak) Hesabını açmama izin ver. Perakendecinin adı nedir?

MIKE: Adı "Trendify". Orada hiç alışveriş yapmadım ve birinin kart bilgilerimi çalmış olabileceğinden endişeleniyorum.

SARAH: (başını sallayarak) Sana bu konuda kesinlikle yardımcı olacağım. Bu arada, başka şüpheli masraflar olup olmadığını görmek için son işlemlerinizi kontrol ettiniz mi?

MIKE: Hayır, yapmadım. Bunu yeni fark ettim, ama şu anda uygulamamı açacağım.

SARAH: Kulağa hoş geliyor. Ayrıca, biz bunu araştırırken daha fazla yetkisiz faaliyeti önlemek için kartınızı donduracağım.

MIKE: (rahatlayarak içini çekerek) Teşekkür ederim! Bu beni çok daha güvende hissettirirdi.

SARAH: (gülümseyerek) Elbette! Bunu senin için işlerken sadece bir dakika.

(**Bilgisayarda SARAH yazarları olarak birkaç dakika geçer.**)

SARAH: Tamam, kartını dondurdum. Kısa süre içinde bir onay metni alacaksınız. Bu ödemeyi doğruladığımızda size yeni bir kart da düzenleyeceğiz.

MIKE: (başını sallayarak) Harika, teşekkür ederim. Anlaşmazlık süreci genellikle ne kadar sürer?

SARAH: 10 iş günü kadar sürebilir, ancak sizi e-posta ve telefon yoluyla bilgilendirmeye devam edeceğiz.

MIKE: Mükemmel! Bugün bana yardım ettiğin için minnettarım.

SARAH: Benim için zevk! Buradayken sana yardımcı olabileceğim başka bir şey var mı?

MIKE: Hayır, şimdilik bu kadar. Yardımınız için tekrar teşekkürler!

SARAH: Rica ederim! Harika bir gün geçirin ve başka bir şeye ihtiyacınız olursa bize ulaşmaktan çekinmeyin!

(**MIKE, çıkışa doğru ilerlerken rahatlamış hissederek uzaklaşır.**)

3- The sound of keyboards

Inside a bustling bank branch. The sound of keyboards clicking and phones ringing fills the air. A young woman, Sarah, stands in line waiting to talk to a teller. She glances around nervously, clutching her paperwork.

Sarah: (muttering to herself) Okay, you can do this. It's just a bank... just a bank.

(The line moves, and she approaches the teller station. The teller, Mark, is cheerful and professional.)

Mark: (smiling) Good morning! How can I assist you today?

Sarah: (taking a deep breath) Hi! I need to open a new account and I was hoping to ask a few questions?

Mark: Of course! What type of account are you looking to open? Savings, checking, or maybe a joint account?

Sarah: I think I want to go with a savings account. I'm saving up for something special, and I'd like to earn some interest on it.

Mark: Great choice! We have a few options available. Do you know how much you plan to deposit initially?

Sarah: I'm thinking around $1,000, but I'm not sure what the minimum balance requirement is.

Mark: Our basic savings account has a minimum balance of $300 to avoid a maintenance fee. If you keep $1,000 or more, there are no fees, and the interest rates are better.

Sarah: That sounds perfect! (pauses) What kind of interest rates are we talking about?

Mark: Right now, it's an introductory rate of 1.5% for the first six months and then it adjusts to 1% after that. Still pretty solid!

Sarah: (nodding) Okay, that works for me.

Mark: Awesome! Do you have your identification and proof of address with you?

Sarah: (fumbling through her bag) Yes, I have my driver's license and a utility bill right here.

Mark: Perfect. (taking the documents) I'll get started on this. It should only take a few minutes. Is there anything else you'd like to know while I'm processing your application?

Sarah: Actually, yes! Do you have any tips on how to build my savings faster?

Mark: Absolutely! Setting up automatic transfers from your checking account to your savings account can help—out of sight, out of mind. And consider rounding up your expenses to the nearest dollar; the change can go directly into your savings.

Sarah: That's a great idea! I'm going to try that.

Mark: (smiling) I think you'll be pleasantly surprised at how quickly it adds up!

Sarah: Thank you so much for your help, Mark!

Mark: No problem at all. I'll call you if I need anything else!

(A few moments later, Mark looks up from his computer.)

Mark: All done! Welcome to the bank, Sarah. You're now officially a saver!

Sarah: (relieved) Thank you! I can't wait to start saving.

Mark: If you have any questions in the future, don't hesitate to reach out. Have a great day!

Sarah: You too!

(She walks away, feeling accomplished and ready to embrace her new savings journey.

3- Klavyelerin sesi

Hareketli bir banka şubesinin içinde. Klavyelerin tıkırtı sesi ve çalan telefonların sesi havayı dolduruyor. Genç bir kadın, Sarah, bir veznedarla konuşmak için sırada bekliyor. Evraklarını tutarak gergin bir şekilde etrafına bakınıyor.

Sarah: (kendi kendine mırıldanarak) Tamam, bunu yapabilirsin. Bu sadece bir banka... sadece bir banka.

(**Hat hareket eder ve vezne istasyonuna yaklaşır. Veznedar Mark neşeli ve profesyoneldir.**)

Mark: (gülümseyerek) Günaydın! Bugün size nasıl yardımcı olabilirim?

Sarah: (derin bir nefes alarak) Merhaba! Yeni bir hesap açmam gerekiyor ve birkaç soru sormayı umuyordum?

Mark: Tabii ki! Ne tür bir hesap açmak istiyorsunuz? Tasarruf mu, çek mi, yoksa ortak bir hesap mı?

Sarah: Sanırım bir tasarruf hesabıyla gitmek istiyorum. Özel bir şey için para biriktiriyorum ve bundan biraz faiz kazanmak istiyorum.

Mark: Harika bir seçim! Birkaç seçeneğimiz var. Başlangıçta ne kadar para yatırmayı planladığınızı biliyor musunuz?

Sarah: Yaklaşık 1.000 dolar düşünüyorum, ancak minimum bakiye gereksiniminin ne olduğundan emin değilim.

Mark: Temel tasarruf hesabımızın, bakım ücretinden kaçınmak için minimum 300 $ bakiyesi vardır. 1.000 $ veya daha fazla tutarsanız, herhangi bir ücret alınmaz ve faiz oranları daha iyidir.

Sarah: Kulağa mükemmel geliyor! (duraklar) Ne tür faiz oranlarından bahsediyoruz?

Mark: Şu anda, ilk altı ay için %1,5'lik bir başlangıç oranı ve bundan sonra %1'e ayarlanıyor. Hala oldukça sağlam!

Sarah: (başını sallayarak) Tamam, bu benim için işe yarıyor.

Mark: Harika! Kimliğiniz ve adres belgeniz yanınızda var mı?

Sarah: (çantasını karıştırarak) Evet, ehliyetim ve elektrik faturam burada.

Mark: Mükemmel. (belgelerin alınması) Buna başlayacağım. Sadece birkaç dakika sürmelidir. Başvurunuzu işleme koyarken bilmek istediğiniz başka bir şey var mı?

Sarah: Aslında evet! Birikimlerimi nasıl daha hızlı oluşturabileceğime dair herhangi bir ipucunuz var mı?

Mark: Kesinlikle! Çek hesabınızdan tasarruf hesabınıza otomatik transferler ayarlamak, gözden uzak, akıldan uzak bir şekilde yardımcı olabilir. Ve harcamalarınızı en yakın dolara yuvarlamayı düşünün; Değişiklik doğrudan tasarruflarınıza gidebilir.

Sarah: Bu harika bir fikir! Bunu deneyeceğim.

Mark: (gülümsüyor) Sanırım ne kadar çabuk toplandığına hoş bir şekilde şaşıracaksın!

Sarah: Yardımın için çok teşekkür ederim Mark!

Mark: Hiç sorun değil. Başka bir şeye ihtiyacım olursa seni ararım!

(Birkaç dakika sonra, Mark bilgisayarından başını kaldırıyor.)

Mark: Hepsi bitti! Bankaya hoş geldin Sarah. Artık resmen bir koruyucusunuz!

Sarah: (rahatlamış) Teşekkür ederim! Tasarruf etmeye başlamak için sabırsızlanıyorum.

Mark: Gelecekte herhangi bir sorunuz olursa, bize ulaşmaktan çekinmeyin. İyi günler!

Sarah: Sen de!

(Kendini başarılı ve yeni tasarruf yolculuğunu kucaklamaya hazır hissederek uzaklaşıyor.)

4- A busy bank lobby

A busy bank lobby. Customers are lining up at the teller counters while others sit in the waiting area.

Characters:

- Emily: A customer in her late 20s.
- Mr. Thompson: A bank teller in his 40s.
- Sarah: A bank manager, friendly and efficient.

Emily: (approaching the counter) Hi there! I'd like to open a new savings account, please.

Mr. Thompson: (smiling) Of course! I'd be happy to help with that. Do you have your ID and proof of address with you?

Emily: Yes, I do! (hands over her documents) Here you go.

Mr. Thompson: Thank you! (starts typing on the computer) So, do you have a specific goal for your savings, or are you just looking to set aside some cash for now?

Emily: I'm saving for a trip to Europe next year. I want to make sure I have enough to enjoy the experience without stressing about money.

Mr. Thompson: That sounds like a fantastic plan! We have some great savings plans that can help you reach your goal faster.

Emily: Oh really? I didn't realize there are different options.

Mr. Thompson: Absolutely! We offer high-yield savings accounts and even special travel savings accounts that give you bonus interest if you hit your target by a certain date.

Emily: That does sound perfect! What's the minimum I need to start?

Mr. Thompson: You only need a minimum deposit of $50 to open the account.

Emily: Great! Let's do that.

(Sarah walks over to the counter)

Sarah: Hi, I just wanted to introduce myself. I'm Sarah, the bank manager. How's everything going over here?

Mr. Thompson: Just about to set Emily up with a savings account for her European trip.

Sarah: That's exciting! Do you have any questions, Emily?

Emily: Just about the different accounts Mr. Thompson mentioned.

Sarah: Well, we can definitely find the best option for your needs. If you're planning to save consistently, a high-yield account can maximize your interest earnings.

Emily: I'll take that! I'm all about making my money work harder.

Mr. Thompson: Great choice! Let me finalize the paperwork, and we'll get you set up in no time.

(As they fill out the documents...)

Emily: Thanks for making this so easy. It's been a long time since I've opened a new account!

Sarah: We love helping our customers take steps toward their goals. If you need anything else or have more questions down the line, feel free to reach out!

Emily: I will! Thanks, everyone!

Scene fades out as Emily continues discussing her plans with Sarah and Mr. Thompson while waiting for her paperwork to be completed.

4- Yoğun bir banka lobisi

Yoğun bir banka lobisi. Müşteriler vezne kontuarlarında sıraya girerken, diğerleri bekleme alanında oturuyor.
Karakter:

- Emily: 20'li yaşlarının sonlarında bir müşteri.
- Bay Thompson: 40'lı yaşlarında bir banka memuru.
- Sarah: Bir banka müdürü, arkadaş canlısı ve verimli.

Emily: (tezgaha yaklaşarak) Merhaba! Yeni bir tasarruf hesabı açmak istiyorum lütfen.

Bay Thompson: (gülümseyerek) Elbette! Bu konuda size yardımcı olmaktan mutluluk duyarım. Kimliğiniz ve adres belgeniz yanınızda var mı?

Emily: Evet, biliyorum! (belgelerini teslim eder) Hadi bakalım.

Bay Thompson: Teşekkür ederim! (bilgisayarda yazmaya başlar) Peki, birikimleriniz için belirli bir hedefiniz var mı, yoksa şimdilik sadece biraz para ayırmak mı istiyorsunuz?

Emily: Gelecek yıl Avrupa'ya yapacağım bir gezi için para biriktiriyorum. Para konusunda stres yapmadan deneyimin tadını çıkarmaya yetecek kadar sahip olduğumdan emin olmak istiyorum.

Bay Thompson: Kulağa harika bir plan gibi geliyor! Hedefinize daha hızlı ulaşmanıza yardımcı olabilecek bazı harika tasarruf planlarımız var.

Emily: Gerçekten mi? Farklı seçenekler olduğunu fark etmemiştim.

Bay Thompson: Kesinlikle! Yüksek getirili tasarruf hesapları ve hatta belirli bir tarihe kadar hedefinize ulaşırsanız size bonus faiz sağlayan özel seyahat tasarruf hesapları sunuyoruz.

Emily: Kulağa mükemmel geliyor! Başlamak için ihtiyacım olan minimum miktar nedir?

Bay Thompson: Hesabı açmak için yalnızca minimum 50 $ depozitoya ihtiyacınız var.

Emily: Harika! Hadi bunu yapalım.

(Sarah tezgaha doğru yürür)

Sarah: Merhaba, sadece kendimi tanıtmak istedim. Ben Sarah, banka müdürüyüm. Burada her şey nasıl gidiyor?

Bay Thompson: Emily'ye Avrupa seyahati için bir tasarruf hesabı oluşturmak üzere.

Sarah: Bu heyecan verici! Herhangi bir sorunuz var mı Emily?

Emily: Bay Thompson'ın bahsettiği farklı hesaplar hemen hemen aynı.

Sarah: İhtiyaçlarınız için kesinlikle en iyi seçeneği bulabiliriz. Sürekli olarak tasarruf etmeyi planlıyorsanız, yüksek getirili bir hesap faiz kazancınızı en üst düzeye çıkarabilir.

Emily: Bunu alacağım! Ben tamamen paramın daha çok çalışmasını sağlamakla ilgileniyorum.

Bay Thompson: Harika bir seçim! Evrak işlerini bitirmeme izin verin, sizi hemen kuracağız.

(Belgeleri doldururken...)

Emily: Bunu bu kadar kolaylaştırdığın için teşekkürler. Yeni bir hesap açmayalı uzun zaman oldu!

Sarah: Müşterilerimizin hedeflerine doğru adımlar atmalarına yardımcı olmayı seviyoruz. Başka bir şeye ihtiyacınız varsa veya daha fazla sorunuz varsa, bize ulaşmaktan çekinmeyin!

Emily: Yapacağım! Herkese teşekkürler!

Emily, evrak işlerinin tamamlanmasını beklerken Sarah ve Bay Thompson ile planlarını tartışmaya devam ederken sahne kaybolur.

5- A long line of customers waits

A busy bank branch. A long line of customers waits, and two tellers are helping clients at the front. At the back of the line, JAMES, an anxious young man, watches the clock on the wall. Next to him is SARAH, an elderly woman with a kind smile.

JAMES: (muttering to himself) I can't believe I might miss my appointment...

SARAH: (noticing his distress) Waiting can be a real test of patience, can't it?

JAMES: (sighs) Yeah, I've been here for almost 30 minutes. I really can't afford to be late.

SARAH: (nodding) I understand. I usually come in the morning when it's quieter. What do you have an appointment for, if you don't mind me asking?

JAMES: Just some paperwork for a loan. I've got big plans and I'm starting to feel the pressure.

SARAH: (smiling gently) Ah, dreams and loans—what a combination! What are you planning to do?

JAMES: I want to open my own café. You know, something cozy with amazing coffee and pastries.

SARAH: That sounds lovely! There's nothing like a good cup of coffee. Do you have a location in mind?

JAMES: Yeah, there's this adorable spot downtown. I just hope the bank approves my loan.

SARAH: (with a reassuring tone) If you have a solid business plan, I'm sure they will. You seem passionate about it.

JAMES: (smiling slightly) Thanks. I try to stay positive, but it's hard with all these 'what ifs' running through my head.

SARAH: (patting his arm) It's natural to worry, dear. Just remember, every big dream starts with a small step. You're already taking it by being here.

JAMES: (looking at her with appreciation) That's a great perspective. I guess I'm just nervous about everything—investing my savings, taking that leap...

SARAH: (nods wisely) It's a big step, but if you believe in yourself and what you want to create, you'll find a way. Just look at me—I've been banking at this place for over 50 years!

JAMES: Wow, that's impressive! Any advice for a newbie like me?

SARAH: (chuckling) Well, don't put all your eggs in one basket! Diversify your investments, and always keep a little cushion for emergencies.

JAMES: (jokingly) Got it! The egg strategy.

SARAH: (chuckles) Exactly! And don't forget to enjoy the journey. Life's not just about the destination, you know.

JAMES: (leaning back, relaxing a bit) Thanks, Sarah. I appreciate your words. It helps to talk about it.

SARAH: (smiling warmly) Anytime, dear. It looks like it's your turn. Go show them what you've got!

JAMES: (standing up) I will! Thanks again for your encouragement!

SARAH: (waving as he walks away) You've got this! Good luck!

(JAMES steps forward, feeling more confident as he approaches the teller. SARAH watches him go, a satisfied look on her face.)

5- Uzun bir müşteri kuyruğu bekliyor

Yoğun bir banka şubesi. Uzun bir müşteri kuyruğu bekliyor ve iki veznedar önde müşterilere yardımcı oluyor. Sıranın arkasında, endişeli bir genç adam olan JAMES, duvardaki saati izliyor. Yanında nazik bir gülümsemeye sahip yaşlı bir kadın olan SARAH var.

JAMES: (kendi kendine mırıldanarak) Randevumu kaçırabileceğime inanamıyorum...

SARAH: (Sıkıntısını fark ederek) Beklemek gerçek bir sabır testi olabilir, değil mi?

JAMES: (iç çeker) Evet, neredeyse 30 dakikadır buradayım. Gerçekten geç kalmayı göze alamam.

SARAH: (başını sallayarak) Anlıyorum. Genelde sabahları daha sessiz olduğunda gelirim. Sormamın bir sakıncası yoksa ne için randevunuz var?

JAMES: Bir kredi için sadece birkaç evrak işi. Büyük planlarım var ve üzerimdeki baskıyı hissetmeye başlıyorum.

SARAH: (hafifçe gülümseyerek) Ah, hayaller ve borçlar... ne büyük bir kombinasyon! Ne yapmayı planlıyorsunuz?

James: Kendi kafemi açmak istiyorum. Bilirsin, harika kahve ve hamur işleri ile rahat bir şey.

SARAH: Kulağa hoş geliyor! İyi bir fincan kahve gibisi yoktur. Aklınızda bir yer mi var?

JAMES: Evet, şehir merkezinde çok güzel bir yer var. Umarım banka kredimi onaylar.

SARAH: (güven verici bir ses tonuyla) Sağlam bir iş planınız varsa, eminim ki yapacaklardır. Bu konuda tutkulu görünüyorsun.

JAMES: (hafifçe gülümseyerek) Teşekkürler. Pozitif kalmaya çalışıyorum ama kafamdan geçen tüm bu 'ya olursa' cümleleriyle zor.

SARAH: (kolunu okşayarak) Endişelenmen çok doğal, canım. Unutmayın, her büyük hayal küçük bir adımla başlar. Siz zaten burada olmakla alıyorsunuz.

JAMES: (ona takdirle bakarak) Bu harika bir bakış açısı. Sanırım her şey için gerginim - birikimlerime yatırım yapmak, o sıçramayı yapmak...

SARAH: (bilgece başını sallar) Bu büyük bir adım, ama kendine ve yaratmak istediğin şeye inanırsan, bir yolunu bulursun. Sadece bana bakın - 50 yılı aşkın bir süredir bu yerde bankacılık yapıyorum!

JAMES: Vay canına, bu etkileyici! Benim gibi yeni başlayanlar için herhangi bir tavsiye var mı?

SARAH: (kıkırdar) Pekala, bütün yumurtalarını aynı sepete koyma! Yatırımlarınızı çeşitlendirin ve acil durumlar için her zaman küçük bir yastık bulundurun.

JAMES: (şaka) Anladım! Yumurta stratejisi.

SARAH: (kıkırdar) Kesinlikle! Ve yolculuğun tadını çıkarmayı unutmayın. Hayat sadece varış noktasından ibaret değil, biliyorsun.

JAMES: (geriye yaslanıp biraz rahatlayarak) Teşekkürler Sarah. Sözlerini takdir ediyorum. Bunun hakkında konuşmaya yardımcı olur.

SARAH: (sıcak bir şekilde gülümseyerek) Her zaman, canım. Görünüşe göre sıra sende. Git onlara neye sahip olduğunu göster!

JAMES: (ayağa kalkarak) Yapacağım! Teşvikiniz için tekrar teşekkürler!

SARAH: (uzaklaşırken el sallayarak) Bunu aldın! İyi şanslar!

(**JAMES, veznedara yaklaşırken kendinden daha emin hissederek öne çıkar. Sarah onun gidişini izliyor, yüzünde memnun bir ifade var.**)

At the bookstore

Kitapçıda

1- A cozy local bookstore

A cozy local bookstore, filled with the scent of freshly brewed coffee and the sound of soft music playing in the background. Rows of wooden shelves are lined with books, and a comfortable reading nook sits in the corner.

Characters:

- **Emma:** A book-loving college student.
- **Lucas:** The friendly bookstore employee who has a knack for recommending books.

Emma: (wandering through the aisles, holding a cup of coffee) Hey there! Do you have any suggestions for a good fantasy novel?

Lucas: Absolutely! Are you looking for something more classic or something recent?

Emma: I've read a lot of the classics, so I'd love a recent one.

Lucas: How about "The House in the Cerulean Sea" by TJ Klune? It's a heartwarming tale with a lot of whimsy and great characters.

Emma: Ooh, I've heard about that one! What's it about?

Lucas: It follows a man named Linus Baker, who works for a magical government agency. He's sent to a mysterious orphanage to evaluate some unusual children. It's got a lovely blend of humor, love, and acceptance.

Emma: Sounds perfect for me! I'm a sucker for character-driven stories.

Lucas: You'll love it then! Plus, the writing is beautiful. It really pulls you into the world.

Emma: Great! I'll definitely pick that up. What else do you recommend?

Lucas: If you're in the mood for something more adventurous, "Crescent City" by Sarah J. Maas is a fantastic choice. It's got magic, mystery, and a sprawling city to explore.

Emma: I've seen that one pop up a lot! Is it part of a series?

Lucas: Yes, it's the first in a series, but it can stand alone. There's just enough resolution to keep you satisfied while still leaving you eager for more.

Emma: I love that! Sometimes series can be overwhelming.

Lucas: I get you! It's nice when an author strikes that balance.

Emma: Okay, I think I'll grab both.

Lucas: Great choices! Do you need anything else? Maybe a cozy blanket for those reading marathons?

Emma: Tempting! But I think I'm good with just books today. I'll come back for the blanket later!

Lucas: Sounds like a plan! Just let me know if you need help at the register.

Emma: Will do! Thanks for your help!

Lucas: Anytime! Enjoy your reading!

Emma heads toward the checkout, excited about her new books, while Lucas returns to organizing a display of new arrivals.

1- Şirin bir yerel kitapçı

Taze demlenmiş kahve kokusu ve arka planda çalan yumuşak müziğin sesiyle dolu şirin bir yerel kitapçı. Sıra sıra ahşap raflar kitaplarla kaplıdır ve köşede rahat bir okuma köşesi bulunur.

Karakterler:

- **Emma:** Kitap seven bir üniversite öğrencisi.
- **Lucas:** Kitap önerme becerisine sahip, arkadaş canlısı kitapçı çalışanı.

Emma: (koridorlarda dolaşırken, bir fincan kahve tutarak) Merhaba! İyi bir fantastik roman için önerileriniz var mı?

Lucas: Kesinlikle! Daha klasik bir şey mi yoksa yeni bir şey mi arıyorsunuz?

Emma: Çok fazla klasik okudum, bu yüzden yeni bir tane çok isterim.

Lucas: TJ Klune'un "Gök Mavisi Denizi'ndeki Ev"ine ne dersiniz? Çok tuhaf ve harika karakterlerle iç açıcı bir hikaye.

Emma: Ooh, bunu duydum! Ne hakkında?

Lucas: Büyülü bir devlet kurumu için çalışan Linus Baker adında bir adamı takip ediyor. Bazı sıra dışı çocukları değerlendirmek için gizemli bir yetimhaneye gönderilir. Mizah, sevgi ve kabullenmenin güzel bir karışımı var.

Emma: Kulağa mükemmel geliyor! Karakter odaklı hikayeler için enayiyim.

Lucas: O zaman buna bayılacaksın! Ayrıca, yazı çok güzel. Sizi gerçekten dünyanın içine çekiyor.

Emma: Harika! Bunu kesinlikle alacağım. Başka ne önerirsiniz?

Lucas: Daha maceralı bir şey havasındaysanız, Sarah J. Maas'ın "Crescent City" filmi harika bir seçim. Büyüsü, gizemi ve keşfedilecek genişleyen bir şehri var.

Emma: Bunun çok fazla ortaya çıktığını gördüm! Bir serinin parçası mı?

Lucas: Evet, bu bir serinin ilki, ama tek başına ayakta durabilir. Sizi memnun etmek ve daha fazlası için istekli bırakmak için yeterli çözünürlük var.

Emma: Buna bayılıyorum! Bazen seriler bunaltıcı olabilir.

Lucas: Seni anlıyorum! Bir yazarın bu dengeyi kurması güzel.

Emma: Tamam, sanırım ikisini de alacağım.

Lucas: Harika seçimler! Başka bir şeye ihtiyacın var mı? Belki maraton okuyanlar için sıcacık bir battaniye?

Emma: Cazip! Ama sanırım bugün sadece kitaplarla aram iyi. Daha sonra battaniye için geri geleceğim!

Lucas: Kulağa bir plan gibi geliyor! Kayıt sırasında yardıma ihtiyacınız olursa bana bildirin.

Emma: Yapacak! Yardımın için teşekkürler!

Lucas: Her zaman! Keyifli okumalar!

Emma yeni kitapları için heyecanlı bir şekilde kasaya doğru ilerlerken Lucas yeni gelenlerin sergisini düzenlemek için geri döner.

2- Have you read this one?

A cozy local bookstore filled with the warm scent of coffee and the rustle of pages being turned. A young woman, Lila, is browsing the fiction section, while an older man, Mr. Thompson, is carefully inspecting a book nearby.

Lila: (holding up a book) Excuse me, sir! Have you read this one?

Mr. Thompson: (glances over) Oh, "The Night Circus"? Yes, it's a beautifully woven tale. Magical, in a way that lingers long after you've closed the cover.

Lila: Really? I've been eyeing it for a while, but I'm torn between this and a mystery novel.

Mr. Thompson: Ah, but the beauty of magic is that it allows you to escape. Mysteries can be quite thrilling, but they also keep you grounded in reality. What do you prefer when you read?

Lila: I love a good twist, but sometimes I crave that sense of wonder—something that takes me away from the everyday.

Mr. Thompson: In that case, I'd recommend the circus. It's enchanting. Plus, the characters are so rich; you'll fall in love with them.

Lila: (smiling) You're making it hard to choose! Is there a particular part that stood out to you?

Mr. Thompson: (chuckling) There's a moment where the protagonist walks through the tents for the first time, and it feels like stepping into another world entirely. You can almost feel the magic in the air!

Lila: Wow, that sounds captivating! I might have to take a leap of faith with this one then.

Mr. Thompson: (nodding) You won't regret it. And if you don't like it, I'll buy you a coffee next door to soften the disappointment!

Lila: (laughs) Deal! You really are a great salesman.

Mr. Thompson: (smiling) I just love books and sharing the joy they bring. What's your favorite genre?

Lila: Fiction, I suppose. But I dabble in fantasy and occasional thrillers. How about you?

Mr. Thompson: (thoughtful) Mostly historical fiction. There's something about immersing myself in a different time that captivates me. History is just a collection of stories waiting to be told, don't you think?

Lila: That's a beautiful way to put it! I've never thought about it like that. Maybe I should explore some historical fiction as well.

Mr. Thompson: (grinning) Absolutely! Let me know if you want recommendations. There's a little something for everyone in every genre.

Lila: (holding up the book) I think I'll go with "The Night Circus" for now.

Mr. Thompson: Excellent choice! I look forward to hearing what you think about it.

Lila: Thanks for the help! Who knew a bookstore visit could turn into such an enlightening conversation?

Mr. Thompson: (chuckling) That's the magic of books and great company. Happy reading!

Lila: Happy reading! (walks to the checkout, excitement bubbling over)

(Scene fades as Lila makes her way to the checkout, and Mr. Thompson returns to his books.)

2- Bunu okudunuz mu?

Kahvenin sıcak kokusu ve çevrilen sayfaların hışırtısıyla dolu şirin bir yerel kitapçı. Genç bir kadın olan Lila, kurgu bölümüne göz atarken, yaşlı bir adam, Bay Thompson, yakındaki bir kitabı dikkatlice inceliyor.

Lila: (bir kitap tutarak) Affedersiniz efendim! Bunu okudun mu?

Mr. Thompson: (bakışlar) Ah, "Gece Sirki"? Evet, çok güzel dokunmuş bir hikaye. Büyülü, kapağı kapattıktan sonra uzun süre devam edecek şekilde.

Lila: Gerçekten mi? Bir süredir izliyordum ama bununla bir gizem romanı arasında kaldım.

Bay Thompson: Ah, ama sihrin güzelliği, kaçmanıza izin vermesidir. Gizemler oldukça heyecan verici olabilir, ancak aynı zamanda sizi gerçekliğe bağlı tutarlar. Okurken neyi tercih edersin?

Lila: İyi bir dokunuşu severim, ama bazen o merak duygusunu arzularım - beni günlük hayattan uzaklaştıran bir şey.

Bay Thompson: Bu durumda, sirki tavsiye ederim. Büyüleyici. Ayrıca, karakterler o kadar zengin ki; Onlara aşık olacaksın.

Lila: (gülümseyerek) Seçim yapmayı zorlaştırıyorsun! Sizin için göze çarpan belirli bir kısım var mı?

Bay Thompson: (kıkırdar) Kahramanın çadırların arasından ilk kez geçtiği bir an var ve sanki tamamen başka bir dünyaya adım atıyormuş gibi hissettiriyor. Neredeyse havadaki sihri hissedebilirsiniz!

Lila: Vay canına, kulağa büyüleyici geliyor! O zaman bununla bir inanç sıçraması yapmam gerekebilir.

Bay Thompson: (başını sallayarak) Pişman olmayacaksınız. Ve beğenmezseniz, hayal kırıklığını yumuşatmak için yan tarafta size bir kahve ısmarlayacağım!

Lila: (gülüyor) Anlaştık! Sen gerçekten harika bir satıcısın.

Bay Thompson: (gülümseyerek) Kitapları ve getirdikleri neşeyi paylaşmayı seviyorum. En sevdiğin tür nedir?

Lila: Kurgu sanırım. Ama ben fantezi ve ara sıra gerilim filmleriyle uğraşıyorum. Ya sen?

Bay Thompson: (düşünceli) Çoğunlukla tarihi kurgu. Kendimi farklı bir zamana daldırmakla ilgili beni büyüleyen bir şey var. Tarih, anlatılmayı bekleyen bir hikayeler bütününden ibaret, sence de öyle değil mi?

Lila: Bunu söylemenin güzel bir yolu! Hiç böyle düşünmemiştim. Belki biraz tarihi kurguyu da keşfetmeliyim.

Bay Thompson: (sırıtarak) Kesinlikle! Tavsiye isterseniz bana bildirin. Her türde herkes için küçük bir şeyler var.

Lila: (kitabı tutarak) Sanırım şimdilik "Gece Sirki" ile devam edeceğim.

Bay Thompson: Mükemmel bir seçim! Bu konuda ne düşündüğünüzü duymak için sabırsızlanıyorum.

Lila: Yardımın için teşekkürler! Bir kitapçı ziyaretinin böylesine aydınlatıcı bir sohbete dönüşebileceğini kim bilebilirdi?

Bay Thompson: (kıkırdar) İşte kitapların ve harika bir arkadaşlığın büyüsüdür. Keyifli okumalar!

Lila: Keyifli okumalar! (kasaya doğru yürür, heyecan köpürür)

(Lila kasaya giderken sahne kaybolur ve Bay Thompson kitaplarına geri döner.)

3- A cozy independent bookstore

A cozy independent bookstore with the scent of fresh coffee and paper in the air. Soft music plays in the background as a few customers browse the shelves. Two friends, Mia and Alex, are exploring the aisles together.

Mia: (picking up a thick novel) Wow, look at this! "The Endless Sea." It's huge! Have you read it?

Alex: (glancing over) I haven't, but I've heard mixed reviews. Some say it's a masterpiece, while others think it's overly ambitious.

Mia: (smirking) Aren't those the best kinds of books? Love it or hate it? Makes for interesting conversations.

Alex: True! But I'm trying to build a "to-read" list that won't give me a headache. What's on your list these days?

Mia: (pulls out her phone) Let me check... Ah! "The Midnight Library" by Matt Haig. I've heard it's really thought-provoking.

Alex: Oh, I think I saw that on the bestsellers' table. It's about choices, right?

Mia: Exactly! It explores the idea of what life could have been if you had made different decisions. Sounds like a tearjerker.

Alex: (grinning) Perfect for a rainy day with a cup of tea, don't you think?

Mia: Absolutely! (looks around) Hey, what do you think of this little café corner they have here?

Alex: (nodding) I love it! It's the perfect spot to lounge with a book. But they really need to work on that coffee!

Mia: (laughs) Did you try it?

Alex: Just a sip from my last visit. I regretted it immediately!

(They both chuckle and continue browsing)

Mia: (stopping suddenly) Oh! Look at this cover! "Lost in the Pages." It's so beautiful!

Alex: (leaning closer) It really is! And the title is intriguing. What's it about?

Mia: (flipping it over to read the blurb) It's about a girl who finds herself trapped in her favorite book. I mean, how fun would that be?

Alex: (raising an eyebrow) Or terrifying! What if she doesn't want to come back?

Mia: Exactly! It sounds like such a unique twist.

(They pause to look at each other thoughtfully, then burst into laughter.)

Alex: Alright, let's get it! We can hold our own book club right here with our discoveries.

Mia: (grinning) Yes! But you're making the tea next time!

(They make their way to the checkout, their arms full of books, excited for their next reading adventures.)

3- Rahat ve bağımsız bir kitapçı

Havada taze kahve ve kağıt kokusu olan rahat ve bağımsız bir kitapçı. Birkaç müşteri raflara göz atarken arka planda yumuşak bir müzik çalıyor. İki arkadaş, Mia ve Alex, birlikte koridorları keşfediyorlar.

Mia: (kalın bir roman alarak) Vay canına, şuna bak! "Sonsuz Deniz." Bu çok büyük! Okudun mu?

Alex: (Ona bakarak) Yapmadım ama karışık eleştiriler duydum. Bazıları bunun bir başyapıt olduğunu söylerken, diğerleri aşırı iddialı olduğunu düşünüyor.

Mia: (sırıtarak) Bunlar en iyi kitap türleri değil mi? Sev ya da nefret et? İlginç konuşmalar yapar.

Alex: Doğru! Ama başımı ağrıtmayacak bir "okunacaklar" listesi oluşturmaya çalışıyorum. Bugünlerde listenizde neler var?

Mia: (telefonunu çıkarır) Kontrol etmeme izin ver... Ey! Matt Haig'den "Gece Yarısı Kütüphanesi". Gerçekten düşündürücü olduğunu duydum.

Alex: Oh, sanırım bunu en çok satanlar masasında gördüm. Seçimlerle ilgili, değil mi?

Mia: Kesinlikle! Farklı kararlar vermiş olsaydınız hayatın nasıl olabileceği fikrini araştırıyor. Kulağa göz yaşartıcı gibi geliyor.

Alex: (sırıtarak) Bir fincan çay ile yağmurlu bir gün için mükemmel, sence de öyle değil mi?

Mia: Kesinlikle! (etrafına bakar) Hey, burada sahip oldukları bu küçük kafe köşesi hakkında ne düşünüyorsun?

Alex: (başını sallayarak) Bayıldım! Bir kitapla dinlenmek için mükemmel bir yer. Ama gerçekten o kahve üzerinde çalışmaları gerekiyor!

Mia: (gülüyor) Denedin mi?

Alex: Son ziyaretimden sadece bir yudum. Hemen pişman oldum!

(İkisi de kıkırdar ve göz atmaya devam ederler)

Mia: (aniden durur) Oh! Şu kapağa bak! "Sayfalarda Kayboldu." Çok güzel!

Alex: (daha yakın eğilerek) Gerçekten öyle! Ve başlık ilgi çekici. Ne hakkında?

Mia: (tanıtım yazısını okumak için ters çevirerek) Kendini en sevdiği kitabın içinde kapana kısılmış bulan bir kız hakkında. Demek istediğim, bu ne kadar eğlenceli olurdu?

Alex: (bir kaşını kaldırarak) Ya da korkunç! Ya geri dönmek istemezse?

Mia: Kesinlikle! Kulağa eşsiz bir bükülme gibi geliyor.

(**Düşünceli bir şekilde birbirlerine bakmak için duraklarlar, sonra kahkahalara boğulurlar.**)

Alex: Tamam, hadi alalım! Keşiflerimizle burada kendi kitap kulübümüzü kurabiliriz.

Mia: (sırıtarak) Evet! Ama bir dahaki sefere çayı yapıyorsun!

(**Kolları kitaplarla dolu, bir sonraki okuma maceraları için heyecanla kasaya doğru yol alıyorlar.**)

4- Definitely

A cozy local bookstore filled with the smell of fresh paper and coffee. Shelves are stocked with all kinds of genres. Soft jazz music plays in the background as two friends, Mia and Jake, explore the aisles.

Mia: (picking up a book with a whimsical cover) Oh wow, look at this one! "The Enchanted Life of Flora and Ruby." It sounds like a children's book, but the artwork is gorgeous!

Jake: (leaning closer to examine the cover) That is beautiful! I love how they've captured the essence of whimsy. Do you think it's just for kids, though?

Mia: I mean, sometimes those "children's" books are the best! They have so much heart. Plus, who says we can't enjoy a little magic?

Jake: True! Remember that one we read in college about the kid who could talk to animals? That was a classic. What was it called again?

Mia: "The Wild Adventures of Percy Featherfoot!" (laughs) I still think about that porcupine character.

Jake: (grinning) Yes! Percy was hilarious. You know, I think I still have my copy somewhere. I should dig it out again.

Mia: You definitely should. We should have a nostalgic reading night!

Jake: (nodding) Yes! With popcorn and hot chocolate. Perfect combo for a trip down memory lane.

Mia: (looking around) Speaking of trips, have you been keeping up with the latest travel memoirs?

Jake: I've seen a few, but haven't read any yet. Any recommendations?

Mia: (pointing to a section) Check that out! "Wanderlust: A Journey Through the Hidden Corners of the World."

Jake: (pulling the book off the shelf) Ooh, the cover looks promising. And the tagline says it's about off-the-beaten-path adventures!

Mia: Exactly! You know how much I love those types of stories. They make me feel like there's a whole world out there I need to explore.

Jake: (laughs) And the food! Don't forget the food! There's always such good food in those stories.

Mia: (smiling) Right? Let's add it to our reading list.

Jake: We need a bigger bookshelf for all these books we keep accumulating!

Mia: (teasingly) Or just a bigger apartment.

Jake: (pretending to think) Well, I'm not ready to tackle the mortgage just yet.

Mia: (giggling) Fair enough. Just one more book at a time!

Jake: Agreed. And maybe an iced coffee to fuel our book shopping spree?

Mia: Definitely! Let's head to the café corner after this.

Jake: (holding up the travel memoir) If this one doesn't hold up, the coffee's on you!

Mia: (laughs) You've got a deal!

They walk off together, chatting and sharing recommendations as they continue to explore the bookstore.

4- Kesinlikle

Taze kağıt ve kahve kokusuyla dolu şirin bir yerel kitapçı. Raflar her türlü türle doludur. İki arkadaş, Mia ve Jake, koridorları keşfederken arka planda yumuşak caz müziği çalıyor.

Mia: (tuhaf bir kapağı olan bir kitap alarak) Vay canına, şuna bak! "Flora ve Yakut'un Büyülü Yaşamı." Kulağa bir çocuk kitabı gibi geliyor ama sanat eseri muhteşem!

Jake: (kapağı incelemek için daha fazla eğilerek) Bu çok güzel! Tuhaflığın özünü nasıl yakaladıklarına bayılıyorum. Yine de bunun sadece çocuklar için olduğunu mu düşünüyorsun?

Mia: Demek istediğim, bazen bu "çocuk" kitapları en iyisidir! Çok fazla kalpleri var. Ayrıca, biraz sihrin tadını çıkaramayacağımızı kim söylüyor?

Jake: Doğru! Üniversitede hayvanlarla konuşabilen çocuk hakkında okuduğumuzdan birini hatırlıyor musunuz? Bu bir klasikti. Yine ne denildi?

Mia: "Percy Tüy Ayak'ın Vahşi Maceraları!" (gülüyor) Hala o kirpi karakterini düşünüyorum.

Jake: (sırıtarak) Evet! Percy çok komikti. Biliyor musun, sanırım hala bir yerlerde kopyam var. Tekrar kazmalıyım.

Mia: Kesinlikle yapmalısın. Nostaljik bir okuma gecesi geçirmeliyiz!

Jake: (başını sallayarak) Evet! Patlamış mısır ve sıcak çikolata ile. Hafıza şeridinde bir yolculuk için mükemmel bir kombinasyon.

Mia: (etrafına bakınarak) Gezilerden bahsetmişken, en son seyahat anılarını takip ediyor musun?

Jake: Birkaç tanesini izledim ama henüz hiçbirini okumadım. Herhangi bir öneri var mı?

Mia: (bir bölümü işaret ederek) Şuna bir bak! "Yolculuk Tutkusu: Dünyanın Gizli Köşelerinde Bir Yolculuk."

Jake: (kitabı raftan çekerek) Ooh, kapak umut verici görünüyor. Ve slogan, bunun alışılmışın dışında maceralarla ilgili olduğunu söylüyor!

Mia: Kesinlikle! Bu tür hikayeleri ne kadar sevdiğimi biliyorsun. Dışarıda keşfetmem gereken koca bir dünya varmış gibi hissettiriyorlar.

Jake: (gülüyor) Ve yemek! Yemeği unutma! Bu hikayelerde her zaman çok güzel yemekler vardır.

Mia: (gülümseyerek) Değil mi? Okuma listemize ekleyelim.

Jake: Biriktirip durduğumuz tüm bu kitaplar için daha büyük bir kitaplığa ihtiyacımız var!

Mia: (alaycı bir şekilde) Ya da sadece daha büyük bir daire.

Jake: (düşünüyormuş gibi yaparak) Eh, henüz ipotekle başa çıkmaya hazır değilim.

Mia: (kıkırdar) Yeterince adil. Her seferinde sadece bir kitap daha!

Jake: Katılıyorum. Ve belki de kitap alışverişi çılgınlığımızı körükleyecek buzlu bir kahve?

Mia: Kesinlikle! Bundan sonra kafe köşesine geçelim.

Jake: (seyahat anılarını tutarak) Eğer bu tutmazsa, kahve senin üzerinde!

Mia: (gülüyor) Bir anlaşman var!

Kitapçıyı keşfetmeye devam ederken birlikte yürüyorlar, sohbet ediyorlar ve önerilerini paylaşıyorlar.

5- A book lover

A cozy neighborhood bookstore filled with the scent of fresh pages and coffee. Shelves lined with books stretch from floor to ceiling, and a small reading nook encourages patrons to linger.

Characters:

- **Emma:** A book lover in her late 20s, browsing the shelves.
- **Jake:** The bookstore owner, a mid-30s literature enthusiast.

Emma: (pulling a book from the shelf) Oh wow, I've been looking for this! The Night Circus! Have you read it?

Jake: (leaning against the counter) Absolutely! It's one of my favorites. The way the magical elements intertwine with the storyline is just mesmerizing.

Emma: I love how it feels like you're stepping into a dream. I just finished The Invisible Life of Addie LaRue. Do you think I'll enjoy this one?

Jake: Definitely! If you appreciated the lyrical writing and poignant themes in Addie's story, you'll find similar beauty in The Night Circus. Plus, the characters are unforgettable.

Emma: (smiling) You make it sound even better! I was hoping to find something just as captivating. It's hard to match a book that stays with you for days.

Jake: I get that! Sometimes, you just want to dive back into that feeling. (gesturing to a nearby shelf) If you're looking for more recommendations, I'd suggest The Starless Sea. It has that enchanting quality, too.

Emma: (grabbing both books) I think I'll snag these! It feels like you know exactly what I'm in the mood for.

Jake: (chuckling) It's the magic of being around books all day. You learn to read people's tastes pretty quickly.

Emma: That's true! (pausing) Do you think you could ever write your own book?

Jake: (laughs softly) I'm not sure. I like the idea, but there's so much pressure to get it right. I'm more content helping others find the right stories.

Emma: That's a great way to look at it! Besides, you're living in a story every day, just by being here surrounded by books.

Jake: (nodding) I suppose that's true—just another chapter in the ongoing tale of this little bookstore. (he glances at the register) Speaking of chapters, will that be all for you today?

Emma: (looking down at her pile of books) For now, yes. I think my bookshelf is getting a little too full!

Jake: (smirking) A noble problem to have! Let me ring these up for you. And if you ever want to chat about what you think of them, you know where to find me.

Emma: (grinning) I'll take you up on that! Thanks for the recommendations!

Jake: Anytime, Emma. Enjoy your reading!

Emma walks towards the register, excitement sparkling in her eyes as she anticipates diving into her new books.

5- Kitap aşığı olmak

Taze sayfaların ve kahvenin kokusuyla dolu şirin bir mahalle kitapçısı. Kitaplarla kaplı raflar yerden tavana kadar uzanır ve küçük bir okuma köşesi müşterileri oyalanmaya teşvik eder.

Karakter:

- **Emma:** 20'li yaşlarının sonlarında, rafları gezen bir kitap aşığı.
- **Jake:** Kitabevi sahibi, 30'lu yaşların ortalarında bir edebiyat meraklısı.

Emma: (raftan bir kitap çekerek) Vay canına, bunu arıyordum! Gece Sirki! Okudun mu?

Jake: (tezgaha yaslanarak) Kesinlikle! Bu benim favorilerimden biri. Büyülü unsurların hikaye ile iç içe geçme şekli sadece büyüleyici.

Emma: Bir rüyaya adım atıyormuşsunuz gibi hissetmeyi seviyorum. Addie LaRue'nun Görünmez Yaşamı'nı yeni bitirdim. Sence bundan zevk alacak mıyım?

Jake: Kesinlikle! Addie'nin hikayesindeki lirik yazıyı ve dokunaklı temaları takdir ettiyseniz, The Night Circus'ta da benzer bir güzellik bulacaksınız. Ayrıca, karakterler unutulmaz.

Emma: (gülümseyerek) Sesi daha da iyi hale getiriyorsun! Ben de aynı derecede büyüleyici bir şey bulmayı umuyordum. Günlerce sizinle kalan bir kitabı eşleştirmek zor.

Jake: Anladım! Bazen, sadece bu duyguya geri dalmak istersiniz. (yakındaki bir rafı işaret ederek) Daha fazla öneri arıyorsanız, Yıldızsız Deniz'i öneririm. O büyüleyici kaliteye de sahip.

Emma: (her iki kitabı da alarak) Sanırım bunları yakalayacağım! Sanki tam olarak ne havasında olduğumu biliyormuşsun gibi geliyor.

Jake: (kıkırdar) Bütün gün kitapların etrafında olmanın büyüsü. İnsanların zevklerini oldukça hızlı bir şekilde okumayı öğreniyorsunuz.

Emma: Bu doğru! (duraklıyor) Kendi kitabınızı yazabileceğinizi düşünüyor musunuz?

Jake: (hafifçe gülüyor) Emin değilim. Fikir hoşuma gitti ama doğru yapmak için çok fazla baskı var. Başkalarının doğru hikayeleri bulmasına yardımcı olmaktan daha çok memnunum.

Emma: Bu, ona bakmanın harika bir yolu! Ayrıca, her gün bir hikayenin içinde yaşıyorsunuz, sadece burada kitaplarla çevrili olarak.

Jake: (başını sallayarak) Sanırım bu doğru - bu küçük kitapçının devam eden hikayesinde sadece başka bir bölüm. (kasaya bakar) Bölümlerden bahsetmişken, bugün sizin için hepsi bu kadar mı olacak?

Emma: (kitap yığınına bakarak) Şimdilik, evet. Sanırım kitaplığım biraz fazla doluyor!

Jake: (sırıtarak) Asil bir sorun! Bunları sizin için çaldırmama izin verin. Ve onlar hakkında ne düşündüğün hakkında sohbet etmek istersen, beni nerede bulacağını biliyorsun.

Emma: (sırıtarak) Seni bunun üzerine götüreceğim! Tavsiyeler için teşekkürler!

Jake: Her zaman, Emma. Keyifli okumalar!

Emma, yeni kitaplarına dalmayı beklerken gözlerinde parıldayan heyecanla kasaya doğru yürüyor.

In a hotel

Bir otelde

1- A Chance Encounter

A cozy hotel lobby with plush seating, a crackling fireplace, and a barista serving coffee at the corner. Soft jazz plays in the background. It's early evening.

Characters:

- **Emma:** A weary traveler in her early 30s, just checking in.
- **Jack:** A charming and witty hotel guest in his late 30s, lounging in the lobby.

(Emma approaches the front desk, looking tired but hopeful.)

Emma: (to the receptionist) Hi, I'd like to check in, please. Last name is Thompson.

Receptionist: (smiling) Welcome, Ms. Thompson! We have you in a lovely room with a view of the river. Would you like help with your bags?

Emma: (shaking her head) No, it's just a overnight stay. I can manage.

(As Emma receives her key, Jack notices her and strikes up a conversation.)

Jack: (grinning) You must be new around here. I don't think I've seen you before.

Emma: (surprised) Oh, uh, hi! Yeah, just arrived from out of town. Just needed a break, I guess.

Jack: (leaning back casually) Smart move. This place can be pretty rejuvenating. I usually come here whenever I need to escape the city's chaos.

Emma: (smiling) Sounds nice. I could definitely use some peace right now.

Jack: (raising an eyebrow) Isn't that what hotels are for? Speaking of peace, have you tried the hot chocolate from that café over there? (gestures) It's heavenly.

Emma: (laughing softly) Can't say I have, but hot chocolate does sound tempting right now.

Jack: (playfully) Well, they say chocolate solves everything. Why don't we brave the lines together? I can assure you it's worth it.

Emma: (pausing, then nodding) Sure, why not? I could use some company.

(They walk toward the café together.)

Jack: So, where are you from?

Emma: I'm from a small town in Oregon. You?

Jack: (grinning) New York City. The chaos I was talking about earlier. But I'll give it to you; the small-town charm is hard to beat.

Emma: (smiling) Absolutely. Life is a bit slower there, and that's nice. What do you do in the big city?

Jack: I'm an architect. Designing buildings that hopefully bring people joy, or at least shade from the sun.

Emma: (impressed) That sounds fascinating! Ever designed anything in your own vision?

Jack: (smirking) A few things, but most of my designs are for clients rather than my dreams. How about you? What do you do?

Emma: (sighing) I'm a graphic designer. I love creating art, but sometimes it feels like I'm just creating content for clients, not for myself.

(They reach the café counter and order their hot chocolates.)

Jack: (turning to her) You should make more time for your own creations. Life's too short to not pursue what truly inspires you.

Emma: (thoughtful) You're right. Maybe this little getaway will help spark some inspiration.

(They receive their drinks and find a cozy spot by the fireplace.)

Jack: (raising his cup) Here's to inspiration and new friendships!

Emma: (clinking her cup with his) Cheers to that!

(They sip their drinks, laughter filling the air, as the evening slips into a comfortable rhythm.)

(The stage fades, leaving the scene of newfound camaraderie and the warmth of the hotel lobby.)

1- Şans Eseri Bir Karşılaşma

Pelüş oturma alanları, çatırdayan bir şömine ve köşede kahve servisi yapan bir barista ile rahat bir otel lobisi. Arka planda yumuşak caz çalıyor. Akşamın erken saatleri.

Karakter:

- **Emma:** 30'lu yaşlarının başında, sadece check-in yapan yorgun bir gezgin.
- **Jack:** 30'lu yaşlarının sonlarında, lobide uzanan, büyüleyici ve esprili bir otel misafiri.

(Emma yorgun ama umutlu görünerek resepsiyona yaklaşıyor.)

Emma: (resepsiyon görevlisine) Merhaba, check-in yapmak istiyorum lütfen. Soyadı Thompson.

Resepsiyonist: (gülümseyerek) Hoş geldiniz, Bayan Thompson! Sizi nehir manzaralı güzel bir odada ağırlıyoruz. Çantalarınızla ilgili yardım ister misiniz?

Emma: (başını sallayarak) Hayır, sadece bir gecelik konaklama. Başarabilirim.

(Emma anahtarını aldığında, Jack onu fark eder ve bir konuşma başlatır.)

Jack: (sırıtarak) Buralarda yeni olmalısın. Seni daha önce gördüğümü sanmıyorum.

Emma: (şaşırmış) Oh, uh, merhaba! Evet, şehir dışından yeni geldim. Sanırım sadece bir molaya ihtiyacım vardı.

Jack: (gelişigüzel bir şekilde geriye yaslanır) Akıllıca hareket. Burası oldukça gençleştirici olabilir. Şehrin karmaşasından kaçmam gerektiğinde genellikle buraya gelirim.

Emma: (gülümseyerek) Kulağa hoş geliyor. Şu anda kesinlikle biraz huzur kullanabilirim.

Jack: (bir kaşını kaldırarak) Oteller bunun için değil mi? Huzur demişken, şuradaki kafenin sıcak çikolatasını denediniz mi? (jestler) Cennet gibi.

Emma: (hafifçe gülüyor) Var diyemem ama sıcak çikolata şu anda kulağa cazip geliyor.

Jack: (şakacı bir şekilde) Çikolatanın her şeyi çözdüğünü söylüyorlar. Neden çizgilere birlikte göğüs germiyoruz? Sizi temin ederim ki buna değer.

Emma: (duraksıyor, sonra başını sallıyor) Tabii, neden olmasın? Bir şirket kullanabilirim.

(Birlikte kafeye doğru yürürler.)

Jack: Peki, sen nerelisin?

Emma: Oregon'da küçük bir kasabadan geliyorum. Sen?

Jack: (sırıtarak) New York şehri. Daha önce bahsettiğim kaos. Ama sana vereceğim; Küçük kasaba cazibesini yenmek zordur.

Emma: (gülümseyerek) Kesinlikle. Orada hayat biraz daha yavaş ve bu güzel. Büyük şehirde ne iş yapıyorsun?

Jack: Ben bir mimarım. İnsanlara neşe getirecek ya da en azından güneşten gölge getirecek binalar tasarlamak.

Emma: (etkilendim) Kulağa büyüleyici geliyor! Hiç kendi vizyonunuzda bir şey tasarladınız mı?

Jack: (sırıtarak) Birkaç şey, ama tasarımlarımın çoğu hayallerimden ziyade müşteriler için. Ya sen? Ne iş yapıyorsun?

Emma: (iç çekerek) Ben bir grafik tasarımcıyım. Sanat yaratmayı seviyorum ama bazen kendim için değil, sadece müşteriler için içerik oluşturuyormuşum gibi geliyor.

(Kafe tezgahına ulaşıp sıcak çikolatalarını sipariş ediyorlar.)

Jack: (ona dönerek) Kendi yaratımlarına daha fazla zaman ayırmalısın. Hayat, size gerçekten ilham veren şeyin peşinden gitmemek için çok kısa.

Emma: (düşünceli) Haklısın. Belki bu küçük kaçamak biraz ilham vermeye yardımcı olur.

(**İçeceklerini alırlar ve şöminenin yanında rahat bir yer bulurlar.**)

Jack: (bardağını kaldırarak) İşte ilham ve yeni arkadaşlıklar!

Emma: (bardağını onunkiyle tokuşturarak) Buna şerefe!

(**İçeceklerini yudumlarlar, kahkahalar havayı doldururken, akşam rahat bir ritme girer.**)

(**Sahne kaybolur ve yeni keşfedilen dostluk sahnesini ve otel lobisinin sıcaklığını bırakır.**)

2- A Night at the Hotel

Characters:

- Sarah: A curious traveler
- Tom: The friendly hotel receptionist
- Mrs. Jenkins: An elderly woman staying at the hotel

[INT. HOTEL LOBBY - EVENING]

The lobby is warmly lit, with a cozy atmosphere. SARAH approaches the reception desk, where TOM is busy organizing some papers.

SARAH: (smiling) Hi there! I just checked in, and I have a quick question for you.

TOM: (looking up) Of course! What do you need help with?

SARAH: I was wondering if you have any recommendations for nearby restaurants. I'd love to try something local.

TOM: Absolutely! There's a great little Italian place just a few blocks away—their lasagna is fantastic. If you're in the mood for something lighter, the Café Flora has amazing salads and sandwiches.

As SARAH takes out her notepad to jot down the names, MRS. JENKINS, who's seated nearby, overhears the conversation.

MRS. JENKINS: (chiming in) Oh dear, you must try the Café Flora! I went there yesterday, and their muffins are sublime.

SARAH: (looking over) Really? I love muffins! I'll definitely have to check it out.

TOM: (smiling) Sounds like you've got a fan over here!

MRS. JENKINS adjusts her glasses and chuckles.

MRS. JENKINS: I had the blueberry one. I wanted to order more, but I thought the waitress might think I was a pig!

Everyone laughs, creating a warm connection.

SARAH: (grinning) I completely understand! Those moments of indulgence are hard to resist.

TOM: (leaning in) Just so you know, we also offer complimentary breakfast in the morning, including muffins!

MRS. JENKINS: (nodding enthusiastically) Yes! Don't skip it, dear. The coffee is just as lovely!

SARAH: (laughing) I promise I won't. What time does it start?

TOM: It's from 7 to 10 AM. And feel free to grab a snack for later if you want!

SARAH: That's perfect! I might just take advantage of that.

Just then, the phone at the reception rings. TOM answers it while SARAH and MRS. JENKINS continue to chat.

TOM: (into the phone) Hotel Marigold, how can I assist you? ... Yes, we do have a nearby spa ...

SARAH looks at MRS. JENKINS, her curiosity piqued.

SARAH: Have you tried the spa here, Mrs. Jenkins?

MRS. JENKINS: (smirking) Oh, I could use a good massage after all the sightseeing I've done! But I'll be honest, I'm more of a "sit by the pool and read" kind of girl these days.

SARAH: (laughing) That sounds perfect too! A pool day is always a great idea.

TOM finishes his call and turns back to them.

TOM: Sorry about that! I just had to confirm a spa appointment. Speaking of which, if you're interested, I can book you a session right now.

SARAH: (thoughtful) You know what? Why not! Maybe I'll indulge in a massage after dinner.

MRS. JENKINS: (winking) Treat yourself, dear. You deserve it!

As SARAH and TOM discuss spa options, MRS. JENKINS watches with a knowing smile, her heart warmed by the friendly interactions.

The scene captures the atmosphere of a welcoming hotel, highlighting the interactions between guests and staff, creating a sense of community and comfort.

2- Otelde Bir Gece

Karakter:

- Sarah: Meraklı bir gezgin
- Tom: Dost canlısı otel resepsiyonisti
- Bayan Jenkins: Otelde kalan yaşlı bir kadın

[INT. OTEL LOBISI - AKŞAM]
Lobi sıcak bir şekilde aydınlatılmıştır ve rahat bir atmosfere sahiptir. SARAH, TOM'un bazı evrakları düzenlemekle meşgul olduğu resepsiyon masasına yaklaşır.

SARAH: (gülümseyerek) Merhaba! Az önce giriş yaptım ve size hızlı bir sorum var.

TOM: (yukarı bakarak) Tabii ki! Hangi konuda yardıma ihtiyacınız var?

SARAH: Yakındaki restoranlar için herhangi bir öneriniz olup olmadığını merak ediyordum. Yerel bir şey denemeyi çok isterim.

TOM: Kesinlikle! Sadece birkaç blok ötede harika bir küçük İtalyan yeri var - lazanyaları harika. Daha hafif bir şeyler havasındaysanız, Café Flora'da harika salatalar ve sandviçler var.

Sarah isimleri not almak için not defterini çıkarırken, yakınlarda oturan Bayan JENKINS konuşmaya kulak misafiri olur.

Bayan Jenkins: (araya girerek) Ah canım, Café Flora'yı denemelisin! Dün oraya gittim ve kekleri harika.

SARAH: (Bakıyor) Gerçekten mi? Kekleri severim! Kesinlikle kontrol etmem gerekecek.

TOM: (gülümsüyor) Görünüşe göre burada bir hayranınız var!

Bayan Jenkins gözlüklerini düzeltiyor ve kıkırdıyor.

Bayan Jenkins: Bende yaban mersinli olanı vardı. Daha fazla sipariş vermek istedim ama garsonun domuz olduğumu düşünebileceğini düşündüm!

Herkes gülüyor ve sıcak bir bağ kuruyor.

SARAH: (sırıtarak) Tamamen anlıyorum! Bu hoşgörü anlarına direnmek zordur.

TOM: (eğilerek) Bil diye söylüyorum, sabahları kekler de dahil olmak üzere ücretsiz kahvaltı da sunuyoruz!

Bayan Jenkins: (coşkuyla başını sallayarak) Evet! Atlama canım. Kahve de bir o kadar güzel!

SARAH: (gülüyor) Söz veriyorum, yapmayacağım. Ne zaman başlıyor?

TOM: Sabah 7'den 10'a kadar. Ve isterseniz daha sonrası için bir şeyler atıştırmaktan çekinmeyin!

SARAH: Mükemmel! Bundan faydalanabilirim.

Tam o sırada resepsiyondaki telefon çalıyor. SARAH ve Bayan JENKINS sohbet etmeye devam ederken TOM cevap verir.

TOM: (telefona) Hotel Marigold, size nasıl yardımcı olabilirim? ... Evet, yakınlarda bir spa'mız var...

SARAH, MERAKI UYANMIŞ BIR HALDE BAYAN JENKINS'E BAKTI.

SARAH: Buradaki spa'yı denediniz mi, Bayan Jenkins?

Bayan Jenkins: (sırıtarak) Ah, yaptığım onca geziden sonra iyi bir masaj yapabilirim! Ama dürüst olacağım, bugünlerde daha çok "havuz kenarında otur ve oku" türünden bir kızım.

SARAH: (gülüyor) Bu da kulağa mükemmel geliyor! Bir havuz günü her zaman harika bir fikirdir.

TOM çağrısını bitirir ve onlara geri döner.

TOM: Bunun için üzgünüm! Sadece bir spa randevusunu onaylamam gerekiyordu. Bundan bahsetmişken, ilgileniyorsanız, şu anda size bir seans rezervasyonu yapabilirim.

SARAH: (düşünceli) Biliyor musun? Neden olmasın! Belki akşam yemeğinden sonra bir masajla kendimi şımartabilirim.

Bayan Jenkins: (göz kırparak) Kendini şımart canım. Bunu hak ediyorsun!

Sarah ve TOM spa seçeneklerini tartışırken, Bayan JENKINS bilmiş bir gülümsemeyle izliyor ve kalbi dostça etkileşimlerle ısınıyor.

Sahne, konuksever bir otelin atmosferini yakalayarak konuklar ve personel arasındaki etkileşimleri vurgulayarak, bir topluluk ve konfor duygusu yaratır.

3- A bustling hotel

A bustling hotel lobby with guests checking in and the sound of luggage wheels rolling over marble floors. A grand chandelier hangs overhead, and the air is filled with the aroma of fresh coffee from a nearby café.

Characters:

- **Emma:** A young woman in her late 20s, checking into the hotel, looking a bit flustered.
- **Jake:** A charming man in his early 30s, sitting in the lobby, sipping coffee and reading a book.

Dialogue:

(Emma approaches the front desk, fumbling with her reservation on her phone.)

Emma: (to herself) Come on, come on... Where are you, confirmation email?

Jake: (noticing her struggle) Need a hand, or is that a secret code you're trying to crack?

Emma: (looks up, slightly embarrassed) Oh, I'm just trying to find my reservation. It's like it vanished into thin air.

Jake: A classic disappearing act. (grins) I'm Jake, by the way.

Emma: Emma. Nice to meet you. (pauses) Do you stay here often?

Jake: I'm just passing through. Thought I'd treat myself to a little luxury. Plus, the coffee here is not too shabby. (gestures to the café)

Emma: (laughs lightly) Yeah, I could definitely use some luxury right now. I can't remember the last time I slept well.

Jake: Long trip?

Emma: Sort of. Just a hectic week at work and now a weekend getaway that's already off to a chaotic start.

Jake: You know what they say: "What doesn't kill you makes you stronger."

Emma: (smirking) Right. More like it'll send you in search of a spa treatment.

(The receptionist finally finds Emma's reservation.)

Receptionist: Here you are, Miss Emma. Room 405, enjoy your stay!

Emma: (relieved) Thank you! Finally, some good news.

Jake: (leans back in his chair) So, what's the plan after you conquer the chaos of check-in?

Emma: (pausing to think) I was thinking of just unwinding for a bit, maybe hitting that spa you mentioned.

Jake: Sounds like a solid plan. Care for some company in case you need a distraction?

Emma: (smiling) Sure! I suppose every spa needs a relaxing, albeit slightly bewildered, companion.

Jake: Perfect! I happen to excel at bewilderment.

(Both share a laugh as they walk toward the elevator.)

(Scene fades as they exit the lobby, their conversation light and hopeful.)

3- Hareketli bir otel

Konukların check-in yaptığı ve mermer zeminlerin üzerinde yuvarlanan bagaj tekerleklerinin sesiyle dolu bir otel lobisi. Tepede büyük bir avize asılı duruyor ve hava yakındaki bir kafeden gelen taze kahve aromasıyla dolu.

Karakter:

- **Emma:** 20'li yaşlarının sonlarında genç bir kadın, otele giriş yapıyor, biraz telaşlı görünüyor.
- **Jake:** 30'lu yaşlarının başında, lobide oturmuş, kahvesini yudumlayan ve kitap okuyan büyüleyici bir adam.

Diyalog:
(Emma ön büroya yaklaşır, telefonundaki rezervasyonuyla uğraşır.)
Emma: (kendi kendine) Hadi, hadi... Neredesin, onay e-postası?

Jake: (onun mücadelesini fark ederek) Yardıma mı ihtiyacın var, yoksa çözmeye çalıştığın gizli bir kod mu?

Emma: (başını kaldırır, biraz utanmış bir şekilde) Oh, sadece rezervasyonumu bulmaya çalışıyorum. Sanki ortadan kaybolmuş gibi.

Jake: Klasik bir ortadan kaybolma eylemi. (sırıtıyor) Bu arada ben Jake.

Emma: Emma. Tanıştığımıza memnun oldum. (duraklar) Burada sık sık kalıyor musun?

Jake: Sadece geçiyorum. Kendime biraz lüks ısmarlayacağımı düşündüm. Ayrıca, buradaki kahve çok perişan değil. (kafeye el kol hareketleri)

Emma: (hafifçe gülüyor) Evet, şu anda kesinlikle biraz lüks kullanabilirim. En son ne zaman iyi uyuduğumu hatırlayamıyorum.

Jake: Uzun yolculuk mu?

Emma: Bir nevi. İş yerinde sadece telaşlı bir hafta ve şimdi zaten kaotik bir başlangıç yapan bir hafta sonu kaçamağı.

Jake: Ne derler bilirsiniz: "Seni öldürmeyen şey güçlendirir."

Emma: (sırıtarak) Doğru. Daha çok sizi bir kaplıca tedavisi arayışına gönderecek gibi.

(Resepsiyonist sonunda Emma'nın rezervasyonunu bulur.)

Resepsiyonist: İşte buradasınız Bayan Emma. Oda 405, konaklamanızın tadını çıkarın!

Emma: (rahatlamış) Teşekkür ederim! Sonunda, bazı iyi haberler.

Jake: (sandalyesinde arkasına yaslanır) Peki, check-in kaosunu yendikten sonraki planın ne olduğu?

Emma: (düşünmek için duraklayarak) Biraz gevşemeyi düşünüyordum, belki bahsettiğin spa'ya gitmeyi.

Jake: Kulağa sağlam bir plan gibi geliyor. Dikkatinizin dağılması durumunda bir şirketle ilgileniyor musunuz?

Emma: (gülümseyerek) Tabii! Sanırım her spa'nın biraz şaşkın da olsa rahatlatıcı bir arkadaşa ihtiyacı var.

Jake: Mükemmel! Şaşkınlıkta mükemmelim.

(Her ikisi de asansöre doğru yürürken bir kahkaha paylaşıyor.)

(Lobiden çıktıklarında sahne kayboluyor, konuşmaları hafif ve umutlu.)

4- Two travelers, Alex and Jamie

A cozy hotel lobby with warm lighting. Two travelers, Alex and Jamie, sit on a plush sofa, chatting while sipping hot cocoa. The sound of a crackling fireplace fills the background.

Alex: (looking around the lobby) You know, I wasn't expecting this place to be so charming. It's like stepping back in time.

Jamie: Right? I love the vintage decor. It feels so homely. And look at that fireplace! Perfect for a chilly evening.

Alex: (takes a sip of cocoa) It really is nice. I'm glad we decided to stay here instead of that chain hotel downtown.

Jamie: Agreed. Plus, with breakfast included, it's a win-win. I heard they have freshly baked pastries.

Alex: (raising an eyebrow) Pastries? Now you've got my attention! Let's make sure we set our alarms early.

Jamie: (laughs) Yes, because we all know how "early" I can be. You might have to drag me out of bed.

Alex: (playfully) I'll bring the loud alarm clock. Or maybe I'll just make a pot of coffee in the room.

Jamie: Now we're talking! Just promise me you won't let it burn this time.

Alex: No promises. But in my defense, that was a one-time thing!

Jamie: (smirking) Right, right. Just like the time you got us lost on the way to the museum?

Alex: (grinning) Okay, that was more than one time. But hey, we found that cute little café, remember?

Jamie: True! And all because of your "sense of adventure."

Alex: Exactly! So, are we doing any more exploring tomorrow?

Jamie: Definitely! I found a few hiking trails nearby. And I heard there's a lovely waterfall we can check out.

Alex: Sounds amazing! Just as long as we can sneak in those pastries first.

Jamie: Deal! Hiking on a full stomach always sounds better.

Alex: (smirking) Just as long as we don't get lost again...

Jamie: (playfully rolling eyes) No promises!

(They both laugh, settling in for a cozy evening at the hotel.)

4- İki gezgin, Alex ve Jamie

Sıcak aydınlatmalı rahat bir otel lobisi. İki gezgin, Alex ve Jamie, pelüş bir kanepede oturuyor ve sıcak kakaoyu yudumlarken sohbet ediyor. Çatırdayan bir şöminenin sesi arka planı dolduruyor.

Alex: (lobiye bakarak) Biliyor musun, bu yerin bu kadar çekici olmasını beklemiyordum. Zamanda geriye gitmek gibi.

Jamie: Değil mi? Vintage dekoru seviyorum. Çok sade hissettiriyor. Ve şu şömineye bak! Soğuk bir akşam için mükemmel.

Alex: (kakaodan bir yudum alır) Gerçekten güzel. Şehir merkezindeki zincir otel yerine burada kalmaya karar verdiğimize sevindim.

Jamie: Katılıyorum. Ayrıca, kahvaltı dahil olduğunda, bu bir kazan-kazan. Taze pişmiş hamur işleri olduğunu duydum.

Alex: (bir kaşını kaldırarak) Hamur işleri? Şimdi dikkatimi çektin! Alarmlarımızı erkenden kurduğumuzdan emin olalım.

Jamie: (gülüyor) Evet, çünkü hepimiz ne kadar "erken" olabileceğimi biliyoruz. Beni yataktan sürükleyerek çıkarmak zorunda kalabilirsin.

Alex: (şakacı bir şekilde) Yüksek sesli çalar saati getireceğim. Ya da belki odada bir fincan kahve yaparım.

Jamie: Şimdi konuşuyoruz! Sadece bana söz ver, bu sefer yanmasına izin vermeyeceksin.

Alex: Söz yok. Ama savunmamda, bu tek seferlik bir şeydi!

Jamie: (sırıtarak) Doğru, doğru. Tıpkı müzeye giderken bizi kaybettiğiniz zaman gibi?

Alex: (sırıtarak) Tamam, bu birden fazla seferdi. Ama hey, o şirin küçük kafeyi bulduk, hatırladın mı?

Jamie: Doğru! Ve hepsi sizin "macera duygunuz" yüzünden.

Alex: Kesinlikle! Peki, yarın daha fazla keşif yapıyor muyuz?

Jamie: Kesinlikle! Yakınlarda birkaç yürüyüş parkuru buldum. Ve kontrol edebileceğimiz güzel bir şelale olduğunu duydum.

Alex: Kulağa harika geliyor! Yeter ki önce o hamur işlerine gizlice girebilelim.

Jamie: Anlaştık! Tok karnına yürüyüş yapmak her zaman kulağa daha hoş gelir.

Alex: (sırıtarak) Yeter ki tekrar kaybolmayalım...

Jamie: (şakacı bir şekilde yuvarlanan gözler) Söz yok!

(İkisi de gülüyor ve otelde rahat bir akşam geçirmek için yerleşiyorlar.)

5- An Unexpected Encounter at the Hotel

Setting: A stylish hotel lobby with modern decor. Soft music plays in the background as guests check in and mingle.
Characters:

- **Emma:** A curious traveler in her late 20s.
- **Jack:** A charming stranger in his early 30s.

[Emma is sitting in a plush chair, scrolling through her phone when Jack walks by, coffee in hand and glances at her.]

Jack: (smiling) Great coffee, right? It's like liquid motivation.

Emma: (looking up) You just might be onto something. I was starting to feel like a zombie without it.

Jack: (chuckles) Perfect company for a hotel lobby, don't you think? Just don't let the comfy chairs fool you into napping.

Emma: (grinning) Too late for that. I can already feel my eyelids getting heavy. So, what brings you to this corner of the world?

Jack: Just passing through for work. A little conference and some city exploring. How about you?

Emma: (sighs) Just a much-needed break from the chaos of life. I figured I'd treat myself to a weekend of adventure and relaxation.

Jack: (leans in) Adventure, huh? Have you planned any? This city has some hidden gems.

Emma: (brightening) A few! I want to check out that art museum and maybe hit a couple of local eateries. Any suggestions?

Jack: (enthusiastically) Definitely! The little bistro around the corner has the best tapas. And if you're up for it, the night market is a must—so vibrant and full of life.

Emma: (intrigued) The night market sounds amazing! I might just take you up on that. Are you going?

Jack: (pauses, contemplating) Actually, I was thinking I might just stick to my hotel room and work. But if you want some company, I'd love to join.

Emma: (playfully) Is this a serious offer? I might just take you up on that as well.

Jack: (grinning) No take-backs! Just consider it a chance to make a new friend.

Emma: (smiling back) Deal! I'll hold you to it. Just promise you won't disappear into the work abyss.

Jack: (raising an eyebrow) I can't make any promises, but I'll do my best. Let's say we meet here around 7?

Emma: (nodding) Perfect. I'll hold you to that coffee motivation we talked about.

Jack: (playfully) It's a date...of sorts.

[They both chuckle as Jack stands up, waving as he walks toward the elevator.]

Emma: (calling out) See you later, coffee motivator!

Jack: (turning back with a smile) Don't fall asleep before then!

[Emma laughs as she watches him disappear, excited about what the evening might hold.]

[Scene fades out as Emma goes back to scrolling through her phone but now with a smile on her face.]

5- Otelde Beklenmedik Bir Karşılaşma

Ortam: Modern dekora sahip şık bir otel lobisi. Misafirler giriş yaparken ve kaynaşırken arka planda yumuşak bir müzik çalar.
Karakter:

- **Emma:** 20'li yaşlarının sonlarında meraklı bir gezgin.
- **Jack:** 30'lu yaşlarının başında büyüleyici bir yabancı.

[Emma pelüş bir sandalyede oturuyor, Jack elinde kahve, elinde kahve ile yürürken telefonunda geziniyor ve ona bakıyor.]

Jack: (gülümseyerek) Harika kahve, değil mi? Sıvı motivasyon gibi.

Emma: (yukarı bakarak) Belki de bir şeyin peşindesin. Onsuz bir zombi gibi hissetmeye başlamıştım.

Jack: (kıkırdar) Bir otel lobisi için mükemmel bir şirket, sence de öyle değil mi? Sadece rahat sandalyelerin sizi uyuklamanız için kandırmasına izin vermeyin.

Emma: (sırıtarak) Bunun için çok geç. Göz kapaklarımın ağırlaştığını şimdiden hissedebiliyorum. Peki, sizi dünyanın bu köşesine getiren nedir?

Jack: Sadece iş için geçiyorum. Küçük bir konferans ve biraz şehir keşfi. Ya sen?

Emma: (iç çeker) Hayatın karmaşasından çok ihtiyaç duyulan bir mola. Kendime macera ve rahatlama dolu bir hafta sonu ısmarlayacağımı düşündüm.

Jack: (eğilir) Macera, ha? Herhangi bir plan yaptın mı? Bu şehrin bazı gizli mücevherleri var.

Emma: (parlayarak) Birkaç! O sanat müzesini kontrol etmek ve belki birkaç yerel restorana gitmek istiyorum. Herhangi bir öneriniz var mı?

Jack: (coşkuyla) Kesinlikle! Köşedeki küçük bistro en iyi tapaslara sahiptir. Ve eğer buna hazırsanız, gece pazarı bir zorunluluktur - çok canlı ve hayat dolu.

Emma: (merak uyandıran) Gece pazarı kulağa harika geliyor! Sizi bu konuda ele alabilirim. Gidiyor musun?

Jack: (duraklar, düşünür) Aslında, otel odama yapışıp çalışabileceğimi düşünüyordum. Ama bir şirket istiyorsanız, katılmayı çok isterim.

Emma: (şakacı bir şekilde) Bu ciddi bir teklif mi? Sizi bu konuda da ele alabilirim.

Jack: (sırıtarak) Geri alma yok! Sadece yeni bir arkadaş edinme şansı olarak düşünün.

Emma: (gülümseyerek) Anlaştık! Seni ona tutacağım. Sadece iş uçurumunda kaybolmayacağına söz ver.

Jack: (bir kaşını kaldırarak) Herhangi bir söz veremem ama elimden gelenin en iyisini yapacağım. Diyelim ki saat 7 gibi burada buluştuk?

Emma: (başını sallayarak) Mükemmel. Seni bahsettiğimiz o kahve motivasyonuna götüreceğim.

Jack: (şakacı bir şekilde) Bu bir randevu... bir tür.

[Jack ayağa kalkarken ikisi de kıkırdar, asansöre doğru yürürken el sallar.]

Emma: (seslenerek) Sonra görüşürüz, kahve motivasyonu!

Jack: (gülümseyerek geri dönerek) Ondan önce uykuya dalma!

[Emma onun ortadan kayboluşunu izlerken gülüyor, akşamın neler getireceği konusunda heyecanlı.]

[Emma telefonunda gezinmeye geri döndüğünde sahne kayboluyor ama şimdi yüzünde bir gülümsemeyle.]

Travel

Seyahat

1- A Day at the Travel Agency

Characters:

1. **Emily** - A travel agent
2. **Mike** - A prospective client

[**Scene: Inside a cozy travel agency filled with posters of exotic destinations. Emily sits behind the counter, organizing brochures. Mike walks in, looking a bit lost but excited.**]

Mike: (looking around) Hi there! I'm hoping you can help me. I'm looking to plan a vacation but have no idea where to start.

Emily: (smiling) Of course! You've come to the right place. What kind of vacation are you thinking about? Relaxing on a beach, exploring a new city, or maybe an adventure in the mountains?

Mike: I'm leaning towards something adventurous. I love hiking and exploring new cultures.

Emily: Great! Do you have a specific region in mind, or are you open to suggestions?

Mike: I'm definitely open to suggestions. I've always wanted to visit South America, maybe Peru or Chile.

Emily: Excellent choices! Peru has breathtaking hikes like the Inca Trail, and Chile offers incredible landscapes from deserts to glaciers. How many days were you hoping to travel for?

Mike: I was thinking about a two-week trip.

Emily: Perfect, we can plan a fantastic itinerary. How about starting in Lima for a few days to soak up some culture and food, then heading to Cusco for the Inca Trail?

Mike: That sounds amazing! I've heard so much about the food in Peru.

Emily: (nods) It's definitely top-notch! Don't forget to try ceviche. After Cusco, we can arrange for you to visit Machu Picchu. After that, we could head down to Patagonia in Chile for some stunning hikes.

Mike: Wow, that sounds incredible! What's the best time of year for this kind of trip?

Emily: The dry season runs from May to September, which is ideal for hiking. If you're planning your trip for those months, it's a good idea to book accommodations and tours in advance since they can fill up quickly.

Mike: That makes sense. I'd like to get everything sorted soon. What about travel insurance? Is that necessary?

Emily: (enthusiastically) Yes, I always recommend travel insurance. It can cover unexpected events like trip cancellations and medical emergencies. I can help you find a good policy when we set everything up.

Mike: That's really helpful. I feel like I'm starting to get a clearer picture.

Emily: (smiling) Glad to hear it! Let's sit down and go over some options. I'll pull up some itineraries based on what we've discussed.

Mike: (grinning) Sounds perfect! I can't wait to start planning this adventure.

Emily starts typing on her computer as Mike looks eagerly at the brochures on the wall.

1- Seyahat Acentasında Bir Gün

Karakter:

1. **Emily** - Bir seyahat acentesi
2. **Mike** - Potansiyel bir müşteri

[**Sahne: Egzotik destinasyonların posterleriyle dolu rahat bir seyahat acentesinin içinde. Emily tezgâhın arkasında oturuyor ve broşürleri düzenliyor. Mike içeri giriyor, biraz kaybolmuş görünüyor ama heyecanlı.**]

Mike: (etrafına bakınarak) Merhaba! Umarım bana yardım edebilirsin. Bir tatil planı yapmak istiyorum ama nereden başlayacağım hakkında hiçbir fikrim yok.

Emily: (gülümsüyor) Elbette! Doğru yere geldiniz. Nasıl bir tatil düşünüyorsun? Bir kumsalda dinlenmek, yeni bir şehri keşfetmek ya da belki dağlarda bir macera?

Mike: Maceracı bir şeye doğru eğiliyorum. Yürüyüş yapmayı ve yeni kültürler keşfetmeyi seviyorum.

Emily: Harika! Aklınızda belirli bir bölge mi var yoksa önerilere açık mısınız?

Mike: Önerilere kesinlikle açığım. Her zaman Güney Amerika'yı, belki Peru veya Şili'yi ziyaret etmek istemişimdir.

Emily: Mükemmel seçimler! Peru, İnka Yolu gibi nefes kesici yürüyüşlere sahiptir ve Şili, çöllerden buzullara kadar inanılmaz manzaralar sunar. Kaç gün boyunca seyahat etmeyi umuyordun?

Mike: İki haftalık bir gezi düşünüyordum.

Emily: Mükemmel, harika bir güzergah planlayabiliriz. Biraz kültür ve yemek içinize çekmek için birkaç günlüğüne Lima'da başlamaya, ardından Inca Trail için Cusco'ya gitmeye ne dersiniz?

Mike: Kulağa harika geliyor! Peru'daki yemekler hakkında çok şey duydum.

Emily: (başını sallar) Kesinlikle birinci sınıf! Ceviche'yi denemeyi unutmayın. Cusco'dan sonra Machu Picchu'yu ziyaret etmenizi sağlayabiliriz. Bundan sonra, çarpıcı yürüyüşler için Şili'deki Patagonya'ya gidebiliriz.

Mike: Vay canına, kulağa inanılmaz geliyor! Bu tür bir gezi için yılın en iyi zamanı nedir?

Emily: Kurak mevsim, yürüyüş için ideal olan Mayıs'tan Eylül'e kadar sürer. Seyahatinizi bu aylar için planlıyorsanız, hızlı bir şekilde dolabilecekleri için konaklama ve turlar için önceden rezervasyon yaptırmak iyi bir fikirdir.

Mike: Bu mantıklı. Yakında her şeyi sıralamak istiyorum. Peki ya seyahat sigortası? Bu gerekli mi?

Emily: (coşkuyla) Evet, her zaman seyahat sigortasını öneririm. Seyahat iptalleri ve tıbbi acil durumlar gibi beklenmedik olayları kapsayabilir. Her şeyi ayarladığımızda iyi bir politika bulmanıza yardımcı olabilirim.

Mike: Bu gerçekten yardımcı oluyor. Daha net bir resim elde etmeye başladığımı hissediyorum.

Emily: (gülümseyerek) Bunu duyduğuma sevindim! Oturalım ve bazı seçeneklerin üzerinden geçelim. Tartıştığımız şeylere dayanarak bazı güzergahlar hazırlayacağım.

Mike: (sırıtarak) Kulağa mükemmel geliyor! Bu macerayı planlamaya başlamak için sabırsızlanıyorum.

Emily bilgisayarında yazmaya başlarken Mike duvardaki broşürlere hevesle bakar.

2- Inside a cozy travel agency

Characters:

- **Sarah**: A travel agent, enthusiastic and knowledgeable.
- **Mark**: A customer looking to plan his dream vacation.

[Scene: Inside a cozy travel agency, with travel posters on the walls and a large map of the world on one side. Sarah is behind the desk, reviewing some brochures, while Mark enters the agency.]

Mark: (looking around, slightly overwhelmed) Hi there! I'm looking to plan a vacation but I don't even know where to start.

Sarah: (smiling warmly) No problem, you've come to the right place! What kind of vacation are you thinking about? Adventure, relaxation, or maybe something cultural?

Mark: I'm leaning towards something adventurous. I've never been to the mountains, and I've always wanted to try hiking.

Sarah: That sounds amazing! How about exploring the Rockies? They have breathtaking trails, beautiful landscapes, and even opportunities for rock climbing if you're up for it!

Mark: The Rockies sound incredible! But I'm not an experienced hiker. Are there trails for beginners?

Sarah: Absolutely! There are plenty of beautiful, easy trails that'll still give you stunning views without the strenuous climb. Plus, I can arrange for guided hikes if you'd prefer some support and local knowledge.

Mark: That could be helpful. What about accommodations? I'd like something comfortable but not too fancy.

Sarah: I can recommend a few charming lodges that offer a mix of comfort and rustic charm. You'll get that cozy mountain vibe without breaking the bank. Would you prefer something more secluded or close to town for dining options?

Mark: Definitely more secluded. I want to feel like I'm in nature, but I still want to be able to grab a bite to eat without driving too far.

Sarah: Got it! I know just the place. I'll show you some options after we finalize the hiking details. When are you planning to go?

Mark: I was thinking about two weeks from now, if that's possible.

Sarah: Perfect timing! The weather is usually great then, and the summer crowds will be dwindling. Let's check availability for those lodges and some guided hikes. Do you have any specific activities in mind besides hiking?

Mark: I'd love to try kayaking if it's available!

Sarah: Yes! There are some beautiful lakes in the area where you can rent a kayak. I can set up a combo package for hiking and kayaking for you. How does that sound?

Mark: That sounds fantastic! I'm excited already. What do I need to do?

Sarah: I'll put together a detailed itinerary for you. Once you review and confirm, I'll handle all the bookings. I just need your email and a small deposit to secure everything.

Mark: Sounds easy enough! I can't wait to see what you come up with.

Sarah: (laughs) I promise it'll be a trip to remember! Let's get started!

They start discussing options, flipping through brochures and maps, as Mark's excitement grows.

Scene fades out with the sound of laughter and enthusiastic chatter about the upcoming trip.

2- Rahat bir seyahat acentesinin içinde

Karakter:

- **Sarah:** Hevesli ve bilgili bir seyahat acentesi.
- **Mark:** Hayalindeki tatili planlamak isteyen bir müşteri.

[**Sahne: Rahat bir seyahat acentesinin içinde, duvarlarında seyahat posterleri ve bir tarafında büyük bir dünya haritası var. Sarah masanın arkasında, bazı broşürleri gözden geçirirken, Mark ajansa giriyor.**]

Mark: (etrafına bakınarak, biraz bunalmış) Merhaba! Bir tatil planı yapmak istiyorum ama nereden başlayacağımı bile bilmiyorum.

Sarah: (sıcak bir şekilde gülümseyerek) Sorun değil, doğru yere geldiniz! Nasıl bir tatil düşünüyorsun? Macera, rahatlama ya da belki kültürel bir şey?

Mark: Maceracı bir şeye doğru eğiliyorum. Hiç dağlara gitmedim ve her zaman yürüyüş yapmayı denemek istemişimdir.

Sarah: Kulağa harika geliyor! Rocky Dağları'nı keşfetmeye ne dersiniz? Nefes kesen parkurları, güzel manzaraları ve hatta hazırsanız kaya tırmanışı için fırsatları var!

Mark: Rocky Dağları'nın sesi inanılmaz! Ama ben deneyimli bir yürüyüşçü değilim. Yeni başlayanlar için parkurlar var mı?

Sarah: Kesinlikle! Yorucu tırmanış olmadan size muhteşem manzaralar sunmaya devam edecek çok sayıda güzel, kolay parkur var. Ayrıca, biraz destek ve yerel bilgi tercih ederseniz rehberli yürüyüşler düzenleyebilirim.

Mark: Bu yardımcı olabilir. Peki ya konaklama? Rahat ama çok süslü olmayan bir şey istiyorum.

Sarah: Konfor ve rustik cazibeyi bir arada sunan birkaç büyüleyici orman evi önerebilirim. Bankayı bozmadan o rahat dağ havasını elde edeceksiniz. Yemek seçenekleri için daha tenha mı yoksa şehre yakın bir yer mi tercih edersiniz?

Mark: Kesinlikle daha tenha. Kendimi doğada gibi hissetmek istiyorum ama yine de çok uzağa gitmeden bir şeyler atıştırmak istiyorum.

Sarah: Anladım! Sadece yerini biliyorum. Yürüyüş detaylarını tamamladıktan sonra size bazı seçenekler göstereceğim. Ne zaman gitmeyi planlıyorsun?

Mark: Bundan iki hafta sonrasını düşünüyordum, eğer bu mümkünse.

Sarah: Mükemmel zamanlama! O zamanlar hava genellikle harikadır ve yaz kalabalığı azalacaktır. Bu orman evlerinin müsaitlik durumunu ve bazı rehberli yürüyüşleri kontrol edelim. Doğa yürüyüşü dışında aklınızda belirli aktiviteler var mı?

Mark: Mümkünse kano yapmayı denemeyi çok isterim!

Sarah: Evet! Bölgede kano kiralayabileceğiniz bazı güzel göller var. Sizin için yürüyüş ve kano için birleşik bir paket oluşturabilirim. Kulağa nasıl geliyor?

Mark: Kulağa harika geliyor! Şimdiden heyecanlıyım. Ne yapmam gerekiyor?

Sarah: Senin için ayrıntılı bir güzergah hazırlayacağım. İnceleyip onayladıktan sonra, tüm rezervasyonları ben halledeceğim. Her şeyi güvence altına almak için sadece e-postanıza ve küçük bir depozitoya ihtiyacım var.

Mark: Kulağa yeterince kolay geliyor! Ne bulacağını görmek için sabırsızlanıyorum.

Sarah: (gülüyor) Söz veriyorum, hatırlanacak bir gezi olacak! Hadi başlayalım!

Mark'ın heyecanı arttıkça seçenekleri tartışmaya, broşürleri ve haritaları karıştırmaya başlarlar.

Sahne, kahkahaların sesi ve yaklaşan gezi hakkında coşkulu sohbetlerle kayboluyor.

3- Sarah and Lisa

A bustling travel agency filled with colorful brochures and maps. Clients are seated at comfortable chairs, reviewing information. Sarah, a travel agent, is behind the desk, eagerly helping a couple, Mark and Lisa, who are planning their honeymoon.

Sarah: (smiling) Welcome to Wanderlust Travel Agency! How can I help you both today?

Mark: Hi there! We're looking to plan our honeymoon and want something special.

Lisa: Yes! We want a mix of relaxation and adventure. Maybe tropical?

Sarah: That sounds amazing! We have some great options. Any specific destinations in mind?

Mark: We've mentioned Bali, but we're open to suggestions.

Sarah: Bali is fantastic—stunning beaches and rich culture! Have you considered the Maldives? It's a bit more secluded and perfect for romance, with overwater bungalows!

Lisa: Ooh, that sounds dreamy! What activities are there, besides lounging on the beach?

Sarah: You can go snorkeling or diving to explore vibrant coral reefs, take a sunset dolphin cruise, or enjoy a private dinner on the beach. There are also plenty of spa options for relaxation.

Mark: That sounds fun! What's the best time to visit?

Sarah: The dry season from November to April is ideal, but keep in mind that it can get busy around the holidays. If you want fewer crowds, late September or October is also wonderful!

Lisa: Perfect timing! How about flights and accommodations?

Sarah: I can provide you with airfare options. As for accommodations, I know some beautiful resorts that offer honeymoon packages, including romantic dinners and complimentary spa treatments.

Mark: Nice! What's the budget range for those packages?

Sarah: We can work within your budget. Some resorts start at around $300 a night, and they go up from there, depending on luxury and location. Would you like to see a few options?

Lisa: Yes, please! Also, what about travel insurance?

Sarah: Great question! I highly recommend it, especially for a honeymoon. It covers unexpected events like cancellations, health emergencies, or lost luggage.

Mark: Sounds worthwhile.

Sarah: Let's get started! I'll compile some resort options and find you the best flight deals. How does that sound?

Lisa: That sounds great! We're really excited!

Mark: Yeah, let's do this!

Sarah begins typing on her computer, pulling up information while Mark and Lisa glance through some brochures, their excitement palpable.

3- Sarah ve Lisa

Renkli broşürler ve haritalarla dolu hareketli bir seyahat acentesi. Müşteriler rahat koltuklarda oturarak bilgileri gözden geçirirler. Bir seyahat acentesi olan Sarah, masanın arkasında, balayını planlayan Mark ve Lisa adlı bir çifte hevesle yardım ediyor.

Sarah: (gülümseyerek) Wanderlust Seyahat Acentası'na hoş geldiniz! Bugün ikinize de nasıl yardımcı olabilirim?

Mark: Merhaba! Balayımızı planlamak ve özel bir şey istiyoruz.

Lisa: Evet! Rahatlama ve maceranın bir karışımını istiyoruz. Belki tropikal?

Sarah: Kulağa harika geliyor! Bazı harika seçeneklerimiz var. Aklınızda belirli bir varış noktası var mı?

Mark: Bali'den bahsettik ama önerilere açığız.

Sarah: Bali muhteşem, muhteşem plajları ve zengin kültürü! Maldivler'i düşündünüz mü? Su üstü bungalovları ile biraz daha tenha ve romantizm için mükemmel!

Lisa: Ooh, kulağa rüya gibi geliyor! Sahilde uzanmanın yanı sıra ne gibi aktiviteler var?

Sarah: Canlı mercan resiflerini keşfetmek için şnorkelle yüzebilir veya dalış yapabilir, gün batımında yunus gezisine çıkabilir veya sahilde özel bir akşam yemeğinin tadını çıkarabilirsiniz. Rahatlamak için çok sayıda spa seçeneği de vardır.

Mark: Kulağa eğlenceli geliyor! Ziyaret etmek için en iyi zaman nedir?

Sarah: Kasım'dan Nisan'a kadar olan kurak mevsim idealdir, ancak tatillerde yoğun olabileceğini unutmayın. Daha az kalabalık istiyorsanız, Eylül sonu veya Ekim ayı da harika!

Lisa: Mükemmel zamanlama! Uçuşlar ve konaklamalar nasıl?

Sarah: Size uçak bileti seçenekleri sunabilirim. Konaklamaya gelince, romantik akşam yemekleri ve ücretsiz spa uygulamaları da dahil olmak üzere balayı paketleri sunan bazı güzel tatil köyleri biliyorum.

Mark: Güzel! Bu paketler için bütçe aralığı nedir?

Sarah: Bütçeniz dahilinde çalışabiliriz. Bazı tatil köyleri gecelik yaklaşık 300 dolardan başlar ve lükse ve konuma bağlı olarak oradan yükselir. Birkaç seçenek görmek ister misiniz?

Lisa: Evet, lütfen! Ayrıca, seyahat sigortası ne olacak?

Sarah: Harika bir soru! Özellikle balayı için şiddetle tavsiye ederim. İptaller, sağlıkla ilgili acil durumlar veya kayıp bagaj gibi beklenmedik olayları kapsar.

Mark: Kulağa hoş geliyor.

Sarah: Hadi başlayalım! Bazı tatil yeri seçeneklerini derleyeceğim ve size en iyi uçuş fırsatlarını bulacağım. Kulağa nasıl geliyor?

Lisa: Kulağa harika geliyor! Gerçekten çok heyecanlıyız!

Mark: Evet, hadi bunu yapalım!

Sarah bilgisayarında yazmaya başlar, Mark ve Lisa bazı broşürlere göz atarken bilgileri toplar, heyecanları hissedilir.

4- Destination

A bustling travel agency storefront, adorned with posters of exotic destinations and maps from all around the world. Sarah, a travel agent, sits behind the desk, flipping through brochures. A customer, Mark, enters excitedly.

Mark: (enthusiastically) Hi there! I'm looking to book a trip for my family. We want something memorable!

Sarah: (smiling) Absolutely! Where are you thinking of going?

Mark: We were thinking about a beach destination. Maybe somewhere with great activities for the kids?

Sarah: Perfect! We have some fantastic options. How about the Caribbean? Islands like Jamaica or the Bahamas have beautiful beaches and loads of family-friendly activities.

Mark: That sounds great! What kind of activities are we talking about?

Sarah: (gesturing to a brochure) Both places offer water parks, snorkeling, and even excursions to swim with dolphins! Plus, there are family resorts that provide childcare services, so you can have a little time for yourselves too.

Mark: (nodding) That does sound tempting. What about the cost?

Sarah: It really depends on the dates and how long you plan to stay. I can pull up some package deals right now. Do you have specific dates in mind?

Mark: We were thinking late June, after the school year ends.

Sarah: Great! Let me check availability for you. (types on the computer) Okay, I found a package at a family resort in the Bahamas: 7 nights including flights and meals! It's a fantastic deal.

Mark: (raising an eyebrow) That sounds promising. What amenities does the resort offer?

Sarah: (flipping to another brochure) They have multiple pools, a kids' club for various age groups, and several dining options. Plus, they offer complimentary activities like kayaking and paddleboarding.

Mark: (grinning) Wow, it sounds amazing. And what about travel insurance? Do you recommend that?

Sarah: Definitely! It provides peace of mind in case of any unexpected events like cancellations or medical emergencies. We have some great packages for that too.

Mark: Alright, I think I'm sold! Let's move forward with the booking.

Sarah: Fantastic! Let's finalize these details then. (she starts taking notes) Could you please provide me with your family's names and ages for the booking?

Mark: Sure! There's me, Mark, my wife, Lisa, and our two kids, Emma, who is 10, and Jake, who is 7.

Sarah: Perfect! I'll get everything set up for you. You're going to have an incredible time!

Mark: I can't wait! Thanks so much for your help!

Sarah: My pleasure! Let's make some travel memories happen!

(The conversation continues as Sarah begins to gather more details for Mark's booking.)

4- Varış Noktası

Egzotik destinasyonların posterleri ve dünyanın dört bir yanından haritalarla süslenmiş hareketli bir seyahat acentesi mağazası. Bir seyahat acentesi olan Sarah, masanın arkasında oturuyor ve broşürleri karıştırıyor. Bir müşteri, Mark, heyecanla içeri girer.

Mark: (coşkuyla) Merhaba! Ailem için bir gezi rezervasyonu yapmak istiyorum. Unutulmaz bir şey istiyoruz!

Sarah: (gülümseyerek) Kesinlikle! Nereye gitmeyi düşünüyorsun?

Mark: Bir sahil destinasyonu düşünüyorduk. Belki çocuklar için harika aktiviteleri olan bir yer?

Sarah: Mükemmel! Bazı harika seçeneklerimiz var. Karayipler'e ne dersiniz? Jamaika veya Bahamalar gibi adalar güzel plajlara ve birçok aile dostu aktiviteye sahiptir.

Mark: Kulağa harika geliyor! Ne tür faaliyetlerden bahsediyoruz?

Sarah: (bir broşürü işaret ederek) Her iki yer de su parkları, şnorkelli yüzme ve hatta yunuslarla yüzmek için geziler sunuyor! Ayrıca, çocuk bakımı hizmetleri sunan aile tatil köyleri vardır, böylece kendiniz için de biraz zamanınız olabilir.

Mark: (başını sallayarak) Kulağa cazip geliyor. Peki ya maliyet?

Sarah: Bu gerçekten tarihlere ve ne kadar kalmayı planladığınıza bağlı. Şu anda bazı paket fırsatlar yakalayabilirim. Aklınızda belirli tarihler var mı?

Mark: Haziran ayının sonlarında, okul yılı bittikten sonra düşünüyorduk.

Sarah: Harika! Senin için müsaitlik durumunu kontrol etmeme izin ver. (bilgisayardaki türler) Tamam, Bahamalar'daki bir aile tatil beldesinde bir paket buldum: Uçuşlar ve yemekler dahil 7 gece! Bu harika bir anlaşma.

Mark: (bir kaşını kaldırarak) Kulağa umut verici geliyor. Tesis ne gibi olanaklar sunuyor?

Sarah: (başka bir broşüre geçerek) Birden fazla havuzları, çeşitli yaş grupları için bir çocuk kulübü ve çeşitli yemek seçenekleri var. Ayrıca, kano ve kürek sörfü gibi ücretsiz aktiviteler sunarlar.

Mark: (sırıtarak) Vay canına, kulağa harika geliyor. Peki ya seyahat sigortası? Bunu tavsiye eder misiniz?

Sarah: Kesinlikle! İptaller veya tıbbi acil durumlar gibi beklenmedik olaylarda gönül rahatlığı sağlar. Bunun için de harika paketlerimiz var.

Mark: Pekala, sanırım satıldım! Rezervasyon ile ilerleyelim.

Sarah: Harika! O zaman bu detayları sonuçlandıralım. (not almaya başlar) Rezervasyon için bana ailenizin isimlerini ve yaşlarını verebilir misiniz?

Mark: Tabii! Ben, Mark, eşim Lisa ve iki çocuğumuz, 10 yaşındaki Emma ve 7 yaşındaki Jake.

Sarah: Mükemmel! Senin için her şeyi ayarlayacağım. İnanılmaz bir zaman geçireceksiniz!

Mark: Sabırsızlanıyorum! Yardımın için çok teşekkürler!

Sarah: Benim için zevk! Bazı seyahat anılarını gerçekleştirelim!

(Sarah, Mark'ın rezervasyonu için daha fazla ayrıntı toplamaya başladığında konuşma devam ediyor.)

Farm

Çiftlik

1- Farm Days

Characters:

- **Maggie**: A spirited teenager who loves the farm life.
- **Tom**: Maggie's younger brother, who prefers video games over chores.
- **Grandpa Joe**: The wise and jovial farmer, full of stories about old times.

Scene: A sunny morning on Grandpa Joe's farm. Birds are chirping, and the smell of fresh hay fills the air. Maggie and Tom are sitting on a fence while Grandpa Joe tends to the chickens.

Maggie: (grinning) You know, Tom, there's nothing like farm days! Just look at this view!

Tom: (slouching) Yeah, if only it came with Wi-Fi. I could be leveling up my gaming character instead of... well, this.

Maggie: (playfully nudging him) But we're about to get our hands dirty and have some real adventures! Like when we chased after that runaway pig last summer!

Tom: (rolling his eyes) Yeah, and you ended up falling in the mud while I strategically stayed back. Clearly, I'm the smart one here.

Grandpa Joe: (chuckling as he approaches) That mud was good for you, Tom! Builds character! Besides, you were the one who suggested we get the piglet in the first place!

Maggie: (giggling) And let's not forget how you ended up with mud all over your video game console!

Tom: (groaning) Ugh, don't remind me! I had to clean that thing for hours!

Grandpa Joe: (with a twinkle in his eye) You know, the best adventures happen on a farm. Like the time I got stuck in that old barn with a bunch of goats...

Maggie: (intrigued) What happened, Grandpa?

Grandpa Joe: (reminiscing) Well, let me tell you... those goats thought I was their new best friend! They started nibbling on my hat. I couldn't stop laughing!

Tom: (snickering) A goat ate your hat? That's hilarious!

Maggie: (enthusiastically) We should have more farm adventures! What's on the agenda today, Grandpa?

Grandpa Joe: (grinning) Today, we'll be planting some new crops and maybe even making a scarecrow.

Tom: (sighing) Scarecrow building? Sounds like more fun than I expected. But do I have to get muddy again?

Maggie: (with a playful smirk) Oh, definitely! And this time, the goats might join us!

Grandpa Joe: (laughing) That's the spirit, Tom! Embrace the mud! It's all part of the farm experience.

Tom: (smiling reluctantly) Alright, fine! But if a goat eats my hat, I'm blaming both of you!

Maggie: (playfully) Deal! Now, let's go make some memories—mud and all!

(The three of them laugh and head towards the fields, ready for a day of hard work and fun on the farm.)

1- Çiftlik Günleri

Karakter:

- **Maggie**: Çiftlik hayatını seven ruhlu bir genç.
- **Tom**: Maggie'nin ev işleri yerine video oyunlarını tercih eden küçük kardeşi.
- **Büyükbaba Joe**: Eski zamanlarla ilgili hikayelerle dolu, bilge ve neşeli çiftçi.

Sahne: Büyükbaba Joe'nun çiftliğinde güneşli bir sabah. Kuşlar cıvıl cıvıl ve taze saman kokusu havayı dolduruyor. Maggie ve Tom bir çitin üzerinde otururken Büyükbaba Joe tavuklarla ilgileniyor.

Maggie: (sırıtarak) Biliyor musun Tom, çiftlik günleri gibisi yok! Sadece şu manzaraya bakın!

Tom: (kambur) Evet, keşke Wi-Fi ile gelseydi. Bunun yerine oyun karakterimin seviyesini yükseltiyor olabilirim... Peki, bu.

Maggie: (şakacı bir şekilde onu dürterek) Ama ellerimizi kirletmek ve gerçek maceralar yaşamak üzereyiz! Geçen yaz o kaçak domuzun peşinden koştuğumuz zamanki gibi!

Tom: (gözlerini devirerek) Evet, ve ben stratejik olarak geride kalırken sen çamura düştün. Açıkçası, burada akıllı olan benim.

Büyükbaba Joe: (yaklaşırken kıkırdar) O çamur senin için iyiydi, Tom! Karakter oluşturur! Ayrıca, ilk etapta domuz yavrusunu almamızı öneren sizdiniz!

Maggie: (kıkırdar) Ve video oyun konsolunuzun her yerinde nasıl çamur olduğunu da unutmayalım!

Tom: (inleyerek) Ah, bana hatırlatma! O şeyi saatlerce temizlemek zorunda kaldım!

Büyükbaba Joe: (gözünde bir pırıltıyla) Biliyorsun, en iyi maceralar bir çiftlikte olur. Bir sürü keçiyle o eski ahırda mahsur kaldığım zaman gibi...

Maggie: (merakla) Ne oldu büyükbaba?

Büyükbaba Joe: (hatırlayarak) Pekala, sana söyleyeyim... o keçiler beni yeni en iyi arkadaşları sanıyorlardı! Şapkamı kemirmeye başladılar. Gülmekten kendimi alamadım!

Tom: (kıs kıs gülerek) Şapkanı bir keçi mi yedi? Bu çok komik!

Maggie: (coşkuyla) Daha fazla çiftlik macerası yaşamalıyız! Bugün gündemde ne var dede?

Büyükbaba Joe: (sırıtarak) Bugün, bazı yeni ekinler ekeceğiz ve hatta belki bir korkuluk yapacağız.

Tom: (iç çekerek) Korkuluk binası mı? Beklediğimden daha eğlenceli gibi geliyor. Ama yine çamurlanmam gerekiyor mu?

Maggie: (şakacı bir sırıtışla) Ah, kesinlikle! Ve bu sefer keçiler bize katılabilir!

Büyükbaba Joe: (gülüyor) İşte ruh bu, Tom! Çamuru kucaklayın! Hepsi çiftlik deneyiminin bir parçası.

Tom: (isteksizce gülümseyerek) Tamam, tamam! Ama bir keçi şapkamı yerse, ikinizi de suçluyorum!

Maggie: (şakacı bir şekilde) Anlaştık! Şimdi, hadi biraz anı biriktirelim - çamur ve hepsi!

(Üçü gülüyor ve çiftlikte sıkı çalışma ve eğlence dolu bir gün için hazır olarak tarlalara doğru yola çıkıyorlar.)

2- A sunny morning at Grandpa Joe's farm

Characters:

- **Lily:** A cheerful and curious young girl.
- **Ben:** Lily's older brother, practical and protective.
- **Grandpa Joe:** The wise and jolly family farmer.

Scene: A sunny morning at Grandpa Joe's farm. Birds are chirping, and the scent of fresh hay fills the air. Lily and Ben are helping Grandpa Joe in the barn.

Lily: (excitedly swinging her arms) I can't believe it's finally farm day! What are we doing first, Grandpa?

Grandpa Joe: (chuckling) Well, Lily, today we're starting with the chickens. They'll be clucking for their breakfast!

Ben: (smirking) Just make sure to avoid the rooster, Lily. He always thinks he's the boss.

Lily: (giggling) I'm not afraid of a little rooster! Let's go!

(They head to the chicken coop.)

Grandpa Joe: (kneeling down to gather feed) Now remember, when you feed them, scatter the grain so they can forage a bit.

Lily: (picking up handfuls of grain) Like this? (She tosses the grains, and the chickens scramble excitedly.)

Ben: (smiling) Great job, Lil! Just don't get too close or they might think you're their next meal!

Lily: (playfully) I'm not that small! I'm practically a giant to them!

Grandpa Joe: (laughing) Giants or not, they do have some pecking power. Now, let's check on the carrots next.

(They walk over to the vegetable garden.)

Lily: (bending down to examine the plants) Wow, look at them grow! Can we pick some?

Grandpa Joe: (nodding) Let's only take what we need for dinner tonight. Remember to pull gently, so we don't damage the roots.

Ben: (hungry) I can't wait for fresh carrots! They're going to be the best snack ever.

Lily: (pulling out a carrot) Look! I found a big one! (holds it up proudly)

Ben: (teasing) That's not a carrot; that's more of a club! You should be playing baseball with that thing!

Lily: (playfully glaring) It's my magic carrot! It gives me superpowers!

(They all laugh as they continue picking carrots.)

Grandpa Joe: (standing up and dusting off his hands) Now, who's ready to conquer the cornfield?

Lily: (jumping up and down) Me! I want to run through the rows like a corn maze!

Ben: (rolling his eyes) Just remember where the exit is, or we'll be searching for you all day.

Grandpa Joe: (smiling) I wouldn't worry too much. Just follow the sound of her laughter; it'll lead you right to her!

Lily: (grinning) Alright! Race you to the cornfield!

(Lily bolts ahead, with Ben and Grandpa Joe chasing after her, their laughter echoing across the farm.)

(Scene fades out with the sun shining brightly, casting warm light over the bustling farm activities, embodying the joy of farm days.

2- Büyükbaba Joe'nun çiftliğinde güneşli bir sabah

Karakter:

- **Lily:** Neşeli ve meraklı bir genç kız.
- **Ben:** Lily'nin ağabeyi, pratik ve koruyucu.
- **Büyükbaba Joe:** Bilge ve neşeli aile çiftçisi.

Sahne: Büyükbaba Joe'nun çiftliğinde güneşli bir sabah. Kuşlar cıvıl cıvıl ve taze saman kokusu havayı dolduruyor. Lily ve Ben, ahırda Büyükbaba Joe'ya yardım ediyor.

Lily: (heyecanla kollarını sallayarak) Sonunda çiftlik günü olduğuna inanamıyorum! İlk önce ne yapıyoruz büyükbaba?

Büyükbaba Joe: (kıkırdar) Pekala, Lily, bugün tavuklarla başlıyoruz. Kahvaltıları için tıkırdıyor olacaklar!

Ben: (sırıtarak) Horozdan uzak durmayı unutma, Lily. Her zaman patronun kendisi olduğunu düşünür.

Lily: (kıkırdar) Küçük bir horozdan korkmuyorum! Gidelim!
(Tavuk kümesine giderler.)

Büyükbaba Joe: (yem toplamak için diz çökerek) Şimdi unutma, onları beslediğinde, biraz yiyecek arayabilmeleri için tahılı dağıt.

Lily: (avuç avuç tahıl toplayarak) Böyle mi? (Tahılları fırlatıyor ve tavuklar heyecanla çırpınıyor.)

Ben: (gülümseyerek) İyi iş çıkardın, Lil! Sadece çok yaklaşmayın yoksa bir sonraki öğünlerinin siz olduğunuzu düşünebilirler!

Lily: (şakacı bir şekilde) Ben o kadar küçük değilim! Ben onlar için neredeyse bir devim!

Büyükbaba Joe: (gülüyor) Dev ya da değil, biraz gagalama güçleri var. Şimdi, bir sonraki havuçları kontrol edelim.

(Sebze bahçesine doğru yürürler.)

Lily: (bitkileri incelemek için eğilerek) Vay canına, büyümelerine bak! Biraz seçebilir miyiz?

Büyükbaba Joe: (başını sallayarak) Bu akşam sadece akşam yemeği için ihtiyacımız olanı alalım. Köklere zarar vermemek için nazikçe çekmeyi unutmayın.

Ben: (aç) Taze havuç için sabırsızlanıyorum! Şimdiye kadarki en iyi atıştırmalık olacaklar.

Lily: (bir havuç çıkararak) Bak! Büyük bir tane buldum! (gururla kaldırır)

Ben: (alay eder) Bu bir havuç değil, daha çok bir kulüp! O şeyle beyzbol oynuyor olmalısın!

Lily: (şakacı bir şekilde göz kamaştırarak) Bu benim sihirli havucum! Bana süper güçler veriyor!

(Havuç toplamaya devam ederken hepsi gülüyor.)

Büyükbaba Joe: (ayağa kalkıp ellerinin tozunu alarak) Şimdi, kim mısır tarlasını fethetmeye hazır?

Lily: (yukarı ve aşağı zıplayarak) Ben! Bir mısır labirenti gibi sıraların arasından geçmek istiyorum!

Ben: (gözlerini devirerek) Çıkışın nerede olduğunu unutma, yoksa bütün gün seni arıyor olacağız.

Büyükbaba Joe: (gülümseyerek) Çok fazla endişelenmezdim. Sadece kahkahalarının sesini takip edin; Seni doğrudan ona götürecek!

Lily: (sırıtarak) Tamam! Seni mısır tarlasına kadar yarıştır!

(Lily öne çıkıyor, Ben ve Büyükbaba Joe onun peşinden koşuyor, kahkahaları çiftlikte yankılanıyor.)

(Sahne, güneşin parlak bir şekilde parlamasıyla kaybolur, hareketli çiftlik etkinliklerine sıcak bir ışık saçar ve çiftlik günlerinin neşesini somutlaştırır.)

3- Jake and Emily

A sunny afternoon on a quaint farm. Two friends, Jake and Emily, are sitting on a hay bale, taking a break from their chores. The sound of chickens clucking and a tractor humming in the background.

Jake: (wipes sweat from his brow) You know, I never really appreciated farm life until I got out here. There's something about the fresh air and the open fields.

Emily: (smiling) Right? It's like a breath of fresh air—literally! I mean, who needs a gym membership when you can lug bales of hay around all day?

Jake: (laughs) True! And don't forget about the amazing views. I could stare at that sunset for hours.

Emily: (nods) It's beautiful. And the best part? We get to enjoy it after a long day of work. Nothing beats a good sunset after a day of helping out.

Jake: Speaking of working, did you manage to fix that fence yesterday? I swear the goats were trying to escape.

Emily: (grinning) Oh, don't get me started! Those little rascals are escape artists. I swear they have a plan! But yeah, I patched it up. They're stuck for now...until they figure out another way.

Jake: (laughs) Just wait till tomorrow when you find them on the other side! We should start charging them rent if they keep this up.

Emily: (chuckles) They'd probably just eat their way out! But hey, at least the chickens are behaving. I thought Penny was going to be a troublemaker, but she's settling in nicely.

Jake: Yeah, I think she's found her place in the pecking order. You think we'll get any eggs soon?

Emily: I'm hoping so! I could go for some fresh eggs in the morning. Maybe we should start making breakfast burritos with those tomatoes from the garden?

Jake: Now you're speaking my language! Add some cheese and we'll make a feast.

Emily: (playfully nudges him) Look at you getting all excited! Just wait until we're knee-deep in zucchini. I'm going to have to get creative with the recipes.

Jake: (grinning) Oh, trust me, I've seen some wacky zucchini bread recipes. Challenge accepted!

As they sit back and enjoy the moment, a soft breeze rustles through the grass.

Emily: You know, I think we should plan a farm day for the neighborhood kids. Teach them a bit about farming and where food comes from.

Jake: That's a fantastic idea! Plus, I could use some extra hands for the chores. Just be ready for some very curious little ones!

Emily: (laughs) And messy! But it'll be fun. I can see their faces lighting up when they see the animals.

Jake: Alright, it's a plan! Just as long as we're not stuck cleaning up after the goats after the kids finish their tour!

Emily: (smirking) Deal! But only after we've had our fill of breakfast burritos!

They both share a laugh, feeling content as the sun begins to dip below the horizon, casting a warm glow over the farm.

Fade out, leaving the sound of laughter and a distant tractor fading away.

3- Jake ve Emily

Şirin bir çiftlikte güneşli bir öğleden sonra. İki arkadaş, Jake ve Emily, bir saman balyasının üzerinde oturuyorlar ve ev işlerine ara veriyorlar. Tavukların ötme sesi ve arka planda uğultu yapan bir traktör.

Jake: (alnındaki teri siler) Biliyor musun, buraya gelene kadar çiftlik hayatını hiç takdir etmedim. Temiz hava ve açık alanlarla ilgili bir şeyler var.

Emily: (gülümseyerek) Değil mi? Kelimenin tam anlamıyla temiz bir nefes gibi! Demek istediğim, bütün gün saman balyalarını taşıyabilecekken kimin spor salonu üyeliğine ihtiyacı var?

Jake: (gülüyor) Doğru! Ve muhteşem manzaraları da unutmayın. O gün batımına saatlerce bakabilirdim.

Emily: (başını sallar) Çok güzel. Ve en iyi kısım? Uzun bir çalışma gününden sonra tadını çıkarıyoruz. Yardım etmekle geçen bir günün ardından iyi bir gün batımının yerini hiçbir şey tutamaz.

Jake: Çalışmaktan bahsetmişken, dün o çiti tamir etmeyi başardın mı? Yemin ederim keçiler kaçmaya çalışıyordu.

Emily: (sırıtarak) Oh, beni başlatma! Bu küçük kaçış sanatçılarıdır. Yemin ederim bir planları var! Ama evet, düzelttim. Şimdilik sıkışıp kaldılar... Ta ki başka bir yol bulana kadar.

Jake: (gülüyor) Onları diğer tarafta bulduğunda yarına kadar bekle! Bunu devam ettirirlerse onlardan kira almaya başlamalıyız.

Emily: (kıkırdar) Muhtemelen sadece çıkış yollarını yerlerdi! Ama hey, en azından tavuklar uslu duruyor. Penny'nin bir baş belası olacağını düşünmüştüm ama güzelce yerleşiyor.

Jake: Evet, sanırım gagalama düzeninde yerini buldu. Yakında yumurta alacağımızı mı düşünüyorsun?

Emily: Umarım öyledir! Sabahları biraz taze yumurta yiyebilirim. Belki de bahçedeki o domateslerle kahvaltılık burrito yapmaya başlamalıyız?

Jake: Şimdi benim dilimi konuşuyorsun! Biraz peynir ekleyin ve bir ziyafet yapalım.

Emily: (şakacı bir şekilde onu dürtüyor) Heyecanlandığına bak! Kabakta diz boyu olana kadar bekleyin. Tarifler konusunda yaratıcı olmam gerekecek.

Jake: (sırıtarak) Ah, inan bana, bazı tuhaf kabak ekmeği tarifleri gördüm. Meydan okuma kabul edildi!

Arkalarına yaslanıp anın tadını çıkarırken, çimlerin arasından yumuşak bir esinti hışırdıyor.

Emily: Biliyorsun, bence mahalle çocukları için bir çiftlik günü planlamalıyız. Onlara çiftçilik ve yiyeceğin nereden geldiği hakkında biraz bilgi verin.

Jake: Bu harika bir fikir! Ayrıca, ev işleri için fazladan eller kullanabilirim. Sadece çok meraklı küçükler için hazır olun!

Emily: (gülüyor) Ve dağınık! Ama eğlenceli olacak. Hayvanları gördüklerinde yüzlerinin aydınlandığını görebiliyorum.

Jake: Tamam, bu bir plan! Çocuklar turlarını bitirdikten sonra keçilerin peşinden temizlik yapmak zorunda kalmadığımız sürece!

Emily: (sırıtarak) Anlaştık! Ama sadece kahvaltılık burritolara doyduktan sonra!

İkisi de kahkahayı paylaşıyor, güneş ufkun altına batmaya başladığında ve çiftliğin üzerine sıcak bir parıltı yaydığında memnun hissediyorlar.

Kahkaha sesini ve uzaktaki bir traktörü bırakarak kaybolun.

4- A young girl

Characters:

- **Ella** - A young girl who loves the farm.
- **Benny** - Ella's older brother, always looking for fun.
- **Grandpa Joe** - Their wise and funny grandfather, owner of the farm.

Setting: A sunny afternoon on Grandpa Joe's farm. Chickens cluck in the background, and the scent of fresh hay fills the air.

Ella: (watching the chickens) Look at them, Benny! They're so funny when they run!

Benny: (chuckling) Yeah, especially when they think they're flying! Can you imagine if they really could?

Ella: (giggling) They'd fly right into the barn! Grandpa would have to build them a chicken airplane!

Grandpa Joe: (walking over with a basket of apples) Well, if they could fly, I'd have to start charging them rent! Chickens don't know how good they have it here.

Benny: (teasingly) You might have competition, Grandpa! They'd be stealing your apples!

Grandpa Joe: (laughing) Not if I put a sign up saying "No Chickens Allowed!"

Ella: (pointing) Can we go help with the apples? I want to pick the biggest ones!

Benny: (smirking) And I want the most. I bet I can pick twice as many as you!

Ella: (determined) Oh, you're on! Loser has to help Grandpa with the chores!

Grandpa Joe: (grinning) Sounds like a plan! But remember, it's not just about the quantity; it's about the quality. Pick the good ones!

Ella: (enthusiastically) Okay! I'll find the juiciest apples ever!

The three of them head over to the apple orchard, excited for their challenge.

(Time passes as they pick apples.)

Benny: (holding up a massive apple) Look at this beauty! I'm definitely winning!

Ella: (inspecting hers) That one's big, but it's not even red! Mine's going to taste way better.

Grandpa Joe: (picking an apple and taking a bite) Mmm, now this one is perfection! Just remember, the best apple isn't always the biggest.

Ella: (curiously) What do you mean, Grandpa?

Grandpa Joe: Well, sweetie, sometimes the smaller ones are packed with flavor. Just like people, not everything that looks the best on the outside is perfect on the inside.

Benny: (thoughtful) That's deep, Grandpa. And it means I get to keep the big ones for myself!

Ella: (playfully) You can keep them, but I still think mine will be more delicious!

They finish picking, laughing and debating which apples are best as they head back to the farmhouse.

Grandpa Joe: (setting down the basket) Alright, who do you think won the challenge?

Benny: (confidently) Definitely me! Look at this giant!

Ella: (holding up her red apple) But mine shines like a ruby!

Grandpa Joe: (looking back and forth) How about we make some apple pie and see whose apples taste the best?

Ella and Benny: (in unison) Yes!

Ella: (smiling) Farm days are the best!

Benny: (grinning) And we get to have pie afterwards!

Grandpa Joe: (chuckling) As they say, the sweetest moments are made right here on the farm.

With laughter echoing through the orchard, they head inside, ready for more fun.

The sun begins to set, painting the sky with hues of orange and pink, a perfect ending to another memorable farm day.

4- Genç bir kız

Karakter:

- **Ella** - Çiftliği seven genç bir kız.
- **Benny** - Ella'nın ağabeyi, her zaman eğlence arıyor.
- **Büyükbaba Joe** - Bilge ve komik büyükbabaları, çiftliğin sahibi.

Ortam: Büyükbaba Joe'nun çiftliğinde güneşli bir öğleden sonra. Tavuklar arka planda tıkırdıyor ve taze saman kokusu havayı dolduruyor.

Ella: (tavukları izleyerek) Onlara bak, Benny! Koştuklarında çok komikler!

Benny: (kıkırdar) Evet, özellikle de uçtuklarını düşündüklerinde! Gerçekten yapabileceklerini hayal edebiliyor musunuz?

Ella: (kıkırdar) Hemen ahıra uçarlardı! Büyükbaba onlara bir tavuk uçağı yapmak zorunda kalacaktı!

Büyükbaba Joe: (bir sepet elmayla yürüyor) Eh, eğer uçabilselerdi, onlardan kira almaya başlamam gerekirdi! Tavuklar burada ne kadar iyi olduklarını bilmiyorlar.

Benny: (alaycı bir şekilde) Rekabetin olabilir, büyükbaba! Elmalarınızı çalacaklardı!

Büyükbaba Joe: (gülüyor) "Tavuklara İzin Yok!" diye bir tabela assam olmaz.

Ella: (işaret ederek) Elmalarla ilgili yardıma gidebilir miyiz? En büyüklerini seçmek istiyorum!

Benny: (sırıtarak) Ve en çok istediğimi istiyorum. Bahse girerim senden iki kat daha fazla seçebilirim!

Ella: (kararlı) Oh, devam ettin! Kaybeden, büyükbabasına ev işlerinde yardım etmek zorunda!

211

Büyükbaba Joe: (sırıtarak) Kulağa bir plan gibi geliyor! Ancak unutmayın, bu sadece miktarla ilgili değil; kalite ile ilgili. İyi olanları seçin!

Ella: (coşkuyla) Tamam! Şimdiye kadarki en sulu elmaları bulacağım!

Üçü, meydan okumaları için heyecanlı bir şekilde elma bahçesine giderler.

(Elmaları topladıkça zaman geçiyor.)

Benny: (kocaman bir elmayı tutarak) Şu güzelliğe bak! Kesinlikle kazanıyorum!

Ella: (onunkini inceleyerek) O büyük, ama kırmızı bile değil! Benimkinin tadı çok daha iyi olacak.

Büyükbaba Joe: (bir elma toplayıp bir ısırık alarak) Mmm, şimdi bu mükemmellik! Unutmayın, en iyi elma her zaman en büyük elma değildir.

Ella: (merakla) Ne demek istiyorsun büyükbaba?

Büyükbaba Joe: Tatlım, bazen küçük olanlar lezzetle doludur. Tıpkı insanlar gibi, dışarıdan en iyi görünen her şey içeriden mükemmel değildir.

Benny: (düşünceli) Bu derin, büyükbaba. Ve bu, büyük olanları kendim için saklamam gerektiği anlamına geliyor!

Ella: (şakacı bir şekilde) Onları saklayabilirsin ama yine de benimkinin daha lezzetli olacağını düşünüyorum!

Çiftlik evine geri dönerken toplamayı, gülmeyi ve hangi elmaların en iyi olduğunu tartışmayı bitirirler.

Büyükbaba Joe: (sepeti bırakarak) Pekala, sence meydan okumayı kim kazandı?

Benny: (kendinden emin bir şekilde) Kesinlikle ben! Şu deve bak!

Ella: (kırmızı elmasını kaldırarak) Ama benimki bir yakut gibi parlıyor!

Büyükbaba Joe: (ileri geri bakarak) Biraz elmalı turta yapsak ve kimin elmalarının tadının daha iyi olduğunu görsek nasıl olur?

Ella ve Benny: (hep bir ağızdan) Evet!

Ella: (gülümseyerek) Çiftlik günleri en iyisidir!

Benny: (sırıtarak) Ve sonra turta yiyeceğiz!

Büyükbaba Joe: (kıkırdar) Dedikleri gibi, en tatlı anlar tam burada, çiftlikte yaşanır.

Meyve bahçesinde yankılanan kahkahalarla, daha fazla eğlenceye hazır bir şekilde içeri girerler.

Güneş batmaya başlar, gökyüzünü turuncu ve pembe tonlarıyla boyar, unutulmaz bir çiftlik günü için mükemmel bir son.

Rent a car

Araba kiralamak

1- Alex and Jamie

A busy car rental agency with posters of cars and maps on the walls.

Alex: (walking up to the counter, looking around) Hi there! I'd like to rent a car for the weekend.

Jamie: (smiling) Of course! We have a great selection available. Do you have a specific type of car in mind?

Alex: Ideally something fuel-efficient. I'll be doing a lot of driving.

Jamie: Great choice! We have a few compact models that are both economical and comfortable. Do you prefer automatic or manual transmission?

Alex: Automatic would be best, please. I don't want to deal with shifting while I'm on the highway.

Jamie: Absolutely, I can set you up with an automatic. How many days do you need the car?

Alex: Just Friday to Sunday. I'm hoping to pick it up in the morning and return it late Sunday.

Jamie: Sounds good. That would be a total of three days. Let me check our inventory for availability. **(types on the computer)** Ah! We have a Toyota Corolla available. It's spacious enough for road trips and gets excellent gas mileage.

Alex: Perfect! What's the rental cost?

Jamie: It's $40 a day, plus a small insurance fee if you'd like that added. You'll also need to provide a credit card for the deposit.

Alex: That sounds reasonable. Let's go with the insurance just to be safe.

Jamie: Definitely a good call! Just to confirm, do you have a valid driver's license and your credit card with you?

Alex: Yup, here's my license and card. (hands them over)

Jamie: (checking everything) Thank you! I'll just need you to fill out this rental agreement. You can return the car with a full tank, or we can refuel it for a fee upon return.

Alex: I'll fill it up myself. I always prefer that option.

Jamie: Perfect. Here's all the information you need. The keys are ready! Are you all set?

Alex: Yes, this is straightforward. Thanks for your help!

Jamie: No problem at all! Enjoy your weekend trip, and drive safely!

Alex: Will do! Thanks again! (walks away with keys in hand)

1- Alex ve Jamie

Duvarlarında araba posterleri ve haritaları olan yoğun bir araba kiralama acentesi.

Alex: (tezgaha doğru yürürken, etrafa bakınarak) Merhaba! Hafta sonu için araç kiralamak istiyorum.

Jamie: (gülümseyerek) Elbette! Harika bir seçimimiz var. Aklınızda belirli bir araba türü mü var?

Alex: İdeal olarak yakıt tasarruflu bir şey. Çok fazla sürüş yapacağım.

Jamie: Harika bir seçim! Hem ekonomik hem de konforlu olan birkaç kompakt modelimiz var. Otomatik şanzımanı mı yoksa manuel şanzımanı mı tercih edersiniz?

Alex: Otomatik en iyisi olurdu, lütfen. Otoyoldayken vites değiştirme ile uğraşmak istemiyorum.

Jamie: Kesinlikle, size otomatik bir ayar yapabilirim. Arabaya kaç gündür ihtiyacınız var?

Alex: Sadece Cuma'dan Pazar'a. Sabah alıp Pazar günü geç saatlerde iade etmeyi umuyorum.

Jamie: Kulağa hoş geliyor. Bu toplam üç gün olurdu. Kullanılabilirlik için envanterimizi kontrol etmeme izin verin. **(bilgisayardaki tipler)** Ah! Bir Toyota Corolla'mız var. Yol gezileri için yeterince geniştir ve mükemmel gaz kilometre performansı sağlar.

Alex: Mükemmel! Kiralama maliyeti nedir?

Jamie: Günde 40 dolar, artı eklemek isterseniz küçük bir sigorta ücreti. Ayrıca depozito için bir kredi kartı sağlamanız gerekecektir.

Alex: Kulağa mantıklı geliyor. Sadece güvende olmak için sigortaya gidelim.

Jamie: Kesinlikle iyi bir çağrı! Onaylamak için, yanınızda geçerli bir sürücü belgeniz ve kredi kartınız var mı?

Alex: Evet, işte ehliyetim ve kartım. (onları teslim eder)

Jamie: (her şeyi kontrol ederek) Teşekkür ederim! Sadece bu kira sözleşmesini doldurman gerekiyor. Aracı dolu bir depo ile iade edebilirsiniz veya iade edildiğinde bir ücret karşılığında yakıt ikmali yapabiliriz.

Alex: Kendim dolduracağım. Ben her zaman bu seçeneği tercih ederim.

Jamie: Mükemmel. İşte ihtiyacınız olan tüm bilgiler. Anahtarlar hazır! Hazır mısınız?

Alex: Evet, bu çok basit. Yardımın için teşekkürler!

Jamie: Hiç sorun değil! Hafta sonu gezinizin tadını çıkarın ve güvenle sürün!

Alex: Yapacak! Tekrar teşekkürler! (elinde anahtarlarla uzaklaşır)

2- A car rental office

A car rental office. The sound of keys clinking and a faint hum of background music can be heard.

Customer: Hi there! I'd like to rent a car for the weekend.

Agent: Of course! Welcome to Quick Rent! Do you have a specific car in mind, or are you looking for recommendations?

Customer: I'm not sure. I just need something reliable. I have a family of four, so it needs to have enough space.

Agent: Got it! We have a few SUVs and minivans that would be perfect for you. Do you have a preference on size?

Customer: I think an SUV would be great. Do you have any Ford Explorers available?

Agent: Yes, we do! We have a 2023 Ford Explorer that just came in. It's spacious and great for road trips. Would you like to take a look at it?

Customer: Sure, that sounds perfect. What are the rental rates like?

Agent: For the Ford Explorer, it's $85 a day, which includes unlimited mileage. We also offer insurance options if you're interested.

Customer: I'd like to add insurance just to be safe. What's the cost?

Agent: The insurance is an additional $20 a day. It covers collision damage and liability. Would you like to proceed with that?

Customer: Yes, definitely. How do you handle the deposit?

Agent: We require a deposit of $250, which can be put on a credit card. It will be refunded when you return the car in the same condition.

Customer: Sounds good! And what's your fuel policy?

Agent: We operate on a full-to-full policy, so you pick up the car full of gas and return it full.

Customer: Perfect, that seems fair. How long does the rental process usually take?

Agent: It typically only takes about 15-20 minutes to get you on the road, depending on how busy we are.

Customer: Great! Let's do it.

Agent: All right, can I have your driver's license and credit card, please?

Customer: Sure, here you go.

Agent: Thank you! I'll get this processed, and we'll have you on your way shortly.

Customer: Thanks for your help! I appreciate it.

Agent: My pleasure! Let me grab the keys. One moment please!

2- Araç kiralama ofisi

Bir araba kiralama ofisi. Tuşların tıkırdama sesi ve hafif bir arka plan müziği uğultusu duyulabilir.

Müşteri: Merhaba! Hafta sonu için araç kiralamak istiyorum.

Danışman: Tabii ki! Quick Rent'e Hoş Geldiniz! Aklınızda belirli bir araba mı var yoksa tavsiye mi arıyorsunuz?

Müşteri: Emin değilim. Sadece güvenilir bir şeye ihtiyacım var. Dört kişilik bir ailem var, bu yüzden yeterli alana ihtiyacı var.

Danışman: Anladım! Sizin için mükemmel olacak birkaç SUV ve minivanımız var. Boyut konusunda bir tercihiniz var mı?

Müşteri: Bence bir SUV harika olurdu. Kullanılabilir Ford Explorer'ınız var mı?

Danışman: Evet, yaparız! Yeni gelen bir 2023 Ford Explorer'ımız var. Geniştir ve yol gezileri için harikadır. Ona bir göz atmak ister misiniz?

Müşteri: Tabii, kulağa mükemmel geliyor. Kira fiyatları nasıl?

Danışman: Ford Explorer için günlük 85 dolar, buna sınırsız kilometre dahil. İlgileniyorsanız sigorta seçenekleri de sunuyoruz.

Müşteri: Sadece güvende olmak için sigorta eklemek istiyorum. Maliyeti nedir?

Danışman: Sigorta günde ek 20 dolar. Çarpışma hasarını ve sorumluluğunu kapsar. Bununla devam etmek ister misiniz?

Müşteri: Evet, kesinlikle. Depozitoyu nasıl idare ediyorsunuz?

Danışman: Kredi kartına yatırılabilecek 250 $ tutarında bir depozito talep ediyoruz. Aracı aynı durumda iade ettiğinizde iade edilecektir.

Müşteri: Kulağa hoş geliyor! Ve yakıt politikanız nedir?

Danışman: Tam dolu bir politikayla çalışıyoruz, bu nedenle arabayı benzinle dolu olarak alır ve dolu olarak iade edersiniz.

Müşteri: Mükemmel, bu adil görünüyor. Kiralama süreci genellikle ne kadar sürer?

Danışman: Ne kadar meşgul olduğumuza bağlı olarak, sizi yola çıkarmak genellikle sadece 15-20 dakika sürer.

Müşteri: Harika! Hadi yapalım şunu.

Danışman: Tamam, ehliyetinizi ve kredi kartınızı alabilir miyim lütfen?

Müşteri: Tabii, buyurun.

Danışman: Teşekkür ederim! Bunu işleme koyacağım ve kısa süre içinde sizi yola çıkaracağız.

Müşteri: Yardımınız için teşekkürler! Bunu takdir ediyorum.

Danışman: Benim için zevk! Anahtarları almama izin ver. Bir dakika lütfen!

3- Can I help too?

A car rental agency. Two characters, Alex and Jamie, are at the counter.

Alex: Hi there! I'd like to rent a car for the weekend.

Agent: Sure! We have a few options available. What kind of vehicle are you looking for?

Alex: I'm not sure. Something compact and fuel-efficient would be great. I'm just driving around the city.

Agent: Perfect! We have a few compact models. Do you want something with GPS, or are you planning to use your phone for directions?

Alex: I'll just use my phone. Any recommendations on which car I should take?

Agent: The Toyota Corolla is a popular choice. It's roomy, economical, and easy to drive around town. Would you like to check it out?

Alex: Sounds good. How much is it for the weekend?

Agent: It's $50 per day, plus tax. There's also a security deposit of $200, but that's fully refundable when you return the car in good condition.

Jamie: (walking up) Can I help too? I'm just here to pick up a car I reserved.

Agent: Of course! May I have your name, please?

Jamie: It's Jamie Reynolds.

Agent: Great! Your car is all set. We have you in a Nissan Sentra. Would you like me to walk you through the pickup process?

Jamie: Yes, please! I'm a little nervous about driving a new car.

Alex: You'll be fine! Just take your time and get used to it.

Agent: Alright, Jamie, if you follow me, I'll show you to your vehicle. And Alex, if you want to fill out this form, I'll get your Corolla ready.

Alex: Thanks! I appreciate it.

Jamie: Good luck with your rental, Alex!

Alex: You too, Jamie! Let's meet up later to share our driving stories.

(The characters continue their conversation, and the scene fades out as they head towards the respective cars.)

3- Ben de yardımcı olabilir miyim?

Bir araba kiralama acentesi. İki karakter, Alex ve Jamie, tezgahta.

Alex: Merhaba! Hafta sonu için araç kiralamak istiyorum.

Danışman: Tabii! Birkaç seçeneğimiz var. Ne tür bir araç arıyorsunuz?

Alex: Emin değilim. Kompakt ve yakıt tasarruflu bir şey harika olurdu. Sadece şehirde dolaşıyorum.

Danışman: Mükemmel! Birkaç kompakt modelimiz var. GPS ile bir şey mi istiyorsunuz yoksa yol tarifi için telefonunuzu kullanmayı mı planlıyorsunuz?

Alex: Sadece telefonumu kullanacağım. Hangi arabayı almam gerektiği konusunda herhangi bir öneriniz var mı?

Danışman: Toyota Corolla popüler bir seçimdir. Geniş, ekonomik ve şehir içinde sürmesi kolaydır. Kontrol etmek ister misiniz?

Alex: Kulağa hoş geliyor. Hafta sonu için ne kadar?

Danışman: Günlük 50 dolar artı vergi. Ayrıca 200 $ 'lık bir güvenlik depozitosu vardır, ancak arabayı iyi durumda iade ettiğinizde bu tamamen iade edilebilir.

Jamie: (yürüyerek) Ben de yardım edebilir miyim? Sadece rezerve ettiğim bir arabayı almak için buradayım.

Danışman: Tabii ki! İsminizi alabilir miyim lütfen?

Jamie: Ben Jamie Reynolds.

Danışman: Harika! Arabanız hazır. Bir Nissan Sentra'da yanınızdasınız. Teslim alma sürecinde size yol göstermemi ister misiniz?

Jamie: Evet, lütfen! Yeni bir araba sürme konusunda biraz gerginim.

Alex: İyi olacaksın! Sadece acele etmeyin ve buna alışın.

Danışman: Tamam Jamie, eğer beni takip edersen, sana aracını göstereceğim. Ve Alex, bu formu doldurmak istersen, Corolla'nı hazırlayacağım.

Alex: Teşekkürler! Bunu takdir ediyorum.

Jamie: Kiralamanda iyi şanslar, Alex!

Alex: Sen de, Jamie! Sürüş hikayelerimizi paylaşmak için daha sonra buluşalım.

(Karakterler konuşmalarına devam eder ve ilgili arabalara doğru ilerlerken sahne kaybolur.)

4- A bustling car rental office at the Airport

Alex: (approaching the counter) Hi there! I need to rent a car for the weekend.

Jamie: (smiling) Of course! Welcome to Blue Sky Rentals. What type of vehicle are you looking for?

Alex: I'm not picky, but something compact would be great. I'm just planning to explore the city.

Jamie: Absolutely! We have a lovely hatchback that's perfect for city driving. Would you like insurance included?

Alex: What's the price difference?

Jamie: The basic coverage is $15 a day, but I recommend the full coverage since it covers almost everything. It's $25 a day.

Alex: Hmm... I'll go with the basic for now. I can always add it later if I need to.

Jamie: Sounds good! Let's see, I just need your driver's license and a credit card for the deposit.

[Alex hands over the documents]

Alex: Here you go. By the way, do you have any recommendations for places to visit?

Jamie: Definitely! If you have time, check out the downtown art district and make sure to grab lunch at the local taco truck. It's a hidden gem!

Alex: That sounds amazing! I'll add it to my list.

Jamie: Great! Let me pull up your rental details. Do you need any GPS or other accessories?

Alex: A GPS would be helpful. I'm not great with directions.

Jamie: No problem! We have portable GPS units available for $10 a day. Shall I add that to your rental?

Alex: Yes, please.

Jamie: (typing) Alright, let me summarize your rental: A compact hatchback for three days, basic insurance, and a GPS. The total will be $145.

Alex: That sounds good to me!

Jamie: Perfect! Just sign here, and I'll get your keys.

[Alex signs the form and Jamie hands over the keys]

Jamie: Here you go! Your car is parked in spot D12. Remember, it's a small but zippy little thing, so enjoy your drive!

Alex: Thanks for all your help! I can't wait to hit the road.

Jamie: Safe travels! Don't hesitate to come back if you have any questions while you're out there.

[Alex waves goodbye and heads to the parking lot]

4- Havalimanında hareketli bir araç kiralama ofisi

Alex: (tezgaha yaklaşarak) Merhaba! Hafta sonu için araba kiralamam gerekiyor.

Jamie: (gülümseyerek) Elbette! Blue Sky Rentals'a hoş geldiniz. Ne tür bir araç arıyorsunuz?

Alex: Seçici değilim ama kompakt bir şey harika olurdu. Sadece şehri keşfetmeyi planlıyorum.

Jamie: Kesinlikle! Şehir içi sürüş için mükemmel olan güzel bir hatchback'imiz var. Sigortanın dahil olmasını ister misiniz?

Alex: Fiyat farkı nedir?

Jamie: Temel kapsama alanı günde 15 dolar, ancak hemen hemen her şeyi kapsadığı için tam kapsamı öneriyorum. Günde 25 dolar.

Alex: Hımm... Şimdilik temel olanla gideceğim. Gerekirse daha sonra her zaman ekleyebilirim.

Jamie: Kulağa hoş geliyor! Bakalım, depozito için sadece ehliyetinize ve kredi kartınıza ihtiyacım var.

[Alex belgeleri teslim eder]

Alex: Hadi bakalım. Bu arada gezilecek yerler için önerileriniz var mı?

Jamie: Kesinlikle! Vaktiniz varsa, şehir merkezindeki sanat bölgesine göz atın ve yerel taco kamyonunda öğle yemeği yediğinizden emin olun. Bu gizli bir mücevher!

Alex: Kulağa harika geliyor! Onu da listeme ekleyeceğim.

Jamie: Harika! Kira detaylarınızı açmama izin verin. Herhangi bir GPS veya başka aksesuara ihtiyacınız var mı?

Alex: Bir GPS yardımcı olacaktır. Yol tarifleri konusunda pek iyi değilim.

Jamie: Sorun değil! Günde 10 dolara taşınabilir GPS ünitelerimiz var. Bunu kiralamanıza ekleyeyim mi?

Alex: Evet, lütfen.

Jamie: (yazarken) Pekala, kiralamanızı özetleyeyim: Üç günlük kompakt bir hatchback, temel sigorta ve bir GPS. Toplam 145 dolar olacak.

Alex: Bu bana iyi geliyor!

Jamie: Mükemmel! Sadece buraya imza atın, anahtarlarınızı alacağım.

[Alex formu imzalar ve Jamie anahtarları teslim eder]

Jamie: Hadi bakalım! Aracınız D12 noktasına park edilmiştir. Unutmayın, bu küçük ama hareketli küçük bir şey, bu yüzden sürüşünüzün tadını çıkarın!

Alex: Tüm yardımlarınız için teşekkürler! Yola çıkmak için sabırsızlanıyorum.

Jamie: Güvenli seyahatler! Dışarıdayken herhangi bir sorunuz olursa geri dönmekten çekinmeyin.

[Alex el sallayarak vedalaşır ve otoparka gider]

At the party

Partide

1- House party

A lively house party with music playing in the background. Colorful lights flicker around the room, and guests are mingling, laughing, and sipping drinks.

Characters:

- **Emma**: Energetic and outgoing.
- **Jake**: A little shy but friendly.
- **Lily**: The life of the party, always finding fun.

Emma: (bouncing over with a drink in hand) Jake! You made it! I thought you were going to bail on us!

Jake: (smiling nervously) Hey, Emma! I almost did, but I figured I'd regret missing the fun.

Lily: (joining them, waving her arms) You totally made the right choice! The dance floor is calling your name!

Jake: (glancing at the dance floor) I dunno, I'm not really much of a dancer.

Emma: (grinning) Oh, come on! No one's judging! Just throw your arms around and have fun!

Lily: Exactly! Plus, I'll be your dancing coach. We can't let this party go to waste!

Jake: (sighs playfully) Alright, you've twisted my arm. Just don't laugh at me, okay?

Emma: (laughs) No promises!

(They all head to the dance floor, where the music gets louder. A few quirky moves from Emma and Lily prompt Jake to let loose.)

Lily: (shouting over the music) See? You're a natural!

Jake: (laughing, starting to enjoy himself) Natural? More like... a panda trying to dance!

Emma: (clapping) I love it! The more you move, the more fun we have!

(As the song changes, they take a break, retreating to the snack table to catch their breath.)

Jake: (grabbing a snack) Okay, I'll admit it. That was pretty fun!

Lily: (smirking) Told you! What's next? Dance battle?

Emma: (eyes brightening) Yes! I'll take on Jake, but only if you're the judge, Lily.

Lily: (giggling) Oh, it's on! Get ready to lose, Jake!

Jake: (laughing) We'll see about that!

(The three of them share a laugh, ready to bring more energy to the party.)

(Scene fades out as the music picks up, with the crowd dancing and enjoying the night.)

1- Ev partisi

Arka planda çalan müzik eşliğinde canlı bir ev partisi. Odanın etrafında rengarenk ışıklar titriyor ve konuklar kaynaşıyor, gülüyor ve içeceklerini yudumluyor.

Karakterler:

- **Emma:** Enerjik ve dışa dönük.
- **Jake:** Biraz utangaç ama arkadaş canlısı.
- **Lily:** Parti hayatı, her zaman eğlence bulmak.

Emma: (elinde bir içkiyle zıplayarak) Jake! Başardın! Bize kefalet vereceğini sanıyordum!

Jake: (gergin bir şekilde gülümseyerek) Hey, Emma! Neredeyse yapıyordum ama eğlenceyi kaçırdığım için pişman olacağımı düşündüm.

Lily: (onlara katılarak, kollarını sallayarak) Tamamen doğru seçimi yaptın! Dans pisti adınızı çağırıyor!

Jake: (dans pistine bakarak) Bilmiyorum, aslında pek dansçı değilim.

Emma: (sırıtarak) Oh, hadi! Kimse yargılamıyor! Sadece kollarınızı etrafa atın ve eğlenin!

Lily: Kesinlikle! Ayrıca, senin dans koçun olacağım. Bu partinin boşa gitmesine izin veremeyiz!

Jake: (şakacı bir şekilde iç çeker) Tamam, kolumu büktün. Sadece bana gülme, tamam mı?

Emma: (gülüyor) Söz yok!

(Hepsi müziğin daha yüksek sesle yükseldiği dans pistine giderler. Emma ve Lily'nin birkaç tuhaf hareketi, Jake'in serbest kalmasına neden olur.)

Lily: (müziğin üzerine bağırarak) Gördün mü? Sen doğalsın!

Jake: (gülüyor, eğlenmeye başlıyor) Doğal mı? Daha çok... Dans etmeye çalışan bir panda!

Emma: (alkışlar) Bayıldım! Ne kadar çok hareket ederseniz, o kadar çok eğleniriz!

(**Şarkı değiştikçe bir mola verirler, nefeslerini tutmak için atıştırmalık masasına çekilirler.**)

Jake: (bir şeyler atıştırarak) Tamam, itiraf edeceğim. Bu oldukça eğlenceliydi!

Lily: (sırıtarak) Sana söyledim! Sırada ne var? Dans savaşı mı?

Emma: (gözleri parlıyor) Evet! Jake'e karşı koyacağım, ama sadece sen yargıçsan, Lily.

Lily: (kıkırdar) Oh, başladı! Kaybetmeye hazır ol, Jake!

Jake: (gülüyor) Bunu göreceğiz!

(**Üçü de partiye daha fazla enerji getirmeye hazır bir kahkahayı paylaşıyor.**)

(**Müzik başladığında sahne kaybolur, kalabalık dans eder ve gecenin tadını çıkarır.**)

2- A lively party

A lively party in a spacious living room filled with colorful decorations, laughter, and music. Guests are mingling, dancing, and enjoying drinks. The atmosphere is festive.

Characters:

- **Emma:** Energetic and sociable, she loves to make people feel welcome.
- **Jake:** Emma's friend, a bit shy but funny when comfortable.
- **Sophia:** The party host, charismatic and full of great stories.

Emma: (grabbing a drink from the table) Jake! Come over here! You've got to try this punch; it's amazing!

Jake: (hesitating) Um, I don't know, Emma. What's in it? I don't want to end up with a bizarre flavor stuck in my mouth.

Emma: (laughs) I promise it's not weird. It's fruity and sweet! Besides, you need something to loosen up a bit. The dance floor is calling your name!

Jake: (smirking) Dance floor? I'm not sure I can compete with the moves I've seen out there.

Sophia: (joining them with a grin) Oh come on, Jake! It's all about having fun. Besides, no one's judging... much!

Emma: (nods enthusiastically) Exactly! We're here to celebrate, not to rank dance skills. Just think of it as a way to channel your inner Beyoncé!

Jake: (rolls his eyes playfully) Right. Because that's what my inner self looks like...

Sophia: (teasing) Well, I wouldn't mind seeing a little of that inner diva emerge.

Emma: (giggling) Let's make it a challenge! You and me, a dance-off! You'll beat me when we get to the awkward moves.

Jake: (sighs dramatically) Okay, okay! I'll try the punch if it means you'll stop trying to drag me to the dance floor. Deal?

Sophia: (raising an eyebrow) Deal! I'll go grab some more snacks. You two figure out who's going to bust out the best moves tonight!

Emma: (winks) Oh, it's on! Just you wait!

Jake: (grinning) I have a feeling I'm going to regret this.

Emma: (clinking her cup against his) Never regret a party, my friend!

(As the music shifts to a lively beat, the room buzzes with energy, and laughter fills the air. The two friends prepare for the dance-off that's brewing.)

2- Canlı bir parti

Renkli süslemeler, kahkahalar ve müzikle dolu geniş bir oturma odasında canlı bir parti. Konuklar kaynaşıyor, dans ediyor ve içeceklerin tadını çıkarıyor. Atmosfer şenlikli.

Karakter:

- **Emma:** Enerjik ve girişken, insanların kendilerini iyi hissetmelerini sağlamayı seviyor.
- **Jake:** Emma'nın arkadaşı, biraz utangaç ama rahat olduğunda komik.
- **Sophia:** Parti sunucusu, karizmatik ve harika hikayelerle dolu.

Emma: (masadan bir içki alarak) Jake! Buraya gel! Bu yumruğu denemelisin; Bu inanılmaz!

Jake: (tereddüt ederek) Hmm, bilmiyorum Emma. İçinde ne var? Ağzıma takılan tuhaf bir tatla sonuçlanmak istemiyorum.

Emma: (gülüyor) Söz veriyorum, tuhaf değil. Meyvemsi ve tatlı! Ayrıca, biraz gevşetmek için bir şeye ihtiyacınız var. Dans pisti adınızı çağırıyor!

Jake: (sırıtarak) Dans pisti mi? Orada gördüğüm hareketlerle rekabet edebileceğimden emin değilim.

Sophia: (sırıtarak onlara katılarak) Hadi ama, Jake! Her şey eğlenmekle ilgili. Üstelik kimse yargılamıyor... çok!

Emma: (coşkuyla başını sallar) Kesinlikle! Kutlamak için buradayız, dans becerilerini sıralamak için değil. Bunu içinizdeki Beyoncé'yi ortaya çıkarmanın bir yolu olarak düşünün!

Jake: (şakacı bir şekilde gözlerini devirir) Doğru. Çünkü benim iç benliğim böyle görünüyor...

Sophia: (alay ediyor) Şey, içimdeki divanın birazının ortaya çıkmasını umursamıyorum.

Emma: (kıkırdar) Hadi bunu bir meydan okuma haline getirelim! Sen ve ben, bir dans! Garip hareketlere geldiğimizde beni yeneceksin.

Jake: (dramatik bir şekilde iç çeker) Tamam, tamam! Beni dans pistine sürüklemeye çalışmayı bırakacağın anlamına geliyorsa yumruğu deneyeceğim. Anlaşma?

Sophia: (bir kaşını kaldırarak) Anlaştık! Gidip biraz daha atıştırmalık alacağım. Siz ikiniz bu gece en iyi hamleleri kimin yapacağını belirleyin!

Emma: (göz kırpıyor) Oh, başladı! Sadece bekle!

Jake: (sırıtarak) İçimde pişman olacağımı hissediyorum.

Emma: (Bardağını onunkine tokuşturarak) Bir partiden asla pişman olma, dostum!

(Müzik canlı bir ritme geçtiğinde, oda enerjiyle dolup taşıyor ve kahkahalar havayı dolduruyor. İki arkadaş demlenmekte olan dansa hazırlanırlar.)

3- Unlikely Encounters at the Party

A lively house party with colorful lights, music playing in the background, and laughter filling the air. People are mingling, with drinks in hand.

Characters:

- **Emma:** A witty and bubbly college student.
- **Liam:** A shy but observant artist.
- **Sophie:** Emma's outgoing friend, always looking to connect others.
- **Jake:** The host of the party, charismatic and energetic.

(The scene opens with Emma and Liam standing near a snack table, while Sophie dances nearby.)

Emma: (grabbing a handful of chips) You know, if I keep eating these, I might just turn into a nacho.

Liam: (chuckles nervously) Well, at least you'd be a popular nacho. Everyone loves nachos.

Emma: (playfully) True! What about you? You seem more like a fancy cheese plate. All sophisticated and mysterious.

Liam: (smiling, but blushing) I suppose I can live with that. Sophisticated sounds good, until someone spills wine on me.

Emma: (laughs) Let's hope that doesn't happen! But if it does, you'll just have to embrace the art of the cheese plate.

Jake: (walking over, bubbly) Hey, have you two tried the punch? I mixed it myself! It's a little... experimental.

Emma: (grinning) Only if it's not as "experimental" as that time you tried to make guacamole with chocolate!

Jake: (laughs) Okay, fair point! But I promise this punch is much better. (leans in) Just beware of the secret ingredient.

Liam: (curious) What secret ingredient?

Jake: (smirking) Can't tell you! You'll have to try it and find out.

(Sophie dances her way over, waving her arms enthusiastically.)

Sophie: Did I hear "secret ingredient"? Sounds like a dare! You two should totally try it.

Emma: (gesturing dramatically) Let's do it! One cup of magic punch, please!

(Liam watches as Emma and Sophie head to grab cups.)

Liam: (to himself) I wish I had that energy...

(Emma returns with cups, handing one to Liam.)

Emma: Here you go, Mr. Cheese Plate! Time to join the nacho revolution!

Liam: (taking the cup) Alright, but if I turn into a dancing masterpiece, just know it's all your fault.

Sophie: (playfully) Ooh! A dancing masterpiece! Sounds like the best kind of art!

(They all raise their cups in a toast.)

Jake: To new friends, secret ingredients, and absolutely zero chocolate guacamole incidents!

All: (laughing) Cheers!

(They take a sip, and Liam's eyes widen.)

Liam: Whoa! This actually... works!

Emma: (playfully) I told you! It's the magic of the party!

Sophie: Let's hit the dance floor! Mr. Cheese Plate needs to show off his moves!

Liam: (hesitant) Dance? Oh, I don't know...

Emma: (encouragingly) Come on! Just pretend you're painting with your feet!

Liam: (with a small grin) Alright, let's see what this masterpiece looks like.

(They join the crowd on the dance floor, laughter and music blending together as the night unfolds.)

3- Partide Beklenmedik Karşılaşmalar

Rengarenk ışıklar, arka planda çalan müzik ve havayı dolduran kahkahalarla canlı bir ev partisi. İnsanlar ellerinde içeceklerle kaynaşıyor.
Karakter:

- **Emma:** Esprili ve neşeli bir üniversite öğrencisi.
- **Liam:** Utangaç ama gözlemci bir sanatçı.
- **Sophie:** Emma'nın dışa dönük arkadaşı, her zaman başkalarıyla bağlantı kurmaya çalışır.
- **Jake:** Partinin ev sahibi, karizmatik ve enerjik.

(**Sahne, Emma ve Liam'ın bir atıştırmalık masasının yanında durması, Sophie'nin ise yakınlarda dans etmesiyle başlar.**)

Emma: (bir avuç cips alarak) Biliyorsun, eğer bunları yemeye devam edersem, sadece bir cipsoya dönüşebilirim.

Liam: (gergin bir şekilde kıkırdar) En azından popüler bir nacho olurdun. Nachos'u herkes sever.

Emma: (şakacı bir şekilde) Doğru! Ya sen? Daha çok süslü bir peynir tabağına benziyorsun. Hepsi sofistike ve gizemli.

Liam: (gülümsüyor ama kızarıyor) Sanırım bununla yaşayabilirim. Sofistike kulağa hoş geliyor, ta ki biri üzerime şarap dökene kadar.

Emma: (gülüyor) Umarız böyle bir şey olmaz! Ama eğer öyleyse, sadece peynir tabağı sanatını benimsemeniz gerekecek.

Jake: (yürüyor, neşeli) Hey, siz ikiniz yumruğu denediniz mi? Kendim karıştırdım! Bu biraz... Deneysel.

Emma: (sırıtarak) Sadece çikolatalı guacamole yapmaya çalıştığın o zamanki kadar "deneysel" değilse!

Jake: (gülüyor) Tamam, adil nokta! Ama söz veriyorum, bu yumruk çok daha iyi. (eğilir) Sadece gizli bileşene dikkat edin.

Liam: (meraklı) Hangi gizli içerik?

Jake: (sırıtarak) Sana söyleyemem! Denemek ve öğrenmek zorunda kalacaksın.

(Sofi dans ediyor, kollarını coşkuyla sallıyor.)

Sofi: "Gizli içerik" kelimesini duydum mu? Kulağa cesaret gibi geliyor! Siz ikiniz kesinlikle denemelisiniz.

Emma: (dramatik bir şekilde el kol hareketiyle) Hadi yapalım! Bir fincan sihirli yumruk lütfen!

(Liam, Emma ve Sophie'nin bardak kapmak için yola çıkışlarını izliyor.)

Liam: (kendi kendine) Keşke o enerjiye sahip olsaydım...

(Emma elinde bardaklarla geri döner ve birini Liam'a verir.)

Emma: Buyrun, Bay Peynir Tabağı! Nacho devrimine katılma zamanı!

Liam: (bardağı alarak) Tamam, ama eğer bir dans şaheserine dönüşürsem, bil ki bu tamamen senin suçun.

Sofi: (şakacı bir şekilde) Ooh! Dans eden bir başyapıt! Kulağa en iyi sanat türü gibi geliyor!

(Hepsi kadehlerini kadeh kaldırır.)

Jake: Yeni arkadaşlara, gizli malzemelere ve kesinlikle sıfır çikolatalı guacamole olayına!

Tümü: (gülüyor) Şerefe!

(Bir yudum alırlar ve Liam'ın gözleri büyür.)

Liam: Vay canına! Bu aslında... Çalışır!

Emma: (şakacı bir şekilde) Sana söyledim! Partinin büyüsü bu!

Sofi: Hadi dans pistine çıkalım! Bay Peynir Tabağı'nın hareketlerini göstermesi gerekiyor!

Liam: (tereddütlü) Dans etmek mi? Oh, bilmiyorum...

Emma: (cesaret verici bir şekilde) Haydi! Sadece ayaklarınızla resim yapıyormuş gibi yapın!

Liam: (küçük bir sırıtışla) Pekala, bu şaheserin neye benzediğini görelim.

(**Dans pistindeki kalabalığa katılıyorlar, gece ilerledikçe kahkahalar ve müzik birbirine karışıyor.**)

4- Remember last year

A lively party in a cozy living room. The music is playing softly in the background, and laughter fills the air. Two friends, Mia and Jake, are standing near the snack table, conversing.

Mia: (grabbing a handful of chips) So, are you having a good time?

Jake: (leaning against the table) Yeah, it's pretty fun! I didn't expect this many people to show up.

Mia: Same here! Remember last year when only like five of us came?

Jake: (laughs) Yeah, and we ended up playing board games until three in the morning. Glad to see it's a bit livelier this time!

Mia: Totally. (gesturing towards a group) Look at Sam over there, trying to impress everyone with his dance moves.

Jake: (grinning) Oh no, not the infamous 'Sam Shuffler'! I hope he doesn't pull his signature move again...

Mia: (chuckling) You mean the one where he trips and somehow makes it look intentional?

Jake: Exactly! I still can't figure out how he does that.

Mia: (playfully nudging Jake) You should join him! Show off your moves!

Jake: (pretending to consider) Hmm, the world isn't ready for my dance skills. I guess I'll keep them a secret... for now.

Mia: (rolling her eyes) Right, because you were born to be a world-class dancer.

Jake: (smirks) I could be. Just need the right audience. Speaking of which, should we get a drink and see what everyone else is up to?

Mia: Good idea! Let's see if we can find the infamous punch that everyone's been talking about.

Jake: (grinning) If I'm going to endure Sam's dancing, I definitely need something stronger than chips to help me through it!

Mia: (laughs) Lead the way, oh brave one!

They head towards the drinks, the party buzzing with energy around them as they begin to mingle with other guests.

4- Geçen yılı hatırlayın

Rahat bir oturma odasında canlı bir parti. Müzik arka planda yumuşak bir şekilde çalıyor ve havayı kahkahalar dolduruyor. İki arkadaş, Mia ve Jake, atıştırmalık masasının yanında durmuş sohbet ediyorlar.

Mia: (bir avuç cips alarak) Peki, iyi vakit geçiriyor musun?

Jake: (masaya yaslanarak) Evet, oldukça eğlenceli! Bu kadar çok insanın ortaya çıkmasını beklemiyordum.

Mia: Burası da aynı! Geçen yıl sadece beş kişinin geldiği zamanı hatırlıyor musunuz?

Jake: (gülüyor) Evet, ve sabahın üçüne kadar masa oyunları oynadık. Bu sefer biraz daha canlı olduğunu gördüğüme sevindim!

Mia: Kesinlikle. (bir gruba doğru hareket ederek) Şuradaki Sam'e bakın, dans hareketleriyle herkesi etkilemeye çalışıyor.

Jake: (sırıtarak) Oh hayır, kötü şöhretli 'Sam Shuffler' değil! Umarım imza hamlesini bir daha çekmez...

Mia: (kıkırdar) Tökezlediği ve bir şekilde kasıtlı gibi görünmesini sağladığı yeri mi kastediyorsun?

Jake: Kesinlikle! Bunu nasıl yaptığını hala anlayamıyorum.

Mia: (şakacı bir şekilde Jake'i dürterek) Ona katılmalısın! Hareketlerinizi gösterin!

Jake: (düşünüyormuş gibi yaparak) Hmm, dünya benim dans becerilerim için hazır değil. Sanırım onları bir sır olarak saklayacağım... şimdilik.

Mia: (gözlerini devirerek) Doğru, çünkü sen birinci sınıf bir dansçı olmak için doğdun.

Jake: (sırıtıyor) Olabilirim. Sadece doğru kitleye ihtiyacım var. Hangisinden bahsetmişken, bir içki alıp herkesin ne yaptığını görmeli miyiz?

Mia: İyi fikir! Bakalım herkesin bahsettiği rezil yumruğu bulabilecek miyiz?

Jake: (sırıtarak) Sam'in dansına katlanacaksam, kesinlikle bana yardımcı olacak cipsten daha güçlü bir şeye ihtiyacım var!

Mia: (gülüyor) Yol göster, ah cesur olan!

İçeceklere doğru yönelirler, diğer konuklarla kaynaşmaya başladıklarında parti etraflarında enerjiyle dolup taşar.

Listening to music

Müzik dinlemek

1- Who's the artist?

A cozy living room with soft lighting. Two friends, Jamie and Alex, are lounging on a couch, each with a pair of headphones on. They're discovering new music together.

Jamie: (nods to the beat) Wow, this song has such a chill vibe. Who's the artist?

Alex: This is Luna Brooks. Her sound is like a blend of indie pop and ambient. I think you'll love her album!

Jamie: I can already tell! (pauses) Do you hear those layered synths? They create such a dreamy atmosphere.

Alex: Right? I love how she builds up to the chorus. It feels like you're floating.

Jamie: (smiling) Totally! I could listen to this while lounging on the beach. It's perfect for that.

Alex: Speaking of which, we should make a music playlist for our beach trip. What vibes do you want to capture?

Jamie: Definitely some chill tunes, but I also want something upbeat for when we're soaking up the sun. How about we mix both?

Alex: Great idea! We could start with songs like this and then transition into some dance tracks when the sun sets.

Jamie: I'm in! (leans forward) Let's hear what else Luna has on the album.

Alex: (scrolls through the tracklist) Oh! Wait until you hear "Echoes of Dawn." It's my favorite.

Jamie: Sounds intriguing. Hit play!

(They listen in silence for a moment, letting the music wash over them.)

Jamie: (after a few moments) This is gorgeous! The way the vocals soar is heavenly.

Alex: I know, right? It just gives me chills every time. Perfect for stargazing at the beach too!

Jamie: (grinning) You've got me sold! This playlist is going to be epic!

Alex: (enthusiastically) It really will! Alright, your turn to pick the next track!

Jamie: (excitedly) Let's dive into something completely different — I've been dying to show you this funk song I discovered!

Alex: Yes, funk it up! Let's hear it!

(They continue sharing and vibing to the music, creating memories with every beat.)

1- Sanatçı kim?

Yumuşak aydınlatmalı rahat bir oturma odası. İki arkadaş, Jamie ve Alex, her biri bir çift kulaklıkla bir kanepede uzanıyor. Birlikte yeni müzikler keşfediyorlar.

Jamie: (ritme başını sallar) Vay canına, bu şarkının çok soğuk bir havası var. Sanatçı kim?

Alex: Bu Luna Brooks. Sesi, indie pop ve ambient'in bir karışımı gibi. Albümünü seveceğinizi düşünüyorum!

Jamie: Şimdiden söyleyebilirim! (duraklar) Bu katmanlı synth'leri duyuyor musunuz? Rüya gibi bir atmosfer yaratıyorlar.

Alex: Değil mi? Nakaratı nasıl geliştirdiğini seviyorum. Sanki yüzüyormuşsunuz gibi hissettiriyor.

Jamie: (gülümsüyor) Kesinlikle! Sahilde uzanırken bunu dinleyebilirim. Bunun için mükemmel.

Alex: Bundan bahsetmişken, plaj gezimiz için bir müzik listesi hazırlamalıyız. Hangi hisleri yakalamak istiyorsunuz?

Jamie: Kesinlikle biraz soğuk melodiler, ama aynı zamanda güneşlendiğimiz zamanlar için iyimser bir şeyler istiyorum. İkisini karıştırsak nasıl olur?

Alex: Harika fikir! Bunun gibi şarkılarla başlayabilir ve daha sonra güneş battığında bazı dans parçalarına geçebiliriz.

Jamie: Ben varım! (öne doğru eğilir) Luna'nın albümde başka neler olduğuna bakalım.

Alex: (şarkı listesinde gezinir) Oh! "Echoes of Dawn" sesini duyana kadar bekleyin. Bu benim favorim.

Jamie: Kulağa ilgi çekici geliyor. Oynat'a basın!

(Bir an için sessizce dinlerler, müziğin üzerlerini sarmasına izin verirler.)

Jamie: (birkaç dakika sonra) Bu muhteşem! Vokallerin yükselme şekli cennet gibi.

Alex: Biliyorum, değil mi? Her seferinde tüylerimi diken diken ediyor. Sahilde yıldızları izlemek için de mükemmel!

Jamie: (sırıtarak) Beni sattın! Bu çalma listesi destansı olacak!

Alex: (coşkuyla) Gerçekten olacak! Pekala, bir sonraki parçayı seçme sırası sizde!

Jamie: (heyecanla) Tamamen farklı bir şeye dalalım - Keşfettiğim bu funk şarkısını size göstermek için can atıyordum!

Alex: Evet, eğlenmek! Hadi duyalım!

(Paylaşmaya ve müziğe eşlik etmeye devam ediyorlar, her vuruşta anılar yaratıyorlar.)

2- A Harmonious Moment

A cozy living room adorned with posters of various music legends. Soft sunlight filters through the window as it's a lazy Sunday afternoon. Alex is lounging on the couch with headphones on, swaying to the beat. Jamie enters with a cup of tea.*

Jamie: (smiling) Hey there, DJ! What's the vibe today?

Alex: (grinning, still bobbing head) Oh, you have to hear this track! It's completely uplifting.

Jamie: (sitting down beside Alex) Is it one of your favorites, or something new?

Alex: It's a new release! I thought I'd check it out while I did some laundry—multitasking at its finest, huh?

Jamie: (laughs) Definitely! What's it called?

Alex: "Chasing Sunsets." The beat is infectious, and the lyrics are all about finding joy in little moments.

Jamie: (taking a sip of tea) Sounds perfect for today. Mind if I join you?

Alex: (removing one headphone) Not at all! Here, listen. (hands over the other headphone)

Jamie: (putting the headphones on) Wow, this is great! I love how the melody builds up.

Alex: Right? And the artist's voice is so soothing. It's like warm sunshine on a chilly day.

Jamie: (nodding) Totally! I could vibe to this for hours. It makes me want to go on a road trip.

Alex: Yes! Picture this: windows down, the wind in our hair, and this song blasting. Pure bliss!

Jamie: (dreamily) That sounds amazing. We should plan something like that soon. The open road and good tunes!

Alex: Agreed! It's like the perfect soundtrack to life.

Jamie: (grinning) Okay, but first, let's finish this jam. We can't let a good song go to waste!

Alex: (laughs) You're right! Let's get lost in the music for a little while longer.

They both settle back into the melody, letting the music transport them to a world of rhythm and joy.

2- Uyumlu Bir An

Çeşitli müzik efsanelerinin posterleri ile süslenmiş rahat bir oturma odası. Tembel bir Pazar öğleden sonra olduğu için yumuşak güneş ışığı pencereden süzülüyor. Alex kulaklıkla kanepede uzanıyor ve ritme göre sallanıyor. Jamie elinde bir fincan çayla içeri girer.*

Jamie: (gülümseyerek) Merhaba, DJ! Bugün hava nasıl?

Alex: (sırıtıyor, hala başını sallıyor) Ah, bu parçayı duymalısın! Tamamen canlandırıcı.

Jamie: (Alex'in yanında oturuyor) Favorilerinden biri mi, yoksa yeni bir şey mi?

Alex: Bu yeni bir sürüm! Biraz çamaşır yıkarken kontrol edeyim dedim - en iyi şekilde çoklu görev, ha?

Jamie: (gülüyor) Kesinlikle! Adı ne?

Alex: "Gün Batımını Kovalamak." Ritim bulaşıcıdır ve şarkı sözleri tamamen küçük anlarda neşe bulmakla ilgilidir.

Jamie: (çayından bir yudum alarak) Bugün için mükemmel geliyor. Sana katılmamın bir sakıncası var mı?

Alex: (bir kulaklığı çıkararak) Hiç de değil! Buyurun, dinleyin. (eller diğer kulaklığın üzerinde)

Jamie: (kulaklıkları takarak) Vay canına, bu harika! Melodinin nasıl oluştuğunu seviyorum.

Alex: Değil mi? Ve sanatçının sesi çok rahatlatıcı. Soğuk bir günde ılık güneş ışığı gibi.

Jamie: (başını sallayarak) Kesinlikle! Buna saatlerce titreyebilirim. Bir yolculuğa çıkmak istememe neden oluyor.

Alex: Evet! Şunu hayal edin: pencereler kapalı, saçlarımızda rüzgar ve bu şarkı patlıyor. Saf mutluluk!

Jamie: (rüya gibi) Kulağa harika geliyor. Yakında böyle bir şey planlamalıyız. Açık yol ve iyi melodiler!

Alex: Anlaştık! Hayat için mükemmel bir film müziği gibi.

Jamie: (sırıtarak) Tamam, ama önce, bu reçeli bitirelim. İyi bir şarkının boşa gitmesine izin veremeyiz!

Alex: (gülüyor) Haklısın! Bir süre daha müziğin içinde kaybolalım.

Her ikisi de melodiye geri döner ve müziğin onları ritim ve neşe dolu bir dünyaya taşımasına izin verir.

3- Two friends, Alex and Jordan

A cozy living room with soft lighting. Two friends, Alex and Jordan, are lounging on the couch, each with headphones on. They're taking turns sharing their favorite tracks.

Alex: (leans back with eyes closed) You have to hear this song! It's got the most beautiful melody.

Jordan: (smirking) This better not be another one of your "deep cuts" that I can't find anywhere.

Alex: (laughs) Okay, maybe it is a little obscure, but trust me. Just listen.

Alex plays a track, and they both nod their heads in sync to the rhythm.

Jordan: (eyes widening) Whoa, this is actually amazing! What's the name of the artist?

Alex: It's Teagan and the Waves. They only have a couple of songs out but they're so talented.

Jordan: I need to add this to my playlist. It's got that perfect chill vibe.

As the song fades out, Jordan leans forward, excited.

Jordan: Alright, my turn! You have to hear this new indie band I found.

Jordan selects a track and the opening notes fill the room.

Alex: (nodding) Ooh, I love this guitar riff!

Jordan: Right? Their lyrics hit hard too. (pauses) It feels like they're telling a story with every song.

Alex: (smiling) That's what I love about music—it can take you somewhere else entirely.

Jordan: (grinning) Exactly! It's like a time machine. I put my headphones on, and I'm suddenly in a coffee shop in Paris.

Alex: (laughs) I get that! For me, it's always a road trip—windows down, feeling free. What's the last song you played on repeat?

Jordan: (thinking) Oh, definitely "Chasing Stars" by the Midnight. It just captures that feeling of endless possibilities.

Alex: (nods) A classic! I have a confession though—I still haven't listened to the whole album.

Jordan: (shocked) What? You have to! Let's do that next. We can analyze every track over snacks.

Alex: (grinning) Sounds like the perfect plan.

3- İki arkadaş, Alex ve Jordan

Yumuşak aydınlatmalı rahat bir oturma odası. İki arkadaş, Alex ve Jordan, her biri kulaklıklı, kanepede uzanıyor. Sırayla en sevdikleri parçaları paylaşıyorlar.

Alex: (gözleri kapalı olarak arkasına yaslanır) Bu şarkıyı duymalısın! En güzel melodiye sahip.

Jordan: (sırıtarak) Bu, hiçbir yerde bulamadığım "derin kesiklerinizden" biri olmasa iyi olur.

Alex: (gülüyor) Tamam, belki biraz belirsiz ama bana güven. Sadece dinle.

Alex bir parça çalıyor ve ikisi de ritme senkronize bir şekilde başlarını sallıyorlar.

Jordan: (gözleri genişler) Vay canına, bu gerçekten harika! Sanatçının adı ne?

Alex: Bu Teagan ve Dalgalar. Sadece birkaç şarkıları var ama çok yetenekliler.

Jordan: Bunu çalma listeme eklemem gerekiyor. Mükemmel bir soğuk havası var.

Şarkı kaybolurken, Jordan heyecanla öne doğru eğiliyor.

Jordan: Tamam, sıra bende! Bulduğum bu yeni indie grubunu mutlaka duymalısınız.

Jordan bir parça seçer ve açılış notaları odayı doldurur.

Alex: (başını sallayarak) Ooh, bu gitar riffine bayılıyorum!

Jordan: Değil mi? Şarkı sözleri de çok isabet etti. (duraklar) Her şarkıda bir hikaye anlatıyorlarmış gibi geliyor.

Alex: (gülümsüyor) Müziğin sevdiğim yanı bu, sizi bambaşka bir yere götürebilir.

Jordan: (sırıtarak) Kesinlikle! Bir zaman makinesi gibi. Kulaklıklarımı taktım ve bir anda kendimi Paris'te bir kafede buldum.

Alex: (gülüyor) Anladım! Benim için bu her zaman bir yolculuktur - pencereler kapalı, özgür hissetmek. En son tekrar tekrar çaldığın şarkı hangisiydi?

Jordan: (düşünüyor) Ah, kesinlikle Gece Yarısı "Chasing Stars". Sadece o sonsuz olasılık hissini yakalar.

Alex: (başını sallar) Bir klasik! Yine de bir itirafım var, hala albümün tamamını dinlemedim.

Jordan: (şok oldu) Ne? Zorundasın! Şimdi bunu yapalım. Atıştırmalıklar üzerinden her parçayı analiz edebiliyoruz.

Alex: (sırıtarak) Kulağa mükemmel bir plan gibi geliyor.

4- More cozy nights like this

A cozy living room where two friends, Alex and Jamie, are lounging on the sofa with a record player softly spinning in the background.

Alex: (leaning back, eyes closed) You know, there's just something about vinyl. It feels more alive than streaming music.

Jamie: Right? I love the crackle before the song starts. It's like a little warm-up for the music.

Alex: Exactly! Plus, the album art is way more fun to look at than a tiny thumbnail on my phone.

Jamie: (holding up the record) Speaking of which, can we agree that this album cover is a masterpiece? Look at all the colors!

Alex: Totally! And the music itself... this track has so much soul. I could listen to it on repeat all day.

Jamie: Same! What do you think makes a song truly captivating?

Alex: Hmm, I guess it has to resonate with you on some level. Lyrics, melody, or even just the vibe. If it moves you, it's a winner.

Jamie: That's true. I think it's also about the memories we attach to the songs. Like this one reminds me of our road trip last summer.

Alex: (smiling) Oh, yeah! Singing at the top of our lungs... What a trip that was!

Jamie: (laughs) And let's not forget the surprise detour to that little diner! Best milkshakes ever!

Alex: (pretends to sip milkshake) Mmm, and that jukebox! It was all so perfect. You think that's why we keep coming back to that album?

Jamie: Definitely! It's like a time capsule. Every time I hear that song, I'm right back in that moment.

Alex: (sighs contentedly) Music really is magic. It connects us to experiences, feelings... and each other.

Jamie: Cheers to that! (raises an imaginary glass as the next song begins to play) Here's to more memories and great tunes!

Alex: (grinning) And more cozy nights like this.

4- Bunun gibi daha rahat geceler

İki arkadaşın, Alex ve Jamie'nin, arka planda usulca dönen bir plak çalar ile kanepede uzandıkları rahat bir oturma odası.

Alex: (geriye yaslanır, gözleri kapalı) Biliyorsun, plakta bir şeyler var. Müzik akışından daha canlı hissettiriyor.

Jamie: Değil mi? Şarkı başlamadan önceki çıtırtıyı seviyorum. Müzik için küçük bir ısınma gibi.

Alex: Kesinlikle! Ayrıca, albüm resmine bakmak telefonumdaki küçük bir küçük resimden çok daha eğlenceli.

Jamie: (kaydı tutarak) Konu açılmışken, bu albüm kapağının bir başyapıt olduğu konusunda hemfikir olabilir miyiz? Tüm renklere bakın!

Alex: Kesinlikle! Ve müziğin kendisi... Bu parçanın çok fazla ruhu var. Bütün gün tekrar tekrar dinleyebilirim.

Jamie: Aynı! Sizce bir şarkıyı gerçekten büyüleyici yapan nedir?

Alex: Hmm, sanırım seninle bir düzeyde rezonansa girmesi gerekiyor. Şarkı sözleri, melodi ve hatta sadece vibe. Sizi harekete geçirirse, bu bir kazanandır.

Jamie: Bu doğru. Bence bu aynı zamanda şarkılara eklediğimiz anılarla da ilgili. Bunun gibi bana geçen yaz yaptığımız yolculuğu hatırlatıyor.

Alex: (gülümseyerek) Oh, evet! Ciğerlerimizin tepesinde şarkı söylemek... Ne yolculuk ama!

Jamie: (gülüyor) Ve o küçük lokantaya yapılan sürpriz dolambaçlı yolu da unutmayalım! Şimdiye kadarki en iyi milkshake!

Alex: (milkshake yudumluyormuş gibi yapar) Mmm, ve şu müzik kutusu! Her şey çok mükemmeldi. Sence bu yüzden o albüme geri dönüp duruyoruz?

Jamie: Kesinlikle! Bir zaman kapsülü gibi. O şarkıyı her duyduğumda, o ana geri dönüyorum.

Alex: (memnun bir şekilde iç çeker) Müzik gerçekten sihirdir. Bizi deneyimlere, duygulara bağlar... ve birbirleri.

Jamie: Buna şerefe! (bir sonraki şarkı çalmaya başladığında hayali bir bardağı kaldırır) İşte daha fazla anı ve harika melodiler!

Alex: (sırıtarak) Ve bunun gibi daha rahat geceler.

5- Mia and Jake

Two friends, Mia and Jake, are lounging in Mia's room. The sun is setting outside, casting a warm glow into the room, which is filled with posters of their favorite bands. Soft music is playing in the background.

Mia: (leaning back on her bed) You know, there's just something about listening to music that makes everything feel okay.

Jake: (nodding) Totally! It's like each song has its own vibe. This one we're listening to right now? It's like a warm hug.

Mia: (smiling) Right? It's "Slow Dancing in a Burning Room." Makes me feel nostalgic every time. You know, the perfect mix of sad and beautiful.

Jake: (grinning) I get that! I love how music can just transport you to a moment in time. Like, every time I hear that song, I remember that summer we went to the beach.

Mia: (chuckles) Oh man, yes! We blasted that on repeat in the car while we drove along the coast. Good times.

Jake: (playfully) And the infamous karaoke night we had! I think we terrified every creature within a five-mile radius.

Mia: (laughing) It was epic! Who knew you could hit those high notes like that? I was just hoping to survive the chorus!

Jake: (mock serious) It takes dedication, Mia! But honestly, music is the best therapy. Whenever I'm feeling down, a good playlist just elevates my mood.

Mia: Agreed! And creating those playlists is an art form. I think I've made at least ten different ones for various moods.

Jake: (raising an eyebrow) What's your go-to for when you need a pick-me-up?

Mia: (thinking) Definitely something upbeat. I usually go for pop or feel-good indie tracks. What about you?

Jake: I lean towards classic rock. There's just something about those guitar riffs that can instantly make me feel energized.

Mia: (nodding enthusiastically) Yes! You can never go wrong with a good classic. It's like music from that era just has this timeless quality.

Jake: (smirking) Speaking of timeless, we should totally have a jam session sometime. Just you, me, and a few instruments.

Mia: (eyes lighting up) Ooh, that would be so fun! I can attempt to play the guitar while you serenade me with your amazing vocals.

Jake: (mockingly) Amazing vocals, huh? If we're being honest, you might have to carry the team.

Mia: (laughing) We'll call it a duet gone wrong! But at least we'll enjoy ourselves.

Jake: (grinning) True that! After all, that's what music is all about—sharing moments and just enjoying the ride.

Mia: (with a twinkle in her eye) Now, pass me that snack! Let's find another song that matches this vibe.

(They laugh, rummaging through Mia's playlist, the music continuing to weave its magic around them.)

5- Mia ve Jake

İki arkadaş, Mia ve Jake, Mia'nın odasında uzanıyorlar. Güneş dışarıda batıyor ve en sevdikleri grupların posterleriyle dolu odaya sıcak bir parıltı yayıyor. Arka planda yumuşak bir müzik çalıyor.

Mia: (yatağına yaslanarak) Biliyorsun, müzik dinlemenin her şeyi iyi hissettiren bir yanı var.

Jake: (başını sallayarak) Kesinlikle! Sanki her şarkının kendine has bir havası var. Şu anda dinlediğimiz bu şarkı mı? Sıcak bir kucaklama gibi.

Mia: (gülümseyerek) Değil mi? "Yanan bir odada yavaş dans etmek". Her seferinde nostaljik hissettiriyor beni. Bilirsin, hüzünlü ve güzelin mükemmel karışımı.

Jake: (sırıtarak) Anladım! Müziğin sizi zamanda bir ana götürebilmesini seviyorum. Mesela, bu şarkıyı her duyduğumda, o yaz sahile gittiğimizi hatırlıyorum.

Mia: (kıkırdar) Ah dostum, evet! Sahil boyunca sürerken bunu arabada tekrar tekrar patlattık. İyi zamanlar.

Jake: (şakacı bir şekilde) Ve yaşadığımız o meşhur karaoke gecesi! Sanırım beş millik bir yarıçap içindeki her canlıyı dehşete düşürdük.

Mia: (gülüyor) Destansı bir şeydi! Bu kadar yüksek notalara çıkabileceğini kim bilebilirdi? Sadece nakarattan sağ çıkmayı umuyordum!

Jake: (alaycı ciddi) Adanmışlık gerektirir, Mia! Ama dürüst olmak gerekirse, müzik en iyi terapidir. Ne zaman kendimi kötü hissetsem, iyi bir çalma listesi sadece ruh halimi yükseltir.

Mia: Anlaştık! Ve bu çalma listelerini oluşturmak bir sanat biçimidir. Sanırım çeşitli ruh halleri için en az on farklı tane yaptım.

Jake: (bir kaşını kaldırarak) Bir pick-me-up'a ihtiyacın olduğunda ne için başvuracaksın?

Mia: (düşünerek) Kesinlikle iyimser bir şey. Genelde pop ya da iyi hissettiren indie parçaları tercih ederim. Ya sen?

Jake: Klasik rock'a meylediyorum. Bu gitar rifflerinde beni anında enerjik hissettirebilecek bir şey var.

Mia: (coşkuyla başını sallayarak) Evet! İyi bir klasikle asla yanlış gidemezsiniz. Sanki o döneme ait müzik bu zamansız kaliteye sahip.

Jake: (sırıtarak) Zamansızlıktan bahsetmişken, bir ara tamamen bir jam session yapmalıyız. Sadece sen, ben ve birkaç enstrüman.

Mia: (gözleri parlar) Ooh, bu çok eğlenceli olurdu! Sen muhteşem vokallerinle bana serenat yaparken ben gitar çalmayı deneyebilirim.

Jake: (alaycı bir şekilde) Harika vokaller, ha? Dürüst olmak gerekirse, takımı taşımak zorunda kalabilirsiniz.

Mia: (gülüyor) Yanlış giden bir düet diyeceğiz! Ama en azından keyfimize bakacağız.

Jake: (sırıtarak) Doğru! Ne de olsa, müziğin özü budur - anları paylaşmak ve sadece yolculuğun tadını çıkarmak.

Mia: (gözünde bir pırıltıyla) Şimdi, bana o atıştırmalığı ver! Bu havaya uyan başka bir şarkı bulalım.

(Gülüyorlar, Mia'nın çalma listesini karıştırıyorlar, müzik sihrini etraflarında örmeye devam ediyor.)

In the cinema

Sinemada

A Night at the Cinema

A bustling movie theater lobby. The smell of popcorn fills the air as couples and friends chat animatedly. The screen of the cinema displays different movies showing tonight. Two friends, Alex and Jamie, are at the concession stand.

Alex: (holding up a large bucket of popcorn) What do you think? Too much?

Jamie: (laughs) It's never too much popcorn! Although, at this rate, we're going to need a bigger couch for movie night.

Alex: (grinning) Worth it! What else should we get? Candy? Nachos?

Jamie: Definitely candy! How about some Sour Patch Kids? They always hit the spot during the scary parts.

Alex: (nodding) Alright! And maybe a soda? I need something to wash down this popcorn.

(They walk to the candy section.)

Jamie: (picking up a pack of Sour Patch Kids) You know, I'm really excited about this movie. I've heard it's a total rollercoaster.

Alex: Oh, for sure! It got great reviews. The last movie we saw was so predictable. I need some twists!

Jamie: (mischievously) You should've seen the spoilers I found online. But don't worry, I won't ruin it for you.

Alex: (raising an eyebrow) Spoilers? Jamie, we might not be friends after this.

Jamie: (laughs) Just kidding! I wouldn't spoil the fun. Besides, I want to see your face when the big twist happens!

(They reach the front of the line at the concession stand.)

Alex: (putting the popcorn and candy on the counter) Two large sodas and this epic snack combo, please.

Cashier: That'll be twenty dollars.

Jamie: (whispering to Alex) Next time, we're bringing our own snacks!

Alex: (grinning) Agreed.

(**They pay and head to the theater.**)

Jamie: (looking at the ticket) We're in Theater 3. It's so cool that we have a perfect view of the screen.

Alex: (cheerfully) Good! I can't wait to get settled and just enjoy the show.

(**They find their seats, and the theater gradually fills up.**)

Jamie: (whispering) Hey, do you think this one will give us nightmares?

Alex: (with a mock serious tone) Only if you eat all that candy before the scary parts!

(**The lights dim, and the previews start.**)

Jamie: (leaning forward excitedly) Here we go! Ready for some heart-pounding action?

Alex: (grinning) Absolutely! Let's make some memories... and possibly some loud gasps!

(**The movie begins, and they both lean back, eyes glued to the screen, popcorn in hand.**)

1- Sinemada Bir Gece

Hareketli bir sinema salonu lobisi. Çiftler ve arkadaşlar hareketli bir şekilde sohbet ederken patlamış mısır kokusu havayı doldurur. Sinemanın ekranında bu gece gösterilen farklı filmler gösteriliyor. İki arkadaş, Alex ve Jamie, imtiyaz standındalar.

Alex: (büyük bir kova patlamış mısır tutarak) Ne düşünüyorsun? Çok?

Jamie: (gülüyor) Asla çok fazla patlamış mısır değil! Yine de, bu hızla, film gecesi için daha büyük bir kanepeye ihtiyacımız olacak.

Alex: (sırıtarak) Buna değer! Başka ne almalıyız? Şeker? Nachos?

Jamie: Kesinlikle şeker! Biraz Ekşi Yama Çocuklarına ne dersiniz? Korkutucu kısımlarda her zaman olay yerine vururlar.

Alex: (başını sallayarak) Tamam! Ve belki bir soda? Bu patlamış mısırı yıkamak için bir şeye ihtiyacım var.

(Şeker bölümüne yürüyorlar.)

Jamie: (bir paket Sour Patch Kids alarak) Biliyorsun, bu film için gerçekten heyecanlıyım. Bunun tam bir rollercoaster olduğunu duydum.

Alex: Ah, kesinlikle! Harika eleştiriler aldı. En son izlediğimiz film çok tahmin edilebilirdi. Biraz bükülmeye ihtiyacım var!

Jamie: (muzip bir şekilde) İnternette bulduğum spoiler'ları görmeliydin. Ama endişelenme, senin için mahvetmeyeceğim.

Alex: (bir kaşını kaldırarak) Spoiler mı? Jamie, bundan sonra arkadaş olmayabiliriz.

Jamie: (gülüyor) Şaka yapıyorum! Eğlenceyi bozmazdım. Ayrıca, büyük bükülme gerçekleştiğinde yüzünü görmek istiyorum!

(İmtiyaz standında sıranın önüne ulaşırlar.)

Alex: (patlamış mısır ve şekeri tezgaha koyarak) İki büyük gazlı içecek ve bu destansı atıştırmalık kombinasyonu lütfen.

Kasiyer: Bu yirmi dolar olacak.

Jamie: (Alex'e fısıldayarak) Bir dahaki sefere kendi atıştırmalıklarımızı getiriyoruz!

Alex: (sırıtarak) Kabul ettim.

(Parasını verip tiyatroya gidiyorlar.)

Jamie: (bilete bakarak) Tiyatro 3'teyiz. Ekranı mükemmel bir şekilde görebilmemiz o kadar havalı ki.

Alex: (neşeyle) Güzel! Yerleşmek ve sadece gösterinin tadını çıkarmak için sabırsızlanıyorum.

(Yerlerini bulurlar ve tiyatro yavaş yavaş dolar.)

Jamie: (fısıldayarak) Hey, sence bu bize kabuslar yaşatacak mı?

Alex: (alaycı ve ciddi bir ses tonuyla) Sadece o kadar şekeri korkutucu kısımlardan önce yersen!

(Işıklar kararır ve önizlemeler başlar.)

Jamie: (heyecanla öne eğilerek) İşte başlıyoruz! Kalp atışlarınızı hızlandıracak bir aksiyona hazır mısınız?

Alex: (sırıtarak) Kesinlikle! Hadi biraz anı yapalım... ve muhtemelen bazı yüksek sesli nefesler!

(Film başlar ve ikisi de arkalarına yaslanır, gözleri ekrana yapışmış, ellerinde patlamış mısır.)

2- A film enthusiast

- **Lily:** A film enthusiast, excited for the movie.
- **Tom:** Her friend, not as invested in the film but enjoys spending time with Lily.

Scene: The cinema lobby, filled with the smell of popcorn and the chatter of moviegoers. Lily and Tom are standing in front of the movie poster for the film they are about to see.

Lily: (pointing at the poster) Can you believe we finally made it? This is the one I've been waiting for all year!

Tom: (leaning in to look) Yeah, I mean, it looks good. But I have to admit, I don't really know what it's about. Just a lot of explosions and... what is that, a giant dinosaur?

Lily: (laughs) It's a sci-fi adventure! They're exploring an alien planet. The action is supposed to be amazing, and the visuals—oh, trust me, it's going to blow your mind!

Tom: (grinning) Alright, if you say so. But I'm really here for the popcorn. That buttery goodness is worth the ticket price alone.

Lily: (smirking) Priorities, right? But seriously, you'll love it. This director is known for his incredible storytelling. Just wait until you see the cinematography!

They move toward the concession stand, Lily grabs a large tub of popcorn, and Tom gets a soda.

Tom: (holding his drink) As long as there's a solid plot, I'm good. No more movies where the ending leaves me scratching my head, please.

Lily: (playfully) No promises! But trust me, this one's supposed to have a twist you won't see coming.

They pay and head toward the theater entrance.

Tom: (teasing) Great, now you've got me curious. What if I try to figure it out halfway through?

Lily: (smirking) That would ruin the fun! Just let it unfold. Plus, it's way more enjoyable to watch it without thinking ahead.

They find their seats in the crowded theater, and the lights begin to dim.

Tom: (whispering) Here we go! I hope it's as good as you say.

Lily: (grinning) You'll see! And if not, at least we have each other to laugh about it later.

The movie starts, and the screen lights up with vibrant colors and action. Lily leans forward, fully engaged, while Tom takes a big bite of popcorn.

Tom: (mumbling with his mouth full) Not bad... not bad at all!

2- Bir film tutkunu

- **Lily:** Film için heyecanlı bir film tutkunu.
- **Tom:** Arkadaşı, filme o kadar yatırım yapmamış ama Lily ile vakit geçirmekten hoşlanıyor.

Sahne: Patlamış mısır kokusu ve sinemaseverlerin gevezelikleriyle dolu sinema lobisi. Lily ve Tom, izlemek üzere oldukları filmin afişinin önünde duruyorlar.

Lily: (posteri işaret ederek) Sonunda başardığımıza inanabiliyor musun? Bu, tüm yıl boyunca beklediğim şey!

Tom: (bakmak için eğilerek) Evet, yani, iyi görünüyor. Ama itiraf etmeliyim ki, ne hakkında olduğunu gerçekten bilmiyorum. Sadece bir sürü patlama ve... Bu ne, dev bir dinozor mu?

Lily: (gülüyor) Bu bir bilim kurgu macerası! Yabancı bir gezegeni keşfediyorlar. Aksiyonun harika olması gerekiyor ve görseller - ah, inan bana, aklını başından alacak!

Tom: (sırıtarak) Tamam, eğer öyle diyorsan. Ama ben gerçekten patlamış mısır için buradayım. Bu tereyağlı iyilik tek başına bilet fiyatına değer.

Lily: (sırıtarak) Öncelikler, değil mi? Ama cidden, buna bayılacaksın. Bu yönetmen inanılmaz hikaye anlatımı ile tanınır. Sinematografiyi görene kadar bekleyin!

İmtiyaz standına doğru hareket ederler, Lily büyük bir patlamış mısır küveti alır ve Tom bir soda alır.

Tom: (içkisini tutarak) Sağlam bir komplo olduğu sürece iyiyim. Sonunda başımı kaşıdığım başka filmler olmasın lütfen.

Lily: (şakacı bir şekilde) Söz yok! Ama inanın bana, bunun geldiğini göremeyeceğiniz bir bükülme olması gerekiyor.

Parasını ödeyip tiyatro girişine doğru yöneliyorlar.

Tom: (alay ediyor) Harika, şimdi beni meraklandırıyorsun. Ya yarı yolda anlamaya çalışırsam?

Lily: (sırıtarak) Bu eğlenceyi mahveder! Sadece açılmasına izin ver. Ayrıca, ileriyi düşünmeden izlemek çok daha keyifli.

Kalabalık tiyatroda yerlerini bulurlar ve ışıklar kararmaya başlar.

Tom: (fısıldayarak) İşte başlıyoruz! Umarım dediğin kadar iyidir.

Lily: (sırıtarak) Göreceksin! Ve değilse, en azından daha sonra buna gülmek için birbirimize sahibiz.

Film başlar ve ekran canlı renkler ve aksiyonla aydınlanır. Lily tamamen meşgul bir şekilde öne doğru eğilirken, Tom patlamış mısırdan büyük bir ısırık alır.

Tom: (ağzı dolu mırıldanarak) Fena değil... Hiç de fena değil!

3- Movie Night

A cozy cinema, dimly lit with the sound of popcorn popping and soft chatter. Two friends, Mia and Sarah, are sitting in their seats, ready for the movie to start.

Mia: (leaning over excitedly) I can't believe we're finally seeing this! I've been waiting for months!

Sarah: I know! The trailers looked amazing. Did you see that last clip with the car chase? It was insane!

Mia: Right? If half of that is in the actual movie, we're in for a wild ride.

Sarah: (grabs her drink) Do you think they'll reveal the twist in this first part, or will they save it for the sequel?

Mia: (thoughtfully) Hmm, I think they'll tease it but leave us hanging. You know how these franchises work.

Sarah: (giggling) True! It's all about keeping us coming back for more.

The lights dim even lower as previews start to roll.

Mia: (whispering) Shh! The previews are starting!

Sarah: (whispering back) I know, I'm excited! Let's hope they show something good!

As the previews roll by, they occasionally comment on what they see.

Mia: (laughs) Oh no, not another rom-com with the same plot!

Sarah: (smirking) You say that, but you know you'll probably watch it when it comes out on streaming.

Mia: (mock offended) Guilty as charged! But I can't resist a good cringe sometimes.

The screen fades to black, and the main feature begins.

Sarah: (whispers) Here we go!

Mia: (barely able to contain her excitement) Yes! It's starting!

As the movie progresses, their expressions change from excitement to suspense.

Sarah: (gripping Mia's arm) Oh my gosh, did you see that? I totally didn't see that coming!

Mia: (wide-eyed) Right? This is way better than I expected!

The climax of the movie approaches, and the tension builds in the theatre.

Sarah: (whispers) What do you think will happen next?

Mia: (nervously) I don't know... I just hope they don't kill off the main character!

The intense scene plays out, and the audience collectively holds their breath.

Sarah: (after a suspenseful moment) I can't take this! I need to know what happens!

Finally, the climax resolves, and the credits start to roll. There's a moment of silence before the audience erupts into chatter.

Mia: (grinning widely) That was incredible!

Sarah: (laughing) I can't believe the twist at the end! They totally set it up for a sequel!

Mia: (nodding) Definitely! Okay, we have to see it again when it comes out.

Sarah: (excitedly) A thousand percent yes! But first, snacks.

Mia: (smirking) Snacks? At a movie? Who would've thought?

They both laugh, stand up, and head for the exit while discussing their favorite moments from the film.

3- Film Gecesi

Patlamış mısır patlaması ve yumuşak gevezelik sesiyle loş bir şekilde aydınlatılmış rahat bir sinema. İki arkadaş, Mia ve Sarah, filmin başlaması için koltuklarında oturuyorlar.

Mia: (heyecanla eğilerek) Sonunda bunu gördüğümüze inanamıyorum! Aylardır bekliyorum!

Sarah: Biliyorum! Fragmanlar harika görünüyordu. Araba kovalamacasının olduğu o son klibi gördünüz mü? Delilikti!

Mia: Değil mi? Bunun yarısı gerçek filmdeyse, çılgın bir yolculuğa çıkıyoruz.

Sarah: (içkisini alır) Sence bu ilk bölümdeki sürprizi ortaya çıkaracaklar mı, yoksa bunu devam filmi için mi saklayacaklar?

Mia: (düşünceli bir şekilde) Hmm, sanırım dalga geçecekler ama bizi asılı bırakacaklar. Bu franchise'ların nasıl çalıştığını biliyorsunuz.

Sarah: (kıkırdar) Doğru! Her şey daha fazlası için geri gelmemizi sağlamakla ilgili.

Önizlemeler dönmeye başladığında ışıklar daha da kısılır.

Mia: (fısıldayarak) Şşşt! Önizlemeler başlıyor!

Sarah: (fısıldayarak) Biliyorum, heyecanlıyım! Umarız iyi bir şey gösterirler!

Önizlemeler ilerledikçe, zaman zaman gördükleri hakkında yorum yaparlar.

Mia: (gülüyor) Oh hayır, aynı konuya sahip başka bir romantik komedi değil!

Sarah: (sırıtarak) Bunu söylüyorsun, ama muhtemelen yayında çıktığında izleyeceğini biliyorsun.

Mia: (alaycı kırgın) Suçlandığı gibi suçlu! Ama bazen iyi bir utanmaya karşı koyamıyorum.

Ekran kararır ve ana özellik başlar.

Sarah: (fısıldar) İşte başlıyoruz!

Mia: (heyecanını zar zor kontrol altına alabiliyor) Evet! Başlıyor!

Film ilerledikçe ifadeleri heyecandan gerilime dönüşüyor.

Sarah: (Mia'nın kolunu tutarak) Aman Tanrım, bunu gördün mü? Bunun geleceğini kesinlikle görmedim!

Mia: (gözleri fal taşı gibi açılmış) Değil mi? Bu beklediğimden çok daha iyi!

Filmin doruk noktası yaklaşıyor ve tiyatroda gerilim artıyor.

Sarah: (fısıldar) Bundan sonra ne olacağını düşünüyorsun?

Mia: (gergin bir şekilde) Bilmiyorum... Umarım ana karakteri öldürmezler!

Yoğun sahne oynanır ve seyirci topluca nefesini tutar.

Sarah: (gergin bir andan sonra) Buna dayanamıyorum! Ne olduğunu bilmem gerekiyor!

Sonunda, doruk noktası çözülür ve krediler yuvarlanmaya başlar. Seyirci gevezeliğe başlamadan önce bir dakikalık saygı duruşu var.

Mia: (genişçe sırıtarak) Bu inanılmazdı!

Sarah: (gülüyor) Sondaki bükülmeye inanamıyorum! Tamamen bir devam filmi için ayarladılar!

Mia: (başını sallayarak) Kesinlikle! Tamam, çıktığında tekrar görmemiz gerekiyor.

Sarah: (heyecanla) Yüzde bin evet! Ama önce, atıştırmalıklar.

Mia: (sırıtarak) Atıştırmalıklar mı? Filmde mi? Kimin aklına gelirdi?

İkisi de gülüyor, ayağa kalkıyor ve filmden en sevdikleri anları tartışırken çıkışa yöneliyorlar.

4- Cashier

- SARAH: A movie enthusiast, always up for a good film.
- MIKE: Sarah's laid-back friend who prefers action films over romance.

(INT. CINEMA LOBBY - NIGHT)

Sarah and Mike stand in line, scanning the movie posters. The smell of popcorn fills the air.

SARAH: (pointing excitedly) Ooh! Look at that one! "Love in the Time of Robots." It's supposed to be a heartwarming sci-fi romance.

MIKE: (rolling his eyes) Heartwarming? Sounds like a snoozefest. I'm here for explosions and epic battles.

SARAH: (smirking) You mean another mindless action flick? You really should step out of your comfort zone.

MIKE: (grinning) And miss the chance to watch dudes blow stuff up? No thanks.

They reach the front of the line.

CASHIER: (cheerfully) Hi there! What can I get for you?

SARAH: I'll have a ticket for "Love in the Time of Robots," please!

MIKE: (grumbling) And I'll take a ticket for "Assault on Galaxy X."

CASHIER hands them their tickets.

CASHIER: Enjoy your movies!

(INT. CINEMA HALL - MOMENTS LATER)

They walk into the respective screening rooms.

SARAH: (glancing back) Let me know if you survive the lack of plot!

MIKE: (chuckling) And let me know if your robots start dancing!

(TIME PASSES - AFTER THE MOVIES)

Sarah and Mike meet outside, both animated as they exit their respective screenings.

SARAH: (excitedly) Okay, I have to admit, that was surprisingly good! The blend of romance and technology was genius!

MIKE: (smirking) And I was right! Explosions galore! Plus, the hero had the best catchphrases.

SARAH: (laughing) So, you're telling me you're a sucker for one-liners now?

MIKE: (mock serious) Only if they blow stuff up while doing it.

SARAH: (teasing) Guess that means you're stuck in your action-hero bubble, huh?

They walk toward the exit, filled with banter.

MIKE: (playfully) And you're forever lost in your rom-com wonderland.

SARAH: (grinning) Maybe we need to find a movie that balances us out.

MIKE: (thoughtfully) Like what?

SARAH: (genuinely) How about a romantic action movie? Like "True Lies"?

MIKE: (nods) Sounds like a plan!

(FADE OUT as they joke about their next cinematic adventure.

4- Kasiyer

- SARAH: Bir film tutkunu, her zaman iyi bir film için hazır.
- MIKE: Sarah'nın aksiyon filmlerini romantizme tercih eden rahat arkadaşı.

(ULUSLARARASI SINEMA LOBISI - GECE)

Sarah ve Mike sıraya girerek film afişlerini tarıyor. Patlamış mısır kokusu havayı doldurur.

SARAH: (heyecanla işaret ederek) Ooh! Şuna bak! "Robotlar Zamanında Aşk." İç açıcı bir bilim kurgu romantizmi olması gerekiyordu.

MIKE: (gözlerini devirerek) İç açıcı mı? Kulağa bir erteleme festivali gibi geliyor. Patlamalar ve destansı savaşlar için buradayım.

SARAH: (sırıtarak) Başka bir akılsız aksiyon filmini mi kastediyorsun? Gerçekten konfor alanınızdan çıkmalısınız.

MIKE: (sırıtarak) Ve adamların bir şeyleri havaya uçurmasını izleme şansını kaçırıyor musun? Hayır, Teşekkürler.

Sıranın önüne ulaşırlar.

KASİYER: (neşeyle) Merhaba! Senin için ne alabilirim?

SARAH: "Robotların Zamanında Aşk" için bir bilet alacağım lütfen!

MIKE: (homurdanarak) Ve "Assault on Galaxy X" için bir bilet alacağım.

KASİYER onlara biletlerini verir.

KASİYER: Filmlerinizin tadını çıkarın!

(INT. CINEMA HALL - BIRKAÇ DAKIKA SONRA)

İlgili gösterim odalarına girerler.

SARAH: (geriye bakarak) Olay örgüsü eksikliğinden kurtulursan bana haber ver!

MIKE: (kıkırdar) Ve eğer robotlarınız dans etmeye başlarsa bana haber verin!

(ZAMAN GEÇER - FILMLERDEN SONRA)

Sarah ve Mike dışarıda buluşurlar, her ikisi de kendi gösterimlerinden çıkarken canlanırlar.

SARAH: (heyecanla) Tamam, itiraf etmeliyim ki, şaşırtıcı derecede iyiydi! Romantizm ve teknolojinin karışımı dahiceydi!

MIKE: (sırıtarak) Ve ben haklıydım! Patlamalar bolca! Ayrıca, kahraman en iyi sloganlara sahipti.

SARAH: (gülüyor) Yani, şimdi bana tek satırlık sözlerin hastası olduğunu mu söylüyorsun?

MIKE: (alaycı ciddi) Sadece bunu yaparken bir şeyleri havaya uçururlarsa.

SARAH: (alay eder) Sanırım bu, aksiyon-kahraman balonunun içinde sıkışıp kaldığın anlamına geliyor, ha?

Şakalarla dolu bir şekilde çıkışa doğru yürüyorlar.

MIKE: (şakacı bir şekilde) Ve sonsuza dek romantik komedi harikalar diyarında kayboldun.

SARAH: (sırıtarak) Belki de bizi dengeleyen bir film bulmamız gerekiyor.

MIKE: (düşünceli bir şekilde) Ne gibi?

SARAH: (Gerçekten) Romantik bir aksiyon filmine ne dersiniz? "Gerçek Yalanlar" gibi mi?

MIKE: (başını sallar) Kulağa bir plan gibi geliyor!

(Bir sonraki sinematik maceraları hakkında şaka yaparken FADE OUT.)

In bakery

Fırında

1- Tom and Maya

A cozy neighborhood bakery filled with the delicious aroma of freshly baked goods. The display case is filled with pastries, cakes, and breads. A bell jingles as the door opens, and a customer steps in.

Characters:

- Maya - A friendly baker in her 30s.
- Tom - A regular customer in his 40s, known for his sweet tooth.

[Tom enters the bakery, smiling as the smell of pastries envelops him.]

Tom: (grinning) Morning, Maya! What's the special today?

Maya: (brightly) Morning, Tom! Today we have strawberry shortcake and a new batch of chocolate croissants just out of the oven. Which one catches your eye?

Tom: (leaning closer to the display) Oh, the chocolate croissants look divine! But I have to admit, strawberry shortcake is my weakness.

Maya: (laughing) I know how you feel! It's hard to resist when I've just layered it with fresh whipped cream and plump strawberries.

Tom: (mock serious) You must be trying to sabotage my diet with those tempting treats!

Maya: (playfully) Just doing my part to spread joy through pastries! How about I give you one of each?

Tom: (pretending to think deeply) Hmm, one of each... Now that does sound like a plan.

Maya: (winking) It's a win-win! Plus, you can't leave without trying my latest creation.

Tom: Latest creation? You mean there's something new to add to my 'Maya's Bakery Favorites' list?

Maya: (nodding enthusiastically) Yes! It's a lavender honey scone. Perfect for the upcoming tea party I'm hosting this weekend.

Tom: (eyes lighting up) Lavender and honey? You've got to be kidding me! I'll take one of those too, please!

Maya: (packing the items) You've got it! One chocolate croissant, one strawberry shortcake, and one lavender honey scone coming right up.

Tom: (gratefully) You really know how to make a man happy, Maya. Any chance you can save me a slice of that shortcake for later?

Maya: (smiling) Of course! I'll set aside a slice just for you.

Tom: (waving as he heads to the register) You're the best! See you tomorrow for round two?

Maya: (cheerfully) Absolutely! Can't wait to see what you pick next!

Tom exits, the bell jingling again, as Maya turns back to her work, a satisfied smile on her face.

1- Tom ve Maya

Taze pişmiş ürünlerin lezzetli aromasıyla dolu şirin bir mahalle fırını. Vitrin hamur işleri, kekler ve ekmeklerle dolu. Kapı açıldığında bir zil çalıyor ve bir müşteri içeri giriyor.

Karakter:

- Maya - 30'lu yaşlarında arkadaş canlısı bir fırıncı.
- Tom - Tatlıya düşkünlüğüyle tanınan, 40'lı yaşlarında düzenli bir müşteri.

[Tom fırına girer, hamur işlerinin kokusu onu sararken gülümser.]

Tom: (sırıtarak) Günaydın Maya! Bugünün özelliği ne?

Maya: (parlak bir sesle) Günaydın Tom! Bugün çilekli kurabiye ve fırından yeni çıkmış yeni bir grup çikolatalı kruvasan var. Hangisi gözünüze çarpıyor?

Tom: (ekrana daha yakın eğilerek) Ah, çikolatalı kruvasanlar ilahi görünüyor! Ama itiraf etmeliyim ki, çilekli kurabiye benim zayıflığım.

Maya: (gülüyor) Nasıl hissettiğini biliyorum! Taze krem şanti ve dolgun çileklerle kapladığımda direnmek zor.

Tom: (alaycı bir ciddiyetle) Diyetimi o cezbedici ikramlarla sabote etmeye çalışıyor olmalısın!

Maya: (şakacı bir şekilde) Hamur işleriyle neşe yaymak için üzerime düşeni yapıyorum! Sana her birinden birer tane versem nasıl olur?

Tom: (derin düşünüyormuş gibi yaparak) Hmm, her birinden... Şimdi bu bir plan gibi geliyor.

Maya: (göz kırparak) Bu bir kazan-kazan! Ayrıca, en son eserimi denemeden ayrılamazsınız.

Tom: En son yaratılış? Yani 'Maya'nın Fırını Favorileri' listeme eklenecek yeni bir şey mi var?

Maya: (coşkuyla başını sallayarak) Evet! Bu bir lavanta ballı çörek. Bu hafta sonu ev sahipliği yapacağım yaklaşan çay partisi için mükemmel.

Tom: (gözler parlıyor) Lavanta ve bal? Benimle dalga geçiyor olmalısın! Ben de onlardan birini alacağım lütfen!

Maya: (eşyaları paketleyerek) Anladın! Bir çikolatalı kruvasan, bir çilekli kurabiye ve bir lavantalı ballı çörek hemen geliyor.

Tom: (minnetle) Bir erkeği nasıl mutlu edeceğini gerçekten biliyorsun, Maya. Bana o kurabiyeden bir dilim daha sonra saklamak için bir şansın var mı?

Maya: (gülümsüyor) Elbette! Sadece senin için bir dilim ayıracağım.

Tom: (kasaya giderken el sallayarak) Sen en iyisisin! Yarın ikinci turda görüşürüz?

Maya: (neşeyle) Kesinlikle! Bundan sonra ne seçeceğinizi görmek için sabırsızlanıyorum!

Tom çıkar, zil tekrar çınlar, Maya işine geri dönerken, yüzünde memnun bir gülümseme var.

2- Bustling bakery

A quaint, bustling bakery filled with the aroma of freshly baked bread and pastries. The sound of a bell jingles as customers enter.

Characters:

- **Mia**: A passionate baker in her late 20s.
- **Tom**: A regular customer, an elderly man who enjoys chatting with Mia.
- **Lucy**: A busy mother of two, looking for a quick treat.

(Mia is behind the counter, arranging freshly baked croissants.)

Tom: (entering the bakery) Good morning, Mia! What's new today?

Mia: (smiling) Good morning, Tom! We have a new batch of raspberry danishes. They just came out of the oven!

Tom: (eyes twinkling) Oh, you know I can't resist those! How's your daughter doing? Still helping you out here?

Mia: (chuckling) She is! A little too much sometimes; I caught her trying to sneak a cookie during the bake sale preparations yesterday!

Tom: (laughing) Can't blame her! Your cookies are irresistible. Speaking of which, I'll take a dozen of them please.

(Lucy rushes in, her two kids in tow.)

Lucy: (out of breath) Hi! Just a quick stop, please. What do you recommend for a quick treat?

Mia: How about a couple of our chocolate chip cookies? They're soft and gooey—perfect for kids!

Lucy: (nodding) That sounds perfect! Can I get a dozen of those, too?

Tom: (teasingly) Looks like I'm not the only one with a sweet tooth today!

Mia: (grinning) It's a bakery, Tom! Sweetness is part of the job description!

(Lucy's kids start pointing at the colorful cupcakes.)

Kid 1: Mom! Can we get some of those cupcakes?

Kid 2: (jumping up and down) The ones with sprinkles!

Lucy: (sighing with a smile) Okay, okay! Just one each. What flavors do you have today, Mia?

Mia: We've got vanilla, chocolate, and strawberry. They're all topped with a swirl of buttercream and sprinkles!

Kid 1: (excitedly) I want chocolate!

Kid 2: Strawberry for me!

Lucy: (to Mia) Make it two chocolate and one strawberry, please.

Tom: (grinning) Kids certainly know how to make decisions faster than us adults!

Mia: (bagging up the treats) Alright, that'll be one dozen cookies and three cupcakes! Total will be...

(Lucy quickly digs in her purse.)

Lucy: Here you go, Mia. Thank you! You always save the day with these treats.

Tom: (smiling) Yes, indeed. Without you, we'd have to get our sweets elsewhere!

Mia: (handing over the goodies) I'm just doing my part to create more smiles. Come back anytime!

Lucy: We'll definitely be back this weekend. Take care, Tom!

Tom: You too, Lucy. Enjoy the treats!

(Lucy exits with her kids, while Mia waves goodbye. Tom grabs his cookies and takes a seat at one of the small tables in the corner, enjoying the lively atmosphere of the bakery.)

Mia: (to Tom) So, any plans for today, or just enjoying your sweet haul?

Tom: Just savoring my cookies and watching the world go by. Does it get much better than this?

Mia: (grinning) Not in my book!

(The bell jingles as another customer enters, and the scene continues in the charming bakery.)

2- Hareketli fırın

Taze pişmiş ekmek ve hamur işlerinin aromasıyla dolu şirin, hareketli bir fırın. Müşteriler içeri girerken bir zil sesi duyuluyor.

Karakter:

- **Mia**: 20'li yaşlarının sonlarında tutkulu bir fırıncı.
- **Tom**: Düzenli bir müşteri, Mia ile sohbet etmekten hoşlanan yaşlı bir adam.
- **Lucy**: İki çocuklu meşgul bir anne, hızlı bir tedavi arıyor.

(Mia tezgahın arkasında, taze pişmiş kruvasanları düzenliyor.)

Tom: (fırına girerken) Günaydın Mia! Bugünkü yenilikler neler?

Mia: (gülümseyerek) Günaydın Tom! Yeni bir ahududu danimarkalı partimiz var. Fırından yeni çıktılar!

Tom: (gözleri parlıyor) Ah, bunlara karşı koyamadığımı biliyorsun! Kızınız nasıl? Hala burada sana yardım ediyor musun?

Mia: (kıkırdar) Öyle! Bazen biraz fazla; Dün fırın satışı hazırlıkları sırasında onu gizlice kurabiye almaya çalışırken yakaladım!

Tom: (gülüyor) Onu suçlayamam! Çerezleriniz karşı konulmaz. Bundan bahsetmişken, bir düzine alacağım lütfen.

(Lucy aceleyle içeri girer, iki çocuğu da yanındadır.)

Lucy: (nefes nefese) Merhaba! Sadece hızlı bir durak lütfen. Hızlı bir tedavi için ne önerirsiniz?

Mia: Çikolatalı kurabiyelerimizden birkaçına ne dersiniz? Yumuşak ve yapışkandırlar - çocuklar için mükemmel!

Lucy: (başını sallayarak) Kulağa mükemmel geliyor! Bunlardan bir düzine de alabilir miyim?

Tom: (alaycı bir şekilde) Görünüşe göre bugün tatlıya düşkün olan tek kişi ben değilim!

Mia: (sırıtarak) Burası bir fırın, Tom! Tatlılık iş tanımının bir parçasıdır!

(Lucy'nin çocukları rengarenk kekleri işaret etmeye başlar.)

Çocuk 1: Anne! O keklerden biraz alabilir miyiz?

Çocuk 2: (yukarı ve aşağı zıplayarak) Sprinkles olanlar!

Lucy: (gülümseyerek iç çekerek) Tamam, tamam! Her biri sadece bir tane. Bugün hangi tatlara sahipsin Mia?

Mia: Vanilyamız, çikolatamız ve çileğimiz var. Hepsi bir girdap krema ve sprinkles ile tepesinde!

Çocuk 1: (heyecanla) Çikolata istiyorum!

Çocuk 2: Benim için çilek!

Lucy: (Mia'ya) İki çikolata ve bir çilek yap lütfen.

Tom: (sırıtarak) Çocuklar kesinlikle biz yetişkinlerden daha hızlı karar vermeyi biliyorlar!

Mia: (ikramları toplarken) Pekala, bu bir düzine kurabiye ve üç kek olacak! Toplam olacak...

(Lucy hızla çantasını karıştırır.)

Lucy: Hadi bakalım Mia. Teşekkür ederim! Bu ikramlarla her zaman günü kurtarırsınız.

Tom: (gülümseyerek) Evet, kesinlikle. Sen olmasaydın, tatlılarımızı başka bir yerden almak zorunda kalırdık!

Mia: (hediyeleri teslim ederken) Ben sadece daha fazla gülümseme yaratmak için üzerime düşeni yapıyorum. İstediğiniz zaman geri gelin!

Lucy: Bu hafta sonu kesinlikle geri döneceğiz. Kendine iyi bak Tom!

Tom: Sen de, Lucy. İkramların tadını çıkarın!

(Lucy çocuklarıyla birlikte çıkarken, Mia veda eder. Tom kurabiyelerini alır ve köşedeki küçük masalardan birine oturur ve fırının canlı atmosferinin tadını çıkarır.)

Mia: (Tom'a) Peki, bugün için herhangi bir planınız var mı, yoksa sadece tatlı yolculuğunuzun tadını mı çıkarıyorsunuz?

Tom: Sadece kurabiyelerimin tadını çıkarıyorum ve dünyanın geçip gitmesini izliyorum. Bundan daha iyisi olabilir mi?

Mia: (sırıtarak) Benim kitabımda yok!

(Başka bir müşteri içeri girdiğinde zil çalıyor ve sahne büyüleyici fırında devam ediyor.)

3- A Sweet Encounter at the Bakery

A quaint bakery filled with the aroma of freshly baked bread and pastries. The morning sun streams through the window, illuminating the colorful displays of treats. Sarah, a regular customer, walks in, greeted by the cheerful baker, Tom.

Sarah: (entering) Good morning, Tom! It smells amazing in here today!

Tom: (smiling) Good morning, Sarah! Thanks! I just pulled some cinnamon rolls out of the oven. They're still warm!

Sarah: (eyes lighting up) Oh, those are my weakness! I'll take a dozen!

Tom: (chuckling) A dozen? Planning a party or just indulging?

Sarah: (grinning) A little bit of both. I can't resist sharing them with my coworkers. They always brighten their day!

Tom: (packing the rolls) You're the hero of the office, then! How do you think they'd survive without your baking gifts?

Sarah: (laughs) They'd definitely need a support group! (pausing) Speaking of support, how's your bakery competition coming along?

Tom: Ah, the one I mentioned last week? It's on Saturday. I'm a bit nervous, to be honest.

Sarah: You'll do great! Your pastries are the best in town. What are you planning to enter?

Tom: I've been working on a new recipe—a raspberry almond tart. It's got a butter crust and a creamy filling.

Sarah: (excited) That sounds incredible! You have to let me taste it after the competition!

Tom: (winking) If I win, I'll definitely bring you a slice.

Sarah: Deal! Now, what else do you recommend for today?

Tom: (gesturing to the display) How about some eclairs? They're filled with vanilla cream and topped with a rich chocolate glaze.

Sarah: (nodding) Perfect! I'll take a box of those too.

Tom: (ringing up the order) You're in for a treat today. Anything else on your mind?

Sarah: (thoughtful) Just wondering if you'd ever consider doing baking classes. I'd love to learn how to make those cinnamon rolls!

Tom: (smiling) You're not the first to ask! Maybe I should start planning classes after the competition.

Sarah: (enthusiastic) Yes, please! I'll be your number one student.

Tom: (finishing the order) All done! Here's your dozen cinnamon rolls and a box of eclairs. Don't forget to save one for yourself!

Sarah: (taking the box) Oh, I will! Thanks, Tom. Good luck with the competition. I'll be cheering for you!

Tom: (waving as she leaves) Thanks, Sarah! Enjoy your treats!

Scene ends with Sarah leaving the bakery, a smile on her face and a box full of goodies in her hands.

3- Fırında Tatlı Bir Karşılaşma

Taze pişmiş ekmek ve hamur işlerinin aromasıyla dolu şirin bir fırın. Sabah güneşi pencereden süzülür ve ikramların renkli görüntülerini aydınlatır. Düzenli bir müşteri olan Sarah, neşeli fırıncı Tom tarafından karşılanarak içeri girer.

Sarah: (giriyor) Günaydın Tom! Bugün burası harika kokuyor!

Tom: (gülümseyerek) Günaydın Sarah! Teşekkürler! Fırından biraz tarçınlı rulo çıkardım. Hala sıcaklar!

Sarah: (gözleri parlar) Ah, bunlar benim zayıflığım! Bir düzine alacağım!

Tom: (kıkırdar) Bir düzine mi? Bir parti mi planlıyorsunuz yoksa sadece kendinizi şımartmak mı?

Sarah: (sırıtarak) İkisinden de biraz. Onları iş arkadaşlarımla paylaşmaya karşı koyamıyorum. Her zaman günlerini aydınlatırlar!

Tom: (ruloları paketliyor) O zaman ofisin kahramanı sensin! Pişirme yetenekleriniz olmadan nasıl hayatta kalacaklarını düşünüyorsunuz?

Sarah: (gülüyor) Kesinlikle bir destek grubuna ihtiyaçları var! (duraklıyor) Destekten bahsetmişken, fırıncılık rekabetiniz nasıl gidiyor?

Tom: Ah, geçen hafta bahsettiğim kişi? Cumartesi günü. Dürüst olmak gerekirse biraz gerginim.

Sarah: Harika olacaksın! Hamur işleriniz şehirdeki en iyisidir. Ne girmeyi planlıyorsunuz?

Tom: Yeni bir tarif üzerinde çalışıyorum - ahududulu bademli tart. Tereyağı kabuğu ve kremsi bir dolgusu var.

Sarah: (heyecanlı) Kulağa inanılmaz geliyor! Yarışmadan sonra tadına bakmama izin vermelisin!

Tom: (göz kırparak) Eğer kazanırsam, kesinlikle sana bir dilim getireceğim.

Sarah: Anlaştık! Şimdi, bugün için başka ne önerirsiniz?

Tom: (ekrana işaret ederek) Biraz eklere ne dersin? Vanilyalı krema ile doldurulur ve zengin bir çikolata sosu ile doldurulur.

Sarah: (başını sallayarak) Mükemmel! Ben de onlardan bir kutu alacağım.

Tom: (siparişi çalarak) Bugün bir ziyafet içindesin. Aklında başka bir şey var mı?

Sarah: (düşünceli) Sadece fırıncılık dersleri almayı düşünüp düşünmediğini merak ediyorum. O tarçınlı ruloları nasıl yapacağımı öğrenmeyi çok isterim!

Tom: (gülümseyerek) İlk soran sen değilsin! Belki de yarışmadan sonra ders planlamaya başlamalıyım.

Sarah: (coşkulu) Evet, lütfen! Ben senin bir numaralı öğrencin olacağım.

Tom: (siparişi bitirme) Her şey tamam! İşte bir düzine tarçınlı rulonuz ve bir kutu ekler. Kendiniz için bir tane biriktirmeyi unutmayın!

Sarah: (kutuyu alarak) Oh, yapacağım! Teşekkürler Tom. Yarışmada iyi şanslar. Senin için tezahürat yapıyor olacağım!

Tom: (ayrılırken el sallayarak) Teşekkürler Sarah! İkramlarınızın tadını çıkarın!

Sahne, Sarah'nın fırından ayrılmasıyla sona erer, yüzünde bir gülümseme ve elinde bir kutu dolusu şekerleme.

4- The cheerful baker

A cozy neighborhood bakery with the warm aroma of freshly baked bread and pastries filling the air. The display case is filled with colorful macarons, fruit tarts, and an assortment of breads.

Characters:

- **Mia**: The cheerful baker, in her mid-30s, who loves her job and has a passion for baking.
- **Tom**: A regular customer, in his early 40s, who always comes in for his morning croissant but tends to grumble about everything.

[**Scene begins with Mia arranging pastries in the display case while Tom walks in, looking a bit flustered.**]

Mia: (brightly) Good morning, Tom! The usual croissant?

Tom: (sighing) Yep, but let me tell you, I can't believe how cold it's gotten. I swear, it feels like winter came out of nowhere!

Mia: (smiling) I know, right? But you should try our pumpkin spice muffins. They'll warm you up from the inside!

Tom: (raising an eyebrow) Pumpkin spice? You know I don't do seasonal trends. I'm a classic croissant man, through and through.

Mia: (playfully) Classic is good! But a little change never hurt anyone. Besides, these muffins are made with real pumpkin and spices—no artificial nonsense.

Tom: (crossing his arms) Okay, but what does that even mean? You're trying to convert me, aren't you?

Mia: (giggling) Just a suggestion! Think of it this way: if you try something new, you might expand your horizons! Plus, it's always good to support a small bakery, right?

Tom: (softening) Fair enough. I guess it's better than those generic chains. Alright, throw in a muffin, but only if you promise it's worth it.

Mia: (grinning) Deal! One croissant and a pumpkin spice muffin coming right up.

[Mia wraps the croissant and muffin, placing them on the counter. Tom fumbles with his wallet, still grumbling.]

Tom: (grumbling) I swear, if I don't like this muffin, you'll owe me a croissant for life!

Mia: (laughing) Sounds like a fair wager! But I have a feeling you'll end up coming back for more pumpkin spice!

[Tom takes his order, a hint of a smile breaking through his usual gruff demeanor.]

Tom: We'll see about that, Mia. But just so you know, next time I want a personal recommendation, I'll hold you to it!

Mia: Oh, I'll take that challenge any day! Enjoy your breakfast!

Tom exits, shaking his head but with a small smile, as Mia goes back to arranging the pastries, humming softly.

Scene fades with the sound of the bell above the door jingling as Tom leaves the bakery.

4- Neşeli fırıncı

Taze pişmiş ekmek ve havayı dolduran hamur işlerinin sıcak aroması ile şirin bir mahalle fırını. Vitrin rengarenk makaronlar, meyveli turtalar ve çeşitli ekmeklerle dolu.

Karakter:

- **Mia:** 30'lu yaşlarının ortalarında, işini seven ve yemek pişirme tutkusu olan neşeli fırıncı.
- **Tom:** 40'lı yaşlarının başında, her zaman sabah kruvasanına gelen ama her şey hakkında homurdanma eğiliminde olan düzenli bir müşteri.

[**Sahne, Mia'nın vitrinde hamur işleri düzenlemesiyle başlarken, Tom biraz telaşlı görünerek içeri girer.**]

Mia: (parlak bir şekilde) Günaydın Tom! Her zamanki kruvasan?

Tom: (iç çekerek) Evet, ama sana söyleyeyim, ne kadar soğuduğuna inanamıyorum. Yemin ederim, kış birdenbire ortaya çıkmış gibi geliyor!

Mia: (gülümseyerek) Biliyorum, değil mi? Ama balkabağı baharatlı muffinlerimizi denemelisiniz. Seni içeriden ısıtacaklar!

Tom: (bir kaşını kaldırarak) Balkabağı baharatı mı? Sezonluk trendler yapmadığımı biliyorsun. Ben baştan sona klasik bir kruvasan adamıyım.

Mia: (şakacı bir şekilde) Klasik iyidir! Ama küçük bir değişiklik kimseye zarar vermezdi. Ayrıca, bu kekler gerçek balkabağı ve baharatlarla yapılıyor - yapay saçmalık yok.

Tom: (kollarını kavuşturarak) Tamam, ama bu ne anlama geliyor? Beni dönüştürmeye çalışıyorsun, değil mi?

Mia: (kıkırdar) Sadece bir öneri! Bunu şu şekilde düşünün: Yeni bir şey denerseniz, ufkunuzu genişletebilirsiniz! Ayrıca, küçük bir fırını desteklemek her zaman iyidir, değil mi?

Tom: (yumuşatarak) Yeterince adil. Sanırım o jenerik zincirlerden daha iyi. Pekala, bir çörek atın, ama sadece buna değeceğine söz verirseniz.

Mia: (sırıtarak) Anlaştık! Bir kruvasan ve balkabağı baharatlı çörek hemen geliyor.

[Mia, kruvasan ve çöreği sarayarak tezgahın üzerine koyuyor. Tom cüzdanını karıştırıyor, hala homurdanıyor.]

Tom: (homurdanarak) Yemin ederim, eğer bu çöreği beğenmezsem, bana ömür boyu bir kruvasan borçlu olacaksın!

Mia: (gülüyor) Kulağa adil bir bahis gibi geliyor! Ama sonunda daha fazla balkabağı baharatı için geri döneceğine dair bir his var!

[Tom emrini alır, her zamanki huysuz tavrından bir gülümseme belirtisi geçer.]

Tom: Bunu göreceğiz, Mia. Ama bil diye söylüyorum, bir dahaki sefere kişisel bir tavsiye istediğimde, seni buna bağlı tutacağım!

Mia: Oh, bu meydan okumayı her gün alacağım! Kahvaltınızın tadını çıkarın!

Tom başını sallayarak ama küçük bir gülümsemeyle çıkarken, Mia hamur işlerini düzenlemeye geri dönerken yumuşak bir şekilde mırıldanır.

Tom fırından çıkarken kapının üzerindeki zilin şıngırdamasıyla sahne kayboluyor.

Discussing sport

Sporu tartışmak

1- A Day at the Park

- Alex: A passionate soccer fan
- Jamie: A casual sports observer

(The scene opens with Alex and Jamie sitting on a park bench, watching kids play soccer.)

Alex: (pointing at the kids) Look at them go! This is what it's all about. The energy, the teamwork...it's infectious!

Jamie: (smiling) I can see that. It's fun to watch, but I have to admit, I don't know much about soccer. Isn't it just kicking a ball around?

Alex: (laughing) Oh, it's so much more than that! There's strategy, formations... you've got to read the game. It's like a chess match, but with running and kicking!

Jamie: Really? I always thought it was just about who could kick the hardest or run the fastest.

Alex: Well, those skills are important, but think about it: passing, dribbling, positioning. And the chemistry between players can make or break a team!

Jamie: That makes sense. I guess you need to know when to pass and when to shoot. What's your favorite team?

Alex: Definitely FC Barcelona! Their style of play, known as tiki-taka, is mesmerizing— quick, short passes that keep the ball moving and tire out the opponents.

Jamie: Interesting! What do you think about the MLS? I've heard it's growing in popularity.

Alex: The Major League Soccer is definitely on the rise! It's exciting to see more fans getting involved. Plus, we've got some great international players coming over now.

Jamie: Do you play any sports yourself?

Alex: I play recreational soccer on the weekends! It's a blast—win or lose, just getting out there with friends is the best part.

Jamie: That sounds fun! I used to play basketball, but I haven't picked up a ball in ages. Maybe I should give it another shot!

Alex: Absolutely! Sports are a great way to stay active and meet new people. Plus, you always feel accomplished afterward, don't you think?

Jamie: For sure! Watching these kids play is making me nostalgic. I might just have to sign up for a league or something.

Alex: You should! And who knows? You might even discover a hidden talent for soccer.

Jamie: (grinning) Hidden talent? I like the sound of that! Alright, you've convinced me.

Alex: (clapping Jamie on the back) That's the spirit! Let's get you out there to kick some goals!

(They both laugh and continue to watch the game as the sun begins to set.)

1- Parkta Bir Gün

- Alex: Tutkulu bir futbol hayranı
- Jamie: Sıradan bir spor gözlemcisi

(**Sahne, Alex ve Jamie'nin bir parkta bankta oturup çocukların futbol oynamasını izlemesiyle başlar.**)

Alex: (çocukları işaret ederek) Onlara bakın, gidin! Her şey bununla ilgili. Enerji, ekip çalışması... bulaşıcıdır!

Jamie: (gülümseyerek) Bunu görebiliyorum. İzlemesi eğlenceli ama itiraf etmeliyim ki futbol hakkında pek bir şey bilmiyorum. Bu sadece bir topu tekmelemek değil mi?

Alex: (gülüyor) Oh, bundan çok daha fazlası! Strateji var, oluşumlar var... Oyunu okumalısın. Bir satranç maçı gibi, ama koşmak ve tekmelemek ile!

Jamie: Gerçekten mi? Her zaman kimin en sert tekme atabileceği veya en hızlı koşabileceği ile ilgili olduğunu düşündüm.

Alex: Bu beceriler önemli ama bir düşünün: pas verme, top sürme, pozisyon alma. Ve oyuncular arasındaki kimya bir takımı yapabilir veya bozabilir!

Jamie: Bu mantıklı. Sanırım ne zaman pas vereceğinizi ve ne zaman şut çekeceğinizi bilmeniz gerekiyor. Tuttuğunuz takım hangisi?

Alex: Kesinlikle FC Barcelona! Tiki-taka olarak bilinen oyun tarzları büyüleyicidir - topun hareket etmesini sağlayan ve rakipleri yoran hızlı, kısa paslar.

Jamie: İlginç! MLS hakkında ne düşünüyorsun? Popülaritesinin arttığını duydum.

Alex: Major League Soccer kesinlikle yükselişte! Daha fazla hayranın dahil olduğunu görmek heyecan verici. Ayrıca, şu anda aramıza katılan bazı harika uluslararası oyuncularımız var.

Jamie: Kendin herhangi bir spor yapıyor musun?

Alex: Hafta sonları eğlence amaçlı futbol oynuyorum! Bu bir patlama - kazan ya da kaybet, sadece arkadaşlarla dışarı çıkmak en iyi yanı.

Jamie: Kulağa eğlenceli geliyor! Eskiden basketbol oynardım ama uzun zamandır elime hiç top almadım. Belki de bir şans daha vermeliyim!

Alex: Kesinlikle! Spor, aktif kalmak ve yeni insanlarla tanışmak için harika bir yoldur. Ayrıca, sonrasında her zaman başarılı hissedersiniz, sence de öyle değil mi?

Jamie: Kesinlikle! Bu çocukların oynamasını izlemek beni nostaljik yapıyor. Sadece bir lige ya da başka bir şeye kaydolmam gerekebilir.

Alex: Yapmalısın! Ve kim bilir? Futbol için gizli bir yetenek bile keşfedebilirsiniz.

Jamie: (sırıtarak) Gizli yetenek mi? Bunun sesini seviyorum! Pekala, beni ikna ettiniz.

Alex: (Jamie'yi sırtından alkışlar) İşte ruh bu! Hadi seni oraya çıkaralım ve bazı goller atalım!

(İkisi de gülüyor ve güneş batmaya başlarken maçı izlemeye devam ediyorlar.)

2- A cozy coffee shop

Alex: (sipping coffee) So, did you catch the game last night? The final was insane!

Jamie: (leaning in) I know, right? I couldn't believe that last-minute goal! It felt like the whole place exploded.

Alex: Absolutely! I was on the edge of my seat. I thought they were done for, but that counterattack was brilliant!

Jamie: I thought so too! The way they transitioned from defense to attack in just a few seconds... it was like poetry in motion.

Alex: And how about the goalkeeper? Did you see those saves? He was a wall!

Jamie: For sure! He kept them in the game. Some of those shots were unstoppable under normal circumstances, but he just knew where to be.

Alex: Makes you wonder how much training they go through. It's not just talent; it's dedication.

Jamie: Exactly! And that's why I respect athletes so much. The sheer amount of hours they put in behind the scenes is crazy.

Alex: Speaking of dedication, have you heard about the new track and field star that's been breaking records?

Jamie: Yeah! I read about her. She's only 18 and already setting national records. It's wild to think about the kind of pressure she must be under.

Alex: It is. But honestly, I think that pressure pushes athletes to perform even better. Like, the greater the challenge, the harder they work, you know?

Jamie: True! And it's kinda inspirational, too. If they can push through all that pressure, maybe we can tackle our own challenges, right?

Alex: Definitely! Maybe we should hit the gym more often. Start our own training montage.

Jamie: (laughing) Right? Just don't expect Olympic medals from us!

Alex: (grinning) Well, let's at least shoot for showing up consistently. That's a win in itself!

Jamie: I'm in! Let's make it happen, and who knows? Maybe next time we'll be talking about our own records!

Alex: Now that's the spirit!

(They both laugh, raising their cups in a mock toast as they dive deeper into their conversation about sports.)

2- Rahat bir kahve dükkanı

Alex: (kahvesini yudumlarken) Peki, dün geceki maçı yakaladın mı? Final çılgıncaydı!

Jamie: (eğilerek) Biliyorum, değil mi? O son dakika golüne inanamadım! Her yer patlamış gibi hissettim.

Alex: Kesinlikle! Koltuğumun kenarındaydım. İşlerinin bittiğini düşündüm ama bu karşı saldırı harikaydı!

Jamie: Ben de öyle düşündüm! Sadece birkaç saniye içinde savunmadan saldırıya geçme şekilleri... Hareket halindeki şiir gibiydi.

Alex: Peki ya kaleci? Bu tasarrufları gördünüz mü? O bir duvardı!

Jamie: Kesinlikle! Onları oyunun içinde tuttu. Bu çekimlerden bazıları normal şartlar altında durdurulamazdı, ancak nerede olması gerektiğini biliyordu.

Alex: Ne kadar eğitimden geçtiklerini merak ediyorsun. Bu sadece yetenek değil; Bu adanmışlıktır.

Jamie: Kesinlikle! İşte bu yüzden sporculara çok saygı duyuyorum. Perde arkasında geçirdikleri çok fazla saat çılgınca.

Alex: Adanmışlıktan bahsetmişken, rekorlar kıran yeni atletizm yıldızını duydunuz mu?

Jamie: Evet! Onun hakkında okudum. O sadece 18 yaşında ve şimdiden ulusal rekorlar kırıyor. Ne tür bir baskı altında olması gerektiğini düşünmek çılgınca.

Alex: Öyle. Ama dürüst olmak gerekirse, bu baskının sporcuları daha da iyi performans göstermeye ittiğini düşünüyorum. Mesela, zorluk ne kadar büyükse, o kadar çok çalışırlar, biliyor musun?

Jamie: Doğru! Ve aynı zamanda biraz ilham verici. Tüm bu baskıyı aşabilirlerse, belki kendi zorluklarımızın üstesinden gelebiliriz, değil mi?

Alex: Kesinlikle! Belki de spor salonuna daha sık gitmeliyiz. Kendi eğitim montajımızı başlatın.

Jamie: (gülüyor) Değil mi? Bizden Olimpiyat madalyası beklemeyin!

Alex: (sırıtarak) Pekala, en azından tutarlı bir şekilde ortaya çıkmak için çekim yapalım. Bu başlı başına bir kazanç!

Jamie: Ben varım! Hadi bunu gerçekleştirelim ve kim bilir? Belki bir dahaki sefere kendi kayıtlarımızdan bahsediyor olacağız!

Alex: İşte ruh bu!

(**İkisi de gülüyor, spor hakkındaki sohbetlerinin derinliklerine dalarken bardaklarını sahte bir kadeh kaldırıyorlar.**)

3- A Friendly Debate on Sports

- **Alex:** A basketball enthusiast
- **Jamie:** A soccer fan

Scene: A coffee shop, with Alex and Jamie sitting at a table, sipping their drinks.

Alex: So, I was watching the latest basketball game last night, and I have to say, there's nothing like the energy of a fourth-quarter comeback!

Jamie: I get that, but have you ever experienced the tension of a last-minute goal in soccer? The adrenaline is through the roof!

Alex: True, but in basketball, every point counts. You can go from being ten points down to winning by two in just a few minutes. It's exhilarating!

Jamie: I don't doubt it, but soccer has its own drama. There's a whole strategy involved in passing, positioning, and anticipating the opponent's moves. Plus, the buildup to a goal can take a full 90 minutes!

Alex: But that's what makes basketball so exciting! It's fast-paced. You can have a buzzer-beater that changes the course of the game in seconds. It's like a mini-movie every time!

Jamie: I see your point, but soccer is known for its passionate fan culture. Just look at the World Cup! The entire planet stops to watch it, and you can feel the unity in the stadium.

Alex: Yeah, but the NBA Finals are also a big deal! Especially in cities that haven't won a championship in decades. The entire community comes together to support their team.

Jamie: Okay, fair enough! But let's talk about skill levels. Soccer players run an average of 7 miles in a game, while basketball players have to have incredible hand-eye coordination and agility.

Alex: Touché! But don't underestimate the athleticism in basketball. The leaps, the dunks... it's like artistry in motion!

Jamie: Agreed! Both sports require a tremendous amount of skill. Honestly, I think we can both appreciate what each sport brings to the table.

Alex: Absolutely! At the end of the day, it's all about the love of the game, no matter which sport it is.

Jamie: Exactly! And hey, maybe we should catch a game together sometime—basketball or soccer, whichever is in season!

Alex: Deal! That'll be fun.

3- Spor Üzerine Dostane Bir Tartışma

- **Alex:** Bir basketbol tutkunu
- **Jamie:** Bir futbol hayranı

Sahne: Alex ve Jamie'nin bir masada oturup içeceklerini yudumladıkları bir kafe.

Alex: Dün gece en son basketbol maçını izliyordum ve şunu söylemeliyim ki, dördüncü çeyrekteki geri dönüşün enerjisi gibisi yok!

Jamie: Anlıyorum, ama futbolda hiç son dakika golünün gerginliğini yaşadın mı? Adrenalin tavan yaptı!

Alex: Doğru, ama basketbolda her sayı önemlidir. Sadece birkaç dakika içinde on puan geriden iki puan farkla kazanmaya geçebilirsiniz. Heyecan verici!

Jamie: Bundan şüphem yok ama futbolun kendi dramı var. Pas vermek, pozisyon almak ve rakibin hamlelerini tahmin etmekle ilgili bütün bir strateji var. Ayrıca, bir gole ulaşmak tam bir 90 dakika sürebilir!

Alex: Ama basketbolu bu kadar heyecanlı yapan da bu! Hızlı tempolu. Oyunun gidişatını saniyeler içinde değiştiren bir zil çırpıcıya sahip olabilirsiniz. Her seferinde bir mini film gibi!

Jamie: Ne demek istediğini anlıyorum ama futbol tutkulu taraftar kültürüyle tanınır. Sadece Dünya Kupası'na bakın! Tüm gezegen onu izlemek için durur ve stadyumdaki birliği hissedebilirsiniz.

Alex: Evet, ama NBA Finalleri de büyük bir olay! Özellikle de on yıllardır şampiyonluk kazanamayan şehirlerde. Tüm topluluk, ekiplerini desteklemek için bir araya gelir.

Jamie: Tamam, yeterince adil! Ama beceri seviyeleri hakkında konuşalım. Futbolcular bir maçta ortalama 7 mil koşarken, basketbolcuların inanılmaz bir el-göz koordinasyonuna ve çevikliğe sahip olması gerekiyor.

Alex: Dokunmak! Ancak basketboldaki atletizmi hafife almayın. Sıçramalar, smaçlar... Hareket halindeki sanat gibi!

Jamie: Anlaştık! Her iki spor da muazzam miktarda beceri gerektirir. Dürüst olmak gerekirse, her iki sporun da masaya ne getirdiğini ikimizin de takdir edebileceğimizi düşünüyorum.

Alex: Kesinlikle! Günün sonunda, hangi spor olursa olsun, her şey oyunun sevgisiyle ilgili.

Jamie: Kesinlikle! Ve hey, belki de bir ara birlikte bir maç yakalamalıyız - basketbol ya da futbol, hangisi mevsimde olursa olsun!

Alex: Anlaştık! Bu eğlenceli olacak.

4- Game Day Banter

A cozy living room, snacks spread across the coffee table, TV tuned to a pre-game show.

Alex: (excitedly) I can't believe today's the big game! I've been waiting all week for this. Do you think our team will pull off a win?

Jamie: I sure hope so! But, you know, I'm a little worried about our defense. The last few games, they've been struggling to keep up.

Alex: True, I've noticed that too. It seems like they always fall apart in the second half. But our offense has been on fire lately! Did you see that last game?

Jamie: Yeah, it was incredible! That quarterback is really something else. I swear he can throw a perfect spiral even while being tackled.

Alex: (laughs) Right? He's like a magician out there! I just hope our receivers can catch the ball today. Remember that drop in the last quarter of the last game? So frustrating!

Jamie: Oh, don't remind me! I nearly threw my remote at the TV. It's all about the big plays, though. I'm hoping for at least one spectacular touchdown today!

Alex: Definitely! I'm more excited for the halftime show, too. I heard they're bringing in that popular band this year!

Jamie: Oh yeah, that'll be awesome! It'll be a nice break from all the tension of the game. But, you know, I can't help but feel the pressure. My heart races every time we're close to the end zone.

Alex: (grinning) That's the thrill of it! You can't replicate that feeling anywhere else. The adrenaline, the cheering crowd... It's electric!

Jamie: Exactly! And speaking of crowds, how about that one game last season when everyone was chanting? It felt like we were all part of something bigger.

Alex: Yes! You could really feel the energy. I think that's what makes sports so special—the community aspect.

Jamie: And the rivalry! Nothing like a little competition to get the adrenaline pumping. How do you think our guys stack up against the top teams?

Alex: Honestly, it's hard to say. Some teams have been really consistent this season, but if we play our best, we can hold our own. I just want to see them give it their all.

Jamie: Agreed! No matter what happens, as long as they play with heart, I'll be proud. Now, pass me those nachos—game day fuel!

The screen transitions to the players warming up on the field as Alex and Jamie settle in to enjoy the game.

4- Oyun Günü Şakası

Rahat bir oturma odası, sehpaya yayılmış atıştırmalıklar, oyun öncesi bir şova ayarlanmış TV.

Alex: (heyecanla) Bugünün büyük maç olduğuna inanamıyorum! Bütün hafta bunun için bekledim. Takımımızın bir galibiyet elde edeceğini düşünüyor musunuz?

Jamie: Umarım öyledir! Ama biliyorsunuz, savunmamız konusunda biraz endişeliyim. Son birkaç maçtır ayak uydurmakta zorlanıyorlar.

Alex: Doğru, bunu ben de fark ettim. İkinci yarıda hep dağılıyorlar gibi görünüyor. Ama hücumumuz son zamanlarda alev alıyor! Son oyunu gördün mü?

Jamie: Evet, inanılmazdı! O oyun kurucu gerçekten başka bir şey. Yemin ederim mücadele edilirken bile mükemmel bir spiral atabilir.

Alex: (gülüyor) Değil mi? Dışarıda bir sihirbaz gibi! Umarım alıcılarımız bugün topu yakalayabilir. Son maçın son çeyreğindeki düşüşü hatırlıyor musunuz? Çok sinir bozucu!

Jamie: Ah, bana hatırlatma! Neredeyse uzaktan kumandamı televizyona fırlatıyordum. Yine de her şey büyük oyunlarla ilgili. Bugün en az bir muhteşem gol atmayı umuyorum!

Alex: Kesinlikle! Devre arası şovu için de daha heyecanlıyım. Duyduğuma göre bu yıl o popüler grubu getiriyorlarmış!

Jamie: Ah evet, bu harika olacak! Oyunun tüm gerginliğinden güzel bir mola olacak. Ama biliyorsun, yardım edemiyorum ama baskıyı hissediyorum. Bitiş bölgesine her yaklaştığımızda kalbim hızla atıyor.

Alex: (sırıtarak) İşte işin heyecanı! Bu duyguyu başka hiçbir yerde tekrarlayamazsınız. Adrenalin, tezahürat yapan kalabalık... Elektrikli!

Jamie: Kesinlikle! Kalabalıktan bahsetmişken, geçen sezon herkesin tezahürat yaptığı o maça ne dersiniz? Hepimiz daha büyük bir şeyin parçasıymışız gibi hissettik.

Alex: Evet! Enerjiyi gerçekten hissedebiliyordunuz. Bence sporu bu kadar özel yapan da bu: topluluk yönü.

Jamie: Ve rekabet! Adrenalin pompalamak için küçük bir rekabet gibisi yoktur. Oyuncularımızın en iyi takımlara karşı ne durumda olduğunu düşünüyorsunuz?

Alex: Dürüst olmak gerekirse, söylemesi zor. Bazı takımlar bu sezon gerçekten istikrarlıydı, ancak elimizden gelenin en iyisini yaparsak, kendimizi koruyabiliriz. Sadece ellerinden gelenin en iyisini yaptıklarını görmek istiyorum.

Jamie: Anlaştık! Ne olursa olsun, yürekten oynadıkları sürece gurur duyacağım. Şimdi, bana o cipsleri uzat - oyun günü yakıtı!

Alex ve Jamie maçın tadını çıkarmak için yerleşirken ekran sahada ısınan oyunculara geçer.

Kitap 2
İngilizce diyalog günlükleri 2

Book 2
English dialogue diaries 2

"İngilizce Sohbetler Üzerinden Anlatılan Hikayeler"

At the Airport

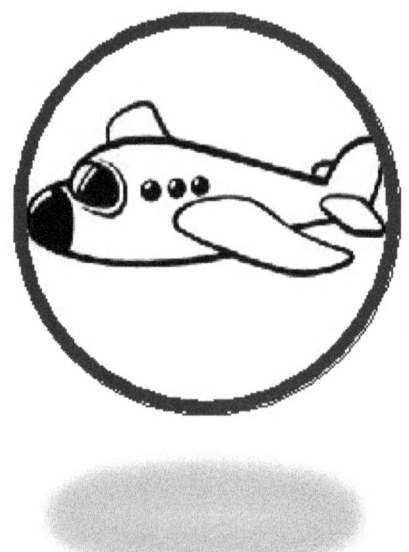

Havaalanında

1- A bustling airport terminal

People are checking in, grabbing snacks, and rushing to their gates. Two friends, Sarah and Jake, are seated at a small café, waiting for their flight.

Sarah: (sipping her coffee) I can't believe it's finally happening! We're going to Paris!

Jake: I know, right? I've been dreaming about this trip for ages. Have you checked the weather?

Sarah: (pulls out her phone) Yep! It's supposed to be perfect—sunny and in the low seventies. Perfect for exploring.

Jake: (grinning) Great! I'll finally get to wear my new sunglasses. (leans back) What's the first thing we're going to do when we get there?

Sarah: I was thinking we should head straight to the Eiffel Tower. I mean, come on, we can't miss that iconic view!

Jake: Absolutely! And we have to stop at a café for some croissants. I've heard they taste nothing like what we have here.

Sarah: (laughs) Right? I want to see if they really are as flaky and buttery as they say. (looks at the departure board) Speaking of which, when does our flight leave?

Jake: (glances at the board) Just over an hour. Do you think we have time to grab something to eat? I'm starving!

Sarah: Good idea! Let's get something quick. (stands up) How about sandwiches? I saw a place near Gate 12.

Jake: Perfect! (follows her) I hope I can get my order right this time. Remember the last time we tried to navigate a menu in a different language?

Sarah: (chuckles) "Two coffees and a mystery meat sandwich" was not my best moment! But hey, we'll have Google Translate this time.

Jake: (smirking) True! Just remind me to stick to the classics—stay away from anything I can't pronounce.

Sarah: Deal! Let's hurry before we miss our boarding call.

Jake: (quickens his pace) Right behind you! Paris, here we come!

(They walk off, excitement evident on their faces as they navigate through the vibrant crowds of the airport.)

1- Hareketli bir havalimanı terminali

İnsanlar check-in yapıyor, atıştırmalıklar alıyor ve kapılarına koşuyor. İki arkadaş, Sarah ve Jake, küçük bir kafede oturmuş uçuşlarını bekliyorlar.

Sarah: (kahvesini yudumlarken) Sonunda gerçekleştiğine inanamıyorum! Paris'e gidiyoruz!

Jake: Biliyorum, değil mi? Uzun zamandır bu yolculuğun hayalini kuruyordum. Hava durumunu kontrol ettin mi?

Sarah: (telefonunu çıkarır) Evet! Mükemmel olması gerekiyordu - güneşli ve yetmişli yılların altında. Keşfetmek için mükemmel.

Jake: (sırıtarak) Harika! Sonunda yeni güneş gözlüğümü takabileceğim. (geriye yaslanır) Oraya vardığımızda yapacağımız ilk şey ne olacak?

Sarah: Doğruca Eyfel Kulesi'ne gitmemiz gerektiğini düşünüyordum. Demek istediğim, hadi ama, o ikonik manzarayı kaçıramayız!

Jake: Kesinlikle! Ve biraz kruvasan için bir kafede durmalıyız. Duyduğuma göre tadı, bizimkine hiç benzemiyormuş.

Sarah: (gülüyor) Değil mi? Gerçekten dedikleri kadar lapa lapa ve tereyağlı olup olmadıklarını görmek istiyorum. (kalkış panosuna bakar) Konu açılmışken, uçağımız ne zaman kalkıyor?

Jake: (tahtaya bakar) Bir saatten biraz fazla. Sence yiyecek bir şeyler almak için zamanımız var mı? Açlıktan ölüyorum!

Sarah: İyi fikir! Hızlı bir şey alalım. (ayağa kalkar) Sandviçlere ne dersin? 12 numaralı kapının yakınında bir yer gördüm.

Jake: Mükemmel! (onu takip eder) Umarım bu sefer siparişimi doğru alabilirim. En son ne zaman farklı bir dilde bir menüde gezinmeye çalıştığımızı hatırlıyor musunuz?

Sarah: (kıkırdar) "İki kahve ve gizemli bir etli sandviç" en iyi anım değildi! Ama hey, bu sefer Google Translate'e sahip olacağız.

Jake: (sırıtarak) Doğru! Bana sadece klasiklere bağlı kalmamı hatırlat - telaffuz edemediğim her şeyden uzak dur.

Sarah: Anlaştık! Biniş çağrımızı kaçırmadan acele edelim.

Jake: (adımlarını hızlandırır) Tam arkanda! Paris, bekle geliyoruz!

(Havaalanının canlı kalabalığı arasında gezinirken yüzlerinde heyecan belirgin bir şekilde yürüyorlar.)

2- Two friends

A bustling airport terminal. Two friends, Mia and Jake, are waiting in line to check in for their flight. The atmosphere is filled with the sounds of announcements, rolling luggage, and excited travelers.

Mia: (looking at her phone) Can you believe we're finally going to Thailand? It feels surreal!

Jake: I know! I've been dreaming about this trip for so long. (glancing at the check-in desk) Do we have everything? Passport, tickets...?

Mia: (checks her bag) Yup, all set! Just remember, you promised not to stress over the language barrier this time.

Jake: (laughs) I can't help it! What if I order something totally weird at a restaurant?

Mia: (smirking) Then you'll have an adventurous story to tell! Besides, how bad can it be? Worst case, you'll end up with extra spicy noodles.

Jake: (mock horrified) Extra spicy? What if I can't handle it?

Mia: (playfully) Then I'll document your meltdown for Instagram. It'll get a ton of likes!

Jake: (grinning) Great! Just what I want, to be famous for suffering through a bowl of noodles.

Mia: (points to the signs) Speaking of food, can we grab something to eat once we check in? I'm starving!

Jake: Definitely. Let's make sure we have plenty of time. I feel like we might need the energy for all the walking we'll do.

Mia: (nodding) Good idea. And we should also remember to exchange some money before we land.

Jake: Right! Nothing like being without local currency in a foreign country. (pauses) I'm just excited about the beaches, the food, and exploring!

Mia: (enthusiastically) And the temples! Don't forget about the temples. Those are supposed to be breathtaking.

Jake: (sighs happily) You're right. Okay, I'll try to learn a few phrases before we go. "Sawadee ka" and "khob khun ka," right?

Mia: Exactly! And if nothing else, just smile and point. It works most of the time!

Jake: (chuckles) You're going to be my cultural ambassador.

Mia: (grinning) Deal! Let's just hope I don't embarrass myself too much.

Jake: (with a wink) No promises! But either way, we're going to have a blast.

Mia: (excitedly) Alright, let's check in. Adventure awaits!

(They step forward in line, enthusiasm glowing in their eyes as they prepare for their journey.)

2- İki arkadaş

Hareketli bir havaalanı terminali. İki arkadaş, Mia ve Jake, uçuşları için check-in yapmak için sırada bekliyorlar. Atmosfer, duyuruların, yuvarlanan bagajların ve heyecanlı gezginlerin sesleriyle doludur.

Mia: (telefonuna bakarak) Sonunda Tayland'a gideceğimize inanabiliyor musun? Gerçeküstü hissettiriyor!

Jake: Biliyorum! Çok uzun zamandır bu yolculuğun hayalini kuruyordum. (check-in kontuarına bakarak) Her şeye sahip miyiz? Pasaport, biletler...?

Mia: (çantasını kontrol eder) Evet, her şey hazır! Unutmayın, bu sefer dil engelini aşmayacağınıza söz verdiniz.

Jake: (gülüyor) Elimde değil! Bir restoranda tamamen tuhaf bir şey sipariş edersem ne olur?

Mia: (sırıtarak) O zaman anlatacak macera dolu bir hikayen olacak! Ayrıca, ne kadar kötü olabilir? En kötü durumda, ekstra baharatlı erişte elde edersiniz.

Jake: (alaycı bir şekilde dehşete kapılmış) Ekstra baharatlı mı? Ya başa çıkamazsam?

Mia: (şakacı bir şekilde) O zaman Instagram için erimesini belgeleyeceğim. Bir ton beğeni alacak!

Jake: (sırıtarak) Harika! Tam istediğim şey, bir kase erişteden acı çektiğim için ünlü olmak.

Mia: (işaretleri işaret eder) Yemekten bahsetmişken, check-in yaptığımızda yiyecek bir şeyler alabilir miyiz? Açlıktan ölüyorum!

Jake: Kesinlikle. Bol zamanımız olduğundan emin olalım. Yapacağımız tüm yürüyüşler için enerjiye ihtiyacımız olabileceğini hissediyorum.

Mia: (başını sallayarak) İyi fikir. Ayrıca karaya çıkmadan önce biraz para bozdurmayı da unutmamalıyız.

Jake: Doğru! Yabancı bir ülkede yerel para birimi olmadan olmak gibisi yoktur. (duraklar) Sadece plajlar, yemekler ve keşfetmek için heyecanlıyım!

Mia: (coşkuyla) Ve tapınaklar! Tapınakları unutma. Bunların nefes kesici olması gerekiyordu.

Jake: (mutlu bir şekilde iç çeker) Haklısın. Tamam, gitmeden önce birkaç cümle öğrenmeye çalışacağım. "Sawadee ka" ve "khob khun ka", değil mi?

Mia: Kesinlikle! Ve başka bir şey değilse, sadece gülümseyin ve işaret edin. Çoğu zaman işe yarıyor!

Jake: (kıkırdar) Sen benim kültür elçim olacaksın.

Mia: (sırıtarak) Anlaştık! Umarım kendimi çok fazla utandırmam.

Jake: (göz kırparak) Söz yok! Ama her iki durumda da, bir patlama yaşayacağız.

Mia: (heyecanla) Tamam, hadi kontrol edelim. Macera sizi bekliyor!

(Sıraya girerler, yolculuklarına hazırlanırken gözlerinde coşku parlar.)

3- Alex and Jamie

An airport terminal, bustling with travelers. Two friends, Alex and Jamie, are waiting at their gate for a flight.

Alex: (checking the flight status on their phone) Wow, the plane is delayed by an hour. Just great.

Jamie: Ugh, seriously? I was looking forward to getting to the beach before sunset.

Alex: Same here. I hope it doesn't get pushed back further... That traffic at the airport already took forever.

Jamie: I know! I almost thought we wouldn't make it. Did you see how long the security line was?

Alex: Yeah, that was insane! And that lady in front of us was taking forever to put her stuff in the bins.

Jamie: (laughs) I thought we were going to miss our flight. I mean, how hard is it to take off your shoes and belt?

Alex: Right? And don't even get me started on the guy who tried to bring water through security.

Jamie: (rolls eyes) Classic move. You'd think people would know by now.

Alex: (glances at the departure screen) Well, at least we've got time to grab some food. I'm starving.

Jamie: That's true. Do you want to hit that taco place over there?

Alex: Absolutely! Tacos are the ideal airport meal.

Jamie: (smirks) Just make sure you don't spill anything on your shirt; we might get stuck in the middle seat!

Alex: (laughs) You're right! I'll go easy on the salsa. Let's go before we miss more time!

Jamie: (stands up) Yeah, and who knows, by the time we get back, we might actually be boarding.

Alex: Fingers crossed!

(They walk off towards the food court, chatting animatedly.)

3- Alex ve Jamie

Gezginlerle dolup taşan bir havaalanı terminali. İki arkadaş, Alex ve Jamie, bir uçuş için kapılarında bekliyorlar.

Alex: (Telefonlarından uçuş durumunu kontrol ederek) Vay canına, uçak bir saat rötar yaptı. Tek kelimeyle harika.

Jamie: Ah, cidden mi? Gün batımından önce sahile gitmeyi dört gözle bekliyordum.

Alex: Burada da aynı. Umarım daha fazla geriye itilmez... Havaalanındaki bu trafik zaten sonsuza kadar sürdü.

Jamie: Biliyorum! Neredeyse başaramayacağımızı düşünüyordum. Güvenlik hattının ne kadar uzun olduğunu gördünüz mü?

Alex: Evet, bu delilikti! Ve karşımızdaki bayanın eşyalarını çöp kutularına atması sonsuza kadar sürüyordu.

Jamie: (gülüyor) Uçağımızı kaçıracağımızı düşünmüştüm. Demek istediğim, ayakkabılarını ve kemerini çıkarmak ne kadar zor?

Alex: Değil mi? Ve güvenlikten su getirmeye çalışan adama başlamama bile gerek yok.

Jamie: (gözlerini devirir) Klasik hareket. İnsanların şimdiye kadar bileceğini düşünürdünüz.

Alex: (kalkış ekranına bakar) En azından biraz yiyecek almak için zamanımız var. Açlıktan ölüyorum.

Jamie: Bu doğru. Oradaki taco mekanına gitmek ister misin?

Alex: Kesinlikle! Tacolar ideal bir havaalanı yemeğidir.

Jamie: (sırıtır) Gömleğine bir şey dökmediğinden emin ol; orta koltukta sıkışıp kalabiliriz!

Alex: (gülüyor) Haklısın! Salsada sakin olacağım. Daha fazla zaman kaçırmadan gidelim!

Jamie: (ayağa kalkar) Evet, ve kim bilir, geri döndüğümüzde belki de uçağa biniyor olabiliriz.

Alex: Parmaklar çarpıştı!

(**Hareketli bir şekilde sohbet ederek yemek alanına doğru yürüyorlar.**)

4- Last time

A bustling airport terminal. Two travelers, Sarah and Jake, are waiting in line at the security checkpoint.

Sarah: (looking at her watch) Wow, the line is moving really slowly today. Do you think we'll make our flight?

Jake: (glancing at the departure board) I hope so. What time is your flight again?

Sarah: It's supposed to leave at 2:30. What about you?

Jake: Mine's at 2:45. We should be okay, but let's keep an eye on the time.

Sarah: Good idea. (pauses) I really hate this part of traveling. I always worry I'll forget something important.

Jake: Oh, I know what you mean! Last time, I forgot my phone charger. I felt so lost without it.

Sarah: Ugh, that's the worst! I have a checklist that I always go through before I leave home. It helps a bit.

Jake: I should probably start doing that. Speaking of forgetting, did you take the toiletries out of your bag?

Sarah: (eyes wide) Oh no! I didn't even think of that! Let me check... (starts rummaging through her backpack)

Jake: (chuckling) It's like a game of Tetris in there. How do you fit all that in?

Sarah: (laughs) I have my secrets! But really, I think I remember packing my mini shampoo.

Jake: (cracking a smile) Good luck getting through security with that!

Sarah: (grinning) If my shampoo gets confiscated, it's on you for reminding me, you know!

Jake: Fair enough! Oh, look! We're finally moving.

Sarah: (sighs with relief) Thank goodness! Maybe we'll have time for a coffee before boarding.

Jake: Fingers crossed! I could definitely use some caffeine before a flight. Nothing like a little airport brew to get you in the traveling spirit.

Sarah: (nodding) Exactly! Plus, if we have a long layover, we can relax a bit.

Jake: Yep, the key is to stay positive. Adventure awaits!

Sarah: (smiling) Absolutely! Let's get through this security thing so we can grab that coffee.

(They continue forward, feeling a mix of excitement and anticipation for their upcoming travels.)

4- Son kez

Hareketli bir havaalanı terminali. İki yolcu, Sarah ve Jake, güvenlik kontrol noktasında sırada bekliyorlar.

Sarah: (saatine bakarak) Vay canına, çizgi bugün gerçekten yavaş hareket ediyor. Sizce uçuşumuzu gerçekleştirecek miyiz?

Jake: (kalkış tahtasına bakarak) Umarım öyledir. Uçuşunuz yine saat kaçta?

Sarah: Saat 2:30'da kalkması gerekiyor. Ya sen?

Jake: Benimki 2:45'te. İyi olmalıyız, ama zamana dikkat edelim.

Sarah: İyi fikir. (duraklar) Seyahat etmenin bu kısmından gerçekten nefret ediyorum. Her zaman önemli bir şeyi unutacağımdan endişelenirim.

Jake: Ah, ne demek istediğini anlıyorum! Geçen sefer telefon şarj cihazımı unuttum. Onsuz kendimi çok kaybolmuş hissettim.

Sarah: Ah, bu en kötüsü! Evden çıkmadan önce her zaman gözden geçirdiğim bir kontrol listem var. Biraz yardımcı olur.

Jake: Muhtemelen bunu yapmaya başlamalıyım. Unutmaktan bahsetmişken, tuvalet malzemelerini çantanızdan çıkardınız mı?

Sarah: (gözleri kocaman açılmış) Oh hayır! Bunu düşünmedim bile! Kontrol edeyim... (sırt çantasını karıştırmaya başlar)

Jake: (kıkırdar) Orası bir Tetris oyunu gibi. Tüm bunları nasıl sığdırıyorsunuz?

Sarah: (gülüyor) Sırlarım var! Ama gerçekten, sanırım mini şampuanımı paketlediğimi hatırlıyorum.

Jake: (gülümseyerek) Bununla güvenlikten geçerken iyi şanslar!

Sarah: (sırıtarak) Şampuanıma el konulursa, bana hatırlattığın için sana bağlı, biliyorsun!

Jake: Yeterince adil! Oh, bak! Sonunda taşınıyoruz.

Sarah: (rahatlayarak iç çeker) Şükürler olsun! Belki uçağa binmeden önce bir kahve içmek için zamanımız olur.

Jake: Parmaklar çarpıştı! Uçuştan önce kesinlikle biraz kafein kullanabilirim. Sizi seyahat ruhuna sokmak için küçük bir havaalanı demlemesi gibisi yoktur.

Sarah: (başını sallayarak) Kesinlikle! Ayrıca, uzun bir konaklama süremiz varsa, biraz rahatlayabiliriz.

Jake: Evet, önemli olan pozitif kalmak. Macera sizi bekliyor!

Sarah: (gülümseyerek) Kesinlikle! Hadi bu güvenlik olayını geçelim ki o kahveyi alabilelim.

(Yaklaşan seyahatleri için heyecan ve beklentinin bir karışımını hissederek ilerlemeye devam ederler.)

5- I can't believe

Two travelers, Sarah and Jack, are sitting in the waiting area of an airport. Their flights have been delayed, and they strike up a conversation.

Sarah: (sighs) I can't believe our flight is delayed again. This trip was supposed to be relaxing!

Jack: Tell me about it! I was looking forward to some sun at the beach. Now I just have to sit here and stare at the departures board.

Sarah: Right? At least we have decent coffee here. Have you tried the espresso from that little cafe over there?

Jack: Not yet! I was afraid it would be overpriced airport coffee, but if you recommend it, I'll give it a shot.

Sarah: Oh, for sure! It's surprisingly good. So, where are you heading?

Jack: I'm off to Miami for a conference. What about you?

Sarah: I'm going to visit my sister in San Diego. We don't see each other as often as I'd like, so I was really looking forward to this.

Jack: San Diego is beautiful. You've got the beach, great food... What do you have planned?

Sarah: Some hiking in Torrey Pines, dinner at this taco place she swears by, and definitely some beach time. How about your conference?

Jack: Mostly meetings and networking, but I'm hoping to squeeze in some time to explore. It's my first time in Miami!

Sarah: You'll love it! Ocean Drive is a must-see. The art deco buildings are stunning!

Jack: Sounds amazing! I should probably take notes on these recommendations.

Sarah: (laughs) Yeah, I can send you a list of must-dos! But first, let's hope they announce our flights soon.

Jack: For sure. Wouldn't it be funny if we were on the same flight and didn't even know it?

Sarah: That would be a twist! But knowing my luck, I'll be stuck in a middle seat.

Jack: Same here! On the bright side, at least we're in this together. We can share our travel woes.

Sarah: Exactly! Misery loves company, right?

Jack: Right! Here's to hoping we make it to our destinations soon!

(The two laugh as they sip their coffees, waiting for updates on their flights.)

5- İnanamıyorum

İki yolcu, Sarah ve Jack, bir havaalanının bekleme alanında oturuyorlar. Uçuşları ertelendi ve bir konuşma başlattılar.

Sarah: (iç çeker) Uçağımızın tekrar rötar yaptığına inanamıyorum. Bu gezinin rahatlatıcı olması gerekiyordu!

Jack: Bana bundan bahset! Sahilde biraz güneş görmeyi dört gözle bekliyordum. Şimdi sadece burada oturup gidiş panosuna bakmam gerekiyor.

Sarah: Değil mi? En azından burada iyi bir kahvemiz var. Şuradaki küçük kafeden espressoyu denediniz mi?

Jack: Henüz değil! Havaalanı kahvesinin aşırı pahalı olacağından korkuyordum, ama tavsiye ederseniz, bir şans vereceğim.

Sarah: Ah, kesinlikle! Şaşırtıcı derecede iyi. Peki, nereye gidiyorsun?

Jack: Bir konferans için Miami'ye gidiyorum. Ya sen?

Sarah: San Diego'daki kız kardeşimi ziyarete gidiyorum. Birbirimizi istediğim kadar sık görmüyoruz, bu yüzden bunu gerçekten dört gözle bekliyordum.

Jack: San Diego çok güzel. Plajınız var, harika yemekler... Ne planladınız?

Sarah: Torrey Pines'da biraz yürüyüş, yemin ettiği bu taco mekanında akşam yemeği ve kesinlikle biraz plaj zamanı. Konferansınıza ne dersiniz?

Jack: Çoğunlukla toplantılar ve ağ oluşturma, ancak keşfetmek için biraz zaman ayırmayı umuyorum. Miami'ye ilk gelişim!

Sarah: Buna bayılacaksın! Ocean Drive mutlaka görülmesi gereken bir yer. Art deco binalar çarpıcı!

Jack: Kulağa harika geliyor! Muhtemelen bu tavsiyeleri not almalıyım.

Sarah: (gülüyor) Evet, sana yapılması gerekenlerin bir listesini gönderebilirim! Ama önce, umarız yakında uçuşlarımızı duyururlar.

Jack: Kesinlikle. Aynı uçakta olsaydık ve bunu bilmeseydik bile komik olmaz mıydı?

Sarah: Bu bir bükülme olurdu! Ama şansımı bildiğim için orta koltukta sıkışıp kalacağım.

Jack: Burada da aynı! İşin iyi tarafı, en azından bu işte birlikteyiz. Seyahat sıkıntılarımızı paylaşabiliriz.

Sarah: Kesinlikle! Sefalet arkadaşlığı sever, değil mi?

Jack: Doğru! Umarım en kısa zamanda hedeflerimize ulaşırız!

(İkisi kahvelerini yudumlarken gülüyorlar, uçuşlarıyla ilgili güncellemeleri bekliyorlar.)

Gas station

Benzin istasyonu

1- Unexpected Encounter at the Gas Station

A small, quiet gas station late at night. The neon lights flicker slightly, and the sound of a distant train can be heard.

[Scene begins with JESSICA, a young woman in her late twenties, standing at the pump, filling up her car. Her phone buzzes, and she answers.]

JESSICA: (into the phone) Hey, Mom! I'm just filling up at the station. Yeah, I'm fine...(pauses) No, I didn't forget to carry snacks!

[A MAN in his thirties, SAM, walks in from the convenience store, holding a bag of chips and a soda. He overhears her conversation and smiles.]

SAM: (grinning) Just thought I'd check if you were planning on raiding the entire snack aisle over there.

JESSICA: (laughs) I was tempted! They have the good stuff, you know?

[SAM walks over to the pump next to hers, getting ready to fill his own car.]

SAM: Can't blame you! A road trip wouldn't be complete without some junk food. Where are you headed?

JESSICA: (smirking) Just to visit a friend in the next town over. What about you? Taking a midnight joyride?

SAM: (chuckles) Something like that. Just needed to clear my head. Life's been... interesting lately.

[Jessica eyes him curiously.]

JESSICA: Interesting how?

SAM: (sighs) Just a lot going on with work. Sometimes, you need a little escape, right?

[JESSICA nods sympathetically.]

JESSICA: Trust me, I get that. Sometimes you just need to drive and let your thoughts wander.

SAM: Exactly! (pauses) So, what's your go-to road trip song?

JESSICA: Ooh, tough one! But I'd have to say anything by The Beatles. Classic vibes!

SAM: Nice choice! I'm more of a classic rock guy myself—maybe some Fleetwood Mac?

[They chuckle as JESSICA finishes filling up and walks towards the store.]

JESSICA: You know what? Let's make a soundtrack. You grab a magazine, I'll grab some snacks, and we'll see who has the better taste!

SAM: (playfully) Challenge accepted! Loser buys the next round of snacks?

JESSICA: (smirking) You're on.

[They both head into the convenience store, continuing to chat and laugh as the scene fades out.]

[Scene ends, leaving a sense of lighthearted connection made over shared experiences.]

1- Benzin istasyonunda beklenmedik karşılaşma

Gece geç saatlerde küçük, sessiz bir benzin istasyonu. Neon ışıkları hafifçe titriyor ve uzaktaki bir trenin sesi duyulabiliyor.

[Sahne, yirmili yaşlarının sonlarında genç bir kadın olan JESSICA'nın pompanın başında durup arabasını doldurmasıyla başlar. Telefonu çalıyor ve cevap veriyor.]

JESSICA: (telefona) Hey, anne! İstasyonda yeni yeni karnımı doyuruyorum. Evet, iyiyim... (duraklar) Hayır, yanımda atıştırmalık taşımayı unutmadım!

[Otuzlu yaşlarında bir adam, SAM, elinde bir paket cips ve bir gazozla marketten içeri giriyor. Onun konuşmasına kulak misafiri oluyor ve gülümsüyor.]

SAM: (sırıtarak) Oradaki tüm atıştırmalık reyonunu yağmalamayı planlayıp planlamadığını kontrol etmem gerektiğini düşündüm.

JESSICA: (gülüyor) Baştan çıkarıldım! İyi şeylere sahipler, biliyor musun?

[SAM kendi arabasını doldurmaya hazırlanmak için yanındaki pompaya doğru yürüyor.]

SAM: Seni suçlayamam! Biraz abur cubur olmadan bir yolculuk tamamlanmış sayılmaz. Nereye gidiyorsun?

JESSICA: (sırıtarak) Sadece yan kasabadaki bir arkadaşı ziyaret etmek için. Ya sen? Gece yarısı gezintisine mi çıkıyorsunuz?

SAM: (kıkırdar) Bunun gibi bir şey. Sadece kafamı boşaltmam gerekiyordu. Hayat... son zamanlarda ilginç.

[Jessica merakla ona bakar.]

JESSICA: İlginç nasıl?

SAM: (iç çeker) İşle ilgili çok şey oluyor. Bazen küçük bir kaçışa ihtiyaç duyarsın, değil mi?

[JESSICA sempatik bir şekilde başını sallar.]

JESSICA: İnan bana, anladım. Bazen sadece araba sürmeniz ve düşüncelerinizin dolaşmasına izin vermeniz gerekir.

SAM: Kesinlikle! (duraklar) Peki, en sevdiğin yol gezisi şarkısı hangisi?

JESSICA: Ooh, zor olan! Ama The Beatles adına bir şey söylemek zorunda kalırdım. Klasik hisler!

SAM: Güzel seçim! Ben de daha çok klasik bir rock adamıyım - belki biraz Fleetwood Mac?

[JESSICA doldurmayı bitirip mağazaya doğru yürürken kıkırdarlar.]

JESSICA: Biliyor musun? Hadi bir film müziği yapalım. Sen bir dergi al, ben biraz atıştırmalık alacağım ve kimin daha zevkli olduğunu göreceğiz!

SAM: (şakacı bir şekilde) Meydan okuma kabul edildi! Kaybeden bir sonraki atıştırmalık turunu satın alıyor mu?

JESSICA: (sırıtarak) Devam ediyorsun.

[İkisi de markete gidiyor, sahne kaybolurken sohbet etmeye ve gülmeye devam ediyorlar.]

[Sahne sona erer ve paylaşılan deneyimler üzerinden yapılan tasasız bir bağlantı duygusu bırakır.]

2- Really?

A small, old-fashioned gas station on a quiet highway. The sun is setting, casting a warm glow over the landscape. A lone customer, Alex, pulls in to fill up their car. The gas station attendant, Sam, is standing outside, wiping down the windows of the station.

Alex: (stepping out of the car) Hey there! Full tank, please.

Sam: Sure thing! (starts filling the tank) You traveling far?

Alex: Just heading down to the coast for the weekend. Needed a break from the city.

Sam: Sounds nice! The coast is beautiful this time of year. You got any favorite spots you're planning to hit?

Alex: Definitely! There's this little beach café that has the best fish tacos. You wouldn't believe it—hidden gem, you know?

Sam: Fish tacos, huh? Now you've got me craving! I wish I could take a break and hit the beach myself. Been stuck here all summer.

Alex: (laughs) It can be tough working at a gas station. You get to meet interesting people, though.

Sam: Oh, for sure! Every day is an adventure. Just last week, a couple of bikers stopped by, and they ended up sharing stories about their cross-country trip. I felt like I was on the road with them for a bit.

Alex: That sounds awesome! I love hearing travel stories. Makes me want to just take a road trip with no destination in mind.

Sam: I hear you! Life's too short to always be in a hurry. (grins) You should have seen me years ago—I traveled all over before I settled here.

Alex: Really? What's the most interesting place you've been to?

Sam: Oh man, I'd say New Orleans. The culture, the music, the food—it was a feast for the senses. You'd love it if you ever get a chance to go.

Alex: Definitely adding that to my list! (pauses) So, how late are you open here?

Sam: We're here until 10 PM. Just enough time for late-night travelers to refuel and grab some snacks.

Alex: Good to know! (looks at the gas pump) You must get a lot of interesting late-night customers then.

Sam: You wouldn't believe it! (laughs) Some people are clearly just passing through, while others have stories that could keep you entertained for hours.

Alex: I can only imagine. Well, I hope to run into some fun characters on my trip too.

Sam: Enjoy your adventure, and don't forget to try those tacos! (finishes filling the tank)

Alex: (smiling) Will do! Thanks for the chat, Sam.

Sam: No problem! Safe travels!

(Alex gets back into the car, waves goodbye, and drives off into the sunset, while Sam goes back to tidying up the station.)

2- Gerçekten mi?

Sessiz bir otoyolda küçük, eski moda bir benzin istasyonu. Güneş batıyor ve manzaranın üzerine sıcak bir parıltı yayıyor. Yalnız bir müşteri olan Alex, arabalarını doldurmak için içeri girer. Benzin istasyonu görevlisi Sam dışarıda duruyor ve istasyonun camlarını siliyor.

Alex: (arabadan inerken) Merhaba! Depo doldurun lütfen.

Sam: Tabii ki! (depoyu doldurmaya başlar) Uzaklara mı seyahat ediyorsun?

Alex: Sadece hafta sonu için sahile iniyorum. Şehirden bir mola vermek gerekiyordu.

Sam: Kulağa hoş geliyor! Sahil yılın bu zamanında çok güzeldir. Vurmayı planladığın favori noktaların var mı?

Alex: Kesinlikle! En iyi balık tacolarına sahip bu küçük sahil kafesi var. Buna inanmazsın - gizli mücevher, biliyor musun?

Sam: Balık tacoları, ha? Şimdi beni özlüyorsun! Keşke biraz mola verebilseydim ve kendim sahile gidebilseydim. Bütün yaz burada sıkışıp kaldım.

Alex: (gülüyor) Bir benzin istasyonunda çalışmak zor olabilir. Yine de ilginç insanlarla tanışıyorsunuz.

Sam: Ah, kesinlikle! Her gün bir maceradır. Daha geçen hafta, birkaç bisikletçi uğradı ve sonunda kros gezileri hakkında hikayeler paylaştılar. Bir süreliğine onlarla birlikte yoldaymışım gibi hissettim.

Alex: Kulağa harika geliyor! Seyahat hikayeleri dinlemeyi seviyorum. Aklımda hiçbir hedef olmadan sadece bir yolculuğa çıkmak istememe neden oluyor.

Sam: Seni duyuyorum! Hayat her zaman acele etmek için çok kısa. (sırıtıyor) Beni yıllar önce görmeliydin, buraya yerleşmeden önce her yeri gezdim.

Alex: Gerçekten mi? Gittiğin en ilginç yer neresi?

Sam: Ah dostum, New Orleans derdim. Kültür, müzik, yemek... duyular için bir şölendir. Gitme şansınız olursa çok sevinirsiniz.

Alex: Kesinlikle bunu listeme ekliyorum! (duraklar) Peki, burada ne kadar geç açılıyorsunuz?

Sam: Saat 22.00'ye kadar buradayız. Gece geç saatlerde seyahat edenlerin yakıt ikmali yapması ve atıştırmalıklar alması için yeterli zaman.

Alex: Bunu bildiğim iyi oldu! (benzin pompasına bakar) O zaman gece geç saatlerde çok sayıda ilginç müşteri edinmelisiniz.

Sam: İnanmazsın! (gülüyor) Bazı insanlar açıkça sadece geçiyor, bazılarının ise sizi saatlerce eğlendirebilecek hikayeleri var.

Alex: Sadece hayal edebiliyorum. Umarım ben de yolculuğumda bazı eğlenceli karakterlerle karşılaşırım.

Sam: Maceranızın tadını çıkarın ve o tacoları denemeyi unutmayın! (depoyu doldurmayı bitirir)

Alex: (gülümseyerek) Yapacak! Sohbet için teşekkürler Sam.

Sam: Sorun değil! Güvenli seyahatler!

(Alex arabaya geri döner, el sallayarak vedalaşır ve gün batımına doğru yola çıkarken, Sam istasyonu toplamaya geri döner.)

3- Safe travels

A small, rural gas station late in the evening. The fluorescent lights flicker gently, casting a pale glow over the convenience store and the pump stations outside. Inside, two customers are at the checkout counter.

- **Alex**: A weary traveler in their 30s, scruffy and looking for snacks.
- **Jamie**: The cashier, an energetic college student, trying to stay awake during their night shift.

[Sound of a door opening and closing as Alex enters the gas station.]

Alex: (stretching) Man, what a drive. Just needed to refuel and grab some road snacks.

Jamie: (smiling) You've come to the right place! Motor oil, chips, and caffeine at your service!

Alex: (chuckles) Right? Just what I need to stay awake. You wouldn't believe the weirdos I've seen on this trip.

Jamie: (leaning in with interest) Oh, do tell! I've heard some wild stories during my shifts here.

Alex: (grinning) Alright, so there was this guy in a bright yellow tracksuit who kept trying to sell me "genuine" Elvis memorabilia—at a truck stop!

Jamie: (laughs) That's classic! Did you buy anything?

Alex: I thought about it, but I had a feeling the only thing genuine about it was the awkwardness. (starts grabbing snacks from the shelf)

Jamie: Good call. So, what's on your snack list?

Alex: (holding up a bag of chips) Chips, energy drink... and maybe some beef jerky for protein, so I can justify all this junk food.

Jamie: (jokingly) The perfect travel diet! You'll be ready for anything.

Alex: (laughs) Except sleep. How's your night going? You holding up okay?

Jamie: (yawning) Oh, you know, just the usual. Counting down the minutes till my shift ends and imagining all the sleep I could be getting.

Alex: (nods sympathetically) I hear you. I can't wait to hit my hotel bed after this.

Jamie: (ringing up the snacks) At least you have a destination. I'm stuck here until 2 AM!

Alex: (grinning) I guess we all have our own adventures, huh?

Jamie: For sure! And speaking of adventures, have you fueled up yet?

Alex: (pausing) Not yet! I've been so caught up in the snacks, I almost forgot. I should probably do that before I head out.

Jamie: (gesturing toward the door) Definitely. Can't have you running out of gas in the middle of nowhere.

Alex: (laughs) True! Thanks for the reminder, Jamie.

Jamie: No problem! Just doing my part to keep the roads safe.

[Alex heads for the door, then turns back.]

Alex: (waving) Keep the coffee strong! I'll need it for the drive.

Jamie: (winks) You bet! Safe travels!

[Alex exits, and the door shuts behind them as Jamie refocuses on the slow night ahead.]

3- Güvenli seyahatler

Akşam geç saatlerde küçük, kırsal bir benzin istasyonu. Floresan ışıklar hafifçe titreyerek marketin ve dışarıdaki pompa istasyonlarının üzerine soluk bir parıltı yayıyor. İçeride, kasada iki müşteri var.

- **Alex**: 30'lu yaşlarında, yorgun bir gezgin, pasaklı ve atıştırmalık arıyor.
- **Jamie**: Enerjik bir üniversite öğrencisi olan kasiyer, gece vardiyasında uyanık kalmaya çalışıyor.

[**Alex benzin istasyonuna girerken bir kapının açılıp kapanma sesi.**]

Alex: (gerinerek) Dostum, ne tahrik ama. Sadece yakıt ikmali yapmam ve bazı yol atıştırmalıkları almam gerekiyordu.

Jamie: (gülümseyerek) Doğru yere geldiniz! Motor yağı, cips ve kafein hizmetinizde!

Alex: (kıkırdar) Değil mi? Uyanık kalmak için tam da ihtiyacım olan şey. Bu yolculukta gördüğüm tuhaflara inanamazsınız.

Jamie: (ilgiyle eğilerek) Oh, söyle! Buradaki vardiyalarım sırasında bazı çılgın hikayeler duydum.

Alex: (sırıtarak) Pekala, parlak sarı eşofmanlı bir adam vardı ve bana sürekli "gerçek" Elvis hatıraları satmaya çalışıyordu - bir kamyon durağında!

Jamie: (gülüyor) Bu klasik! Bir şey satın aldın mı?

Alex: Bunu düşündüm, ama gerçek olan tek şeyin gariplik olduğunu hissettim. (raftan atıştırmalıklar almaya başlar)

Jamie: İyi arama. Peki, atıştırmalık listenizde neler var?

Alex: (bir paket cips tutarak) Cips, enerji içeceği... ve belki protein için biraz sarsıntılı sığır eti, bu yüzden tüm bu abur cuburları haklı çıkarabilirim.

Jamie: (şaka) Mükemmel seyahat diyeti! Her şeye hazır olacaksın.

Alex: (gülüyor) Uyku hariç. Geceniz nasıl geçiyor? Sen tutuyorsun tamam mı?

Jamie: (esniyor) Oh, biliyorsun, her zamanki gibi. Vardiyamın bitmesine kadar dakikaları geri saymak ve alabileceğim tüm uykuyu hayal etmek.

Alex: (sempatik bir şekilde başını sallar) Seni duyuyorum. Bundan sonra otel yatağıma vurmak için sabırsızlanıyorum.

Jamie: (atıştırmalıkları çalarak) En azından bir hedefiniz var. Gece 2'ye kadar burada mahsur kaldım!

Alex: (sırıtarak) Sanırım hepimizin kendi maceraları var, ha?

Jamie: Kesinlikle! Ve maceralardan bahsetmişken, henüz yakıt aldınız mı?

Alex: (duraksıyor) Henüz değil! Atıştırmalıklara kendimi o kadar kaptırdım ki neredeyse unutuyordum. Muhtemelen dışarı çıkmadan önce bunu yapmalıyım.

Jamie: (kapıyı işaret ederek) Kesinlikle. Hiçliğin ortasında benzininin bitmesine izin veremem.

Alex: (gülüyor) Doğru! Hatırlattığın için teşekkürler Jamie.

Jamie: Sorun değil! Sadece yolları güvende tutmak için üzerime düşeni yapıyorum.

[**Alex kapıya yönelir, sonra geri döner.**]

Alex: (el sallayarak) Kahveyi güçlü tut! Sürücü için buna ihtiyacım olacak.

Jamie: (göz kırpar) Emin ol! Güvenli seyahatler!

[**Alex dışarı çıkar ve Jamie ilerideki yavaş geceye yeniden odaklanırken kapı arkalarından kapanır.**]

4- A young woman

A small gas station on a quiet highway. The sun is setting, casting an orange glow over the pumps. A couple of cars are parked, and a few customers wander in and out of the convenience store.

- **MIA:** A young woman in her mid-20s, tired from a long drive.
- **JACK:** A friendly gas station attendant, in his 30s, wearing a uniform cap and a smile.

[**MIA pulls up to the pump and gets out of her car. JACK is leaning against the pump, watching her.**]

MIA: (sighing) Long day, huh?

JACK: (grinning) You could say that! What brings you out this way?

MIA: Just trying to get to the coast before nightfall. Thought I'd fill up here before the last stretch.

JACK: Smart move. Some of the gas stations down the road can be... sketchy.

MIA: (laughs) I'll take your word for it.

[**MIA starts pumping gas while JACK grabs a squeegee and begins cleaning the windshield of a nearby car.**]

JACK: Hey, if you need snacks or drinks, we've got a sale on cold drinks inside.

MIA: Ooh, I might need caffeine for the road. Any recommendations?

JACK: Definitely go for the iced coffee. It's surprisingly good for a gas station! Plus, we have fresh pastries if you're feeling fancy.

[**MIA finishes pumping gas and puts the nozzle back.**]

MIA: Fresh pastries? Now you've got my attention!

JACK: (chuckling) You owe it to yourself after a long drive.

[MIA walks toward the store, looking back at JACK.]

MIA: You're not just trying to upsell me, are you?

JACK: (mock serious) Me? Never. I'm just a humble servant of the road, making sure travelers have all they need.

MIA: (smiling) Alright, Mr. Humble Servant, I'll take you up on that.

[She enters the store as JACK watches her, shaking his head with a smirk. Moments later, she emerges with a drink and a pastry.]

MIA: (holding the items) You were right! This looks amazing!

JACK: Told you! Anything else I can do for you?

MIA: (pausing) Actually, yes. Any tips for driving at night?

JACK: (thinking) Keep your eyes peeled for animal crossings—especially around here. And if you get tired, don't hesitate to take a break.

MIA: Great advice! I'll keep that in mind.

[She glances at her car and then back at JACK.]

MIA: Thanks for the help! You made my pit stop actually enjoyable.

JACK: (smiling) Anytime! Safe travels, and don't forget to wave at the coast for me!

MIA: I will! Take care!

[MIA gets in her car and drives off, while JACK waves goodbye, a satisfied look on his face.]

4- Genç bir kadın

Sakin bir otoyolda küçük bir benzin istasyonu. Güneş batıyor ve pompaların üzerine turuncu bir parıltı yayıyor. Birkaç araba park etmiş ve birkaç müşteri markete girip çıkıyor.

- MIA: 20'li yaşlarının ortalarında, uzun bir yolculuktan yorgun düşmüş genç bir kadın.
- JACK: 30'lu yaşlarında, üniforma şapkası takan ve gülümseyen arkadaş canlısı bir benzin istasyonu görevlisi.

[MIA pompaya yanaşıyor ve arabasından iniyor. JACK pompaya yaslanmış onu izliyor.]

MIA: (iç çeker) Uzun bir gün, ha?

JACK: (sırıtarak) Bunu söyleyebilirsin! Seni bu hale getiren nedir?

MIA: Sadece akşam olmadan sahile ulaşmaya çalışıyorum. Son esnemeden önce burayı dolduracağımı düşündüm.

JACK: Akıllı hareket. Yolun aşağısındaki benzin istasyonlarından bazıları... Kabataslak.

MIA: (gülüyor) Bunun için senin sözüne güveneceğim.

[MIA gaz pompalamaya başlarken, JACK bir silecekle kapar ve yakındaki bir arabanın ön camını temizlemeye başlar.]

JACK: Hey, atıştırmalıklara veya içeceklere ihtiyacınız varsa, içeride soğuk içecekler için bir indirimimiz var.

MIA: Ooh, yol için kafeine ihtiyacım olabilir. Herhangi bir öneri var mı?

JACK: Kesinlikle buzlu kahveyi tercih edin. Bir benzin istasyonu için şaşırtıcı derecede iyi! Ayrıca, kendinizi beğendiyseniz taze hamur işlerimiz var.

[MIA gaz pompalamayı bitirir ve nozulu geri koyar.]

MIA: Taze hamur işleri? Şimdi dikkatimi çektin!

JACK: (kıkırdar) Uzun bir yolculuktan sonra bunu kendine borçlusun.

[MIA, JACK'e bakarak mağazaya doğru yürür.]

MIA: Sadece beni satmaya çalışmıyorsun, değil mi?

JACK: (alaycı ciddi) Ben mi? Hiç. Ben sadece yolun mütevazı bir hizmetkarıyım, gezginlerin ihtiyaç duydukları her şeye sahip olduklarından emin oluyorum.

MIA: (gülümseyerek) Pekala, Bay Mütevazı Hizmetkar, sizi bu konuya alacağım.

[JACK onu izlerken mağazaya giriyor ve sırıtarak başını sallıyor. Birkaç dakika sonra, bir içecek ve bir hamur işi ile ortaya çıkıyor.]

MIA: (eşyaları tutarak) Haklıydın! Bu harika görünüyor!

JACK: Sana söyledim! Senin için yapabileceğim başka bir şey var mı?

MIA: (duraklayarak) Aslında, evet. Gece araba kullanmak için herhangi bir ipucu var mı?

JACK: (düşünerek) Hayvan geçişleri için gözlerini dört aç, özellikle de buralarda. Ve yorulursanız, mola vermekten çekinmeyin.

MIA: Harika bir tavsiye! Bunu aklımda tutacağım.

[Arabasına bakıyor ve sonra tekrar JACK'e bakıyor.]

MIA: Yardımın için teşekkürler! Pit stopumu gerçekten keyifli hale getirdin.

JACK: (gülümseyerek) Her zaman! Güvenli yolculuklar ve benim için sahilde el sallamayı unutmayın!

MIA: Yapacağım! Kendine iyi bak!

[MIA arabasına biner ve uzaklaşırken, JACK yüzünde memnun bir ifadeyle veda eder.]

In the restaurant

Restoranda

1- A cozy restaurant

A cozy restaurant with soft lighting. A waiter approaches a couple at a table.

Waiter: Good evening! Welcome to La Bella Cucina. How are you two doing tonight?

Emily: Hi! We're doing great, thank you. Excited to try this place!

Mark: Yeah, I've heard great things about your pasta.

Waiter: You're in for a treat! Our homemade fettuccine alfredo is a customer favorite. Would you like to start with something to drink?

Emily: I'll have a glass of the house red, please.

Mark: And I'll take a beer, whatever you recommend.

Waiter: Great choice! I'll bring those right out. Are you ready to order, or do you need a few more minutes?

Emily: I think we're ready. I'd like to start with the bruschetta.

Mark: I'll have the calamari, please.

Waiter: Wonderful! And for your main courses?

Emily: I'll have the fettuccine alfredo, as you suggested.

Mark: I'm torn between the steak and the seafood risotto. What do you think, should I go for the risotto?

Emily: If you're in the mood for something rich and creamy, I'd say go with the risotto.

Mark: Alright, then I'll take the risotto.

Waiter: Excellent choices! I'll have those right in for you. Would you like any sides with your meal?

Emily: Maybe a side salad for me.

Mark: I'll skip the side, thanks.

Waiter: Perfect! I'll get these orders in and bring your drinks shortly.

Emily: Thank you!

Mark: Yeah, thank you! We can't wait to dig into this meal.

Waiter: You're welcome! I'll check back soon.

(**The waiter walks away as Emily and Mark chat about their day.**)

1- Rahat bir restoran

Yumuşak aydınlatmalı rahat bir restoran. Bir garson masadaki bir çifte yaklaşır.

Garson: İyi akşamlar! La Bella Cucina'ya hoş geldiniz. Siz ikiniz bu gece nasılsınız?

Emily: Merhaba! Çok iyi gidiyoruz, teşekkür ederim. Burayı denemek için heyecanlıyım!

Mark: Evet, makarnanız hakkında harika şeyler duydum.

Garson: Bir ziyafet içindesiniz! Ev yapımı fettuccine alfredo'muz müşterilerin favorisidir. Başlamak için bir şeyler içmek ister misiniz?

Emily: Evin kırmızısından bir bardak alacağım lütfen.

Mark: Ve bir bira alacağım, ne önerirsen öner.

Garson: Harika bir seçim! Bunları hemen ortaya çıkaracağım. Sipariş vermeye hazır mısınız yoksa birkaç dakikaya daha mı ihtiyacınız var?

Emily: Sanırım hazırız. Bruschetta ile başlamak istiyorum.

Mark: Kalamarı alacağım lütfen.

Garson: Harika! Ve ana yemekleriniz için?

Emily: Önerdiğin gibi fettuccine alfredo alacağım.

Mark: Biftek ve deniz mahsullü risotto arasında kaldım. Ne düşünüyorsun, risotto yemeli miyim?

Emily: Zengin ve kremsi bir şey havasındaysanız, risotto ile gidin derim.

Mark: Tamam, o zaman risottoyu alacağım.

Garson: Mükemmel seçimler! Bunları senin için alacağım. Yemeğinizin yanında herhangi bir taraf ister misiniz?

Emily: Belki benim için bir yan salata.

Mark: Yan tarafı atlayacağım, teşekkürler.

Garson: Mükemmel! Bu siparişleri alacağım ve içeceklerinizi kısa süre içinde getireceğim.

Emily: Teşekkür ederim!

Mark: Evet, teşekkür ederim! Bu yemeğin içine girmek için sabırsızlanıyoruz.

Garson: Rica ederim! Yakında tekrar kontrol edeceğim.

(Emily ve Mark günleri hakkında sohbet ederken garson uzaklaşır.)

2- A cozy Italian restaurant

A cozy Italian restaurant, soft music playing in the background. The server approaches a couple sitting at their table, menus in hand.

Server: Good evening! How are you both doing tonight?

Customer 1 (Emily): Hi! We're good, thanks. Excited to try this place.

Customer 2 (Mark): Absolutely! I've heard great things about the pasta here.

Server: You're in for a treat. Our homemade fettuccine alfredo is a favorite among our regulars.

Emily: That sounds delicious! What do you recommend for a starter?

Server: I highly recommend the bruschetta. It's made with fresh tomatoes and basil, served on toasted bread. Perfect for sharing!

Mark: That sounds perfect. We'll start with the bruschetta, please.

Server: Great choice! And have you decided on main courses?

Emily: I'm tempted by the seafood risotto, but the margherita pizza also looks amazing.

Mark: I think I might go for the lasagna. Can't say no to a classic!

Server: Excellent choices! Would you like any wine with your meal? Our Chianti pairs wonderfully with the lasagna.

Emily: Yes, let's go for a bottle of Chianti.

Mark: Perfect!

Server: Alright, so that's one bruschetta to start, followed by one seafood risotto, one lasagna, and a bottle of Chianti. Anything else I can get for you?

Emily: That should be all for now, thank you!

Server: Wonderful! I'll get that order started for you. Enjoy your evening!

Mark: Thanks! We're really looking forward to it.

Emily: Yes, thank

2- Rahat bir İtalyan restoranı

Rahat bir İtalyan restoranı, arka planda çalan yumuşak müzik. Sunucu, ellerinde menülerle masalarında oturan bir çifte yaklaşır.

Sunucu: İyi akşamlar! İkiniz de bu gece nasılsınız?

Müşteri 1 (Emily): Merhaba! İyiyiz, teşekkürler. Burayı denemek için heyecanlıyım.

Müşteri 2 (Mark): Kesinlikle! Buradaki makarna hakkında harika şeyler duydum.

Sunucu: Bir ziyafet içindesiniz. Ev yapımı fettuccine alfredo'muz müdavimlerimiz arasında favoridir.

Emily: Kulağa lezzetli geliyor! Başlangıç için ne önerirsiniz?

Sunucu: Bruschetta'yı şiddetle tavsiye ederim. Taze domates ve fesleğen ile yapılır, kızarmış ekmek üzerinde servis edilir. Paylaşmak için mükemmel!

Mark: Kulağa mükemmel geliyor. Bruschetta ile başlayalım lütfen.

Sunucu: Harika bir seçim! Ve ana yemeklere karar verdiniz mi?

Emily: Deniz mahsullü risotto beni cezbediyor ama margherita pizzası da harika görünüyor.

Mark: Sanırım lazanya için gidebilirim. Bir klasiğe hayır diyemem!

Sunucu: Mükemmel seçimler! Yemeğinizin yanında şarap ister misiniz? Chianti'miz lazanya ile harika bir şekilde eşleşir.

Emily: Evet, hadi bir şişe Chianti alalım.

Mark: Mükemmel!

Sunucu: Pekala, başlamak için bir bruschetta, ardından bir deniz ürünleri risotto, bir lazanya ve bir şişe Chianti. Senin için alabileceğim başka bir şey var mı?

Emily: Şimdilik bu kadar olmalı, teşekkür ederim!

Sunucu: Harika! Bu siparişi senin için başlatacağım. İyi akşamlar!

Mark: Teşekkürler! Gerçekten dört gözle bekliyoruz.
Emily: Evet, teşekkürler!

3- Alex and Jamie

A cozy restaurant with a warm ambiance. A couple, Alex and Jamie, sit at a table, looking over the menu.

Alex: (glancing at the menu) Wow, everything looks amazing! What are you thinking of getting?

Jamie: I'm leaning towards the grilled salmon. I've heard great things about it. How about you?

Alex: I was eyeing the steak, but the pasta primavera sounds delicious too. Hmm... tough choice!

Jamie: (smiling) Why not ask the waiter for a recommendation? They might have a special tonight.

Alex: Good idea! (waves over a waiter) Excuse me!

Waiter: (approaching) Good evening! How can I help you tonight?

Alex: Hi there! We're just trying to decide. What do you recommend—your steak or the pasta primavera?

Waiter: Both are great options! But I'd say the steak is our most popular dish. It's cooked to perfection and served with a side of garlic mashed potatoes.

Jamie: That sounds tempting! What about the grilled salmon?

Waiter: The salmon is also fantastic. It's marinated in a lemon-dill sauce and served with seasonal veggies. If you prefer something lighter, that might be the way to go.

Alex: (nodding) Hmmm, I might just go for the steak then.

Jamie: (laughing) Seems like you have your heart set on it! I think I'll stick with the salmon. Can we get a couple of side salads with those?

Waiter: Absolutely! Would you like to add any dressings?

Jamie: Yes, could we get balsamic vinaigrette on mine?

Alex: And ranch for me, please.

Waiter: Great choices! Would you like anything to drink while you wait?

Alex: I'll have a glass of red wine, please.

Jamie: I'll go for a sparkling water.

Waiter: Perfect! I'll get those drinks started for you. Your food will be up shortly!

Alex: Thanks so much! (turns to Jamie) I'm getting hungry just thinking about it.

Jamie: Same here! Can't wait to try everything.

Alex: And maybe we should get dessert as well? Their tiramisu looks divine!

Jamie: Oh, definitely! We can share it. What do you think?

Alex: Sounds like a plan!

(They continue chatting as they wait for their food to arrive.)

3- Alex ve Jamie

Sıcak bir ambiyansa sahip rahat bir restoran. Bir çift, Alex ve Jamie, bir masada oturuyor ve menüye bakıyorlar.

Alex: (menüye bakarak) Vay canına, her şey harika görünüyor! Ne almayı düşünüyorsun?

Jamie: Izgara somona doğru eğiliyorum. Bu konuda harika şeyler duydum. Ya sen?

Alex: Bifteğe bakıyordum ama makarna primavera da kulağa lezzetli geliyor. Hmm... Zor seçim!

Jamie: (gülümseyerek) Neden garsondan bir tavsiye istemiyorsunuz? Bu gece özel bir etkinlikleri olabilir.

Alex: İyi fikir! (bir garsonun üzerine el sallar) Affedersiniz!

Garson: (yaklaşıyor) İyi akşamlar! Bu gece sana nasıl yardımcı olabilirim?

Alex: Merhaba! Sadece karar vermeye çalışıyoruz. Ne önerirsiniz - bifteğiniz mi yoksa makarna primavera mı?

Garson: İkisi de harika seçenekler! Ama bifteğin en popüler yemeğimiz olduğunu söyleyebilirim. Mükemmel bir şekilde pişirilir ve yanında sarımsaklı patates püresi ile servis edilir.

Jamie: Kulağa cazip geliyor! Peki ya ızgara somon?

Garson: Somon da harika. Limonlu dereotu sosunda marine edilir ve mevsim sebzeleri ile servis edilir. Daha hafif bir şey tercih ediyorsanız, gitmeniz gereken yol bu olabilir.

Alex: (başını sallayarak) Hmmm, o zaman sadece biftek yemeye gidebilirim.

Jamie: (gülüyor) Görünüşe göre kalbini buna koymuşsun! Sanırım somon balığına bağlı kalacağım. Bunlarla birkaç yan salata alabilir miyiz?

Garson: Kesinlikle! Herhangi bir pansuman eklemek ister misiniz?

Jamie: Evet, benimkinden balzamik salata sosu alabilir miyiz?

Alex: Ve benim için çiftlik, lütfen.

Garson: Harika seçimler! Beklerken içecek bir şey ister misiniz?

Alex: Bir kadeh kırmızı şarap içeceğim lütfen.

Jamie: Köpüklü bir su alacağım.

Garson: Mükemmel! O içecekleri senin için başlatacağım. Yemeğiniz kısa süre içinde bitecek!

Alex: Çok teşekkürler! (Jamie'ye döner) Sadece düşündükçe acıkıyorum.

Jamie: Burada da aynı! Her şeyi denemek için sabırsızlanıyorum.

Alex: Ve belki de tatlı da almalıyız? Tiramisuları ilahi görünüyor!

Jamie: Oh, kesinlikle! Paylaşabiliriz. Ne düşünüyorsun?

Alex: Kulağa bir plan gibi geliyor!

(Yiyeceklerinin gelmesini beklerken sohbet etmeye devam ederler.)

4- Everything looks amazing

A cozy Italian restaurant, softly lit with the aroma of garlic and herbs in the air. A couple, Alex and Jamie, sit at a table by the window, looking over the menu.

Alex: (perusing the menu) Wow, everything looks amazing! I'm torn between the lasagna and the spaghetti carbonara.

Jamie: (smiling) I know what you mean! The chicken parmesan looks delicious too. Have you tried it here before?

Alex: No, this is my first time. I've heard great things though. How about you?

Jamie: I came here once with my family. The tiramisu for dessert is to die for!

Alex: (grinning) Well, now I have to save room for dessert!

Jamie: Definitely! (pauses) So, do you want to share a couple of dishes?

Alex: That sounds perfect! How about we order the lasagna and the carbonara, then share the tiramisu?

Jamie: I love it! Let's do that. Do you want to call the waiter over?

Alex: Sure! (waves to the waiter) Excuse me!

Waiter: (approaching) Good evening! Are you ready to order?

Alex: Yes, we'd like to share the lasagna and the spaghetti carbonara, please.

Waiter: Great choices! And would you like anything to drink with that?

Jamie: A bottle of the house red, please.

Waiter: Excellent choice! I'll bring that right out. Are you saving room for dessert?

Alex: Absolutely! We want to try the tiramisu.

Waiter: You won't regret it. I'll have your order in shortly!

(The waiter leaves, and Alex and Jamie look at each other, excitedly.)

Jamie: I can't wait! This is going to be so good.

Alex: (leaning back in chair) Agreed! It's nice to enjoy a meal together like this.

Jamie: It really is. Just the two of us, good food, and a little wine... what more could we ask for?

(They smile at each other as the ambiance of the restaurant envelops them, the anticipation of their meal adding to the warmth of the moment.)

(The waiter returns with the wine, pouring it into their glasses.)

Waiter: Here's your wine. Your entrees will be out shortly. Enjoy!

Alex: Thank you! (raises glass) To a great evening!

Jamie: Cheers to that!

4- Her şey harika görünüyor

Havadaki sarımsak ve otların aromasıyla yumuşak bir şekilde aydınlatılan rahat bir İtalyan restoranı. Bir çift, Alex ve Jamie, pencerenin yanındaki bir masada oturuyor ve menüye bakıyorlar.

Alex: (menüyü incelerken) Vay canına, her şey harika görünüyor! Lazanya ve spagetti carbonara arasında kaldım.

Jamie: (gülümseyerek) Ne demek istediğini anlıyorum! Tavuk parmesan da lezzetli görünüyor. Daha önce burada denediniz mi?

Alex: Hayır, bu benim ilk seferim. Yine de harika şeyler duydum. Ya sen?

Jamie: Buraya bir kez ailemle birlikte geldim. Tatlı için tiramisu uğruna ölmeye değer!

Alex: (sırıtarak) Eh, şimdi tatlı için yer ayırmam gerekiyor!

Jamie: Kesinlikle! (duraklar) Peki, birkaç yemek paylaşmak ister misiniz?

Alex: Kulağa mükemmel geliyor! Lazanya ve carbonara sipariş edip tiramisuyu paylaşmaya ne dersiniz?

Jamie: Bayıldım! Hadi bunu yapalım. Garsonu çağırmak ister misin?

Alex: Tabii! (garsona el sallar) Affedersiniz!

Garson: (yaklaşıyor) İyi akşamlar! Sipariş vermeye hazır mısınız?

Alex: Evet, lazanyayı ve spagetti carbonara'yı paylaşmak istiyoruz lütfen.

Garson: Harika seçimler! Ve bununla bir şey içmek ister misin?

Jamie: Evin bir şişesi kırmızı, lütfen.

Garson: Mükemmel bir seçim! Bunu hemen ortaya çıkaracağım. Tatlı için yer mi ayırıyorsunuz?

Alex: Kesinlikle! Tiramisuyu denemek istiyoruz.

Garson: Pişman olmayacaksın. Siparişinizi kısa süre içinde alacağım!

(Garson ayrılır ve Alex ve Jamie heyecanla birbirlerine bakarlar.)

Jamie: Sabırsızlanıyorum! Bu çok iyi olacak.

Alex: (sandalyede arkasına yaslanarak) Anlaştık! Birlikte böyle bir yemeğin tadını çıkarmak güzel.

Jamie: Gerçekten öyle. Sadece ikimiz, iyi yemek ve biraz şarap... Daha ne isteyebiliriz ki?

(Restoranın ambiyansı onları sararken birbirlerine gülümsüyorlar, yemeklerinin beklentisi anın sıcaklığına katkıda bulunuyor.)

(Garson şarapla birlikte geri döner ve bardaklarına döker.)

Garson: İşte şarabınız. Mezeleriniz kısa süre içinde çıkacak. Zevk almak!

Alex: Teşekkür ederim! (bardağı kaldırır) Harika bir akşama!

Jamie: Buna şerefe!

Hair Saloon

Kuaför Salonu

1- Sam

A bustling hair salon on a sunny Saturday morning. The sound of blow dryers mixes with light chatter as clients chat with their stylists.

Characters:

- **Jenna**: A stylist with a vibrant personality and a knack for color.
- **Mia**: A client getting her hair done for a big event.
- **Sam**: Another stylist, known for cutting-edge styles.

[Scene: Mia sits in a salon chair, a cape draped around her. Jenna is mixing colors in a bowl.]

Mia: (nervously) Okay, Jenna. Just to clarify, we're going bold today, right? No turning back after this!

Jenna: (grinning) Absolutely! We're going for that vibrant red. Trust me, you're going to turn heads tonight!

Mia: (laughs) I hope so! I want everyone to notice me when I walk into the gala.

Jenna: (applying the dye) Oh, they will! And with that dress you showed me, it's going to be a showstopper.

[Sam walks over, carrying a pair of scissors and a comb.]

Sam: Speaking of showstoppers, Mia, I saw your dress on Instagram. Gorgeous! But what's a big night without the perfect hair, right?

Mia: Exactly! That's why I'm here – I need you guys to help me pull it all together.

Jenna: (playfully) No pressure or anything, right, Sam?

Sam: (grinning) Just a little! But honestly, with the right cut and Maya's incredible dye job, you'll be the star of the event.

Mia: (enthusiastically) I can't wait! So, should we do loose waves or a sleek updo?

Jenna: How about we do waves? It'll showcase that color beautifully. And Sam can add some braids through the waves for a fun touch.

Sam: (nodding) I love that idea! A nice, effortless look that still feels polished.

Mia: (beaming) Yes! Let's do it!

Jenna: (finishing up with the dye) Perfect! While I let this sit, let's talk accessories. What are you thinking?

Mia: I have a gold sparkly clutch and matching earrings. Do you think it'll work with the red?

Sam: (smirking) We're not just thinking it'll work, we know it will! Gold and red? A classic combo.

Jenna: (checking the dye) Time to rinse! Let's get you that stunning look you deserve, Mia.

[They walk over to the washing station, excitement buzzing in the air.]

[Scene fades out with laughter and styling tips being exchanged.]

1- Sam

Güneşli bir cumartesi sabahı hareketli bir kuaför salonu. Müşteriler stilistleriyle sohbet ederken fön makinelerinin sesi hafif bir gevezelikle karışıyor.

Karakterler:

- **Jenna**: Canlı bir kişiliğe ve renk becerisine sahip bir stilist.
- **Mia**: Büyük bir etkinlik için saçını yaptıran bir müşteri.
- **Sam**: Son teknoloji stilleriyle tanınan başka bir stilist.

[Sahne: Mia bir salon sandalyesinde oturuyor, etrafına bir pelerin örtülmüş. Jenna bir kasede renkleri karıştırıyor.]

Mia: (gergin bir şekilde) Tamam, Jenna. Sadece açıklığa kavuşturmak için, bugün cesur davranıyoruz, değil mi? Bundan sonra geri dönüş yok!

Jenna: (sırıtarak) Kesinlikle! O canlı kırmızıyı seçiyoruz. İnan bana, bu gece dikkatleri üzerine çekeceksin!

Mia: (gülüyor) Umarım öyledir! Galaya girdiğimde herkesin beni fark etmesini istiyorum.

Jenna: (boyayı uygulayarak) Oh, yapacaklar! Ve bana gösterdiğin o elbiseyle, bir gösteri olacak.

[Sam elinde bir makas ve bir tarak ile yürüyor.]

Sam: Göstericilerden bahsetmişken, Mia, elbiseni Instagram'da gördüm. Muhteşem! Ama mükemmel saçlar olmadan büyük bir gece nedir, değil mi?

Mia: Kesinlikle! İşte bu yüzden buradayım - her şeyi bir araya getirmeme yardım etmenize ihtiyacım var.

Jenna: (şakacı bir şekilde) Baskı ya da başka bir şey yok, değil mi Sam?

Sam: (sırıtarak) Birazcık! Ama dürüst olmak gerekirse, doğru kesim ve Maya'nın inanılmaz boya işi ile etkinliğin yıldızı siz olacaksınız.

Mia: (coşkuyla) Sabırsızlanıyorum! Öyleyse, gevşek dalgalar mı yoksa şık bir updo mu yapmalıyız?

Jenna: Dalgalar yapmaya ne dersiniz? Bu rengi güzel bir şekilde sergileyecek. Ve Sam, eğlenceli bir dokunuş için dalgaların arasından bazı örgüler ekleyebilir.

Sam: (başını sallayarak) Bu fikre bayılıyorum! Hala cilalı hissettiren hoş, zahmetsiz bir görünüm.

Mia: (gülümseyerek) Evet! Haydi Yapalım şunu!

Jenna: (boyayı bitirdikten sonra) Mükemmel! Bunu oturtmaya bırakmışken, aksesuarlardan bahsedelim. Ne düşünüyorsun?

Mia: Altın ışıltılı bir debriyajım ve uyumlu küpelerim var. Kırmızı ile çalışacağını düşünüyor musunuz?

Sam: (sırıtarak) Sadece işe yarayacağını düşünmüyoruz, işe yarayacağını da biliyoruz! Altın ve kırmızı? Klasik bir kombinasyon.

Jenna: (boyayı kontrol ederek) Durulama zamanı! Sana hak ettiğin o çarpıcı görünümü verelim Mia.

[**Havada uğultu içinde bir heyecanla yıkama istasyonuna doğru yürüyorlar.**]

[**Sahne, kahkahalar ve stil ipuçlarının değiş tokuş edilmesiyle kaybolur.**]

2- A Snip of Change

Inside a cozy hair salon, adorned with colorful hair products and chic decorations. The sound of hairdryers hums in the background. Two clients, SAM and LIA, sit in chairs, chatting with their stylist, EMMA.

SAM: (looking in the mirror) You know, I've been thinking... this haircut might just change my life.

EMMA: (grinning as she snips away) That's the spirit! A good haircut can really do wonders. What are you thinking of doing?

LIA: (leaning over from her chair) Sam, remember when you said the last cut made you feel like a new person? What are you aiming for this time?

SAM: (laughs) I'm not sure yet! I kind of want to go wild—like, maybe a bold undercut?

EMMA: (nods) I love that idea! It's edgy, and it'll definitely turn some heads. Plus, it's super low maintenance once you get used to it.

LIA: (winks) Ooh, do it! If anyone can pull off an undercut, it's you. Just don't forget to embrace the change!

SAM: (taking a deep breath) You're right—life is too short for boring hair. Let's go for it!

EMMA: (enthusiastically) Yes! Okay, let's get you ready for your transformation. Just promise me you won't regret it later, alright?

SAM: No regrets! Just excitement... right, Lia?

LIA: (smirks) Totally! But don't blame me if you end up accidentally becoming a heartthrob.

SAM: (laughs) I'll take my chances! Meanwhile, what are you doing, Lia?

LIA: (sighs) I'm just getting a trim. Classic, I know. But sometimes, a little maintenance is all you need.

EMMA: True! Sometimes, a subtle trim can make a world of difference. Fresh and vibrant!

LIA: (smiling) Exactly. I'll leave the crazy ideas to you, Sam.

SAM: (laughs) Alright, I'll set the bar high then!

EMMA: (as she finishes the cut) Here we go! Time to unveil your new look, Sam. Get ready to channel that inner rockstar!

LIA: (clapping her hands) I can't wait to see this!

SAM: (nervously) Okay... no pressure, right?

EMMA: (pulling the cape away) Not at all! Just confidence. Alright, on the count of three...

(They all hold their breath.)

EMMA: One... two... three!

(SAM turns to face the mirror. There's a moment of silence as everyone takes in the new look.)

SAM: (eyes widening) Wow! I love it! It's everything I wanted!

LIA: (cheering) You look amazing! See? No regrets!

EMMA: (smiling) I told you! Now you're ready to take on the world!

(They laugh and chat as the salon buzzes with energy, filled with the anticipation of change and possibility.)

2- Bir Parça Değişim

Rengarenk saç ürünleri ve şık dekorasyonlarla süslenmiş rahat bir kuaför salonunun içinde. Arka planda saç kurutma makinelerinin sesi uğultu yapıyor. İki müşteri, SAM ve LIA, sandalyelerde oturuyor ve stilistleri EMMA ile sohbet ediyor.

SAM: (aynaya bakarak) Biliyorsun, düşünüyordum... Bu saç kesimi hayatımı değiştirebilir.

EMMA: (Keskin nişancı çekerken sırıtarak) İşte ruh bu! İyi bir saç kesimi gerçekten harikalar yaratabilir. Ne yapmayı düşünüyorsun?

LIA: (sandalyesinden eğilerek) Sam, son kesimin seni yeni bir insan gibi hissettirdiğini söylediğini hatırlıyor musun? Bu sefer neyi hedefliyorsunuz?

SAM: (gülüyor) Henüz emin değilim! Biraz çılgına dönmek istiyorum - belki cesur bir alt kesim?

EMMA: (başını sallar) Bu fikre bayılıyorum! Sinirli ve kesinlikle bazı kafaları döndürecek. Ayrıca, alıştıktan sonra çok az bakım gerektirir.

LIA: (göz kırpıyor) Ooh, yap şunu! Alttan kesme yapabilecek biri varsa, o da sensin. Sadece değişimi kucaklamayı unutmayın!

SAM: (derin bir nefes alarak) Haklısın, hayat sıkıcı saçlar için çok kısa. Hadi bunun için gidelim!

EMMA: (coşkuyla) Evet! Tamam, sizi dönüşümünüz için hazırlayalım. Bana daha sonra pişman olmayacağına söz ver, tamam mı?

SAM: Pişman değilim! Sadece heyecan... değil mi, Lia?

LIA: (sırıtıyor) Kesinlikle! Ama yanlışlıkla bir kalp çarpıntısı haline gelirseniz beni suçlamayın.

SAM: (gülüyor) Şansımı deneyeceğim! Bu arada ne yapıyorsun Lia?

LIA: (iç çeker) Sadece bir düzeltme alıyorum. Klasik, biliyorum. Ancak bazen, ihtiyacınız olan tek şey biraz bakımdır.

EMMA: Doğru! Bazen, ince bir süsleme bir dünya fark yaratabilir. Taze ve canlı!

LIA: (gülümseyerek) Kesinlikle. Çılgın fikirleri sana bırakıyorum Sam.

SAM: (gülüyor) Tamam, o zaman çıtayı daha yükseğe koyacağım!

EMMA: (kurguyu bitirirken) İşte başlıyoruz! Yeni görünümünü ortaya çıkarmanın zamanı geldi Sam. İçinizdeki rock yıldızını kanalize etmeye hazır olun!

LIA: (ellerini çırparak) Bunu görmek için sabırsızlanıyorum!

SAM: (gergin bir şekilde) Tamam... Baskı yok, değil mi?

EMMA: (pelerini çekerek) Hiç de değil! Sadece güven. Pekala, üçe kadar sayarak...

(Hepsi nefeslerini tutuyor.)

EMMA: Bir... İki... Üç!

(SAM aynaya dönmek için döner. Herkes yeni görünüme bakarken bir dakikalık saygı duruşu olur.)

SAM: (gözleri genişler) Vay canına! Bayıldım! İstediğim her şey buydu!

LIA: (tezahürat yaparak) Harika görünüyorsun! Görmek? Pişmanlık yok!

EMMA: (gülümseyerek) Sana söylemiştim! Artık dünyayı ele geçirmeye hazırsınız!

(Salon enerjiyle dolup taşarken, değişim ve olasılık beklentisiyle dolu olarak gülüyorlar ve sohbet ediyorlar.)

3- A Hair-Raising Experience

A bustling hair salon with mirrors reflecting bright lights, the soothing sound of hair dryers, and the faint smell of shampoo and hairspray.

Characters: MARIA, a young woman getting her hair done, and LUCY, her energetic hairstylist.

LUCY: (cheerfully applying dye to Maria's hair) Okay, Maria! Are you ready for a whole new look?

MARIA: (nervously) I don't know, Lucy. What if I regret it? I've had the same hairstyle since... well, forever!

LUCY: (grinning) That's exactly why we're doing this! Change is good! Plus, you said you wanted something bold—like a fiery red, right?

MARIA: (biting her lip) Yeah, but what if it looks too... outrageous? I work in a corporate office, remember?

LUCY: (playfully) Corporate? Pfft! Who says you can't have fabulous hair? Just think of it as a conversation starter. They'll either love it or ask you for fashion advice!

MARIA: (laughs) You make it sound so easy!

LUCY: (mixing colors) It is! Trust me, once you see the final result, you'll wonder why you waited so long. Think of it as shedding your old self.

MARIA: (smiling) Alright, let's do it. Let's shed this old hairstyle!

LUCY: That's the spirit! Now, while the dye processes, let's talk about your color choices. Are you thinking bold red, or more of a subtle auburn?

MARIA: (thoughtfully) Hmm, maybe a mix? I want people to notice but not feel like they need sunglasses to look at me!

LUCY: (laughs) I love it! How about a deep cherry with some lighter highlights? That'll give you the perfect combination of bold and classy.

MARIA: (excitedly) Yes! I'm in. I want it to shimmer and shine!

LUCY: (nodding) Great choice! Just a heads-up though, you might need to use special shampoo to keep the color vibrant.

MARIA: (leaning back) I'll do it! I want to make this last.

LUCY: Perfect! And I promise, this new 'do will come with spontaneous compliments and a boost of confidence.

MARIA: (smirking) Just what I need before my next big presentation.

LUCY: And if it doesn't work out, you can always go back to being... "old fuzzy Maria." (winks)

MARIA: (laughs) Old fuzzy Maria! No way. We're going for fabulous!

LUCY: (playfully lifting the dye brush) Now you're talking! Sit tight, gorgeous. This is going to be epic!

(As Lucy works, the salon buzzes with laughter and chatter, setting the stage for Maria's transformation.)

3- Tüyleri diken diken eden bir deneyim

Parlak ışıkları yansıtan aynaları, saç kurutma makinelerinin yatıştırıcı sesi ve hafif şampuan ve saç spreyi kokusu ile hareketli bir kuaför salonu.

Karakterler: Saçını yaptıran genç bir kadın olan MARIA ve enerjik kuaförü LUCY.

LUCY: (Maria'nın saçına neşeyle boya uygulayarak) Tamam, Maria! Yepyeni bir görünüme hazır mısınız?

MARIA: (gergin bir şekilde) Bilmiyorum, Lucy. Ya pişman olursam? O zamandan beri aynı saç stiline sahibim... Eh, sonsuza kadar!

LUCY: (sırıtarak) İşte tam da bu yüzden bunu yapıyoruz! Değişim iyidir! Ayrıca, ateşli bir kırmızı gibi cesur bir şey istediğinizi söylediniz, değil mi?

MARIA: (dudağını ısırarak) Evet, ama ya öyle de görünüyorsa... Çirkin? Bir şirket ofisinde çalışıyorum, hatırladın mı?

LUCY: (şakacı bir şekilde) Kurumsal? Pfft! Kim demiş muhteşem saçlara sahip olamazsınız diye? Bunu bir sohbet başlatıcı olarak düşünün. Ya buna bayılacaklar ya da sizden moda tavsiyesi isteyecekler!

MARIA: (gülüyor) Kulağa çok kolay geliyor!

LUCY: (renkleri karıştırarak) Öyle! İnanın bana, nihai sonucu gördüğünüzde, neden bu kadar uzun süre beklediğinizi merak edeceksiniz. Bunu eski benliğinizden kurtulmak olarak düşünün.

MARIA: (gülümseyerek) Tamam, hadi yapalım. Hadi bu eski saç stilini dökelim!

LUCY: Ruh bu! Şimdi boya işlemleri yapılırken gelelim renk seçimlerinize. Cesur kırmızı mı yoksa daha ince bir kumral mı düşünüyorsunuz?

MARIA: (düşünceli bir şekilde) Hmm, belki bir karışım? İnsanların fark etmelerini istiyorum ama bana bakmak için güneş gözlüğüne ihtiyaçları varmış gibi hissetmemelerini istiyorum!

LUCY: (gülüyor) Bayıldım! Daha hafif vurgulara sahip derin bir kiraza ne dersiniz? Bu size cesur ve şıklığın mükemmel kombinasyonunu verecektir.

MARIA: (heyecanla) Evet! Ben varım. Parıldamasını ve parlamasını istiyorum!

LUCY: (başını sallayarak) Harika seçim! Yine de bir uyarı, rengi canlı tutmak için özel şampuan kullanmanız gerekebilir.

MARIA: (geriye yaslanarak) Yapacağım! Bunu son yapmak istiyorum.

LUCY: Mükemmel! Ve söz veriyorum, bu yeni 'yapma' spontane iltifatlar ve bir güven artışı ile gelecek.

MARIA: (sırıtarak) Bir sonraki büyük sunumumdan önce tam da ihtiyacım olan şey.

LUCY: Ve eğer işe yaramazsa, her zaman eski haline geri dönebilirsin... "yaşlı bulanık Maria." (göz kırpıyor)

MARIA: (gülüyor) İhtiyar tüylü Maria! Olmaz. Muhteşem için gidiyoruz!

LUCY: (şakacı bir şekilde boya fırçasını kaldırarak) Şimdi konuşuyorsun! Sıkı otur, muhteşem. Bu destansı olacak!

(Lucy çalışırken, salon kahkahalar ve gevezeliklerle dolup taşıyor ve Maria'nın dönüşümü için zemin hazırlıyor.)

4- A Day at the Hair Salon

- **Sophie:** A lively hair stylist with a colorful personality.
- **Emily:** A first-time customer feeling a bit nervous about a big change.

Scene: Inside the cozy, brightly lit hair salon. The sound of scissors snipping and soft music plays in the background.

Sophie: (smiling warmly) Hi there! Welcome to **Glamour Locks**! I'm Sophie, and I'll be your stylist today. What brings you in?

Emily: (fidgeting slightly) Hi! I'm Emily. I was thinking about... you know, a change? But I'm not really sure what to do.

Sophie: (grinning) Change is my specialty! So, tell me, are you thinking big chop or just a little refresh?

Emily: (biting her lip) I was thinking about going shorter, maybe a bob? But I've never had that style before. What if I hate it?

Sophie: (nodding understandingly) It's totally normal to feel nervous about a change! But think of it as an adventure. You can always add some layers or texturize it if you want to ease into the shorter look.

Emily: (sighs) I just want something that feels fresh and fun. It's been a long year, you know?

Sophie: I get that! Sometimes, a good haircut can just lift your spirits. How about we spice it up with some highlights too? You'll walk out feeling like a brand-new person!

Emily: (eyes lighting up) Ooh, highlights sound fun! But what if I don't like the color?

Sophie: (chuckling) No pressure! We can pick a shade that complements your skin tone. Plus, if you're feeling unsure, we can always do a little test strand first. How does that sound?

Emily: (relieved) That sounds perfect! I just want to feel confident with whatever we choose.

Sophie: (playfully) Confidence is the new black! Now, let's chat about what colors you like. Do you prefer soft hues, or are you feeling bold?

Emily: Hmm, I've always been drawn to caramel and golden tones. Nothing too wild, though!

Sophie: (nods enthusiastically) Love it! Caramel highlights will look stunning against your hair. Ready to take the plunge?

Emily: (taking a deep breath) Yes, let's do this!

Sophie: (clapping her hands) Yay! Let's make some magic happen!

(As Sophie starts prepping the station, they chat and laugh, and Emily's nerves start to fade.)

Emily: I'm actually excited now! Thank you for making this feel less scary.

Sophie: Anytime, Emily! Haircuts are a celebration—let's celebrate your new look together!

[The scene fades as the sounds of laughter and scissors fill the salon, signaling the beginning of a fabulous new chapter for Emily.]

4- Kuaförde Bir Gün

- **Sophie:** Renkli bir kişiliğe sahip canlı bir saç stilisti.
- **Emily:** İlk kez gelen bir müşteri, büyük bir değişiklik konusunda biraz gergin hissediyor.

Sahne: Rahat, parlak bir şekilde aydınlatılmış kuaför salonunun içinde. Arka planda makas kesme sesi ve yumuşak müzik çalıyor.

Sofi: (sıcak bir şekilde gülümseyerek) Merhaba! **Glamour Locks'a hoş geldiniz!** Ben Sophie ve bugün senin stilisti olacağım. Seni içine çeken nedir?

Emily: (hafifçe kıpırdanarak) Merhaba! Adım Emily. Düşünüyordum ki... Biliyor musun, bir değişiklik? Ama ne yapacağımdan gerçekten emin değilim.

Sofi: (sırıtarak) Değişim benim uzmanlık alanım! Öyleyse söyle bana, büyük bir pirzola mı düşünüyorsun yoksa sadece küçük bir tazeleme mi?

Emily: (dudağını ısırarak) Daha kısa gitmeyi düşünüyordum, belki bir bob? Ama daha önce hiç böyle bir tarzım olmadı. Ya nefret edersem?

Sofi: (anlayışlı bir şekilde başını sallayarak) Bir değişiklik konusunda gergin hissetmek tamamen normaldir! Ama bunu bir macera olarak düşünün. Daha kısa bir görünüme geçmek istiyorsanız, her zaman bazı katmanlar ekleyebilir veya dokulandırabilirsiniz.

Emily: (iç çeker) Sadece taze ve eğlenceli hissettiren bir şey istiyorum. Uzun bir yıl oldu, biliyor musun?

Sofi: Anladım! Bazen iyi bir saç kesimi sadece moralinizi yükseltebilir. Bazı önemli noktalarla da renklendirsek nasıl olur? Yepyeni bir insan gibi hissederek dışarı çıkacaksınız!

Emily: (gözleri parlıyor) Ooh, öne çıkanlar kulağa eğlenceli geliyor! Ama ya rengi beğenmezsem?

Sofi: (kıkırdar) Baskı yok! Cilt tonunuzu tamamlayan bir renk tonu seçebiliriz. Ayrıca, emin hissetmiyorsanız, her zaman önce küçük bir test dizisi yapabiliriz. Kulağa nasıl geliyor?

Emily: (rahatlamış) Kulağa mükemmel geliyor! Sadece ne seçersek seçelim kendime güvenmek istiyorum.

Sofi: (şakacı bir şekilde) Güven yeni siyahtır! Şimdi, hangi renkleri sevdiğiniz hakkında sohbet edelim. Yumuşak tonları mı tercih edersiniz yoksa kendinizi cesur mu hissedersiniz?

Emily: Hmm, her zaman karamel ve altın tonlarına ilgi duymuşumdur. Yine de çok vahşi bir şey değil!

Sofi: (coşkuyla başını sallar) Bayıldım! Karamel röfleler saçınıza karşı çarpıcı görünecek. Dalmaya hazır mısınız?

Emily: (derin bir nefes alarak) Evet, hadi bunu yapalım!

Sofi: (ellerini çırparak) Yaşasın! Hadi biraz sihir yapalım!

(Sophie istasyonu hazırlamaya başladığında sohbet edip gülüyorlar ve Emily'nin sinirleri bozulmaya başlıyor.)

Emily: Aslında şimdi heyecanlıyım! Bunu daha az korkutucu hissettirdiğin için teşekkür ederim.

Sophie: Her zaman, Emily! Saç kesimi bir kutlamadır—hadi yeni görünümünüzü birlikte kutlayalım!

[Kahkaha ve makas sesleri salonu doldururken sahne kayboluyor ve Emily için muhteşem yeni bir bölümün başlangıcına işaret ediyor.]

Talking about weekend

Hafta sonu hakkında konuşmak

1- Emma and Jake

A cozy coffee shop on a Friday afternoon.

Emma: Hey Jake! Any exciting plans for the weekend?

Jake: Hey Emma! Not sure yet. I was thinking about just catching up on some sleep. It's been a long week. How about you?

Emma: I totally get that! I'm actually going hiking with some friends on Saturday. We're hitting up that new trail at Maple Ridge.

Jake: Sounds awesome! I heard that trail has some stunning views. What time are you heading out?

Emma: We're planning to leave around 8 AM. We want to beat the heat and enjoy the sunrise.

Jake: Good call! You're really good at planning these outdoor adventures. I always end up sleeping in.

Emma: Haha, it's all about priorities! Plus, I think being outdoors is such a nice way to recharge after a busy week.

Jake: Agreed. I might need to join you next time! After the hike, any plans for the evening?

Emma: We're thinking of grabbing dinner at that new taco place downtown. Heard their fish tacos are a must-try.

Jake: I've been meaning to check that out. You'll have to give me a review!

Emma: Definitely! What about Sunday? Any plans to finally tackle that DIY project you've been talking about?

Jake: Ugh, I keep saying I'll get started, but it always seems to get pushed back. I think I'll just relax and maybe binge-watch a show instead.

Emma: Sounds like a solid plan! Sometimes you just need a lazy day.

Jake: For sure. Enjoy your hike! Let me know how it goes.

Emma: I will! And text me if you want to join us for tacos!

Jake: Will do! Have fun!

1- Emma ve Jake

Cuma öğleden sonra rahat bir kahve dükkanı.

Emma: Merhaba Jake! Hafta sonu için heyecan verici planlarınız var mı?

Jake: Merhaba Emma! Henüz emin değilim. Sadece biraz uyumayı düşünüyordum. Uzun bir hafta oldu. Ya sen?

Emma: Bunu tamamen anlıyorum! Aslında Cumartesi günü bazı arkadaşlarımla yürüyüşe çıkıyorum. Maple Ridge'deki o yeni parkura çıkıyoruz.

Jake: Kulağa harika geliyor! Bu parkurun muhteşem manzaraları olduğunu duydum. Saat kaçta dışarı çıkıyorsun?

Emma: Sabah 8 gibi yola çıkmayı planlıyoruz. Sıcağı yenmek ve güneşin doğuşunun tadını çıkarmak istiyoruz.

Jake: İyi arama! Bu açık hava maceralarını planlamakta gerçekten iyisin. Her zaman uyurum.

Emma: Haha, her şey önceliklerle ilgili! Ayrıca, dışarıda olmanın yoğun bir haftadan sonra yeniden şarj olmanın çok güzel bir yolu olduğunu düşünüyorum.

Jake: Katılıyorum. Bir dahaki sefere sana katılmam gerekebilir! Yürüyüşten sonra akşam için herhangi bir planınız var mı?

Emma: Şehir merkezindeki o yeni taco mekanında akşam yemeği yemeyi düşünüyoruz. Balık tacolarının mutlaka denenmesi gerektiğini duydum.

Jake: Bunu kontrol etmek istiyordum. Bana bir inceleme yapmanız gerekecek!

Emma: Kesinlikle! Peki ya Pazar? Bahsettiğiniz Kendin Yap projesini nihayet ele almak için herhangi bir planınız var mı?

Jake: Ah, başlayacağımı söyleyip duruyorum, ama her zaman geri itiliyor gibi görünüyor. Sanırım sadece rahatlayacağım ve belki de onun yerine bir şovu art arda izleyeceğim.

Emma: Sağlam bir plan gibi görünüyor! Bazen sadece tembel bir güne ihtiyacın vardır.

Jake: Kesinlikle. Yürüyüşünüzün tadını çıkarın! Nasıl gittiğini bana bildirin.

Emma: Yapacağım! Ve taco için bize katılmak isterseniz bana mesaj atın!

Jake: Yapacak! İyi eğlenceler!

2- Plans

Alex: Hey! Any plans for the weekend?

Jamie: Not much yet. I was thinking about just relaxing at home. How about you?

Alex: I'm actually planning a little weekend adventure! I found this hiking trail that's supposed to be gorgeous this time of year.

Jamie: That sounds amazing! Where is it?

Alex: It's about an hour out of town, near the lake. I heard the views from the top are incredible!

Jamie: Wow, I'm in! I could use some fresh air. Do you have a specific time in mind?

Alex: I was thinking we could leave early tomorrow morning. That way we'll beat the crowds.

Jamie: Perfect! I'll pack some snacks. Do you think we'll need a picnic lunch up there?

Alex: Absolutely! Let's do sandwiches and maybe some fruit. I can bring a portable speaker too for some music.

Jamie: Nice! I'll bring my favorite playlist. We can sit back and enjoy the view. What time do you want to meet?

Alex: How about 7:30? That gives us plenty of time to get there before breakfast rush.

Jamie: Sounds good! I'll set my alarm. Anything else on your agenda for the weekend?

Alex: Just that hike, and then I might binge a new series on Netflix later. What about you? Any plans for Sunday?

Jamie: I might finally tackle that book I've been meaning to read. But if I'm up for it after hiking, maybe I'll catch a movie.

Alex: That sounds like a perfect way to wind down. Let's make sure we take tons of pictures tomorrow!

Jamie: Definitely! I'll bring my camera. Can't wait for this!

Alex: Same here! It's going to be a blast!

2- Planlar

Alex: Merhaba! Hafta sonu için herhangi bir planınız var mı?

Jamie: Henüz fazla değil. Sadece evde dinlenmeyi düşünüyordum. Ya sen?

Alex: Aslında küçük bir hafta sonu macerası planlıyorum! Yılın bu zamanında muhteşem olması gereken bu yürüyüş parkurunu buldum.

Jamie: Kulağa harika geliyor! Nerede?

Alex: Şehrin yaklaşık bir saat dışında, gölün yakınında. Tepeden görüşlerin inanılmaz olduğunu duydum!

Jamie: Vay canına, ben varım! Biraz temiz hava kullanabilirim. Aklınızda belirli bir zaman var mı?

Alex: Yarın sabah erkenden yola çıkabileceğimizi düşünüyordum. Bu şekilde kalabalığı yeneceğiz.

Jamie: Mükemmel! Yanıma biraz atıştırmalık alacağım. Orada bir piknik yemeğine ihtiyacımız olacağını düşünüyor musun?

Alex: Kesinlikle! Hadi sandviç yapalım ve belki biraz meyve yiyelim. Biraz müzik için taşınabilir bir hoparlör de getirebilirim.

Jamie: Güzel! Favori çalma listemi getireceğim. Arkamıza yaslanıp manzaranın tadını çıkarabiliriz. Ne zaman buluşmak istersin?

Alex: 7:30'a ne dersin? Bu bize kahvaltı acelesinden önce oraya gitmek için bolca zaman veriyor.

Jamie: Kulağa hoş geliyor! Alarmımı kuracağım. Hafta sonu için ajandanızda başka bir şey var mı?

Alex: Sadece bu yürüyüşü ve daha sonra Netflix'te yeni bir dizi izleyebilirim. Ya sen? Pazar günü için herhangi bir planınız var mı?

Jamie: Sonunda okumak istediğim o kitabın üstesinden gelebilirim. Ama yürüyüşten sonra buna hazırsam, belki bir film yakalarım.

Alex: Bu, rahatlamak için mükemmel bir yol gibi görünüyor. Yarın tonlarca fotoğraf çektiğimizden emin olalım!

Jamie: Kesinlikle! Fotoğraf makinemi getireceğim. Bunun için sabırsızlanıyorum!

Alex: Burada da aynı! Bir patlama olacak!

3- Sunlight

A cozy coffee shop, sunlight streaming through the window. They're sitting at a small table, sipping on their drinks.

Mia: So, any exciting plans for the weekend?

Jake: Definitely! I'm thinking of hitting the hiking trails on Saturday. What about you?

Mia: That sounds amazing! I've been wanting to explore those new trails at Pine Hill. Are you planning to go alone?

Jake: I was thinking of inviting a few friends. Want to join? The view at the top is totally worth the effort!

Mia: I'd love to! But just to warn you, I might need to stop for breaks. My stamina isn't the best right now.

Jake: No worries! We can take it slow. Besides, it'll just give us more time to chat and enjoy the scenery.

Mia: True! That sounds perfect. What's the plan for Sunday, then?

Jake: Sunday's more laid-back. I was thinking of just relaxing, maybe binge-watch some shows. I've heard good things about that new series on Netflix.

Mia: Oh, I've been wanting to watch that too! Maybe we could have a mini-watch party?

Jake: Great idea! We could make some popcorn and just chill.

Mia: Sounds like a plan! Oh, and we should invite a couple more friends for the watch party too. The more, the merrier!

Jake: For sure! I'll text a few people tonight.

Mia: Awesome! This weekend is shaping up to be a lot of fun.

Jake: I can't wait! Just remember to bring your hiking boots!

Mia: You got it! And maybe a cozy blanket for Sunday?

Jake: Definitely. It's going to be a great weekend!

(They clink their coffee cups together, smiling, excited for the adventures ahead.

3- Güneş ışığı

Rahat bir kahve dükkanı, pencereden süzülen güneş ışığı. Küçük bir masada oturuyorlar, içeceklerini yudumluyorlar.

Mia: Peki, hafta sonu için heyecan verici bir planınız var mı?

Jake: Kesinlikle! Cumartesi günü yürüyüş parkurlarına çıkmayı düşünüyorum. Ya sen?

Mia: Kulağa harika geliyor! Pine Hill'deki bu yeni parkurları keşfetmek istiyordum. Yalnız mı gitmeyi planlıyorsun?

Jake: Birkaç arkadaşımı davet etmeyi düşünüyordum. Katılmak ister misiniz? Üstteki manzara tamamen çabaya değer!

Mia: Çok isterim! Ama sadece sizi uyarmak için, molalar için durmam gerekebilir. Dayanıklılığım şu anda en iyisi değil.

Jake: Telaşa gerek yok! Ağırdan alabiliriz. Ayrıca, bize sohbet etmek ve manzaranın tadını çıkarmak için daha fazla zaman verecek.

Mia: Doğru! Kulağa mükemmel geliyor. O zaman Pazar günü için plan nedir?

Jake: Pazar günü daha rahat. Sadece rahatlamayı, belki de bazı şovları art arda izlemeyi düşünüyordum. Netflix'teki bu yeni dizi hakkında iyi şeyler duydum.

Mia: Oh, ben de onu izlemek istiyordum! Belki bir mini izleme partisi yapabiliriz?

Jake: Harika fikir! Biraz patlamış mısır yapabilir ve sadece rahatlayabiliriz.

Mia: Kulağa bir plan gibi geliyor! Oh, ve izleme partisi için birkaç arkadaşı daha davet etmeliyiz. Ne kadar çok, o kadar iyi!

Jake: Kesinlikle! Bu akşam birkaç kişiye mesaj atacağım.

Mia: Harika! Bu hafta sonu çok eğlenceli geçecek şekilde şekilleniyor.

Jake: Sabırsızlanıyorum! Yürüyüş botlarınızı getirmeyi unutmayın!

Mia: Anladın! Ve belki Pazar günü için rahat bir battaniye?

Jake: Kesinlikle. Harika bir hafta sonu olacak!

(**Kahve fincanlarını birbirine tokuşturuyorlar, gülümsüyorlar, önlerindeki maceralar için heyecanlılar.**

4- A coffee shop

Sarah: Hey Mike! Got any plans for the weekend?

Mike: Not much, actually. I was thinking of catching up on some reading. How about you?

Sarah: I was thinking of going hiking if the weather holds up. I need some fresh air!

Mike: That sounds awesome! Which trail are you thinking about?

Sarah: I was considering the Blue Ridge Trail. It's got some great views, and I hear the fall colors are really starting to show.

Mike: Oh, I love that trail! I haven't been in ages. Mind if I join you?

Sarah: Not at all! The more, the merrier. We could pack a picnic too.

Mike: Perfect! I'll bring some sandwiches and snacks. You handle the drinks?

Sarah: Deal! I'll whip up some iced tea. What time are you thinking of hitting the trail?

Mike: How about we meet at 9 AM? That way we can beat the crowds.

Sarah: Sounds like a plan! I can't wait. Do you think the leaves have changed much yet?

Mike: I hope so! It'll be nice to see all the colors. Plus, it'll be great to catch up while we're at it.

Sarah: Definitely! It's been a while since we hung out just the two of us.

Mike: Yeah, for sure! I'll set a reminder for Saturday morning.

Sarah: Awesome. Looking forward to it!

Mike: Me too! It's going to be a great weekend.

(They sip their coffee, chatting about other weekend plans and upcoming events.)

4- Bir kahve dükkanı

Sarah: Merhaba Mike! Hafta sonu için herhangi bir planınız var mı?

Mike: Aslında çok değil. Biraz okumaya yetişmeyi düşünüyordum. Ya sen?

Sarah: Hava tutarsa yürüyüşe çıkmayı düşünüyordum. Biraz temiz havaya ihtiyacım var!

Mike: Kulağa harika geliyor! Hangi parkuru düşünüyorsun?

Sarah: Blue Ridge Trail'i düşünüyordum. Harika manzaraları var ve sonbahar renklerinin gerçekten ortaya çıkmaya başladığını duydum.

Mike: Oh, bu patikaya bayılıyorum! Uzun zamandır gitmedim. Sana katılmamın bir sakıncası var mı?

Sarah: Hiç de bile! Ne kadar çok, o kadar neşeli. Biz de piknik yapabiliriz.

Mike: Mükemmel! Biraz sandviç ve atıştırmalık getireceğim. İçecekleri sen mi idare ediyorsun?

Sarah: Anlaştık! Biraz buzlu çay hazırlayacağım. Ne zaman yola çıkmayı düşünüyorsun?

Mike: Sabah 9'da buluşmaya ne dersin? Bu şekilde kalabalığı yenebiliriz.

Sarah: Kulağa bir plan gibi geliyor! Sabırsızlanıyorum. Yaprakların henüz çok değiştiğini düşünüyor musunuz?

Mike: Umarım öyledir! Tüm renkleri görmek güzel olacak. Ayrıca, biz oradayken yetişmek harika olacak.

Sarah: Kesinlikle! Sadece ikimiz takılmayalı uzun zaman oldu.

Mike: Evet, kesinlikle! Cumartesi sabahı için bir hatırlatma yapacağım.

Sarah: Harika. Dört gözle bekliyorum!

Mike: Ben de! Harika bir hafta sonu olacak.

(Kahvelerini yudumlarlar, diğer hafta sonu planları ve yaklaşan etkinlikler hakkında sohbet ederler.)

Clothing Store

Giyim Mağazası

1- Absolutely

A bustling clothing store filled with racks of vibrant clothes. Customers are browsing, and a friendly sales associate, Mia, approaches a young woman named Sarah who is examining a dress.

Mia: (smiling) Hi there! I love that dress you're looking at. It's one of our bestsellers!

Sarah: (glancing up, smiling back) Thanks! I really like the color. Do you think it would work for my friend's wedding next month?

Mia: Absolutely! The cut is really flattering, and the color is perfect for a wedding. What size are you looking for?

Sarah: I usually wear a medium, but sometimes I'm a small depending on the brand.

Mia: We can check both sizes for you! Why don't you take the medium into the fitting room and see how it feels? If it doesn't work, we've got other options!

Sarah: That sounds great! Do you have this in any other colors?

Mia: Yes! We have it in navy blue and a lovely pastel pink. Would you like to see those too?

Sarah: Definitely! (She heads to the fitting room with the medium dress.)

Mia: (after a moment) Here's the navy blue option! It's a little darker but really elegant.

Sarah: (holding it up to compare) Oh, I like this too! It looks classy.

Mia: It would be perfect for an evening event as well. Just let me know when you're ready to try them on!

(Moments later, Sarah emerges from the fitting room in the medium dress.)

Sarah: How does it look?

Mia: (clapping her hands) Wow, it looks amazing on you! The fit is just right.

Sarah: Really? I wasn't sure about the length.

Mia: It's perfect! If you add some statement earrings, it'll elevate the whole outfit. Do you want to try on the other colors now?

Sarah: Yes, please! I'm torn between the two.

Mia: Totally understandable! I'll get the pink one for you.

(Mia fetches the pastel pink dress as Sarah goes back to the fitting room.)

Mia: (calling out) Just let me know if you need any more sizes or different styles!

Sarah: (from the fitting room) Will do! I appreciate your help!

Mia: Of course! That's what I'm here for.

(A moment passes, and Sarah emerges again, this time in the pink dress.)

Sarah: What do you think?

Mia: (eyes lighting up) You look stunning! That color is so soft and romantic. It's definitely a contender!

Sarah: I think I might like this one best. It feels really comfortable too.

Mia: Sounds like a winner! Would you like to grab that one and leave the rest behind?

Sarah: I think so. I'm excited to wear it to the wedding!

Mia: Perfect choice! Let's head to the register when you're ready. Do you need any accessories to go with it?

Sarah: Maybe just some fun earrings.

Mia: We can check out our jewelry section right after you check out. You're going to look fabulous!

(Sarah gives a happy nod, and they walk towards the register together, excitement buzzing in the air.)

This dialogue showcases the interaction between a customer and a sales associate, reflecting a positive shopping experience in a clothing store.

1- Kesinlikle

Canlı giysi raflarıyla dolu hareketli bir giyim mağazası. Müşteriler göz atıyor ve arkadaş canlısı bir satış ortağı olan Mia, bir elbiseyi inceleyen Sarah adında genç bir kadına yaklaşıyor.

Mia: (gülümseyerek) Merhaba! Baktığın o elbiseye bayılıyorum. En çok satan ürünlerimizden biri!

Sarah: (yukarı bakarak, gülümseyerek) Teşekkürler! Rengi gerçekten çok beğendim. Sence gelecek ay arkadaşımın düğünü için işe yarar mı?

Mia: Kesinlikle! Kesim gerçekten gurur verici ve renk bir düğün için mükemmel. Hangi bedeni arıyorsunuz?

Sarah: Genelde orta boy giyerim ama bazen markaya bağlı olarak küçük olurum.

Mia: Sizin için her iki boyutu da kontrol edebiliriz! Neden aracı soyunma odasına götürmüyorsunuz ve nasıl hissettirdiğini görmüyorsunuz? İşe yaramazsa, başka seçeneklerimiz de var!

Sarah: Kulağa harika geliyor! Bu başka renklerde var mı?

Mia: Evet! Lacivert ve hoş bir pastel pembe renkte. Onları da görmek ister misiniz?

Sarah: Kesinlikle! (Orta boy elbiseyle soyunma odasına gider.)

Mia: (bir an sonra) İşte lacivert seçenek! Biraz daha koyu ama gerçekten zarif.

Sarah: (karşılaştırmak için kaldırarak) Ah, ben de bunu beğendim! Şık görünüyor.

Mia: Bir akşam etkinliği için de mükemmel olurdu. Onları denemeye hazır olduğunuzda bana bildirin!

(Birkaç dakika sonra, Sarah orta boy elbiseyle soyunma odasından çıkar.)

Sarah: Nasıl görünüyor?

Mia: (ellerini çırparak) Vay canına, sana harika görünüyor! Uyum tam olarak doğru.

Sarah: Gerçekten mi? Uzunluğundan emin değildim.

Mia: Mükemmel! Bazı gösterişli küpeler eklerseniz, tüm kıyafeti yükseltecektir. Şimdi diğer renkleri denemek ister misiniz?

Sarah: Evet, lütfen! İkisi arasında kaldım.

Mia: Tamamen anlaşılabilir! Senin için pembe olanı alacağım.

(Sarah soyunma odasına geri dönerken Mia pastel pembe elbiseyi getirir.)

Mia: (sesleniyor) Daha fazla boyuta veya farklı stile ihtiyacın olursa bana haber ver!

Sarah: (soyunma odasından) Yapacak! Yardımın için minnettarım!

Mia: Tabii ki! Bunun için buradayım.

(Bir an geçer ve Sarah bu sefer pembe elbisesiyle tekrar ortaya çıkar.)

Sarah: Ne düşünüyorsun?

Mia: (gözleri parlıyor) Muhteşem görünüyorsun! Bu renk çok yumuşak ve romantik. Kesinlikle bir yarışmacı!

Sarah: Sanırım en çok bunu sevebilirim. O da gerçekten rahat hissettiriyor.

Mia: Kazanan gibi görünüyor! Onu alıp gerisini geride bırakmak ister misiniz?

Sarah: Bence de öyle. Düğünde giyeceğim için heyecanlıyım!

Mia: Mükemmel seçim! Hazır olduğunuzda kasaya gidelim. Onunla gitmek için herhangi bir aksesuara ihtiyacınız var mı?

Sarah: Belki sadece eğlenceli küpeler.

Mia: Siz çıkış yaptıktan hemen sonra mücevher bölümümüzü kontrol edebiliriz. Muhteşem görüneceksin!

(Sarah mutlu bir şekilde başını salladı ve havada uğultu içinde heyecanla birlikte kasaya doğru yürüdüler.)

Bu diyalog, bir giyim mağazasındaki olumlu bir alışveriş deneyimini yansıtan, bir müşteri ile bir satış görevlisi arasındaki etkileşimi gösterir.

2- What do you think?

A trendy clothing store with colorful displays and lively music playing in the background. The scent of fresh fabrics fills the air as customers browse the racks.

- **Emily**: A young customer, excited about shopping.
- **Maya**: A friendly store associate, eager to help.

Emily: *[Holds up a bright yellow sundress]* Wow, this is so cute! What do you think?

Maya: *[Smiling]* I love it! Yellow is definitely your color. It would really pop against your skin tone.

Emily: Thanks! I'm just worried it might be too short. Do you think it'll fit well?

Maya: *[Nods]* Walk over to the fitting room, and I can grab you a couple of sizes to try on. Sometimes the cut can vary, but we can definitely find the perfect fit for you!

Emily: That sounds great! *[Picks up a couple more items]* I also really like this floral blouse. What do you think?

Maya: *[Examining the blouse]* That would go perfectly with some high-waisted jeans or even a skirt. It's a versatile piece!

Emily: Awesome! I'll take this too. *[Pauses]* Do you have any recommendations for shoes?

Maya: Absolutely! We have some cute sandals just over there. They're comfortable and stylish, perfect for summer outings.

Emily: *[Points to a pair of sandals]* Oh, I love those! Can I try those on as well?

Maya: Of course! I'll bring them all to the fitting room. Just one moment. *[Walks away and returns with the items]* Here you go!

Emily: *[Takes the items]* Thank you so much! You've been so helpful. I can't wait to try these on.

Maya: No problem! Just call if you need me. I'll be right near the register. Have fun!

Emily: *[Enters the fitting room]* I'm sure I will!

As Emily tries on the clothes, Maya assists other customers, ensuring everyone feels welcomed and supported in their shopping experience.

2- Ne düşünüyorsun?

Renkli ekranları ve arka planda çalan canlı müziği olan modaya uygun bir giyim mağazası. Müşteriler raflara göz atarken taze kumaşların kokusu havayı doldurur.

- **Emily**: Alışveriş konusunda heyecanlı genç bir müşteri.
- **Maya**: Yardım etmeye hevesli, arkadaş canlısı bir mağaza çalışanı.

Emily: *[Parlak sarı bir sundress tutar]* Vay canına, bu çok tatlı! Ne düşünüyorsun?

Maya: *[Gülümsüyor]* Bayıldım! Sarı kesinlikle senin rengin. Gerçekten cilt tonunuza karşı çıkar.

Emily: Teşekkürler! Sadece çok kısa olabileceğinden endişeleniyorum. Sence iyi uyuyor mu?

Maya: [Başını sallar] Soyunma odasına doğru yürü, sana denemen için birkaç boyut getirebilirim. Bazen kesim değişebilir, ancak kesinlikle sizin için mükemmel uyumu bulabiliriz!

Emily: Kulağa harika geliyor! *[Birkaç ürün daha alır]* Ben de bu çiçekli bluzu çok beğendim. Ne düşünüyorsun?

Maya: *[Bluzu inceleyerek]* Bu, yüksek belli bir kot pantolon ya da bir etekle mükemmel gider. Çok yönlü bir parça!

Emily: Harika! Bunu da alacağım. *[Duraklar]* Ayakkabılar için herhangi bir öneriniz var mı?

Maya: Kesinlikle! Orada sevimli sandaletlerimiz var. Rahat ve şıktırlar, yaz gezileri için mükemmeldirler.

Emily: *[Bir çift sandaleti işaret eder]* Ah, onları seviyorum! Bunları da deneyebilir miyim?

Maya: Tabii ki! Hepsini soyunma odasına getireceğim. Sadece bir dakika. *[Uzaklaşır ve eşyalarla geri döner]* Hadi bakalım!

Emily: *[Eşyaları alır]* Çok teşekkür ederim! Çok yardımcı oldun. Bunları denemek için sabırsızlanıyorum.

Maya: Sorun değil! Bana ihtiyacın olursa araman yeterli. Kasanın hemen yanında olacağım. İyi eğlenceler!

Emily: *[Soyunma odasına girer]* Eminim yapacağım!

Emily kıyafetleri denerken, Maya diğer müşterilere yardımcı olarak herkesin alışveriş deneyimlerinde hoş karşılandığını ve desteklendiğini hissetmesini sağlar.

3- Thanks

A trendy clothing store. The sounds of soft music and gentle chatter fill the air as customers browse through racks of colorful clothing. A sales associate, Jamie, approaches a customer, Alex, who is holding a few items.

Jamie: (smiling) Hi there! How's your shopping going? I see you've picked out some great pieces!

Alex: (holding up a shirt) Thanks! I'm really torn between this shirt and another one I saw earlier. What do you think?

Jamie: (leaning in to take a closer look) I love that one! The color suits you, and it's perfect for fall. But the other one has a unique pattern—what kind of vibe are you going for?

Alex: (thinking) I usually go for casual looks, but I want something a bit more stylish for some upcoming events. Maybe I should get both?

Jamie: (nodding) That could be a good idea! You might even get a discount if you buy more than one. Do you want me to check if there are any promotions today?

Alex: (enthusiastically) Yes, please! I'd love that. And I still have to find some pants to go with these.

Jamie: Absolutely! We just got some new arrivals in. Let me show you a few options that would match.

(Alex follows Jamie to another section of the store.)

Jamie: Here we go! These high-waisted jeans are super trendy right now. They would look amazing with that shirt.

Alex: (picking up the jeans) These are cute! I like the fit. Do you think they'd be comfortable for all-day wear?

Jamie: For sure! They're made from a soft denim blend, so they're stretchy and breathable. Plus, they have some great reviews from other customers.

Alex: Awesome! I'll definitely give them a try.

Jamie: (leading Alex toward the fitting rooms) Great choice! I'll grab a few sizes for you, just in case. Do you want to keep the shirts too?

Alex: (smiling) Yeah, I think I'll take both of them! Why not?

Jamie: Perfect! I'll get everything ready for you, and I can check on that promotion while you try them on.

Alex: Sounds like a plan! Thank you so much for your help!

Jamie: No problem at all! Just let me know if you need anything else.

(Alex heads to the fitting room while Jamie goes to the register to check on the promotions.)

3- Teşekkürler

Modaya uygun bir giyim mağazası. Müşteriler renkli giysi raflarına göz atarken yumuşak müzik ve hafif gevezelik sesleri havayı dolduruyor. Bir satış görevlisi olan Jamie, elinde birkaç ürün tutan Alex adlı bir müşteriye yaklaşır.

Jamie: (gülümseyerek) Merhaba! Alışverişiniz nasıl gidiyor? Görüyorum ki harika parçalar seçmişsin!

Alex: (gömleğini havaya kaldırarak) Teşekkürler! Bu gömlek ile daha önce gördüğüm başka bir gömlek arasında gerçekten kaldım. Ne düşünüyorsun?

Jamie: (daha yakından bakmak için eğilerek) Buna bayılıyorum! Renk size çok yakışıyor ve sonbahar için mükemmel. Ama diğerinin benzersiz bir deseni var - ne tür bir hava arıyorsun?

Alex: (düşünerek) Genelde rahat görünümleri tercih ederim ama yaklaşan bazı etkinlikler için biraz daha şık bir şey istiyorum. Belki ikisini de almalıyım?

Jamie: (başını sallayarak) Bu iyi bir fikir olabilir! Birden fazla satın alırsanız indirim bile alabilirsiniz. Bugün herhangi bir promosyon olup olmadığını kontrol etmemi ister misiniz?

Alex: (coşkuyla) Evet, lütfen! Bunu çok isterim. Ve hala bunlarla gitmek için biraz pantolon bulmam gerekiyor.

Jamie: Kesinlikle! Yeni gelenler var. Size uygun birkaç seçenek göstereyim.

(Alex, Jamie'yi mağazanın başka bir bölümüne kadar takip eder.)

Jamie: İşte başlıyoruz! Bu yüksek belli kot pantolonlar şu anda çok moda. O gömlekle harika görünürlerdi.

Alex: (kot pantolonu kaldırarak) Bunlar çok tatlı! Uyumu beğendim. Tüm gün kullanım için rahat olacaklarını düşünüyor musunuz?

420

Jamie: Kesinlikle! Yumuşak bir denim karışımından yapılmıştır, bu nedenle esnek ve nefes alabilir. Ayrıca, diğer müşterilerden bazı harika yorumları var.

Alex: Harika! Kesinlikle onlara bir şans vereceğim.

Jamie: (Alex'i soyunma odalarına doğru yönlendirerek) Harika bir seçim! Her ihtimale karşı senin için birkaç beden alacağım. Gömlekleri de saklamak ister misin?

Alex: (gülümseyerek) Evet, sanırım ikisini de alacağım! Neden olmasın?

Jamie: Mükemmel! Sizin için her şeyi hazırlayacağım ve siz denerken bu promosyonu kontrol edebilirim.

Alex: Kulağa bir plan gibi geliyor! Yardımınız için çok teşekkür ederim!

Jamie: Hiç sorun değil! Başka bir şeye ihtiyacın olursa bana bildir.

(Alex soyunma odasına giderken Jamie promosyonları kontrol etmek için kasaya gider.)

4- Emily's skeptical friend

Scene: A trendy clothing store filled with colorful outfits and stylish displays. Emily is browsing the racks while Mark looks a bit overwhelmed.

Emily: (holding up a vibrant dress) Mark, check this out! Isn't it stunning?

Mark: (raising an eyebrow) It's... colorful, I'll give you that. But do you really need another dress?

Emily: (playfully) Need? Who needs to 'need' when you can have this level of fabulousness? Trust me, it'll be perfect for that rooftop party next week!

Mark: (smirking) So it's really for the 'gram, then?

Emily: (laughs) Okay, maybe a little. But I also genuinely love it! It's got great flow, and the colors scream summer!

Mark: (sighing) Alright, but I'm standing my ground if it looks ridiculous when you try it on.

Emily: Challenge accepted! (wanders excitedly to the fitting rooms)

(Moments later, Emily emerges in the dress, twirling dramatically.)

Emily: Ta-da! What do you think?

Mark: (pretending to think deeply) Hmm... I don't know. You kind of look like a walking rainbow.

Emily: (grinning) That's the point! It's fun and makes me feel fabulous!

Mark: (chuckles) Okay, I'll give it to you. It does look good, but can you really pull this off at a casual rooftop party?

Emily: (pleadingly) Yes! I can dress it down with a denim jacket and some cute sandals. Besides, isn't the whole point of fashion to express yourself?

Mark: (mocking) Spoken like a true fashionista.

Emily: (giggling) Exactly! Now, should I get this, or do you think the blue one is better? (holds up a different dress)

Mark: (waving his hands) Whoa, whoa! Two dresses? Are we buying a wardrobe or just having fun?

Emily: (with a wink) Why not both?

Mark: (shaking his head) You're impossible. Fine, let's checkout before you decide to get a whole new closet.

Emily: (smiling) Deal. But I'm definitely coming back for more next week!

Mark: (laughs) You're insane, but hey, at least you're stylish!

(They head to the checkout, Emily beaming with excitement.)

4- Emily'nin şüpheci arkadaşı

Sahne: Renkli kıyafetler ve şık görüntülerle dolu modaya uygun bir giyim mağazası. Emily raflara göz atarken Mark biraz bunalmış görünüyor.

Emily: (canlı bir elbise tutarak) Mark, şuna bir bak! Çarpıcı değil mi?

Mark: (bir kaşını kaldırarak) Bu... renkli, sana bunu vereceğim. Ama gerçekten başka bir elbiseye ihtiyacın var mı?

Emily: (şakacı bir şekilde) İhtiyaç var mı? Bu düzeyde bir muhteşemliğe sahip olabilecekken kimin 'ihtiyaç duyması' gerekiyor? İnan bana, gelecek haftaki çatı partisi için mükemmel olacak!

Mark: (sırıtarak) Yani gerçekten 'gram için, o zaman?

Emily: (gülüyor) Tamam, belki biraz. Ama aynı zamanda onu gerçekten seviyorum! Harika bir akışı var ve renkler yaz çığlığı atıyor!

Mark: (iç çekerek) Tamam, ama denediğinde saçma görünüyorsa yerimde duruyorum.

Emily: Meydan okuma kabul edildi! (heyecanla soyunma odalarına doğru dolaşır)

(Birkaç dakika sonra, Emily elbisenin içinde ortaya çıkıyor ve dramatik bir şekilde dönüyor.)

Emily: Ta-da! Ne düşünüyorsun?

Mark: (derin düşünüyormuş gibi yaparak) Hmm... Bilmiyorum. Yürüyen bir gökkuşağı gibi görünüyorsun.

Emily: (sırıtarak) Mesele bu! Eğlenceli ve beni harika hissettiriyor!

Mark: (kıkırdar) Tamam, sana vereceğim. İyi görünüyor, ama bunu sıradan bir çatı partisinde gerçekten başarabilir misin?

Emily: (yalvarırcasına) Evet! Onu bir kot ceket ve sevimli sandaletlerle giydirebilirim. Ayrıca, modanın tüm amacı kendini ifade etmek değil mi?

Mark: (alay ederek) Gerçek bir moda tutkunu gibi konuştu.

Emily: (kıkırdar) Kesinlikle! Şimdi, bunu almalı mıyım, yoksa mavi olanın daha iyi olduğunu mu düşünüyorsun? (farklı bir elbise tutar)

Mark: (ellerini sallayarak) Vay canına! İki elbise mi? Bir gardırop mu alıyoruz yoksa sadece eğleniyor muyuz?

Emily: (göz kırparak) Neden ikisi de olmasın?

Mark: (başını sallayarak) Sen imkansızsın. Tamam, yepyeni bir dolap almaya karar vermeden önce kontrol edelim.

Emily: (gülümseyerek) Anlaştık. Ama kesinlikle gelecek hafta daha fazlası için geri geliyorum!

Mark: (gülüyor) Delisin ama hey, en azından şıksın!

(Kasaya giderler, Emily heyecanla parlar.)

The Weather

Hava Durumu

1- Two friends discussing the weather

Scene: Emily and Jake are sitting at a coffee shop, looking out the window.

Emily: Wow, look at those dark clouds rolling in. I didn't think it would rain today!

Jake: I know, right? The forecast said it would be clear all day. I guess we should have checked more closely.

Emily: Yeah, I usually rely on that app on my phone, but it can be so unreliable sometimes.

Jake: True. It's like the weather can't make up its mind lately. Last week it was in the 70s, and now we're dropping down to the 50s.

Emily: Tell me about it! I had to pull out my winter coat again. I thought I'd packed it away for the season!

Jake: Same here! I was looking forward to some nice spring weather. Do you think it'll clear up soon, or are we in for a long rainy spell?

Emily: I think I heard the meteorologist say we might get thunderstorms later. It could be intense!

Jake: Great. Just what we need! At least we can enjoy our coffee indoors while we wait it out.

Emily: Right? And at least it's cozy in here. I love how rainy weather can make coffee taste even better.

Jake: Agreed! Let's just hope it clears up in time for the weekend. I was planning on going hiking.

Emily: Same! I have my fingers crossed. Let's keep an eye on the forecast and hope for the best.

Jake: Deal. For now, let's enjoy this daily surprise Mother Nature has thrown our way!

1- İki arkadaş hava durumunu tartışıyor

Sahne: Emily ve Jake bir kafede oturmuş, pencereden dışarı bakıyorlar.

Emily: Vay canına, içeri giren şu kara bulutlara bak. Bugün yağmur yağacağını düşünmemiştim!

Jake: Biliyorum, değil mi? Tahmin, tüm gün açık olacağını söyledi. Sanırım daha yakından kontrol etmeliydik.

Emily: Evet, genellikle telefonumdaki o uygulamaya güvenirim, ancak bazen çok güvenilmez olabilir.

Jake: Doğru. Sanki son zamanlarda hava kararını veremiyor gibi. Geçen hafta 70'lerdeydi ve şimdi 50'lere düşüyoruz.

Emily: Bana bundan bahset! Kışlık montumu tekrar çıkarmak zorunda kaldım. Sezon için paketlediğimi düşündüm!

Jake: Burada da aynı! Güzel bir bahar havasını dört gözle bekliyordum. Yakında düzeleceğini düşünüyor musunuz, yoksa uzun bir yağmur büyüsü içinde miyiz?

Emily: Sanırım meteoroloğun daha sonra gök gürültülü fırtınalar yaşayabileceğimizi söylediğini duydum. Yoğun olabilir!

Jake: Harika. Tam da ihtiyacımız olan şey! En azından dışarıda beklerken kahvemizi içeride içebiliriz.

Emily: Değil mi? Ve en azından burası rahat. Yağmurlu havanın kahvenin tadını daha da iyi hale getirmesini seviyorum.

Jake: Anlaştık! Umarız hafta sonu için zamanında düzelir. Yürüyüşe çıkmayı planlıyordum.

Emily: Aynı! Parmaklarımı çaprazladım. Tahminlere bir göz atalım ve en iyisini umalım.

Jake: Anlaştık. Şimdilik, Tabiat Ana'nın yolumuza çıkardığı bu günlük sürprizin tadını çıkaralım!

2- Mia and Jake

Mia: Hey Jake, have you checked the weather for today?

Jake: Yeah, I just looked outside. Looks like it's going to be sunny all day! Perfect for our picnic later.

Mia: I know, right? I was worried it might rain, but I'm so glad it's clear. I packed some sandwiches and snacks.

Jake: Awesome! The forecast said it might get a little windy this afternoon though. Do you think we should bring a blanket that won't blow away?

Mia: Good idea! I'll grab the heavier one. We don't want our food flying away like last time!

Jake: Haha, right? That was such a disaster. We really need a wind-proof picnic plan.

Mia: Maybe we could find a spot under that big tree in the park? It should provide some shade and block the wind a bit.

Jake: Sounds perfect! Plus, we can enjoy the nice breeze. Just enough to keep us cool without blowing everything around.

Mia: Agreed! I'm really looking forward to it. It's been a while since we had a day out like this.

Jake: Same here! Let's take advantage of this beautiful weather while we can.

Mia: Definitely! Let's head out soon before it gets too warm.

Feel free to let me know if you need any adjustments or a different theme!

2- Mia ve Jake

Mia: Hey Jake, bugün için hava durumunu kontrol ettin mi?

Jake: Evet, sadece dışarıya baktım. Görünüşe göre bütün gün güneşli olacak! Daha sonra pikniğimiz için mükemmel.

Mia: Biliyorum, değil mi? Yağmur yağabileceğinden endişeliydim ama açık olduğu için çok mutluyum. Biraz sandviç ve atıştırmalık hazırladım.

Jake: Harika! Tahmin, bu öğleden sonra biraz rüzgarlı olabileceğini söyledi. Sence uçup gitmeyen bir battaniye getirmeli miyiz?

Mia: İyi fikir! Daha ağır olanı alacağım. Yiyeceklerimizin geçen seferki gibi uçup gitmesini istemiyoruz!

Jake: Haha, değil mi? Bu tam bir felaketti. Gerçekten rüzgar geçirmez bir piknik planına ihtiyacımız var.

Mia: Belki parktaki o büyük ağacın altında bir yer bulabiliriz? Biraz gölge sağlamalı ve rüzgarı biraz engellemelidir.

Jake: Kulağa mükemmel geliyor! Ayrıca, güzel esintinin tadını çıkarabiliriz. Etrafımızdaki her şeyi havaya uçurmadan bizi serin tutacak kadar.

Mia: Anlaştık! Gerçekten dört gözle bekliyorum. Böyle bir gün geçirmeyeli uzun zaman oldu.

Jake: Burada da aynı! Fırsatımız varken bu güzel havadan yararlanalım.

Mia: Kesinlikle! Havalar çok ısınmadan hemen dışarı çıkalım.

Herhangi bir ayarlamaya veya farklı bir temaya ihtiyacınız olursa bana bildirmekten çekinmeyin!

3- A cozy café on a rainy day

Mia: (sipping her coffee) Ugh, I can't believe how gloomy it is outside today. I was hoping for some sunshine.

Jake: I know, right? It was so nice earlier in the week. What happened?

Mia: Apparently, there's a cold front moving in. They said it might rain all weekend.

Jake: Perfect timing for my outdoor plans! I was supposed to go hiking tomorrow.

Mia: That sounds like a bummer. Are you going to cancel?

Jake: I might. I mean, hiking in the rain doesn't sound like fun. Plus, I'm not keen on slipping and sliding on muddy trails.

Mia: Smart choice. You could always just have a cozy day in instead! Maybe binge-watch that series we've been talking about?

Jake: That actually sounds perfect. We could make some popcorn and just chill.

Mia: Exactly! And we can pretend it's not pouring outside. Just think of it as "self-care."

Jake: (chuckles) I like that! And who knows, maybe the weather will clear up later.

Mia: Yeah, there's always a chance. They say the weather can change quickly this time of year.

Jake: True! It could switch from pouring rain to a sunny afternoon in a heartbeat.

Mia: Let's just keep our fingers crossed. For now, though, I'm ready for a warm drink and a good show!

Jake: Sounds like a plan! Let's enjoy the cozy weather while we can.

Feel free to adjust any parts of the dialogue to better fit your needs!

3- Yağmurlu bir günde sıcacık bir kafe

Mia: (kahvesini yudumlarken) Ah, bugün dışarının ne kadar kasvetli olduğuna inanamıyorum. Biraz güneş ışığı umuyordum.

Jake: Biliyorum, değil mi? Hafta başında çok güzeldi. Ne oldu?

Mia: Görünüşe göre, içeri giren soğuk bir cephe var. Tüm hafta sonu yağmur yağabileceğini söylediler.

Jake: Açık hava planlarım için mükemmel bir zamanlama! Yarın yürüyüşe çıkmam gerekiyordu.

Mia: Kulağa gibi geliyor. İptal edecek misiniz?

Jake: Olabilir. Demek istediğim, yağmurda yürüyüş yapmak kulağa eğlenceli gelmiyor. Ayrıca, çamurlu patikalarda kaymaya ve kaymaya meraklı değilim.

Mia: Akıllı seçim. Bunun yerine her zaman rahat bir gün geçirebilirsiniz! Belki de bahsettiğimiz o diziyi art arda izlersiniz?

Jake: Aslında kulağa mükemmel geliyor. Biraz patlamış mısır yapabilir ve sadece rahatlayabiliriz.

Mia: Kesinlikle! Ve dışarıya dökülmüyormuş gibi davranabiliriz. Bunu sadece "öz bakım" olarak düşünün.

Jake: (kıkırdar) Bu hoşuma gitti! Ve kim bilir, belki hava daha sonra düzelir.

Mia: Evet, her zaman bir şans vardır. Yılın bu zamanında havanın hızla değişebileceğini söylüyorlar.

Jake: Doğru! Bir kalp atışında sağanak yağmurdan güneşli bir öğleden sonraya geçebilir.

Mia: Sadece parmaklarımızı çapraz tutalım. Şimdilik, sıcak bir içecek ve iyi bir gösteri için hazırım!

Jake: Kulağa bir plan gibi geliyor! Elimizden geldiğince rahat havanın tadını çıkaralım.

Diyaloğun herhangi bir bölümünü ihtiyaçlarınıza daha iyi uyacak şekilde ayarlamaktan çekinmeyin!

4- Sarah and Mark

Setting: A cozy café on a rainy afternoon.

Sarah: (looking out the window) Wow, it's really coming down out there, isn't it?

Mark: Yeah, it's like the sky decided to open up and let it all out at once. Perfect day for a hot chocolate, though!

Sarah: Definitely! I love rainy days as long as I don't have to go out in it. It makes everything feel so cozy.

Mark: True! Though I could do without the thunder. It startled me awake this morning!

Sarah: (laughs) I can relate! It's like the weather knows when you're trying to sleep in. Do you remember that storm last month? It felt like the world was ending.

Mark: Oh, for sure! I thought the power would go out. Luckily, it held up. But I actually enjoy the sound of the rain when I'm indoors.

Sarah: Same here! It's so soothing. I could listen to it for hours.

Mark: (smirking) Just don't let it distract you from your work! Speaking of which, does this rain mean we're stuck indoors for the weekend, or do you think it'll clear up?

Sarah: (checking her phone) The forecast says it should lighten up later. Maybe we'll have a chance to go for a walk after lunch.

Mark: Fingers crossed! I'd love to walk around with my umbrella and splash in some puddles.

Sarah: (giggles) You're such a kid at heart! But honestly, that sounds fun. Let's just hope it doesn't turn into another downpour like this.

Mark: Agreed! For now, let's enjoy our hot chocolates and watch the rain.

Sarah: Perfect plan!

4- Sarah ve Mark

Ortam: Yağmurlu bir öğleden sonra rahat bir kafe.

Sarah: (pencereden dışarı bakarak) Vay canına, gerçekten oradan geliyor, değil mi?

Mark: Evet, sanki gökyüzü açılmaya ve hepsini bir anda dışarı çıkarmaya karar verdi. Yine de sıcak bir çikolata için mükemmel bir gün!

Sarah: Kesinlikle! Dışarı çıkmak zorunda olmadığım sürece yağmurlu günleri severim. Her şeyi çok rahat hissettiriyor.

Mark: Doğru! Yine de gök gürültüsü olmadan yapabilirdim. Bu sabah uyandığımda beni şaşırttı!

Sarah: (gülüyor) İlişki kurabilirim! Sanki hava durumu ne zaman uyumaya çalıştığınızı biliyormuş gibi. Geçen ayki fırtınayı hatırlıyor musun? Sanki dünyanın sonu geliyormuş gibi hissettim.

Mark: Ah, kesinlikle! Elektriklerin kesileceğini düşündüm. Neyse ki, dayandı. Ama aslında içerideyken yağmurun sesinden keyif alıyorum.

Sarah: Burası da aynı! Çok yatıştırıcı. Saatlerce dinleyebilirim.

Mark: (sırıtarak) Sadece bunun seni işinden uzaklaştırmasına izin verme! Lafı açılmışken, bu yağmur hafta sonu boyunca içeride mahsur kaldığımız anlamına mı geliyor, yoksa havanın düzeleceğini mi düşünüyorsunuz?

Sarah: (telefonunu kontrol ederek) Tahminler daha sonra aydınlanması gerektiğini söylüyor. Belki öğle yemeğinden sonra yürüyüşe çıkma şansımız olur.

Mark: Parmaklar geçti! Şemsiyemle dolaşmayı ve bazı su birikintilerine sıçramayı çok isterim.

Sarah: (kıkırdar) Özünde tam bir çocuksun! Ama dürüst olmak gerekirse, kulağa eğlenceli geliyor. Umarız böyle bir sağanak yağışa dönüşmez.

Mark: Anlaştık! Şimdilik sıcak çikolatalarımızın tadını çıkaralım ve yağmuru izleyelim.

Sarah: Mükemmel plan!

Coffee Shop

Kahve Dükkanı

1- Of course

A cozy coffee shop with the aroma of freshly brewed coffee filling the air. A customer walks up to the counter.

Customer: (smiling) Hi there! Could I get a medium latte, please?

Barista: Of course! Would you like that hot or iced?

Customer: Hot, please. And could I get an extra shot of espresso in there?

Barista: Absolutely! So that's a medium hot latte with an extra shot. Anything else for you today?

Customer: Yes, actually. Do you have any pastries?

Barista: We do! We have blueberry muffins, croissants, and chocolate chip cookies.

Customer: Ooh, the blueberry muffin sounds great. I'll take one of those, too.

Barista: Great choice! So, that's a medium hot latte with an extra shot and a blueberry muffin. Would you like to add any syrups or flavors to your latte?

Customer: No, just the latte is perfect as is.

Barista: Awesome! That'll be $7.50.

Customer: (hands over cash) Here you go.

Barista: Thank you! Your order will be ready in just a moment.

Customer: Thank you! I love this place; it's always so cozy and welcoming.

Barista: We appreciate that! We're glad you enjoy it here.

(A moment later, the barista hands over the latte and muffin.)

Barista: Here you go! One medium hot latte with an extra shot and a blueberry muffin. Enjoy!

Customer: (grinning) Thanks a lot! Can't wait to dig in.

Barista: Have a great day!

Customer: You too!

(The customer walks to a nearby table, ready to enjoy their coffee.)

1- Tabii ki

Havayı dolduran taze demlenmiş kahve aroması ile şirin bir kahve dükkanı. Bir müşteri tezgaha doğru yürüyor.

Müşteri: (gülümseyerek) Merhaba! Orta boy bir latte alabilir miyim lütfen?

Barista: Tabii ki! Bunu sıcak mı yoksa buzlu mu istersin?

Müşteri: Sıcak, lütfen. Ve oraya fazladan bir shot espresso alabilir miyim?

Barista: Kesinlikle! Yani bu, ekstra bir atış ile orta sıcak bir latte. Bugün sizin için başka bir şey var mı?

Müşteri: Evet, aslında. Hamur işleriniz var mı?

Barista: Yaparız! Yaban mersinli kekler, kruvasanlar ve çikolatalı kurabiyelerimiz var.

Müşteri: Ooh, yaban mersinli kek kulağa harika geliyor. Ben de onlardan birini alacağım.

Barista: Harika bir seçim! Yani, bu ekstra bir shot ve yaban mersinli kek ile orta sıcak bir latte. Latte'nize herhangi bir şurup veya aroma eklemek ister misiniz?

Müşteri: Hayır, sadece latte olduğu gibi mükemmel.

Barista: Harika! Bu 7.50 dolar olacak.

Müşteri: (nakit teslim eder) Hadi bakalım.

Barista: Teşekkür ederim! Siparişiniz birazdan hazır olacak.

Müşteri: Teşekkür ederim! Burayı seviyorum; Her zaman çok rahat ve misafirperver.

Barista: Bunu takdir ediyoruz! Burada keyif aldığınıza sevindik.

(Bir dakika sonra barista latte ve çöreği uzatır.)

Barista: Hadi bakalım! Ekstra bir shot ve yaban mersinli kek ile bir orta boy sıcak latte. Zevk almak!

Müşteri: (sırıtarak) Çok teşekkürler! Kazmak için sabırsızlanıyorum.

439

Barista: İyi günler!

Müşteri: Siz de!

(**Müşteri, kahvesinin tadını çıkarmaya hazır bir şekilde yakındaki bir masaya yürür.**)

2- Bustling coffee shop

A cozy, bustling coffee shop with the aroma of freshly brewed coffee filling the air. The sound of espresso machines and light chatter surrounds the scene.

Customer: (walking to the counter) Hi there! I'd like a coffee, please.

Barista: Sure! What can I get for you? We have a variety of blends today.

Customer: Hmm, what do you recommend? I'm looking for something that'll give me a nice kick.

Barista: I'd recommend our dark roast. It's rich and bold, plus it has a good caffeine punch. Or if you're in the mood for something sweeter, our caramel macchiato is really popular!

Customer: Ooh, the caramel macchiato sounds tempting. Is it made with real caramel?

Barista: Yes, it is! We make our own caramel drizzle in-house.

Customer: Perfect! I'll have a medium caramel macchiato, then. Can I get that iced?

Barista: Absolutely! Would you like to add whipped cream on top?

Customer: Yes, please! And could I also get a blueberry muffin to go with that?

Barista: Great choice! That'll be one medium iced caramel macchiato with whipped cream and one blueberry muffin. Is that all for you today?

Customer: Yes, that's it. How much do I owe you?

Barista: It's $7.50 altogether.

Customer: (hands over cash/card) Here you go!

Barista: Thank you! Your order will be ready shortly. You can pick it up at that end of the counter.

Customer: Awesome, thanks! I'll wait right over there. (smiles as they walk to the side)

Barista: (calling out as they prepare the order) One iced caramel macchiato, extra caramel and whipped cream, and a blueberry muffin coming right up!

Customer: (to themselves) I can't wait for that first sip!

[Scene fades out with the sounds of the coffee shop and chatter filling the air.]

2- Hareketli kahve dükkanı

Havayı dolduran taze demlenmiş kahve aroması ile rahat, hareketli bir kahve dükkanı. Espresso makinelerinin sesi ve hafif gevezelik sahneyi çevreliyor.

Müşteri: (tezgaha doğru yürüyerek) Merhaba! Bir kahve istiyorum lütfen.

Barista: Tabii! Senin için ne alabilirim? Bugün çeşitli karışımlarımız var.

Müşteri: Hmm, ne önerirsiniz? Bana güzel bir tekme atacak bir şey arıyorum.

Barista: Koyu rostomuzu tavsiye ederim. Zengin ve cesurdur, ayrıca iyi bir kafein yumruğuna sahiptir. Ya da daha tatlı bir şeyler havasındaysanız, karamelli macchiato'muz gerçekten popüler!

Müşteri: Ooh, karamelli macchiato kulağa cazip geliyor. Gerçek karamel ile mi yapıldı?

Barista: Evet öyle! Kendi karamel çiseleyen yemeğimizi kendi bünyemizde yapıyoruz.

Müşteri: Mükemmel! O zaman orta boy karamelli bir macchiato alacağım. O kadar buzlu alabilir miyim?

Barista: Kesinlikle! Üzerine krem şanti eklemek ister misiniz?

Müşteri: Evet, lütfen! Ve bununla gitmek için bir yaban mersinli kek de alabilir miyim?

Barista: Harika bir seçim! Bu, krem şanti ile orta boy buzlu karamelli macchiato ve bir yaban mersinli kek olacak. Bugün senin için bu kadar mı?

Müşteri: Evet, bu kadar. Sana ne kadar borcum var?

Barista: Toplamda 7.50 dolar.

Müşteri: (nakit/kart üzerinden devir teslimi) Hadi bakalım!

Barista: Teşekkür ederim! Siparişiniz kısa süre içinde hazır olacaktır. Tezgahın o ucundan alabilirsiniz.

Müşteri: Harika, teşekkürler! Orada bekleyeceğim. (yana doğru yürürken gülümser)

Barista: (siparişi hazırlarken sesleniyor) Bir buzlu karamelli macchiato, ekstra karamel ve krem şanti ve yaban mersinli kek hemen geliyor!

Müşteri: (kendi kendine) İlk yudum için sabırsızlanıyorum!

[**Kafenin sesleri ve havayı dolduran gevezeliklerle sahne kayboluyor.**]

3- A casual coffee drinker

A cozy coffee shop with the warm aroma of freshly brewed coffee filling the air. Soft music plays in the background as customers chat and enjoy their drinks.

Characters:

- **Sam:** A casual coffee drinker, somewhat undecided.
- **Barista:** Friendly and knowledgeable about the menu.

Sam: (walking up to the counter) Hi there! I'd like to get a coffee, but I'm not sure what to get today.

Barista: No problem! We have a lot of great options. Do you prefer something strong, or maybe something a bit sweeter?

Sam: Hmm, I usually go for strong, but I'm in the mood to try something new. What do you recommend?

Barista: If you're looking for something stronger, our cold brew is really popular right now. It's brewed for 12 hours, so it has a smooth, bold flavor.

Sam: That sounds interesting. I've never tried cold brew before. Do you serve it straight, or can I get it with something?

Barista: You can have it straight or with milk or cream if you like. We also have flavored syrups if you want to sweeten it up.

Sam: Sweetened sounds nice. What flavor do you recommend?

Barista: The vanilla syrup pairs really well with the cold brew. It adds a nice touch without overpowering the coffee taste.

Sam: Great! I'll have the cold brew with vanilla, please.

Barista: Perfect choice! Would you like it tall or grande?

Sam: Let's go with grande.

Barista: Fantastic! That'll be $4.50.

Sam: (hands over cash) Here you go.

Barista: (taking the payment) Awesome! It'll just be a moment. Are you staying to enjoy it or taking it to go?

Sam: I think I'll take it to go. I've got a few things to do today.

Barista: No worries! I'll have that ready for you shortly.

(A minute later, the barista hands over a stylish cup of cold brew with a smile.)

Barista: Here you go! One grande cold brew with vanilla. Enjoy!

Sam: (taking the cup) Thanks a lot! I'm excited to try this.

Barista: You're welcome! Let me know how you like it. Have a great day!

Sam: Will do! You too!

(Sam walks out, coffee in hand, excited for a new coffee experience.)

3- Sıradan bir kahve tiryakisi

Havayı dolduran taze demlenmiş kahvenin sıcak aroması ile rahat bir kahve dükkanı. Müşteriler sohbet ederken ve içeceklerinin tadını çıkarırken arka planda yumuşak müzik çalar.

Karakter:

- **Sam:** Sıradan bir kahve tiryakisi, biraz kararsız.
- **Barista:** Menü hakkında arkadaş canlısı ve bilgili.

Sam: (tezgaha doğru yürürken) Merhaba! Bir kahve almak istiyorum ama bugün ne alacağımdan emin değilim.

Barista: Sorun değil! Çok sayıda harika seçeneğimiz var. Güçlü bir şey mi tercih edersin yoksa biraz daha tatlı bir şey mi?

Sam: Hmm, genellikle güçlü olanı seçerim, ama yeni bir şey denemek havasındayım. Ne önerirsiniz?

Barista: Daha güçlü bir şey arıyorsanız, soğuk dememiz şu anda gerçekten popüler. 12 saat demlenir, bu nedenle pürüzsüz, cesur bir tada sahiptir.

Sam: Kulağa ilginç geliyor. Daha önce hiç cold brew denemedim. Düz mü servis ediyorsun yoksa bir şeyle alabilir miyim?

Barista: İsterseniz düz veya sütlü veya kremalı olarak yiyebilirsiniz. Tatlandırmak isterseniz aromalı şuruplarımız da var.

Sam: Şekerli kulağa hoş geliyor. Hangi aromayı önerirsiniz?

Barista: Vanilya şurubu, soğuk demleme ile gerçekten iyi uyum sağlar. Kahve tadını bastırmadan hoş bir dokunuş katıyor.

Sam: Harika! Vanilyalı soğuk demleme yapacağım lütfen.

Barista: Mükemmel seçim! Uzun mu yoksa büyük mü istersiniz?

Sam: Grande ile gidelim.

Barista: Harika! Bu 4.50 dolar olacak.

Sam: (nakit teslim eder) Hadi bakalım.

Barista: (ödemeyi alarak) Harika! Sadece bir an olacak. Eğlenmek için mi kalıyorsunuz yoksa gitmek için mi alıyorsunuz?

Sam: Sanırım gitmek için alacağım. Bugün yapmam gereken birkaç şey var.

Barista: Telaşa gerek yok! Bunu kısa süre içinde senin için hazırlayacağım.

(Bir dakika sonra, barista gülümseyerek şık bir fincan soğuk demleme verir.)

Barista: Hadi bakalım! Vanilyalı bir grande soğuk demleme. Zevk almak!

Sam: (bardağı alarak) Çok teşekkürler! Bunu denemek için heyecanlıyım.

Barista: Rica ederim! Nasıl beğendiğini bana bildir. İyi günler!

Sam: Yapacak! Sen de!

(Sam elinde kahve, yeni bir kahve deneyimi için heyecanla dışarı çıkıyor.)

4- A young woman

A cozy coffee shop with the aroma of freshly brewed coffee filling the air. Soft music plays in the background as the barista stands behind the counter.

- **Customer (Ella)**: A young woman in her late twenties, wearing a casual outfit.
- **Barista (Jake)**: A friendly barista with a warm smile, wearing a black apron.

Ella: (walks up to the counter) Hi there! Could I get a medium latte, please?

Jake: Absolutely! Would you like that with any flavor? We have vanilla, hazelnut, and caramel.

Ella: Ooh, I love caramel. Let's go with that!

Jake: Great choice! Would you like it hot or iced?

Ella: I think I'll go with hot today. It's a bit chilly outside.

Jake: (nods) I hear you! One hot caramel latte coming right up. Would you like any milk alternatives? We have almond, oat, and soy.

Ella: Just regular milk is fine, thanks!

Jake: Perfect! Anything else for you today? We have some delicious pastries if you're interested.

Ella: Hmm, let me see... (glances at the pastry display) The blueberry muffin looks tempting. I'll take one of those too!

Jake: Good pick! (starts preparing the order) So, that's one hot caramel latte and one blueberry muffin.

Ella: Yes, please. How much do I owe you?

Jake: (tallies it up) That'll be $7.50.

Ella: (hands over cash) Here you go.

Jake: (takes the cash and starts making the latte) Thanks! I'll have that ready for you in just a moment.

Ella: (smiling) No rush! Just enjoying the atmosphere here. It's so cozy.

Jake: We try our best! We want everyone to feel at home. (places the muffin in a bag)

Ella: It really shows!

Jake: (finishes the latte and hands it over) Here's your hot caramel latte and blueberry muffin. Enjoy!

Ella: Thank you so much! I can't wait to dig in.

Jake: You're welcome! Have a great day!

Ella: You too! (walks away, holding her coffee and muffin, looking content)

(Scene ends with Ella finding a cozy spot by the window to enjoy her coffee and pastry.)

4- Genç bir kadın

Havayı dolduran taze demlenmiş kahve aroması ile şirin bir kahve dükkanı. Barista tezgahın arkasında dururken arka planda yumuşak bir müzik çalıyor.

- **Müşteri (Ella):** Yirmili yaşlarının sonlarında, rahat bir kıyafet giyen genç bir kadın.
- **Barista (Jake):** Siyah önlük giyen, sıcak bir gülümsemeye sahip arkadaş canlısı bir barista.

Ella: (tezgaha doğru yürür) Merhaba! Orta boy bir latte alabilir miyim lütfen?

Jake: Kesinlikle! Bunu herhangi bir lezzetle ister misiniz? Vanilyamız, fındığımız ve karamelimiz var.

Ella: Ooh, karameli seviyorum. Hadi bununla gidelim!

Jake: Harika bir seçim! Sıcak mı yoksa buzlu mu istersiniz?

Ella: Sanırım bugün sıcak ile gideceğim. Dışarısı biraz soğuk.

Jake: (başını sallar) Seni duyuyorum! Bir sıcak karamelli latte hemen geliyor. Herhangi bir süt alternatifi ister misiniz? Badem, yulaf ve soyamız var.

Ella: Sadece normal süt iyidir, teşekkürler!

Jake: Mükemmel! Bugün sizin için başka bir şey var mı? İlgileniyorsanız lezzetli hamur işlerimiz var.

Ella: Hmm, bir bakayım... (pasta vitrinine bakar) Yaban mersinli kek cazip görünüyor. Ben de onlardan birini alacağım!

Jake: İyi seçim! (siparişi hazırlamaya başlar) Yani, bu bir sıcak karamelli latte ve bir yaban mersinli çörek.

Ella: Evet, lütfen. Sana ne kadar borcum var?

Jake: (hesaplar) Bu 7.50 dolar olacak.

Ella: (nakit teslim eder) Hadi bakalım.

Jake: (parayı alır ve latte yapmaya başlar) Teşekkürler! Bunu birazdan senin için hazırlayacağım.

Ella: (gülümseyerek) Aceleye gerek yok! Sadece buradaki atmosferin tadını çıkarıyorum. Çok rahat.

Jake: Elimizden gelenin en iyisini yapmaya çalışıyoruz! Herkesin kendini evinde hissetmesini istiyoruz. (çöreği bir torbaya yerleştirir)

Ella: Gerçekten gösteriyor!

Jake: (latteyi bitirir ve teslim eder) İşte sıcak karamelli latte ve yaban mersinli kekiniz. Zevk almak!

Ella: Çok teşekkür ederim! Kazmak için sabırsızlanıyorum.

Jake: Rica ederim! İyi günler!

Ella: Sen de! (kahvesini ve çöreğini tutarak, memnun görünüyorarak uzaklaşıyor)

(Sahne, Ella'nın kahve ve hamur işlerinin tadını çıkarmak için pencere kenarında rahat bir yer bulmasıyla sona erer.)

Doctor's Office

Doktor Ofisi

1- How are you feeling today?

A doctor's office, softly-lit with medical posters on the walls. A patient, Sarah, is sitting in an exam room. Dr. Thompson, a friendly physician, enters with a clipboard.

Dr. Thompson: Good morning, Sarah! How are you feeling today?

Sarah: Morning, Doctor. I'm a bit anxious, to be honest. I've been having these weird headaches lately.

Dr. Thompson: I understand. That can be concerning. How long have you been experiencing them?

Sarah: It started about two weeks ago. At first, it was just a dull ache, but now it feels more like a pressure behind my eyes.

Dr. Thompson: That can definitely be uncomfortable. Have you noticed anything that triggers the headaches? For example, stress, lack of sleep, or perhaps changes in your diet?

Sarah: I've been really stressed with work lately, and I haven't been sleeping well. I also might not be drinking enough water.

Dr. Thompson: Those are important factors. Let's talk about your daily routine. How many hours of sleep are you getting on average?

Sarah: Maybe five or six hours a night. I used to get more, but my workload has been overwhelming.

Dr. Thompson: That's definitely below the recommended amount. Sleep is crucial for managing stress and headaches. Have you tried any relaxation techniques or changes to your routine?

Sarah: I haven't really had the time. I just thought I'd come in for a check-up to see if there was something more serious.

Dr. Thompson: It's good that you came in. We'll want to rule out any underlying conditions. How about we do a few simple tests and maybe discuss some strategies for managing stress and sleep?

Sarah: That sounds like a good plan. I'd really appreciate any tips you have.

Dr. Thompson: Absolutely. I often recommend a mix of physical activity and mindfulness practices. Even short breaks during the day can help.

Sarah: I'll try that. I just feel so overwhelmed all the time.

Dr. Thompson: It's completely understandable. Remember, it's okay to reach out for help, whether it's friends, family, or professionals. You're not alone in this.

Sarah: Thank you, Doctor. That really helps to hear.

Dr. Thompson: Of course! Let's get started with those tests, and I'll make sure to provide you with some resources for stress management.

Sarah: Sounds great!

(The doctor conducts the necessary tests, and they continue discussing Sarah's options for better health and wellness.)

1- Bugün nasıl hissediyorsun?

Duvarlarında tıbbi posterlerle yumuşak bir şekilde aydınlatılmış bir doktor ofisi. Bir hasta, Sarah, muayene odasında oturuyor. Dost canlısı bir doktor olan Dr. Thompson, elinde bir pano ile içeri girer.

Dr. Thompson: Günaydın Sarah! Bugün nasıl hissediyorsun?

Sarah: Günaydın doktor. Dürüst olmak gerekirse biraz endişeliyim. Son zamanlarda bu garip baş ağrılarını yaşıyorum.

Dr. Thompson: Anlıyorum. Bu endişe verici olabilir. Onları ne zamandır deneyimliyorsunuz?

Sarah: Yaklaşık iki hafta önce başladı. İlk başta, sadece donuk bir ağrıydı, ama şimdi gözlerimin arkasında daha çok bir baskı gibi hissediyorum.

Dr. Thompson: Bu kesinlikle rahatsız edici olabilir. Baş ağrısını tetikleyen herhangi bir şey fark ettiniz mi? Örneğin, stres, uykusuzluk veya belki de diyetinizdeki değişiklikler?

Sarah: Son zamanlarda işle ilgili gerçekten stresliyim ve iyi uyuyamıyorum. Ayrıca yeterince su içmiyor olabilirim.

Dr. Thompson: Bunlar önemli faktörler. Günlük rutininiz hakkında konuşalım. Ortalama kaç saat uyuyorsunuz?

Sarah: Belki gecede beş ya da altı saat. Eskiden daha fazlasını alırdım ama iş yüküm çok fazlaydı.

Dr. Thompson: Bu kesinlikle önerilen miktarın altında. Uyku, stresi ve baş ağrısını yönetmek için çok önemlidir. Herhangi bir rahatlama tekniği veya rutininizde değişiklik denediniz mi?

Sarah: Gerçekten zamanım olmadı. Daha ciddi bir şey olup olmadığını görmek için kontrole geleceğimi düşündüm.

Dr. Thompson: İyi ki geldiniz. Altta yatan herhangi bir koşulu ekarte etmek isteyeceğiz. Birkaç basit test yapmaya ve belki de stres ve uykuyu yönetmek için bazı stratejileri tartışmaya ne dersiniz?

Sarah: Kulağa iyi bir plan gibi geliyor. Sahip olduğunuz herhangi bir ipucu için gerçekten minnettar olurum.

Dr. Thompson: Kesinlikle. Sık sık fiziksel aktivite ve farkındalık uygulamalarının bir karışımını öneririm. Gün içinde kısa molalar bile yardımcı olabilir.

Sarah: Bunu deneyeceğim. Her zaman çok bunalmış hissediyorum.

Dr. Thompson: Bu tamamen anlaşılabilir bir durum. Unutmayın, ister arkadaşlar, ister aile veya profesyoneller olsun, yardım istemek sorun değil. Bu konuda yalnız değilsin.

Sarah: Teşekkür ederim doktor. Bu gerçekten duymaya yardımcı olur.

Dr. Thompson: Elbette! Bu testlerle başlayalım ve size stres yönetimi için bazı kaynaklar sağladığımdan emin olacağım.

Sarah: Kulağa harika geliyor!

(Doktor gerekli testleri yapar ve Sarah'nın daha iyi sağlık ve zindelik seçeneklerini tartışmaya devam ederler.)

2- A Routine Check-Up

A small, cozy doctor's office with soft lighting. There are medical charts on the walls, and the sound of a distant printer whirring.

Characters:

- **Dr. Lee**, a friendly and attentive doctor in her forties.
- **Jessica**, a nervous patient in her twenties, sitting in the examination room.

Dr. Lee: (knocking lightly before entering) Hi there! You must be Jessica. How are you feeling today?

Jessica: (fidgeting with her hands) Hi, Doctor. I'm okay, I guess. Just a little anxious about the appointment.

Dr. Lee: That's completely understandable! A lot of patients feel that way. Let's just take it one step at a time. What brings you in today?

Jessica: Well, I've had this nagging headache for a few weeks now, and I just... I don't know. I thought it might be serious.

Dr. Lee: I see. Headaches can definitely be concerning. Can you tell me a bit more about them? When do they happen, and how intense are they?

Jessica: They usually come on in the afternoon—like clockwork. Sometimes they're mild, but other times it feels like my head is in a vice.

Dr. Lee: (nodding as she jots down notes) That sounds uncomfortable. Do you notice any triggers? Stress, changes in sleep, or maybe certain foods?

Jessica: I've been really stressed with work lately. And I haven't been sleeping well. I guess it's all piling up.

Dr. Lee: That could definitely be a factor. Let's take a look. I'll check your blood pressure and do a quick neurological exam. Just to rule out anything more serious, okay?

Jessica: (taking a deep breath) Okay, that sounds good.

Dr. Lee: (gently applies the blood pressure cuff) You're going to feel a little pressure, but it won't last long.

Jessica: (watching nervously) Is it normal for headaches to feel this intense?

Dr. Lee: Yes, many people experience headaches, especially during stressful times. But we'll make sure to investigate further if needed. Do you drink enough water during the day?

Jessica: Not really. I keep telling myself I will, but then I get busy...

Dr. Lee: Hydration is key! It's amazing how much it can affect how you feel physically, including headaches.

Jessica: I'll definitely try to improve that.

Dr. Lee: (removing the cuff) Okay, your blood pressure looks good. Now, let's proceed with the neurological exam. Just follow my finger with your eyes. (she moves her finger side to side)

Jessica: (concentrates) Like this?

Dr. Lee: Perfect! You're doing great. Any light sensitivity or nausea with the headaches?

Jessica: Sometimes. Bright lights can make it worse.

Dr. Lee: Got it. It could be a tension headache or something similar, especially with your stress levels. I'll suggest some relaxation techniques and we can discuss hydration as well. If it doesn't improve, we'll look into further testing. Sound good?

Jessica: That sounds reasonable. Thank you for being so understanding.

Dr. Lee: Of course! You're not alone in this. We'll work through it together. Here's some information about mindfulness and hydration tips. Schedule a follow-up appointment in a couple of weeks, so we can see how you're doing.

Jessica: (smiling, feeling relieved) Thank you, Dr. Lee. I appreciate it.

Dr. Lee: Anytime, Jessica. Take care, and remember—you're in charge of your health!

(Dr. Lee exits, leaving Jessica feeling hopeful as she glances at the pamphlet on mindfulness.)

2- Rutin bir kontrol

Yumuşak aydınlatmalı küçük, şirin bir doktor ofisi. Duvarlarda tıbbi çizelgeler ve uzaktaki bir yazıcının vızıldama sesi var.

Karakter:

- **Kırklı yaşlarında arkadaş canlısı ve özenli bir doktor** olan Dr. Lee.
- Yirmili yaşlarında gergin bir hasta olan Jessica, muayene odasında oturuyor.

Dr. Lee: (girmeden önce hafifçe vurarak) Merhaba! Jessica olmalısın. Bugün nasıl hissediyorsun?

Jessica: (elleriyle kıpırdanarak) Merhaba Doktor. Sanırım iyiyim. Randevu konusunda biraz endişeliyim.

Dr. Lee: Bu tamamen anlaşılabilir bir durum! Birçok hasta bu şekilde hissediyor. Her seferinde bir adım atalım. Bugün seni buraya getiren nedir?

Jessica: Pekala, birkaç haftadır bu dırdırcı baş ağrım var ve ben sadece... Bilmiyorum. Ciddi olabileceğini düşündüm.

Dr. Lee: Anlıyorum. Baş ağrısı kesinlikle endişe verici olabilir. Bana onlar hakkında biraz daha bilgi verebilir misiniz? Ne zaman oluyorlar ve ne kadar yoğunlar?

Jessica: Genellikle öğleden sonra gelirler - saat gibi. Bazen hafifler, ama diğer zamanlarda kafam bir mengenedeymiş gibi hissediyorum.

Dr. Lee: (notları not alırken başını sallayarak) Kulağa rahatsız edici geliyor. Herhangi bir tetikleyici fark ettiniz mi? Stres, uyku değişiklikleri veya belki bazı yiyecekler?

Jessica: Son zamanlarda işle ilgili gerçekten stresliyim. Ve iyi uyuyamıyorum. Sanırım hepsi birikiyor.

Dr. Lee: Bu kesinlikle bir faktör olabilir. Hadi bir bakalım. Kan basıncınızı kontrol edeceğim ve hızlı bir nörolojik muayene yapacağım. Sadece daha ciddi bir şeyi ekarte etmek için, tamam mı?

Jessica: (derin bir nefes alarak) Tamam, kulağa hoş geliyor.

Dr. Lee: (nazikçe tansiyon manşetini uygular) Biraz baskı hissedeceksiniz ama bu uzun sürmeyecek.

Jessica: (gergin bir şekilde izliyor) Baş ağrılarının bu kadar yoğun hissetmesi normal mi?

Dr. Lee: Evet, birçok insan özellikle stresli zamanlarda baş ağrısı yaşar. Ancak gerekirse daha fazla araştırma yapacağımızdan emin olacağız. Gün içinde yeterince su içiyor musunuz?

Jessica: Pek sayılmaz. Kendime yapacağımı söyleyip duruyorum ama sonra meşgul oluyorum ...

Dr. Lee: Hidrasyon anahtardır! Baş ağrısı da dahil olmak üzere fiziksel olarak nasıl hissettiğinizi ne kadar etkileyebileceği şaşırtıcı.

Jessica: Kesinlikle bunu geliştirmeye çalışacağım.

Dr. Lee: (manşeti çıkararak) Tamam, kan basıncınız iyi görünüyor. Şimdi nörolojik muayeneye geçelim. Sadece gözlerinle parmağımı takip et. (parmağını iki yana hareket ettirir)

Jessica: (konsantre olur) Böyle mi?

Dr. Lee: Mükemmel! Harika gidiyorsun. Baş ağrısı ile birlikte herhangi bir ışık hassasiyeti veya mide bulantısı var mı?

Jessica: Bazen. Parlak ışıklar durumu daha da kötüleştirebilir.

Dr. Lee: Anladım. Özellikle stres seviyelerinizle ilgili bir gerilim tipi baş ağrısı veya benzeri bir şey olabilir. Bazı rahatlama teknikleri önereceğim ve hidrasyonu da tartışabiliriz. İyileşmezse, daha fazla test etmeye bakacağız. Kulağa hoş geliyor mu?

Jessica: Kulağa mantıklı geliyor. Bu kadar anlayışlı olduğunuz için teşekkür ederim.

Dr. Lee: Elbette! Bu konuda yalnız değilsin. Birlikte üstesinden geleceğiz. İşte farkındalık ve hidrasyon ipuçları hakkında bazı bilgiler. Birkaç hafta içinde bir takip randevusu planlayın, böylece nasıl olduğunuzu görebiliriz.

Jessica: (gülümseyerek, rahatlamış hissederek) Teşekkür ederim Dr. Lee. Bunu takdir ediyorum.

Dr. Lee: Her zaman, Jessica. Kendine iyi bak ve unutma - sağlığından sen sorumlusun!

(Dr. Lee çıkar ve Jessica'yı farkındalıkla ilgili broşüre bakarken umutlu hisseder.)

3- Smiling

A doctor's office waiting room. The atmosphere is calm, but there's a hint of nervousness in the air. A middle-aged woman (SUSAN) sits reading a magazine while a young man (JAMES) fidgets with his phone. The nurse (LISA) enters to call the next patient.

LISA: (cheerfully) James Thompson?

JAMES: (looks up, stands) That's me. (to Susan) Wish me luck!

SUSAN: (smiling) You'll be fine! Just remember to breathe.

(**JAMES walks toward LISA and follows her down the hallway.**)

LISA: (as they walk) So, are you feeling nervous today?

JAMES: A little. It's just a check-up, right? No big deal.

LISA: Exactly! Just routine. The doctor will be in shortly.

(**They enter the examination room.**)

LISA: (gesturing) You can sit right here. Do you have any questions while you wait?

JAMES: Not really. Just hope everything is okay.

LISA: That's the goal! Everyone has those thoughts. You're doing the right thing by coming in.

(**LISA leaves the room. A few moments later, the doctor (DR. SMITH) enters.**)

DR. SMITH: (smiling) Hello, James! How's it going today?

JAMES: Hi, Doctor. Just a little anxious, I guess.

DR. SMITH: That's perfectly normal. Let's chat about what's been on your mind, and we'll get you feeling better in no time.

(**Scene shifts back to the waiting room. SUSAN, after flipping a page in her magazine, overhears a conversation between another patient (MRS. JOHNSON) and LISA.**)

MRS. JOHNSON: (concerned) I've been feeling tired all the time. I'm not sure what's going on.

LISA: (nods empathetically) It's good you came in. Let's get some tests, and we'll figure it out together.

SUSAN: (understandingly) I can relate. Sometimes it's just a matter of getting checked out.

MRS. JOHNSON: (smiling at Susan) Exactly! Better to be safe than sorry.

(**The scene concludes with the subtle sounds of a busy office, reassuring the waiting patients that they're all in this together.**)

3- Gülümsemek

Bir doktorun ofisi bekleme odası. Atmosfer sakin, ama havada bir miktar gerginlik var. Orta yaşlı bir kadın (SUSAN) oturmuş dergi okurken, genç bir adam (JAMES) telefonuyla uğraşıyor. Hemşire (LISA) bir sonraki hastayı aramak için girer.

LISA: (neşeyle) James Thompson mı?

JAMES: (yukarı bakar, ayağa kalkar) Bu benim. (Susan'a) Bana şans dile!

SUSAN: (gülümseyerek) İyi olacaksın! Sadece nefes almayı unutma.

(James, LISA'ya doğru yürür ve onu koridorda takip eder.)

LISA: (onlar yürürken) Peki, bugün gergin hissediyor musun?

JAMES: Biraz. Bu sadece bir check-up, değil mi? Önemli değil.

LISA: Kesinlikle! Sadece rutin. Doktor birazdan içeri girecek.

(Muayene salonuna girerler.)

LISA: (el hareketiyle) Tam burada oturabilirsin. Beklerken herhangi bir sorunuz var mı?

JAMES: Pek sayılmaz. Umarım her şey yolundadır.

LISA: Amaç bu! Herkesin bu düşünceleri vardır. İçeri girmekle doğru olanı yapıyorsun.

(LISA odadan çıkar. Birkaç dakika sonra doktor (DR. SMITH) içeri girer.)

DR. SMITH: (gülümseyerek) Merhaba James! Bugün nasıl gidiyor?

JAMES: Merhaba doktor. Sanırım biraz endişeli.

Dr. Smith: Bu tamamen normal. Aklınızdan geçenler hakkında sohbet edelim ve kısa sürede kendinizi daha iyi hissetmenizi sağlayacağız.

(Sahne bekleme odasına geri döner. Susan, dergisinde bir sayfayı çevirdikten sonra, başka bir hasta (Bayan Johnson) ile LISA arasındaki bir konuşmaya kulak misafiri olur.)

Bayan Johnson: (endişeli) Sürekli yorgun hissediyorum. Neler olduğundan emin değilim.

LISA: (empatik bir şekilde başını sallar) İçeri girdiğin iyi oldu. Bazı testler yapalım ve birlikte çözeceğiz.

Susan: (Anlayışla) İlişki kurabilirim. Bazen bu sadece kontrol edilme meselesidir.

Bayan Johnson: (Susan'a gülümseyerek) Kesinlikle! Üzgün olmaktansa güvende olmak daha iyidir.

(Sahne, yoğun bir ofisin ince sesleriyle sona erer ve bekleyen hastalara bu işte birlikte olduklarına dair güvence verir.)

4- A small doctor's office

Nurse: (cheerfully) Mr. Thompson?

Mr. Thompson: (standing up) That's me!

Nurse: Great! If you could follow me, the doctor will see you now.

(They walk down a narrow hallway into an examination room.)

Nurse: Please have a seat on the exam table. The doctor will be with you shortly. Do you have any concerns you'd like to mention today?

Mr. Thompson: (sitting down) Just a persistent cough and some fatigue. I thought it was just a cold, but it's been lingering for a while now.

Nurse: I'll make sure to note that. Any allergies that we should be aware of?

Mr. Thompson: None that I know of.

Nurse: Perfect! I'll get the doctor. Just relax for a moment.

(The nurse leaves and shortly after, Dr. Lee enters.)

Dr. Lee: (smiling) Good morning, Mr. Thompson! How are you feeling today?

Mr. Thompson: Not great, to be honest. This cough just won't go away.

Dr. Lee: I see. How long have you had the cough?

Mr. Thompson: It started about three weeks ago. I thought it was just a cold, but I've had it for too long now.

Dr. Lee: Have you experienced anything else? Fever, shortness of breath, or any pain?

Mr. Thompson: No fever, but I do feel a bit more tired than usual.

Dr. Lee: Thank you for sharing that. I'd like to listen to your lungs and check your throat.

(Dr. Lee pulls out a stethoscope and examines Mr. Thompson.)

Dr. Lee: Take a deep breath in and out for me.

(Mr. Thompson follows the instructions.)

Dr. Lee: (nodding) Alright, everything sounds clear. Let's take a look at your throat.

(After the examination.)

Mr. Thompson: So, what do you think?

Dr. Lee: It could be a lingering infection or allergies, but I'd recommend some tests to rule out anything more serious. We can also start you on a cough syrup to help with those symptoms.

Mr. Thompson: That sounds good. I appreciate it, Doctor.

Dr. Lee: Of course! We'll take good care of you. I'll have the nurse come in to arrange the tests and get you that prescription.

(Mr. Thompson nods, feeling relieved as the doctor leaves the room.)

Nurse: (entering with a warm smile) All set! I'll get the tests ordered for you and your prescription ready.

Mr. Thompson: Thank you!

(As the nurse prepares the paperwork, Mr. Thompson feels a sense of calm knowing he's in good hands.)

4- Küçük bir doktor muayenehanesi

Hemşire: (neşeyle) Bay Thompson?

Bay Thompson: (ayağa kalkarak) İşte benim!

Hemşire: Harika! Beni takip edebilseydin, doktor şimdi seni görecek.

(Dar bir koridordan bir sınav odasına doğru yürüyorlar.)

Hemşire: Lütfen muayene masasına oturun. Doktor kısa süre içinde sizinle birlikte olacak. Bugün bahsetmek istediğiniz herhangi bir endişeniz var mı?

Bay Thompson: (otururken) Sadece inatçı bir öksürük ve biraz yorgunluk. Sadece soğuk algınlığı olduğunu düşündüm, ama bir süredir devam ediyor.

Hemşire: Bunu not edeceğimden emin olacağım. Bilmemiz gereken herhangi bir alerji var mı?

Bay Thompson: Bildiğim kadarıyla hiçbiri yok.

Hemşire: Mükemmel! Doktoru bulacağım. Sadece bir an için rahatla.

(Hemşire ayrılır ve kısa bir süre sonra Dr. Lee girer.)

Dr. Lee: (gülümseyerek) Günaydın Bay Thompson! Bugün nasıl hissediyorsun?

Bay Thompson: Dürüst olmak gerekirse harika değil. Bu öksürük bir türlü geçmiyor.

Dr. Lee: Anlıyorum. Ne zamandır öksürüğünüz var?

Bay Thompson: Yaklaşık üç hafta önce başladı. Sadece soğuk algınlığı olduğunu düşündüm, ama çok uzun zamandır benim.

Dr. Lee: Başka bir şey yaşadınız mı? Ateş, nefes darlığı veya herhangi bir ağrı?

Bay Thompson: **Ateşim** yok, ama normalden biraz daha yorgun hissediyorum.

Dr. Lee: Bunu paylaştığınız için teşekkür ederim. Akciğerlerini dinlemek ve boğazını kontrol etmek istiyorum.

(**Dr. Lee bir stetoskop çıkarır ve Bay Thompson'ı muayene eder.**)

Dr. Lee: Benim için derin bir nefes alıp verin.

(**Bay Thompson talimatlara uyar.**)

Dr. Lee: (başını sallayarak) Pekala, her şey net geliyor. Boğazınıza bir göz atalım.

(**Muayeneden sonra.**)

Bay Thompson: Peki, siz ne düşünüyorsunuz?

Dr. Lee: Kalıcı bir enfeksiyon veya alerji olabilir, ancak daha ciddi bir şeyi ekarte etmek için bazı testler öneririm. Bu semptomlara yardımcı olmak için size bir öksürük şurubu da başlatabiliriz.

Bay Thompson: Kulağa hoş geliyor. Takdir ediyorum doktor.

Dr. Lee: Elbette! Sana iyi bakacağız. Testleri düzenlemek ve size o reçeteyi vermek için hemşirenin gelmesini sağlayacağım.

(**Bay Thompson, doktor odadan çıkarken rahatlamış hissederek başını salladı.**)

Hemşire: (sıcak bir gülümsemeyle girerek) Her şey hazır! Sizin için istenen testleri ve reçetenizi hazırlatacağım.

Bay Thompson: Teşekkür ederim!

(**Hemşire evrakları hazırlarken, Bay Thompson emin ellerde olduğunu bilerek bir sakinlik duygusu hissediyor.**)

Dil öğreniminde tekrar önemlidir... Bazı diyalogları tekrarlayalım

The Fitness Saloon 1

A lively fitness saloon filled with people working out, upbeat music playing in the background. Neon lights and gym equipment surround the space. The main characters, Jess and Mike, are at the water station, catching their breath after a workout.

Jess: (wiping sweat off her forehead) Wow, I think I might have overdone it today. My arms feel like jelly!

Mike: (chuckling) Welcome to the club! That last set of push-ups was brutal. I didn't think I'd make it through.

Jess: (laughs) I kept counting down but somehow it just kept getting harder. How do you manage to look so fresh after that?

Mike: (grinning) I've got a secret weapon—it's called coffee and a lot of carbs! But really, it's just about getting used to it. The more you do, the easier it gets.

Jess: (filling her water bottle) I'm starting to think that's just a myth they tell people to keep them coming back. I'm not sure if I can handle another leg day after today.

Mike: (playfully) Oh come on! Think of it this way: each leg day is one step closer to those ultimate goals. Plus, you get to show off your hard work!

Jess: (smirking) If by "show off" you mean wobbling out of the gym like a baby deer, then sure!

Mike: (laughs) True, but it's all about progress. Speaking of which, have you tried that new yoga class they're offering on Thursdays?

Jess: Not yet! I was thinking about it. I could use some flexibility. My hamstrings are definitely not fans of my workout routine.

Mike: (nodding) Trust me, you'll thank yourself later. Plus, it's a great way to unwind after a tough week.

Jess: (perking up) You're right. A little zen time wouldn't hurt. Are you going to join me?

Mike: If you don't mind my terrible downward dog, I'm in!

Jess: (smiling) We can suffer through it together then. Just promise me there won't be any hot yoga. I can't handle that level of sweat!

Mike: (laughs) No promises! Just remember: if you can make it through the sweat, you can make it through anything!

Jess: (lifting her water bottle in a mock toast) Cheers to that! Here's to pain, progress, and plenty of post-workout snacks!

Mike: (clinking his water bottle against hers) And to making the gym our second home. Let's make it worthwhile!

(They both take a big sip of water, energized for their next workout while chatting about upcoming classes and fitness goals)

Fitness Salonu 1

Egzersiz yapan insanlarla dolu, arka planda çalan hareketli müziklerle dolu canlı bir fitness salonu. Neon ışıklar ve spor salonu ekipmanları alanı çevreliyor. Ana karakterler Jess ve Mike, su istasyonundalar ve bir antrenmandan sonra nefeslerini tutuyorlar.

Jess: (alnındaki teri silerek) Vay canına, sanırım bugün aşırıya kaçmış olabilirim. Kollarım jöle gibi hissediyor!

Mike: (kıkırdar) Kulübe hoş geldin! Bu son şınav seti acımasızdı. Bunu başaracağımı düşünmemiştim.

Jess: (gülüyor) Geri saymaya devam ettim ama bir şekilde daha da zorlaşmaya devam etti. Bundan sonra bu kadar taze görünmeyi nasıl başarıyorsunuz?

Mike: (sırıtarak) Gizli bir silahım var - adı kahve ve çok fazla karbonhidrat! Ama gerçekten, bu sadece alışmakla ilgili. Ne kadar çok yaparsanız, o kadar kolaylaşır.

Jess: (su şişesini doldururken) Bunun sadece insanlara geri gelmelerini sağlamaları için söyledikleri bir efsane olduğunu düşünmeye başlıyorum. Bugünden bir gün sonra başka bir bacakla başa çıkabilir miyim emin değilim.

Mike: (şakacı bir şekilde) Oh hadi! Bunu şu şekilde düşünün: her bacak günü bu nihai hedeflere bir adım daha yaklaşıyor. Ayrıca, sıkı çalışmanızı sergileyebilirsiniz!

Jess: (sırıtarak) "Gösteriş yapmak" derken spor salonundan yavru bir geyik gibi sallanmayı kastediyorsan, o zaman tabii!

Mike: (gülüyor) Doğru, ama her şey ilerlemeyle ilgili. Hangisinden bahsetmişken, Perşembe günleri sundukları yeni yoga dersini denediniz mi?

Jess: Henüz değil! Bunu düşünüyordum. Biraz esneklik kullanabilirim. Hamstringlerim kesinlikle egzersiz rutinimin hayranı değil.

Mike: (başını sallayarak) İnan bana, kendine daha sonra teşekkür edeceksin. Ayrıca, zor bir haftadan sonra gevşemek için harika bir yoldur.

Jess: (canlanarak) Haklısın. Biraz zen zamanının zararı olmaz. Bana katılacak mısın?

Mike: Korkunç aşağı bakan köpeğime aldırış etmiyorsan, ben varım!

Jess: (gülümseyerek) O zaman birlikte acı çekebiliriz. Sadece bana söz ver, hiç sıcak yoga olmayacak. Bu ter seviyesini kaldıramam!

Mike: (gülüyor) Söz yok! Unutmayın: eğer terin içinden geçebilirseniz, her şeyin üstesinden de geçebilirsiniz!

Jess: (sahte bir tostta su şişesini kaldırarak) Buna şerefe! İşte acı, ilerleme ve bol miktarda antrenman sonrası atıştırmalık!

Mike: (su şişesini onunkine vurarak) Ve spor salonunu ikinci evimiz yapmak. Buna değer kılalım!

(Her ikisi de büyük bir yudum su alır, yaklaşan dersler ve fitness hedefleri hakkında sohbet ederken bir sonraki antrenmanları için enerji kazanırlar)

Mia and Jake

Mia: (sipping her glass of Chianti) So, Jake, what's your idea of a perfect weekend?

Jake: (smiling) Honestly? A mix of adventure and relaxation. Maybe a hike during the day, followed by a movie marathon at home. How about you?

Mia: Ooh, that sounds nice! I'm more of a brunch enthusiast, though. I love trying new cafés. If there's avocado toast involved, even better!

Jake: (chuckles) That's a solid choice. I've been on the hunt for the best avocado toast in the city. Maybe we should team up for a brunch tour?

Mia: (grinning) Count me in! But I have to warn you, I have a pretty high standard for my toast.

Jake: (leaning in) Challenge accepted! So, what's your go-to order besides the avocado?

Mia: I have this weakness for fluffy pancakes. They remind me of my childhood. What about you?

Jake: (nodding) I can't resist a classic eggs Benedict. They just scream "weekend" to me.

Mia: (playfully) We'll have to see who makes the better choice then. Food is a serious matter!

Jake: (laughing) Agreed! So, tell me a bit about yourself. What do you do when you're not exploring brunch spots?

Mia: I'm a graphic designer. I love bringing ideas to life visually. What about you?

Jake: I'm a software developer. It's a lot of sitting at a desk, but I enjoy the challenge. Plus, it pays for my brunch adventures!

Mia: (raising her glass) To brunch adventures and challenge accepted!

Jake: (clinking his glass with hers) Cheers to that! So, any fun projects you're working on now?

Mia: I'm currently designing a series of posters for a local music festival. It's a great way to combine my love for art and music.

Jake: That sounds amazing! I love live music. Have you been to any good concerts lately?

Mia: Just last month! I saw a band I've loved since high school. There's something magical about seeing them live.

Jake: (eyes sparkling) I get that! There's nothing like the energy of a crowd. Do you play any instruments?

Mia: I dabble in guitar a little. I'm no rock star, but I can strum a few chords. How about you?

Jake: (grinning) I play the piano. I used to take lessons, but now I just play for fun.

Mia: You should teach me a few things sometime. We'll make a duet of brunch memories and music!

Jake: (mock serious) Only if we can add a dance-off to the brunch tour!

Mia: (laughs) Now you're talking. I'll hold you to that!

(The rest of the evening continues with laughter, shared stories, and the promise of future adventures together)

Mia ve Jake

Mia: (Chianti bardağını yudumlarken) Peki, Jake, mükemmel bir hafta sonu fikrin nedir?

Jake: (gülümseyerek) Dürüst olmak gerekirse? Macera ve rahatlamanın bir karışımı. Belki gün içinde bir yürüyüş, ardından evde bir film maratonu. Ya sen?

Mia: Ooh, kulağa hoş geliyor! Yine de ben daha çok bir brunch meraklısıyım. Yeni kafeler denemeyi seviyorum. İşin içinde avokado tostu varsa, daha da iyi!

Jake: (kıkırdar) Bu sağlam bir seçim. Şehirdeki en iyi avokado tostu için avdaydım. Belki de bir brunch turu için takım olmalıyız?

Mia: (sırıtarak) Beni de sayın! Ama sizi uyarmalıyım, tostum için oldukça yüksek bir standardım var.

Jake: (eğilerek) Meydan okuma kabul edildi! Peki, avokado dışında tercih ettiğiniz sipariş nedir?

Mia: Kabarık kreplere karşı bir zaafım var. Bana çocukluğumu hatırlatıyorlar. Ya sen?

Jake: (başını sallayarak) Klasik bir yumurta Benedict'e karşı koyamıyorum. Bana sadece "hafta sonu" diye bağırıyorlar.

Mia: (şakacı bir şekilde) O zaman kimin daha iyi seçim yapacağını görmemiz gerekecek. Yemek ciddi bir konudur!

Jake: (gülüyor) Katılıyorum! Bana biraz kendinden bahset. Brunch noktalarını keşfetmediğiniz zamanlarda ne yaparsınız?

Mia: Ben bir grafik tasarımcıyım. Fikirleri görsel olarak hayata geçirmeyi seviyorum. Ya sen?

Jake: Ben bir yazılım geliştiricisiyim. Masa başında oturmak çok fazla ama meydan okumadan zevk alıyorum. Ayrıca, brunch maceralarım için para ödüyor!

Mia: (kadehini kaldırarak) Brunch maceraları ve meydan okumalar kabul edildi!

Jake: (kadehini onunkiyle tokuşturarak) Buna şerefe! Peki, şu anda üzerinde çalıştığınız eğlenceli projeler var mı?

Mia: Şu anda yerel bir müzik festivali için bir dizi poster tasarlıyorum. Sanat ve müziğe olan sevgimi birleştirmenin harika bir yolu.

Jake: Kulağa harika geliyor! Canlı müziği çok seviyorum. Son zamanlarda iyi konserlere gittiniz mi?

Mia: Daha geçen ay! Liseden beri sevdiğim bir grup izledim. Onları canlı görmenin büyülü bir yanı var.

Jake: (gözleri pırıl pırıl) Anladım! Kalabalığın enerjisi gibisi yoktur. Herhangi bir enstrüman çalıyor musunuz?

Mia: Biraz gitarla uğraşıyorum. Ben rock yıldızı değilim ama birkaç akoru tıngırdatabilirim. Ya sen?

Jake: (sırıtarak) Ben piyano çalıyorum. Eskiden ders alırdım ama şimdi sadece eğlenmek için oynuyorum.

Mia: Bir ara bana birkaç şey öğretmelisin. Brunch anıları ve müzikten oluşan bir düet yapacağız!

Jake: (alaycı bir ciddiyetle) Keşke brunch turuna bir dans gösterisi de ekleyebilirsek!

Mia: (gülüyor) Şimdi konuşuyorsun. Seni buna tutacağım!

(Akşamın geri kalanı kahkahalar, paylaşılan hikayeler ve birlikte gelecekteki maceraların vaadiyle devam ediyor)

A cozy local bookstore

A cozy local bookstore, filled with the scent of freshly brewed coffee and the sound of soft music playing in the background. Rows of wooden shelves are lined with books, and a comfortable reading nook sits in the corner.

Characters:

- **Emma**: A book-loving college student.
- **Lucas**: The friendly bookstore employee who has a knack for recommending books.

Emma: (wandering through the aisles, holding a cup of coffee) Hey there! Do you have any suggestions for a good fantasy novel?

Lucas: Absolutely! Are you looking for something more classic or something recent?

Emma: I've read a lot of the classics, so I'd love a recent one.

Lucas: How about "The House in the Cerulean Sea" by TJ Klune? It's a heartwarming tale with a lot of whimsy and great characters.

Emma: Ooh, I've heard about that one! What's it about?

Lucas: It follows a man named Linus Baker, who works for a magical government agency. He's sent to a mysterious orphanage to evaluate some unusual children. It's got a lovely blend of humor, love, and acceptance.

Emma: Sounds perfect for me! I'm a sucker for character-driven stories.

Lucas: You'll love it then! Plus, the writing is beautiful. It really pulls you into the world.

Emma: Great! I'll definitely pick that up. What else do you recommend?

Lucas: If you're in the mood for something more adventurous, "Crescent City" by Sarah J. Maas is a fantastic choice. It's got magic, mystery, and a sprawling city to explore.

Emma: I've seen that one pop up a lot! Is it part of a series?

Lucas: Yes, it's the first in a series, but it can stand alone. There's just enough resolution to keep you satisfied while still leaving you eager for more.

Emma: I love that! Sometimes series can be overwhelming.

Lucas: I get you! It's nice when an author strikes that balance.

Emma: Okay, I think I'll grab both.

Lucas: Great choices! Do you need anything else? Maybe a cozy blanket for those reading marathons?

Emma: Tempting! But I think I'm good with just books today. I'll come back for the blanket later!

Lucas: Sounds like a plan! Just let me know if you need help at the register.

Emma: Will do! Thanks for your help!

Lucas: Anytime! Enjoy your reading!

Emma heads toward the checkout, excited about her new books, while Lucas returns to organizing a display of new arrivals.

Rahat bir yerel kitapçı

Taze demlenmiş kahve kokusu ve arka planda çalan yumuşak müziğin sesiyle dolu şirin bir yerel kitapçı. Sıra sıra ahşap raflar kitaplarla kaplıdır ve köşede rahat bir okuma köşesi bulunur.

Karakterler:

- **Emma:** Kitap seven bir üniversite öğrencisi.
- **Lucas:** Kitap önerme becerisine sahip, arkadaş canlısı kitapçı çalışanı.

Emma: (koridorlarda dolaşırken, bir fincan kahve tutarak) Merhaba! İyi bir fantastik roman için önerileriniz var mı?

Lucas: Kesinlikle! Daha klasik bir şey mi yoksa yeni bir şey mi arıyorsunuz?

Emma: Çok fazla klasik okudum, bu yüzden yeni bir tane çok isterim.

Lucas: TJ Klune'un "Gök Mavisi Denizi'ndeki Ev"ine ne dersiniz? Çok tuhaf ve harika karakterlerle iç açıcı bir hikaye.

Emma: Ooh, bunu duydum! Ne hakkında?

Lucas: Büyülü bir devlet kurumu için çalışan Linus Baker adında bir adamı takip ediyor. Bazı sıra dışı çocukları değerlendirmek için gizemli bir yetimhaneye gönderilir. Mizah, sevgi ve kabullenmenin güzel bir karışımı var.

Emma: Kulağa mükemmel geliyor! Karakter odaklı hikayeler için enayiyim.

Lucas: O zaman buna bayılacaksın! Ayrıca, yazı çok güzel. Sizi gerçekten dünyanın içine çekiyor.

Emma: Harika! Bunu kesinlikle alacağım. Başka ne önerirsiniz?

Lucas: Daha maceralı bir şey havasındaysanız, Sarah J. Maas'ın "Crescent City" filmi harika bir seçim. Büyüsü, gizemi ve keşfedilecek genişleyen bir şehri var.

Emma: Bunun çok fazla ortaya çıktığını gördüm! Bir serinin parçası mı?

Lucas: Evet, bu bir serinin ilki, ama tek başına ayakta durabilir. Sizi memnun etmek ve daha fazlası için istekli bırakmak için yeterli çözünürlük var.

Emma: Buna bayılıyorum! Bazen seriler bunaltıcı olabilir.

Lucas: Seni anlıyorum! Bir yazarın bu dengeyi kurması güzel.

Emma: Tamam, sanırım ikisini de alacağım.

Lucas: Harika seçimler! Başka bir şeye ihtiyacın var mı? Belki maraton okuyanlar için sıcacık bir battaniye?

Emma: Cazip! Ama sanırım bugün sadece kitaplarla aram iyi. Daha sonra battaniye için geri geleceğim!

Lucas: Kulağa bir plan gibi geliyor! Kayıt sırasında yardıma ihtiyacınız olursa bana bildirin.

Emma: Yapacak! Yardımın için teşekkürler!

Lucas: Her zaman! Keyifli okumalar!

Emma yeni kitapları için heyecanlı bir şekilde kasaya doğru ilerlerken Lucas yeni gelenlerin sergisini düzenlemek için geri döner.

A bustling car rental office at the Airport

Alex: (approaching the counter) Hi there! I need to rent a car for the weekend.

Jamie: (smiling) Of course! Welcome to Blue Sky Rentals. What type of vehicle are you looking for?

Alex: I'm not picky, but something compact would be great. I'm just planning to explore the city.

Jamie: Absolutely! We have a lovely hatchback that's perfect for city driving. Would you like insurance included?

Alex: What's the price difference?

Jamie: The basic coverage is $15 a day, but I recommend the full coverage since it covers almost everything. It's $25 a day.

Alex: Hmm... I'll go with the basic for now. I can always add it later if I need to.

Jamie: Sounds good! Let's see, I just need your driver's license and a credit card for the deposit.

[Alex hands over the documents]

Alex: Here you go. By the way, do you have any recommendations for places to visit?

Jamie: Definitely! If you have time, check out the downtown art district and make sure to grab lunch at the local taco truck. It's a hidden gem!

Alex: That sounds amazing! I'll add it to my list.

Jamie: Great! Let me pull up your rental details. Do you need any GPS or other accessories?

Alex: A GPS would be helpful. I'm not great with directions.

Jamie: No problem! We have portable GPS units available for $10 a day. Shall I add that to your rental?

Alex: Yes, please.

Jamie: (typing) Alright, let me summarize your rental: A compact hatchback for three days, basic insurance, and a GPS. The total will be $145.

Alex: That sounds good to me!

Jamie: Perfect! Just sign here, and I'll get your keys.

[Alex signs the form and Jamie hands over the keys]

Jamie: Here you go! Your car is parked in spot D12. Remember, it's a small but zippy little thing, so enjoy your drive!

Alex: Thanks for all your help! I can't wait to hit the road.

Jamie: Safe travels! Don't hesitate to come back if you have any questions while you're out there.

[Alex waves goodbye and heads to the parking lot]

Havaalanında hareketli bir araç kiralama ofisi

Alex: (tezgaha yaklaşarak) Merhaba! Hafta sonu için araba kiralamam gerekiyor.

Jamie: (gülümseyerek) Elbette! Blue Sky Rentals'a hoş geldiniz. Ne tür bir araç arıyorsunuz?

Alex: Seçici değilim ama kompakt bir şey harika olurdu. Sadece şehri keşfetmeyi planlıyorum.

Jamie: Kesinlikle! Şehir içi sürüş için mükemmel olan güzel bir hatchback'imiz var. Sigortanın dahil olmasını ister misiniz?

Alex: Fiyat farkı nedir?

Jamie: Temel kapsama alanı günde 15 dolar, ancak hemen hemen her şeyi kapsadığı için tam kapsamı öneriyorum. Günde 25 dolar.

Alex: Hımm... Şimdilik temel olanla gideceğim. Gerekirse daha sonra her zaman ekleyebilirim.

Jamie: Kulağa hoş geliyor! Bakalım, depozito için sadece ehliyetinize ve kredi kartınıza ihtiyacım var.

[Alex belgeleri teslim eder]

Alex: Hadi bakalım. Bu arada gezilecek yerler için önerileriniz var mı?

Jamie: Kesinlikle! Vaktiniz varsa, şehir merkezindeki sanat bölgesine göz atın ve yerel taco kamyonunda öğle yemeği yediğinizden emin olun. Bu gizli bir mücevher!

Alex: Kulağa harika geliyor! Onu da listeme ekleyeceğim.

Jamie: Harika! Kira detaylarınızı açmama izin verin. Herhangi bir GPS veya başka aksesuara ihtiyacınız var mı?

Alex: Bir GPS yardımcı olacaktır. Yol tarifleri konusunda pek iyi değilim.

Jamie: Sorun değil! Günde 10 dolara taşınabilir GPS ünitelerimiz var. Bunu kiralamanıza ekleyeyim mi?

Alex: Evet, lütfen.

Jamie: (yazarken) Pekala, kiralamanızı özetleyeyim: Üç günlük kompakt bir hatchback, temel sigorta ve bir GPS. Toplam 145 dolar olacak.

Alex: Bu bana iyi geliyor!

Jamie: Mükemmel! Sadece buraya imza atın, anahtarlarınızı alacağım.

[Alex formu imzalar ve Jamie anahtarları teslim eder]

Jamie: Hadi bakalım! Aracınız D12 noktasına park edilmiştir. Unutmayın, bu küçük ama hareketli küçük bir şey, bu yüzden sürüşünüzün tadını çıkarın!

Alex: Tüm yardımlarınız için teşekkürler! Yola çıkmak için sabırsızlanıyorum.

Jamie: Güvenli seyahatler! Dışarıdayken herhangi bir sorunuz olursa geri dönmekten çekinmeyin.

[Alex el sallayarak vedalaşır ve otoparka gider]

A cozy coffee shop with small tables

A cozy coffee shop with small tables, the sound of clinking cups and quiet chatter in the background. JESS and SAM, two friends with a passion for the arts, engage in a spirited debate about theater.

JESS: Honestly, Sam, I think modern theater has completely lost the plot. It's all about flashy productions and big names now. What happened to the subtlety and depth of classic plays?

SAM: Are you kidding me? Modern theater is a breath of fresh air! It's evolving and pushing boundaries. The themes are more relevant than ever, tackling issues that resonate with today's audience.

JESS: But at what cost? Some of these experimental pieces are so abstract that they lose their emotional impact. You walk out feeling confused instead of moved. I'd rather see a classic done well than a meaningless avant-garde piece.

SAM: I get what you're saying, but isn't it important to challenge audiences? Theater should make you think! Plus, classics can be overdone. How many times can we sit through Hamlet or A Streetcar Named Desire before it feels stale?

JESS: Sure, but the reason those plays are classics is that they have universal themes and strong storytelling. You can't just disregard the foundations of theater because something shiny catches your eye.

SAM: I'm not saying we should disregard them, but we also shouldn't ignore new perspectives. Take that recent play about climate change—how often do you see something so relevant and urgent on stage? It's not just entertainment; it's commentary!

JESS: Commentary, yes, but it still has to be engaging! I watched that play, and when the lights went out, I thought I left the theater and walked into a PowerPoint presentation. Great message, but it felt more like a lecture than a performance.

SAM: Maybe being challenged isn't always comfortable. Theater should provoke, make us squirm a little. Besides, not every modern piece is like that. Have you seen the latest adaptation of a contemporary novel? Those can be brilliant!

JESS: I guess I just long for the storytelling that resonates on a deeper emotional level—something that stays with you long after you leave the theater. More poetry, less performance art.

SAM: And I appreciate that, but I think there's room for all kinds of theater. The beauty of it lies in its diversity. You might be surprised how a different kind of storytelling can resonate with you if you give it a chance.

JESS: Maybe you're right. I'll try to keep an open mind. But the next time I hear about another experimental piece, I might just need a strong coffee to stomach it!

SAM: Deal! And who knows, maybe I can turn you into a fan of modern theater yet!

They both laugh, sipping their coffee, a friendly truce as they continue discussing their love for the theater.

Küçük masaları olan rahat bir kahve dükkanı

Küçük masaları, tokuşturulan fincanların sesi ve arka planda sessiz gevezelikleri olan rahat bir kahve dükkanı. Sanata tutkuyla bağlı iki arkadaş olan JESS ve SAM, tiyatro hakkında hararetli bir tartışmaya girerler.

JESS: Dürüst olmak gerekirse, Sam, modern tiyatronun olay örgüsünü tamamen kaybettiğini düşünüyorum. Artık her şey gösterişli yapımlar ve büyük isimlerle ilgili. Klasik oyunların inceliğine ve derinliğine ne oldu?

SAM: Benimle dalga mı geçiyorsun? Modern tiyatro yeni bir soluktur! Gelişiyor ve sınırları zorluyor. Temalar her zamankinden daha alakalı ve günümüz izleyicisinde yankı uyandıran sorunları ele alıyor.

JESS: Ama ne pahasına? Bu deneysel eserlerden bazıları o kadar soyut ki duygusal etkilerini kaybediyorlar. Hareket etmek yerine kafanız karışmış hissederek dışarı çıkarsınız. Anlamsız bir avangart parçadan ziyade iyi yapılmış bir klasiği görmeyi tercih ederim.

SAM: Ne dediğini anlıyorum, ama izleyicilere meydan okumak önemli değil mi? Tiyatro düşündürmeli! Ayrıca, klasikler aşırıya kaçabilir. Hamlet'i ya da Arzu Tramvayı'nı bayatlamadan önce kaç kez oturabiliriz?

JESS: Elbette, ama bu oyunların klasik olmasının nedeni, evrensel temalara ve güçlü hikaye anlatımına sahip olmalarıdır. Gözünüze parlak bir şey çarpıyor diye tiyatronun temellerini göz ardı edemezsiniz.

SAM: Onları göz ardı etmemiz gerektiğini söylemiyorum, ama aynı zamanda yeni bakış açılarını da görmezden gelmemeliyiz. İklim değişikliğiyle ilgili son oyunu ele alalım - sahnede bu kadar alakalı ve acil bir şeyi ne sıklıkla görüyorsunuz? Bu sadece eğlence değil; Bu bir yorum!

JESS: Yorum, evet, ama yine de ilgi çekici olmalı! O oyunu izledim ve ışıklar söndüğünde tiyatrodan çıktığımı ve bir PowerPoint sunumuna girdiğimi düşündüm. Harika bir mesaj, ama bir performanstan çok bir ders gibi hissettim.

SAM: Belki de meydan okumak her zaman rahat değildir. Tiyatro kışkırtmalı, bizi biraz kıvrandırmalı. Kaldı ki her modern parça böyle değildir. Çağdaş bir romanın en son uyarlamasını gördünüz mü? Bunlar harika olabilir!

JESS: Sanırım daha derin bir duygusal düzeyde yankılanan hikaye anlatımını özlüyorum - tiyatrodan ayrıldıktan çok sonra bile seninle kalan bir şey. Daha fazla şiir, daha az performans sanatı.

SAM: Ve bunu takdir ediyorum, ama bence her tür tiyatro için yer var. Bunun güzelliği çeşitliliğinde yatmaktadır. Bir şans verirseniz, farklı bir hikaye anlatımının sizinle nasıl rezonansa girebileceğine şaşırabilirsiniz.

JESS: Belki de haklısın. Açık fikirli olmaya çalışacağım. Ama bir dahaki sefere başka bir deneysel parça duyduğumda, midemi bulandırmak için sadece güçlü bir kahveye ihtiyacım olabilir!

SAM: Anlaştık! Ve kim bilir, belki de sizi henüz bir modern tiyatro hayranı haline getirebilirim!

İkisi de gülüyor, kahvelerini yudumluyor, tiyatroya olan sevgilerini tartışmaya devam ederken dostça bir ateşkes.

Friendly Pharmacist

A local pharmacy with shelves stocked with various health products. The front counter is manned by a friendly pharmacist, Alex. The doorbell chimes as a customer, Sarah, enters.

Sarah: (looking around) Hi there! Do you have a moment?

Alex: (smiling) Of course! Welcome to the pharmacy. How can I assist you today?

Sarah: I hope so! I've been feeling under the weather lately. I've got a sore throat and a bit of a cough.

Alex: I'm sorry to hear that. Have you taken anything for it yet?

Sarah: Just some over-the-counter cough drops, but they don't seem to be helping much.

Alex: Alright. Let's see what we can do to help. For a sore throat, a throat spray might provide some relief. We also have some lozenges with added soothing ingredients.

Sarah: That sounds promising! Do you have anything for the cough as well?

Alex: Yes, we have a few options. Would you prefer a syrup or a tablet? The syrup works a bit faster, while the tablets may last longer.

Sarah: I think I'd prefer the syrup. I've used it before, and it usually helps.

Alex: Great choice! I'll recommend a honey-based syrup; it's effective and will help soothe your throat as well.

Sarah: Perfect! Is there anything else I should keep in mind while I'm feeling like this?

Alex: Make sure to stay hydrated—warm teas can be really helpful. And try to rest as much as you can. If your symptoms persist for more than a few days or worsen, it might be worth checking in with a doctor.

Sarah: Thank you so much! You've been really helpful.

Alex: No problem at all! Let me grab those products for you. (pauses) Do you have any other concerns or questions while you're here?

Sarah: Not right now, but I appreciate it!

Alex: Alright! I'll just ring this up for you. With the syrup and the throat lozenges, you should be on your way to feeling better soon!

(Alex gathers the items and starts checking them out.)

Sarah: Thanks again! You've relieved a lot of my worry.

Alex: It's what I'm here for! Take care of yourself, and don't hesitate to come back if you need anything else.

Sarah: I will! Have a great day!

Alex: You too! Feel better soon!

Dost Eczacı

Çeşitli sağlık ürünleri ile dolu rafları olan yerel bir eczane. Ön tezgah, dost canlısı bir eczacı olan Alex tarafından yönetiliyor. Müşteri Sarah içeri girerken kapı zili çalıyor.

Sarah: (etrafına bakarak) Merhaba! Bir anınız var mı?

Alex: (gülümseyerek) Elbette! Eczaneye hoş geldiniz. Bugün size nasıl yardımcı olabilirim?

Sarah: Umarım öyledir! Son zamanlarda kendimi kötü hissediyorum. Boğaz ağrım ve biraz öksürüğüm var.

Alex: Bunu duyduğuma üzüldüm. Henüz bunun için bir şey aldın mı?

Sarah: Sadece reçetesiz satılan bazı öksürük damlaları, ama pek yardımcı olmuyor gibi görünüyorlar.

Alex: Tamam. Yardım etmek için neler yapabileceğimize bakalım. Boğaz ağrısı için boğaz spreyi biraz rahatlama sağlayabilir. Ayrıca yatıştırıcı malzemeler eklenmiş bazı pastillerimiz de var.

Sarah: Kulağa umut verici geliyor! Öksürük için de bir şeyiniz var mı?

Alex: Evet, birkaç seçeneğimiz var. Şurup mu yoksa tablet mi tercih edersiniz? Şurup biraz daha hızlı çalışır, tabletler ise daha uzun süre dayanabilir.

Sarah: Sanırım şurubu tercih ederim. Daha önce kullandım ve genellikle yardımcı oluyor.

Alex: Harika bir seçim! Bal bazlı bir şurup önereceğim; Etkilidir ve boğazınızı da yatıştırmaya yardımcı olur.

Sarah: Mükemmel! Böyle hissederken aklımda tutmam gereken başka bir şey var mı?

Alex: Susuz kalmadığınızdan emin olun, sıcak çaylar gerçekten yardımcı olabilir. Ve elinizden geldiğince dinlenmeye çalışın. Belirtileriniz birkaç günden fazla devam ederse veya kötüleşirse, bir doktora danışmanız faydalı olabilir.

Sarah: Çok teşekkür ederim! Gerçekten çok yardımcı oldunuz.

Alex: Hiç sorun değil! Senin için bu ürünleri alayım. (duraklar) Buradayken başka endişeleriniz veya sorularınız var mı?

Sarah: Şu anda değil, ama takdir ediyorum!

Alex: Tamam! Bunu senin için çalacağım. Şurup ve boğaz pastilleri ile yakında daha iyi hissetme yolunda olmalısınız!

(Alex eşyaları toplar ve kontrol etmeye başlar.)

Sarah: Tekrar teşekkürler! Endişemin çoğunu giderdin.

Alex: Bunun için buradayım! Kendinize iyi bakın ve başka bir şeye ihtiyacınız olursa geri gelmekten çekinmeyin.

Sarah: Yapacağım! İyi günler!

Alex: Sen de! Yakında daha iyi hissedin!

Italian restaurant

A cozy little Italian restaurant with dim lighting and soft music playing in the background. Two people, Alex and Jamie, sit at a small table for two, candlelight flickering between them.

Alex: (smiling) So, I have to ask, what's your favorite Italian dish?

Jamie: (grinning) Oh, that's easy! It's definitely risotto. There's just something so comforting about it. What about you?

Alex: (leaning in) I have a serious weakness for fettuccine alfredo. I mean, who can resist creamy pasta?

Jamie: (laughs) Right? It's a classic! I feel like it's the kind of dish that just makes everything better.

Alex: (nodding) Exactly! So, what brought you to try this place out?

Jamie: A friend recommended it to me. She said the ambiance is perfect for a date. (pausing) A little pressure there, huh?

Alex: (playfully) No pressure! Just means I have to step up my game, right?

Jamie: (with a playful smile) Well, you're off to a good start, so keep it coming!

Alex: (chuckling) Okay, challenge accepted. So, tell me something interesting about you.

Jamie: Hmm, let's see... I once went skydiving on a whim. (raising an eyebrow) Can you believe that?

Alex: (eyes wide) No way! That's amazing. I don't think I could ever do that.

Jamie: (laughs) It was terrifying...and exhilarating all at once! What about you? What's something risky you've done?

Alex: (thinking) Well, I signed up for a dance class once. I'm not the most coordinated person, so it was definitely a leap.

Jamie: (impressed) That's brave! How did it go?

Alex: (smirking) Let's just say my two left feet made a memorable impression... on everyone else, not just me!

Jamie: (giggling) I would have loved to see that! Maybe a little dancing should be our next date?

Alex: (grinning) You're on! But just know, I might step on your toes.

Jamie: (leaning closer) As long as we're having fun, I think I can handle it.

Alex: (softly) You know, this has been really nice. I'm glad we decided to meet.

Jamie: (smiling warmly) Me too. I was a little nervous when I walked in, but this feels easy.

Alex: (smiling back) Good. That's the goal. Here's to more shared laughs and pasta!

Jamie: Cheers to that!

(They clink their glasses, both feeling the connection grow.)

İtalyan restoranı

Loş ışıklı ve arka planda çalan yumuşak müzik ile şirin küçük bir İtalyan restoranı. İki kişi, Alex ve Jamie, aralarında mum ışığı titreyen iki kişilik küçük bir masada oturuyorlar.

Alex: (gülümseyerek) Sormak zorundayım, en sevdiğin İtalyan yemeği nedir?

Jamie: (sırıtarak) Oh, bu çok kolay! Kesinlikle risotto. Bunda çok rahatlatıcı bir şey var. Ya sen?

Alex: (eğilerek) Fettuccine Alfredo'ya karşı ciddi bir zaafım var. Demek istediğim, kremalı makarnaya kim karşı koyabilir?

Jamie: (gülüyor) Değil mi? Bu bir klasik! Her şeyi daha iyi hale getiren türden bir yemek olduğunu hissediyorum.

Alex: (başını sallayarak) Kesinlikle! Peki, sizi bu yeri denemeye iten neydi?

Jamie: Bir arkadaşım bana tavsiye etti. Ambiyansın bir randevu için mükemmel olduğunu söyledi. (duraklıyor) Orada biraz baskı var, ha?

Alex: (şakacı bir şekilde) Baskı yok! Sadece oyunumu hızlandırmam gerektiği anlamına geliyor, değil mi?

Jamie: (şakacı bir gülümsemeyle) Pekala, iyi bir başlangıç yaptın, o yüzden devam et!

Alex: (kıkırdar) Tamam, meydan okuma kabul edildi. Öyleyse, bana kendin hakkında ilginç bir şey söyle.

Jamie: Hmm, bakalım ... Bir keresinde bir hevesle paraşütle atlamaya gittim. (bir kaşını kaldırarak) Buna inanabiliyor musun?

Alex: (gözleri fal taşı gibi açılmış) Asla! Bu inanılmaz. Bunu yapabileceğimi hiç sanmıyorum.

Jamie: (gülüyor) Korkunçtu... ve aynı anda heyecan verici! Ya sen? Yaptığınız riskli bir şey nedir?

Alex: (düşünerek) Bir keresinde bir dans kursuna kaydolmuştum. Ben en koordineli kişi değilim, bu yüzden kesinlikle bir sıçramaydı.

Jamie: (etkilendim) Bu cesurca! Nasıl geçti?

Alex: (sırıtarak) Diyelim ki iki sol ayağım unutulmaz bir izlenim bıraktı... sadece bana değil, herkese karşı!

Jamie: (kıkırdayarak) Bunu görmeyi çok isterdim! Belki biraz dans etmek bir sonraki randevumuz olmalı?

Alex: (sırıtarak) Başladın! Ama bil ki, ayak parmaklarına basabilirim.

Jamie: (daha yakın eğilerek) Eğlendiğimiz sürece, bununla başa çıkabileceğimi düşünüyorum.

Alex: (yumuşak bir sesle) Biliyorsun, bu gerçekten güzel oldu. İyi ki buluşmaya karar vermişiz.

Jamie: (sıcak bir şekilde gülümseyerek) Ben de. İçeri girdiğimde biraz gergindim ama bu kolay geliyor.

Alex: (gülümseyerek) Güzel. Amaç bu. İşte daha fazla paylaşılan kahkaha ve makarna!

Jamie: Buna şerefe!

(Gözlüklerini tokuştururlar, her ikisi de bağlantının büyüdüğünü hisseder.)

Post Office

Postane

1- Mr. Thompson

A small, bustling post office in a cozy town. The walls are lined with rows of mailboxes, and the faint sound of shuffling papers and distant chimes is in the air.

Anna - A cheerful postal worker with a friendly demeanor.

Mr. Thompson - An elderly man, slightly frazzled but kind-hearted.

Mr. Thompson: (approaching the counter, looking flustered) Good morning! I hope you can help me. I've been trying to send this package for days!

Anna: (smiling brightly) Good morning, sir! Of course, I'd be happy to help! What seems to be the problem?

Mr. Thompson: (holding up a small, wrapped box) I thought I had everything sorted. But then I realized I hadn't put the right postage on it. And I lost the form twice!

Anna: (laughing lightly) It happens to the best of us! Let's take a look at that package. Where is it headed?

Mr. Thompson: (sighing) Just to my granddaughter in California. She turns six next week, and I wanted to send her a little surprise.

Anna: That's so sweet! I'm sure she'll love it. (inspects the package) Looks like you'll need a small flat rate box for this.

Mr. Thompson: I thought that might be the case. How much will it cost?

Anna: (typing on the computer) It'll be about $8.50 for priority shipping. And it should get there in two to three days!

Mr. Thompson: (nodding, pulling out his wallet) That's not bad at all. I'll take it.

Anna: (ringing up the purchase) Perfect! Do you want me to help you fill out the shipping label?

Mr. Thompson: (shaking his head) No, no, I can manage that part. Just one question—will it arrive in time for her birthday?

Anna: (giving him a reassuring smile) Absolutely, as long as it goes out today. Do you need to include any special instructions?

Mr. Thompson: Just the usual! "Fragile, handle with care." It's just a few toys and some candy, but I wouldn't want to risk anything.

Anna: (writing on the label) All set. Fragile it is! (she hands him the label) Just stick this on, and you'll be good to go.

Mr. Thompson: (taking the label) Thank you so much, my dear! You've made my day a whole lot easier!

Anna: (waving him off) It's my pleasure! Enjoy the birthday celebration!

Mr. Thompson: (smiling as he heads toward the door) I will! And thank you for the great service!

Anna: Anytime! Have a wonderful day!

(As Mr. Thompson leaves, Anna greets the next customer, ready for another busy day.)

1- Bay Thompson

Şirin bir kasabada küçük, hareketli bir postane. Duvarlar sıra posta kutularıyla kaplıdır ve havada karışık kağıtların ve uzaktaki çanların zayıf sesi vardır.

Anna - Arkadaş canlısı bir tavrı olan neşeli bir posta çalışanı.

Bay Thompson - Yaşlı bir adam, biraz yıpranmış ama iyi kalpli.

Bay Thompson: (tezgâha yaklaşıyor, telaşlı görünüyordu) Günaydın! Umarım bana yardım edebilirsin. Günlerdir bu paketi göndermeye çalışıyorum!

Anna: (parlak bir şekilde gülümseyerek) Günaydın efendim! Tabii ki, yardımcı olmaktan mutluluk duyarım! Sorun ne gibi görünüyor?

Bay Thompson: (Küçük, sarılmış bir kutuyu tutarak) Her şeyi hallettiğimi düşündüm. Ama sonra doğru posta ücretini koymadığımı fark ettim. Ve formu iki kez kaybettim!

Anna: (hafifçe gülüyor) En iyimizin başına gelir! O pakete bir göz atalım. Nereye gidiyor?

Bay Thompson: (iç çekerek) Sadece Kaliforniya'daki torunuma. Gelecek hafta altı yaşına giriyor ve ona küçük bir sürpriz yapmak istedim.

Anna: Bu çok tatlı! Eminim buna bayılacak. (paketi inceler) Görünüşe göre bunun için küçük bir sabit oranlı kutuya ihtiyacınız olacak.

Bay Thompson: Durumun böyle olabileceğini düşündüm. Fiyatı ne kadar?

Anna: (bilgisayarda yazarak) Öncelikli gönderim için yaklaşık 8,50 dolar olacak. Ve oraya iki ila üç gün içinde varmalı!

Bay Thompson: (başını sallayarak cüzdanını çıkardı) Hiç de fena değil. Onu alacağım.

Anna: (satın alma işlemini çalarken) Mükemmel! Nakliye etiketini doldurmanıza yardım etmemi ister misiniz?

Bay Thompson: (başını sallayarak) Hayır, hayır, o kısmı ben halledebilirim. Tek bir soru: Doğum günü için zamanında gelecek mi?

Anna: (ona güven verici bir gülümseme vererek) Kesinlikle, bugün söndüğü sürece. Herhangi bir özel talimat eklemeniz gerekiyor mu?

Bay Thompson: Her zamanki gibi! "Kırılgan, dikkatli kullanın." Sadece birkaç oyuncak ve biraz şeker, ama hiçbir şeyi riske atmak istemem.

Anna: (etiketin üzerine yazıyor) Her şey hazır. Kırılgan bu! (etiketi ona uzatır) Sadece bunu yapıştırın ve gitmeye hazır olacaksınız.

Bay Thompson: (etiketi alarak) Çok teşekkür ederim canım! Günümü çok daha kolay hale getirdin!

Anna: (onu sallayarak) Bu benim için zevk! Doğum günü kutlamasının tadını çıkarın!

Bay Thompson: (kapıya doğru giderken gülümseyerek) Yapacağım! Ve harika hizmet için teşekkür ederim!

Anna: Her zaman! Harika bir gün geçirin!

(Bay Thompson ayrılırken, Anna bir başka yoğun güne hazır olan bir sonraki müşteriyi selamlıyor.)

2- Local post office

A small, local post office on a busy weekday morning. The sound of clinking stamps and chatter fills the air. Two customers, Sarah and James, stand in line waiting to be served.

Sarah: (glancing at her watch) Wow, I didn't expect the line to be this long today. I've got a package to send.

James: (chuckles) Yeah, I thought I'd be in and out. Turns out everyone had the same idea. Got anything exciting to send?

Sarah: Just a care package for my sister. She's in college, and I figured she could use some snacks and a few goodies. You?

James: (holding up a small envelope) Oh, just some birthday cards for my niece and nephew. I missed their birthdays while I was on vacation.

Sarah: (smiling) Oof, that's tough. How was your trip?

James: Amazing! I went hiking in the Rockies. But now I'm paying for it with all this post office drama.

Sarah: (laughs) At least it's a good excuse for your tardy gifts! What's the wait time like here usually?

James: It seems to fluctuate. Sometimes it's like a ghost town, and other times, it's like everyone decided to mail something at the same time.

Sarah: (nodding) Classic post office. Do you think they ever consider opening another window?

James: (shrugging) One can only hope. I mean, it's not like they don't know when peak times are.

Sarah: Right? Meanwhile, I'm stuck here trying to figure out how to cram all these snacks into a flat-rate box!

James: (grinning) Just make sure there's room for some love in there too!

Sarah: (laughs) For sure! She's been super stressed about finals, so I hope it lifts her spirits.

James: I'm sure it will. Nothing like a surprise care package to brighten someone's day.

(**The line inches forward as they reach the counter.**)

Sarah: (taking a deep breath) Here we go! My little adventure at the post office finally begins.

James: Good luck! I'll be over here trying to figure out postage for these cards. May the postal gods be in your favor!

Sarah: (smiling) Thanks! We'll need it.

(**As they approach the counter, the atmosphere of the post office continues to buzz with activity.**)

2- Yerel postane

Yoğun bir hafta içi sabahı küçük, yerel bir postane. Tokuşturan pulların ve gevezeliklerin sesi havayı dolduruyor. İki müşteri, Sarah ve James, hizmet almak için sırada bekliyorlar.

Sarah: (saatine bakarak) Vay canına, bugün bu kadar uzun olmasını beklemiyordum. Göndermem gereken bir paketim var.

James: (kıkırdar) Evet, içeri girip çıkacağımı düşündüm. Görünüşe göre herkesin aynı fikri vardı. Göndermek için heyecan verici bir şey var mı?

Sarah: Sadece kız kardeşim için bir bakım paketi. Üniversitede okuyor ve biraz atıştırmalık ve birkaç şekerleme kullanabileceğini düşündüm. Sen?

James: (küçük bir zarf tutarak) Ah, yeğenim ve yeğenim için sadece birkaç doğum günü kartı. Tatildeyken doğum günlerini özledim.

Sarah: (gülümseyerek) Oof, bu çok zor. Yolculuğunuz nasıl geçti?

James: İnanılmaz! Rockies'te yürüyüşe çıktım. Ama şimdi tüm bu postane dramasıyla bunun bedelini ödüyorum.

Sarah: (gülüyor) En azından geç kalmış hediyelerin için iyi bir bahane! Burada genellikle bekleme süresi nasıldır?

James: Dalgalanıyor gibi görünüyor. Bazen hayalet bir kasaba gibi, bazen de herkes aynı anda bir şeyler postalamaya karar vermiş gibi.

Sarah: (başını sallayarak) Klasik postane. Sizce başka bir pencere açmayı hiç düşünüyorlar mı?

James: (omuz silkerek) İnsan sadece umut edebilir. Demek istediğim, en yoğun zamanların ne zaman olduğunu bilmiyorlar gibi değil.

Sarah: Değil mi? Bu arada, tüm bu atıştırmalıkları sabit oranlı bir kutuya nasıl sığdıracağımı bulmaya çalışırken burada sıkışıp kaldım!

James: (sırıtarak) Sadece orada biraz sevgiye de yer olduğundan emin ol!

Sarah: (gülüyor) Kesinlikle! Finaller konusunda çok stresliydi, bu yüzden umarım moralini yükseltir.

James: Eminim öyle olacak. Birinin gününü aydınlatmak için sürpriz bir bakım paketi gibisi yoktur.

(**Tezgaha ulaştıklarında çizgi santim santim ileri gider.**)

Sarah: (derin bir nefes alarak) İşte başlıyoruz! Postanedeki küçük maceram nihayet başlıyor.

James: İyi şanslar! Ben burada bu kartlar için posta ücreti bulmaya çalışıyor olacağım. Posta tanrıları sizin lehinize olsun!

Sarah: (gülümseyerek) Teşekkürler! Ona ihtiyacımız olacak.

(**Tezgaha yaklaştıklarında, postanenin atmosferi hareketlilikle dolup taşmaya devam ediyor.**)

3- A Trip to the Post Office

- **Emma**: A young woman in her late 20s, organized and a bit anxious.
- **Mr. Thompson**: A friendly, older post office clerk with a good sense of humor.

Emma: (sighing) Wow, it's busier than I thought! I just need to send these out before my lunch break is over.

Mr. Thompson: (cheerfully) You'd think it was the holiday season the way everyone is rushing in today! What do you have for me?

Emma: (setting down the packages) I need to mail these two boxes and this envelope. They all need to go priority.

Mr. Thompson: (taking the packages) You've got it! Let's get these weighed up. (pauses, glancing at the first package) This one looks like it could hold a whole dinner set! What's in here, if you don't mind me asking?

Emma: (laughs nervously) Just some kids' toys. My niece's birthday is coming up, and I didn't want them to miss out!

Mr. Thompson: (smirking) Toys, huh? Spoiling her a bit, are you?

Emma: (grinning) Just a little! She deserves it. And I hope her mom doesn't get mad at me for sending so many!

Mr. Thompson: (chuckles) Auntie privilege! It's a real thing.

[**Mr. Thompson weighs the packages and enters the information into the computer.**]

Emma: So, how much do I owe you?

Mr. Thompson: (looking at the screen) Let's see... Looks like it'll be $25 for the two boxes and $5 for the envelope. Total is $30.

Emma: (pulling out her wallet) Great, I thought it might be more.

Mr. Thompson: (taking the payment) You'd be surprised. It can really add up, especially during the holidays!

Emma: (smiling) I can only imagine! I've seen those long lines for international shipping—no thank you!

Mr. Thompson: (nodding) Yes, that's a beast of another kind! But hey, it's all about planning ahead. If you ever need tips, just let me know.

Emma: (enthusiastically) I might take you up on that! Thanks for not making me feel like a total novice.

Mr. Thompson: (handing her a receipt) No problem at all. Just remember, if you can lift it, you can ship it!

Emma: (laughs) Good to know! I'll definitely keep that in mind for next time.

Mr. Thompson: (winking) Anytime, Emma! Have a wonderful day and tell your niece happy birthday from me!

Emma: I will! Thanks for your help!

[**Emma waves as she exits the post office, a smile on her face.**]

3- Postaneye Gezi

- **Emma**: 20'li yaşlarının sonlarında, düzenli ve biraz endişeli genç bir kadın.
- **Bay Thompson**: İyi bir mizah anlayışı olan, arkadaş canlısı, yaşlı bir postane memuru.

Emma: (iç çekerek) Vay canına, düşündüğümden daha yoğun! Bunları öğle yemeği molam bitmeden göndermem gerekiyor.

Bay Thompson: (neşeyle) Bugün herkesin acele ettiği gibi tatil sezonu olduğunu düşünürdünüz! Benim için neyin var?

Emma: (paketleri bırakarak) Bu iki kutuyu ve bu zarfı postalamam gerekiyor. Hepsinin öncelikli olması gerekiyor.

Bay Thompson: (paketleri alarak) Anladın! Bunları tartalım. (duraklar, ilk pakete bakar) Bu, bütün bir yemek takımını tutabilecek gibi görünüyor! Burada ne var, sormamın bir sakıncası yoksa?

Emma: (gergin bir şekilde gülüyor) Sadece birkaç çocuk oyuncağı. Yeğenimin doğum günü yaklaşıyor ve onların kaçırmasını istemedim!

Bay Thompson: (sırıtarak) Oyuncaklar, ha? Onu biraz şımartıyorsun, değil mi?

Emma: (sırıtarak) Birazcık! O bunu hak ediyor. Ve umarım annesi bu kadar çok gönderdiğim için bana kızmaz!

Bay Thompson: (kıkırdar) Teyze ayrıcalığı! Bu gerçek bir şey.

[Bay Thompson paketleri tartar ve bilgileri bilgisayara girer.]

Emma: Peki, sana ne kadar borcum var?

Bay Thompson: (ekrana bakarak) Bakalım... Görünüşe göre iki kutu için 25 dolar ve zarf için 5 dolar olacak. Toplam 30 dolar.

Emma: (cüzdanını çıkararak) Harika, daha fazla olabileceğini düşündüm.

Bay Thompson: (ödemeyi alarak) Şaşıracaksınız. Özellikle tatillerde gerçekten artabilir!

Emma: (gülümseyerek) Sadece hayal edebiliyorum! Uluslararası nakliye için bu uzun kuyrukları gördüm - hayır, teşekkür ederim!

Bay Thompson: (başını sallayarak) Evet, bu başka türden bir canavar! Ama hey, her şey ileriyi planlamakla ilgili. İpuçlarına ihtiyacınız olursa, bana bildirin.

Emma: (coşkuyla) Seni bu konuda ele alabilirim! Beni tamamen acemi gibi hissettirmediğin için teşekkürler.

Bay Thompson: (Ona bir makbuz uzatarak) Hiç sorun değil. Unutmayın, eğer kaldırabilirseniz, gönderebilirsiniz!

Emma: (gülüyor) Bunu bildiğim iyi oldu! Bunu bir dahaki sefere kesinlikle aklımda tutacağım.

Bay Thompson: (göz kırparak) Her zaman, Emma! Harika bir gün geçirin ve yeğenine benden mutlu yıllar deyin!

Emma: Yapacağım! Yardımın için teşekkürler!

[Emma postaneden çıkarken el sallıyor, yüzünde bir gülümseme.]

4- I need to send this package

- **Sarah:** A young woman in her 20s, organized but slightly anxious.
- **Mr. Jenkins:** An older man, the friendly postmaster, known for his helpfulness.

[Scene: Inside a small, local post office. The walls are lined with mailboxes, and there's a counter at the front. Sarah approaches the counter where Mr. Jenkins is sorting through packages.]

Sarah: *[nervously glances around]* Hi there! I need to send this package, but I'm not really sure how to go about it.

Mr. Jenkins: *[smiling warmly]* No problem at all, young lady! I'm happy to help. What do you have there?

Sarah: *[holding up a small box]* It's a gift for my sister. I just want to make sure it arrives in time for her birthday.

Mr. Jenkins: That's thoughtful of you! Do you know where it's going?

Sarah: Yes, it's going to Seattle.

Mr. Jenkins: Great! We have a few options for that. You can use standard shipping, which takes a bit longer, or priority shipping, which is faster.

Sarah: *[chewing her lip]* How much faster is the priority shipping?

Mr. Jenkins: Priority usually takes about 1-3 days, while standard can take up to a week or more.

Sarah: *[leaning in]* I think I should go with priority then. I really don't want it to be late.

Mr. Jenkins: Good choice! Let's see how much it is. *[He starts typing on the computer, pulling up shipping options]* It looks like it will be $12.95.

Sarah: *[frowning]* Oh wow, that's a bit more than I expected. Is there any way to make it cheaper?

Mr. Jenkins: You could consider using a padded envelope instead of a box. It's a little less expensive, and it still provides good protection for your gift.

Sarah: I could do that! Would it still be safe for, like, fragile items?

Mr. Jenkins: Absolutely! If you wrap it well, you should be just fine. Let's find you an envelope.

[**Mr. Jenkins leads Sarah to the back of the post office, where packaging supplies are stored.**]

Sarah: *[chuckling]* I didn't realize I'd need a whole lesson on mailing packages today!

Mr. Jenkins: *[laughing]* You'd be surprised how many people aren't sure! It's all part of the service.

Sarah: *[smiling]* Well, thank you for being so patient with me.

Mr. Jenkins: No problem at all! It's my job, and I enjoy it. Ah! Here we go—this padded envelope should work perfectly.

[**They walk back to the counter, and Sarah places her item into the envelope.**]

Sarah: *[following along]* How do I fill this out?

Mr. Jenkins: Here's a shipping label. Just fill in your sister's name, address, and a return address, and you're good to go!

[**Sarah quickly fills it out while Mr. Jenkins watches.**]

Sarah: *[glancing up]* This isn't so hard after all!

Mr. Jenkins: You've got it! Just hand it over when you're ready.

Sarah: Thanks so much for your help! I'll be sure to come back for any future mailings.

Mr. Jenkins: Anytime! Enjoy the rest of your day, and happy early birthday to your sister!

Sarah: *[smiling]* Thank you! I'll definitely let her know that the gift was sent with care.

[Scene ends with Sarah leaving the post office, feeling more confident about her mailing skills.]

4- Bu paketi göndermem gerekiyor

- **Sarah:** 20'li yaşlarında, düzenli ama biraz endişeli genç bir kadın.
- **Bay Jenkins:** Yaşlı bir adam, dost canlısı posta müdürü, yardımseverliğiyle tanınır.

[Sahne: Küçük, yerel bir postanenin içinde. Duvarlar posta kutularıyla kaplı ve ön tarafta bir tezgah var. Sarah, Bay Jenkins'in paketleri tasnif ettiği tezgaha yaklaşıyor.]

Sarah: *[gergin bir şekilde etrafına bakar]* Merhaba! Bu paketi göndermem gerekiyor, ancak bunu nasıl yapacağımdan gerçekten emin değilim.

Bay Jenkins: *[sıcak bir şekilde gülümseyerek]* Hiç sorun değil, genç bayan! Yardımcı olmaktan mutluluk duyarım. Orada ne var?

Sarah: *[küçük bir kutu tutarak]* Kız kardeşim için bir hediye. Sadece doğum günü için zamanında geldiğinden emin olmak istiyorum.

Bay Jenkins: Bu sizin için düşünceli! Nereye gittiğini biliyor musun?

Sarah: Evet, Seattle'a gidiyor.

Bay Jenkins: Harika! Bunun için birkaç seçeneğimiz var. Biraz daha uzun süren standart gönderimi veya daha hızlı olan öncelikli gönderimi kullanabilirsiniz.

Sarah: *[dudağını çiğneyerek]* Öncelikli kargo ne kadar hızlı?

Bay Jenkins: Öncelik genellikle yaklaşık 1-3 gün sürerken, standart bir hafta veya daha fazla sürebilir.

Sarah: *[eğilerek]* Sanırım o zaman öncelikli olarak gitmeliyim. Gerçekten geç olmasını istemiyorum.

Bay Jenkins: İyi seçim! Bakalım ne kadar. *[Bilgisayarda yazmaya başlar, nakliye seçeneklerini açar]* 12.95 dolar olacak gibi görünüyor.

Sarah: *[kaşlarını çattı]* Vay canına, bu beklediğimden biraz daha fazla. Daha ucuz hale getirmenin bir yolu var mı?

Bay Jenkins: Kutu yerine dolgulu bir zarf kullanmayı düşünebilirsiniz. Biraz daha ucuzdur ve yine de hediyeniz için iyi bir koruma sağlar.

Sarah: Bunu yapabilirim! Kırılgan eşyalar için hala güvenli olur mu?

Bay Jenkins: Kesinlikle! İyi sararsan, iyi olmalısın. Size bir zarf bulalım.

[Bay Jenkins, Sarah'yı ambalaj malzemelerinin depolandığı postanenin arkasına götürür.]

Sarah: *[kıkırdar]* Bugün paketleri postalama konusunda bir derse ihtiyacım olacağını fark etmemiştim!

Bay Jenkins: *[gülüyor]* Ne kadar çok insanın emin olmadığına şaşıracaksınız! Hepsi hizmetin bir parçası.

Sarah: *[gülümseyerek]* Bana karşı bu kadar sabırlı olduğun için teşekkür ederim.

Bay Jenkins: Hiç sorun değil! Bu benim işim ve bundan zevk alıyorum. Ey! İşte başlıyoruz—bu yastıklı zarf mükemmel şekilde çalışmalıdır.

[Tezgaha geri dönerler ve Sarah eşyasını zarfın içine koyar.]

Sarah: *[takip ediyor]* Bunu nasıl doldururum?

Bay Jenkins: İşte bir nakliye etiketi. Sadece kız kardeşinizin adını, adresini ve iade adresini girin ve hazırsınız!

[Bay Jenkins izlerken Sarah hızlıca dolduruyor.]

Sarah: *[yukarı bakarak]* Sonuçta bu o kadar da zor değil!

Bay Jenkins: Anladın! Hazır olduğunuzda teslim edin.

Sarah: Yardımın için çok teşekkürler! Gelecekteki postalar için geri döneceğimden emin olacağım.

Bay Jenkins: Her zaman! Günün geri kalanının tadını çıkarın ve kız kardeşinizin erken doğum günü kutlu olsun!

Sarah: *[gülümseyerek]* Teşekkür ederim! Hediyenin özenle gönderildiğini kesinlikle ona bildireceğim.

[Sahne, Sarah'nın postalama becerileri konusunda kendine daha fazla güvenerek postaneden ayrılmasıyla sona erer.]

Job Interview

İş Görüşmesi

1- Tom and Sarah

A small conference room in a modern office. A large window lets in natural light, and a round table is set for the interview. The candidate, Sarah,35, is seated across from Tom, the hiring manager, a serious-looking man in a shirt and tie.

Tom: (glancing at her resume) Thank you for coming in today, Sarah. I appreciate your time. Let's start with your background. Can you tell me about your experience at your last job?

Sarah: Absolutely, Tom. I worked at XYZ Corp for about five years as a project manager. My role involved overseeing a team that developed and launched software solutions. I was responsible for coordinating between departments, managing budgets, and ensuring that projects were delivered on time.

Tom: That sounds impressive. Can you give me an example of a challenging project you managed and how you tackled it?

Sarah: Sure! One project I led involved creating a new customer relationship management tool. We faced significant pushback from the sales team, who were resistant to changing their existing processes. I organized a series of workshops to address their concerns, demonstrated the tool's benefits, and worked with them to integrate their feedback into the development process. In the end, we not only met our deadline but also achieved a 20% increase in user adoption.

Tom: That's a great example of stakeholder management. But tell me, what would you say is your biggest weakness?

Sarah: (pausing thoughtfully) My biggest weakness has been my tendency to take on too much at once. I'm naturally driven and enthusiastic about my work, but I've learned the hard way that it's crucial to delegate effectively. I've been working on this by setting clearer priorities and trusting my team to own their tasks.

Tom: Self-awareness is key in the workplace. How about your strengths? What do you think sets you apart from other candidates?

Sarah: One of my core strengths is my adaptability. I thrive in fast-paced environments and enjoy tackling unexpected challenges. I believe this is essential in our industry, where technology is always evolving. Additionally, my strong communication skills help bridge gaps between technical and non-technical teams.

Tom: Those skills are definitely valuable to us. Now, what do you know about our company culture?

Sarah: From my research, it seems that your company values collaboration and innovation. I was particularly impressed by your recent initiatives to encourage employee input in decision-making processes. I think that aligns well with my approach to leadership.

Tom: (nodding) That's correct. We prioritize a team-driven environment. One last question: where do you see yourself in five years?

Sarah: I see myself growing into a more strategic leadership role, perhaps as a senior project manager or even a director. I want to continue developing my skills and contributing to projects that align with the company's goals while mentoring others along the way.

Tom: Great, I appreciate your ambition. Thank you for sharing your insights today. We'll be in touch soon.

Sarah: Thank you, Tom. I appreciate the opportunity to speak with you and learn more about the team. Have a great day!

(They smile, and Sarah stands up to shake Tom's hand before leaving the room.)

1- Tom ve Sarah

Modern bir ofiste küçük bir konferans odası. Büyük bir pencere doğal ışığın içeri girmesine izin verir ve röportaj için yuvarlak bir masa kurulur. Aday, 35 yaşındaki Sarah, işe alım müdürü Tom'un karşısında oturuyor, gömlekli ve kravatlı ciddi görünümlü bir adam.

Tom: (özgeçmişine bakarak) Bugün geldiğin için teşekkür ederim Sarah. Zaman ayırdığınız için teşekkür ederim. Geçmişinizle başlayalım. Son işinizdeki deneyiminizden bahseder misiniz?

Sarah: Kesinlikle, Tom. XYZ Corp'ta yaklaşık beş yıl proje yöneticisi olarak çalıştım. Rolüm, yazılım çözümleri geliştiren ve piyasaya süren bir ekibi denetlemekti. Departmanlar arasında koordinasyon sağlamaktan, bütçeleri yönetmekten ve projelerin zamanında teslim edilmesini sağlamaktan sorumluydum.

Tom: Kulağa etkileyici geliyor. Yönettiğiniz zorlu bir projeden ve bununla nasıl başa çıktığınızdan bir örnek verebilir misiniz?

Sarah: Tabii! Yönettiğim bir proje, yeni bir müşteri ilişkileri yönetimi aracı oluşturmayı içeriyordu. Mevcut süreçlerini değiştirmeye dirençli olan satış ekibinden önemli bir tepkiyle karşılaştık. Endişelerini gidermek için bir dizi atölye çalışması düzenledim, aracın faydalarını gösterdim ve geri bildirimlerini geliştirme sürecine entegre etmek için onlarla birlikte çalıştım. Sonunda, yalnızca son teslim tarihimizi karşılamakla kalmadık, aynı zamanda kullanıcı benimsemesinde %20'lik bir artış elde ettik.

Tom: Bu, paydaş yönetiminin harika bir örneği. Ama söyle bana, en büyük zayıflığın ne olduğunu söylersin?

Sarah: (düşünceli bir şekilde duraklayarak) En büyük zayıflığım, aynı anda çok fazla şey üstlenme eğilimim oldu. Doğal olarak işim konusunda azimli ve hevesliyim, ancak etkili bir şekilde yetki vermenin çok önemli olduğunu zor yoldan öğrendim. Daha net öncelikler belirleyerek ve ekibimin görevlerini üstleneceğine güvenerek bu konu üzerinde çalışıyorum.

Tom: Öz farkındalık işyerinde anahtardır. Peki ya güçlü yönleriniz? Sizce sizi diğer adaylardan ayıran özellikler nelerdir?

Sarah: En güçlü yönlerimden biri uyum sağlama yeteneğimdir. Hızlı tempolu ortamlarda başarılı oluyorum ve beklenmedik zorlukların üstesinden gelmekten keyif alıyorum. Teknolojinin sürekli geliştiği sektörümüzde bunun çok önemli olduğuna inanıyorum. Ek olarak, güçlü iletişim becerilerim, teknik ve teknik olmayan ekipler arasındaki boşlukları kapatmaya yardımcı oluyor.

Tom: Bu beceriler bizim için kesinlikle değerli. Şimdi, şirket kültürümüz hakkında ne biliyorsunuz?

Sarah: Araştırmalarıma göre, şirketinizin işbirliğine ve yeniliğe değer verdiği anlaşılıyor. Karar alma süreçlerine çalışanların katılımını teşvik etmeye yönelik son girişimlerinizden özellikle etkilendim. Sanırım bu benim liderlik yaklaşımımla çok uyumlu.

Tom: (başını sallayarak) Doğru. Ekip odaklı bir ortama öncelik veriyoruz. Son bir soru: Beş yıl sonra kendinizi nerede görüyorsunuz?

Sarah: Kendimi daha stratejik bir liderlik rolüne doğru büyürken görüyorum, belki de kıdemli bir proje yöneticisi veya hatta bir yönetmen olarak. Becerilerimi geliştirmeye ve şirketin hedefleriyle uyumlu projelere katkıda bulunmaya devam ederken, yol boyunca başkalarına da mentorluk yapmak istiyorum.

Tom: Harika, hırsını takdir ediyorum. Bugün görüşlerinizi paylaştığınız için teşekkür ederiz. Yakında sizinle iletişime geçeceğiz.

Sarah: Teşekkür ederim Tom. Sizinle konuşma ve takım hakkında daha fazla bilgi edinme fırsatı bulduğum için minnettarım. İyi günler!

(Gülümserler ve Sarah odadan çıkmadan önce Tom'un elini sıkmak için ayağa kalkar.)

2- A modern office

A job candidate, Alex, sits across from the hiring manager, Sarah.

Sarah: Thank you for coming in today, Alex. How are you feeling?

Alex: Thanks for having me, Sarah. I'm excited but a little nervous.

Sarah: That's completely normal! Let's start with a bit about your background. Can you tell me what attracted you to this position?

Alex: Absolutely. I've always admired your company's commitment to innovation, especially in sustainable practices. When I saw the job listing for the project manager role, I felt it aligned perfectly with my experience in leading teams and my passion for eco-friendly initiatives.

Sarah: That's great to hear. Can you give me an example of a project you've managed that relates to sustainability?

Alex: Sure! At my previous job, I led a team tasked with reducing our carbon footprint. We implemented a recycling program and transitioned to energy-efficient processes. As a result, we cut our waste by 30% over two years.

Sarah: Impressive! Sustainability is a core value for us. How do you handle challenges when projects don't go as planned?

Alex: I believe in the importance of flexibility and open communication. Last year, we faced unexpected supply chain issues that threatened our project's timeline. I organized a team meeting to brainstorm solutions and ended up forging partnerships with local suppliers. This not only kept us on track but also supported the community.

Sarah: That's a proactive approach. We certainly value teamwork and collaboration here. How would your colleagues describe your management style?

Alex: I think they would say I'm approachable and supportive, but I also set clear expectations. I believe in empowering my team by giving them responsibility while also being available for guidance when needed.

Sarah: Fantastic! Lastly, do you have any questions for me about the team or company culture?

Alex: Yes, I'd love to hear more about the team I would potentially be working with. What's the dynamic like?

Sarah: Our team is collaborative and diverse. We value each member's input and regularly hold brainstorming sessions to foster creativity. It's an environment where everyone feels encouraged to share ideas.

Alex: That sounds exactly like the kind of environment I thrive in. Thank you for the insight!

Sarah: My pleasure, Alex. We'll be in touch soon regarding the next steps. It was great to meet you today!

Alex: Thank you, Sarah. I appreciate the opportunity and look forward to hearing from you!

2- Modern bir ofis

Bir iş adayı olan Alex, işe alım müdürü Sarah'nın karşısında oturuyor.

Sarah: Bugün geldiğin için teşekkür ederim Alex. Nasıl hissediyorsun?

Alex: Beni kabul ettiğin için teşekkürler Sarah. Heyecanlıyım ama biraz gerginim.

Sarah: Bu tamamen normal! Geçmişiniz hakkında biraz bilgi vererek başlayalım. Sizi bu pozisyona çeken şeyin ne olduğunu söyleyebilir misiniz?

Alex: Kesinlikle. Şirketinizin özellikle sürdürülebilir uygulamalarda inovasyona olan bağlılığına her zaman hayran olmuşumdur. Proje yöneticisi rolü için iş listesini gördüğümde, bunun lider ekiplerdeki deneyimim ve çevre dostu girişimlere olan tutkumla mükemmel bir şekilde uyumlu olduğunu hissettim.

Sarah: Bunu duymak harika. Sürdürülebilirlikle ilgili yönettiğiniz bir proje örneği verebilir misiniz?

Alex: Tabii! Önceki işimde, karbon ayak izimizi azaltmakla görevli bir ekibe liderlik ettim. Bir geri dönüşüm programı uyguladık ve enerji verimli süreçlere geçiş yaptık. Sonuç olarak, iki yıl içinde atıklarımızı %30 oranında azalttık.

Sarah: Etkileyici! Sürdürülebilirlik bizim için temel bir değerdir. Projeler planlandığı gibi gitmediğinde zorluklarla nasıl başa çıkıyorsunuz?

Alex: Esnekliğin ve açık iletişimin önemine inanıyorum. Geçen yıl, projemizin zaman çizelgesini tehdit eden beklenmedik tedarik zinciri sorunlarıyla karşılaştık. Çözümler için beyin fırtınası yapmak için bir ekip toplantısı düzenledim ve yerel tedarikçilerle ortaklıklar kurdum. Bu sadece bizi yolda tutmakla kalmadı, aynı zamanda topluluğu da destekledi.

Sarah: Bu proaktif bir yaklaşım. Burada ekip çalışmasına ve işbirliğine kesinlikle değer veriyoruz. İş arkadaşlarınız yönetim tarzınızı nasıl tanımlar?

Alex: Sanırım cana yakın ve destekleyici olduğumu söylerlerdi ama aynı zamanda net beklentiler de belirliyorum. Ekibime sorumluluk vererek ve gerektiğinde rehberlik için hazır bulunarak onları güçlendirmeye inanıyorum.

Sarah: Harika! Son olarak, ekip veya şirket kültürü hakkında bana herhangi bir sorunuz var mı?

Alex: Evet, potansiyel olarak birlikte çalışacağım takım hakkında daha fazla şey duymak isterim. Dinamik nasıl?

Sarah: Ekibimiz işbirlikçi ve çeşitlidir. Her üyenin girdilerine değer veriyoruz ve yaratıcılığı teşvik etmek için düzenli olarak beyin fırtınası oturumları düzenliyoruz. Herkesin fikirlerini paylaşmaya teşvik edildiği bir ortam.

Alex: Bu tam olarak benim başarılı olduğum türden bir ortama benziyor. Anlayış için teşekkürler!

Sarah: Benim için zevk, Alex. Sonraki adımlarla ilgili olarak yakında sizinle iletişime geçeceğiz. Bugün seninle tanışmak harikaydı!

Alex: Teşekkür ederim Sarah. Bu fırsatı takdir ediyorum ve sizden haber almak için sabırsızlanıyorum!

3- JESSICA

A modern office conference room. A large window lets in natural light. A table sits in the center with two chairs – one occupied by JESSICA, the interviewer, and the other empty, waiting for DAVID, the candidate.

JESSICA: *(checking her watch)* Good morning, David. How are you today?

DAVID: *(entering the room, a little flustered)* Good morning, Jessica. I'm doing well, thank you! Sorry I'm a bit late. Traffic was terrible.

JESSICA: No worries at all. Let's dive right in. Why don't you start by telling me a bit about yourself and what led you to apply for this position?

DAVID: Absolutely. I graduated with a degree in marketing, and I've spent the last three years working in a digital marketing agency, where I specialized in social media strategy. I've always admired your company's innovative approach, and I believe my skills in content creation and analytics would be a great fit for your team.

JESSICA: That's great to hear! Innovation is definitely a big part of our culture. Can you tell me about a specific project where you pushed the boundaries of creativity?

DAVID: Sure! Last year, I led a campaign for a product launch that incorporated user-generated content. We created a contest encouraging customers to share their experiences with the product on social media. Not only did it drive engagement significantly, but it came in under budget and exceeded our sales targets by 20%.

JESSICA: Impressive! It sounds like you really understand how to leverage customer engagement. How do you approach working with team members who have different ideas or working styles?

DAVID: I believe communication is key. I make it a point to listen actively and to ensure everyone feels their ideas are valued. For example, during the project I just mentioned, our team had different visions for the campaign. I organized a brainstorming session where we could all contribute, and we ended up combining the best elements of each idea. It built team morale and led to a more robust campaign.

JESSICA: That's a fantastic approach. Now, can you give me an example of a challenge you faced in your previous role and how you overcame it?

DAVID: Certainly. We faced a major setback when a key influencer backed out of a campaign just days before launch. I quickly pivoted by reaching out to smaller influencers who had strong engagement rates with our target audience. It wasn't the original plan, but it ended up being a blessing in disguise. The campaign performed well, and we even developed ongoing relationships with those smaller influencers.

JESSICA: Quick thinking! It's crucial to adapt in our fast-paced environment. Lastly, do you have any questions for me about the role or the company?

DAVID: Yes, I do. I've read a lot about your company's values and commitment to sustainability. Can you share how that translates into daily operations or specific initiatives within the marketing team?

JESSICA: Great question. Sustainability is at the heart of everything we do. For our marketing team, it means collaborating with responsible brands and promoting eco-friendly practices in our campaigns. We're also working on content that educates our audience about sustainability. It's an exciting time to be part of the team.

DAVID: That sounds like an amazing opportunity to make a positive impact. Thank you for explaining that!

JESSICA: Thank you, David, for your thoughtful answers today. We'll be in touch soon regarding the next steps in the interview process.

DAVID: I appreciate your time, Jessica. I look forward to hearing from you!

(DAVID stands and exits the room with a polite smile, while JESSICA makes some notes on her tablet.)

3- JESSICA

Modern bir ofis konferans odası. Büyük bir pencere doğal ışığın içeri girmesine izin verir. Ortada iki sandalye bulunan bir masa oturuyor - biri görüşmeci JESSICA tarafından işgal edilmiş, diğeri ise boş, aday DAVID'i bekliyor.

JESSICA: *(saatini kontrol ederek)* Günaydın David. Nasılsın bugün?

DAVID: *(odaya girerken, biraz telaşlı)* Günaydın Jessica. İyiyim, teşekkür ederim! Üzgünüm biraz geç kaldım. Trafik korkunçtu.

JESSICA: Hiç endişelenme. Hemen konuya girelim. Neden bana biraz kendinizden bahsederek başlamıyorsunuz ve sizi bu pozisyona başvurmaya iten şey nedir?

DAVID: Kesinlikle. Pazarlama bölümünden mezun oldum ve son üç yılımı sosyal medya stratejisi konusunda uzmanlaştığım bir dijital pazarlama ajansında çalışarak geçirdim. Şirketinizin yenilikçi yaklaşımına her zaman hayran olmuşumdur ve içerik oluşturma ve analitik konusundaki becerilerimin ekibiniz için çok uygun olacağına inanıyorum.

JESSICA: Bunu duymak harika! İnovasyon kesinlikle kültürümüzün büyük bir parçası. Yaratıcılığın sınırlarını zorladığınız belirli bir projeden bahseder misiniz?

DAVID: Tabii! Geçen yıl, kullanıcı tarafından oluşturulan içeriği içeren bir ürün lansmanı için bir kampanya yürüttüm. Müşterileri ürünle ilgili deneyimlerini sosyal medyada paylaşmaya teşvik eden bir yarışma oluşturduk. Etkileşimi önemli ölçüde artırmakla kalmadı, aynı zamanda bütçenin altında geldi ve satış hedeflerimizi %20 oranında aştı.

JESSICA: Etkileyici! Görünüşe göre müşteri katılımından nasıl yararlanacağınızı gerçekten anlıyorsunuz. Farklı fikirlere veya çalışma tarzlarına sahip ekip üyeleriyle çalışmaya nasıl yaklaşıyorsunuz?

DAVID: İletişimin anahtar olduğuna inanıyorum. Aktif olarak dinlemeye ve herkesin fikirlerine değer verildiğini hissetmesini sağlamaya özen gösteriyorum. Mesela az önce bahsettiğim proje sırasında ekibimizin kampanya için farklı vizyonları vardı. Hepimizin katkıda bulunabileceği bir beyin fırtınası oturumu düzenledim ve sonunda her fikrin en iyi unsurlarını bir araya getirdik. Ekibin moralini yükseltti ve daha sağlam bir kampanyaya yol açtı.

JESSICA: Bu harika bir yaklaşım. Şimdi, bana önceki görevinizde karşılaştığınız bir zorluğa ve bunun üstesinden nasıl geldiğinize dair bir örnek verebilir misiniz?

DAVID: Kesinlikle. Önemli bir influencer, lansmandan sadece birkaç gün önce bir kampanyadan çekildiğinde büyük bir aksilikle karşılaştık. Hedef kitlemizle güçlü etkileşim oranlarına sahip daha küçük etkileyicilere ulaşarak hızla döndüm. Orijinal plan bu değildi, ama sonunda kılık değiştirmiş bir nimet haline geldi. Kampanya iyi performans gösterdi ve hatta bu küçük etkileyicilerle sürekli ilişkiler geliştirdik.

JESSICA: Hızlı düşünme! Hızlı tempolu ortamımıza uyum sağlamak çok önemlidir. Son olarak, rol veya şirket hakkında bana herhangi bir sorunuz var mı?

DAVID: Evet, biliyorum. Şirketinizin değerleri ve sürdürülebilirliğe olan bağlılığı hakkında çok şey okudum. Bunun pazarlama ekibi içindeki günlük operasyonlara veya belirli girişimlere nasıl dönüştüğünü paylaşabilir misiniz?

JESSICA: Harika bir soru. Sürdürülebilirlik, yaptığımız her şeyin merkezinde yer alır. Pazarlama ekibimiz için bu, sorumlu markalarla işbirliği yapmak ve kampanyalarımızda çevre dostu uygulamaları teşvik etmek anlamına geliyor. Ayrıca hedef kitlemizi sürdürülebilirlik konusunda eğiten içerikler üzerinde çalışıyoruz. Ekibin bir parçası olmak için heyecan verici bir zaman.

DAVID: Bu, olumlu bir etki yaratmak için harika bir fırsat gibi görünüyor. Bunu açıkladığınız için teşekkür ederiz!

JESSICA: Bugünkü düşünceli cevapların için teşekkür ederim David. Mülakat sürecindeki sonraki adımlarla ilgili olarak yakında sizinle iletişime geçeceğiz.

DAVID: Zaman ayırdığın için teşekkür ederim Jessica. Sizden haber almak için sabırsızlanıyorum!

(DAVID kibar bir gülümsemeyle ayağa kalkıp odadan çıkarken, JESSICA tabletine bazı notlar alıyor.)

4- The Job Interview

A modern office with a sleek conference room. A large window overlooks the city skyline. A table set with two chairs opposite each other.

- **Alex** (the interviewer, dressed in a professional suit)
- **Jamie** (the candidate, dressed smartly, but slightly nervous)

[Scene opens with Alex reviewing Jamie's resume.]

Alex: (looking up) Good morning, Jamie! Thank you for coming in today.

Jamie: (smiling) Good morning, Alex! Thank you for having me.

Alex: So, let's jump right in. I see from your resume that you've worked at two different marketing firms. Can you tell me about your experience there?

Jamie: (nodding) Absolutely! At my first job with BrandWave, I focused on social media strategy. I helped increase our engagement by 40% within six months.

Alex: Impressive! What specific strategies did you implement?

Jamie: I led a campaign that targeted millennials by leveraging user-generated content. We created a hashtag that encouraged our audience to share their own stories related to our brand. It really resonated with them.

Alex: Sounds like you really tapped into your audience. What about your most recent role at Creative Solutions?

Jamie: At Creative Solutions, I managed a small team and worked on a variety of digital campaigns. One of my favorite projects involved collaborating with a local non-profit. We organized a charity drive and used targeted ads to raise awareness. It was rewarding to see the impact we made.

Alex: That sounds fulfilling! Team management can be tricky. How do you handle conflicts or disagreements within your team?

Jamie: Great question. I believe in open communication. If a conflict arises, I sit down with the involved parties to understand their perspectives. My focus is on finding common ground and fostering a collaborative environment.

Alex: Very wise approach. And why do you want to work for our company specifically?

Jamie: I've always admired your innovative campaigns and your commitment to sustainability. I'd love to contribute to a team that shares my values and to be part of something that has a positive impact on the community.

Alex: We appreciate that! We're passionate about our mission. Last question: where do you see yourself in five years?

Jamie: I aspire to grow within a company like yours, taking on more responsibilities and possibly leading larger projects. I really want to enhance my skills and make a meaningful contribution.

Alex: Great answer, Jamie. We're looking for someone with vision, and I can see you have that drive.

[Alex jots down some notes and smiles.]

Alex: Thank you for your time today. We'll be in touch soon!

Jamie: Thank you, Alex! I appreciate the opportunity to discuss my experiences. Have a great day!

[Scene ends with Jamie exiting the conference room, looking hopeful.]

4- İş Görüşmesi

Şık bir konferans salonuna sahip modern bir ofis. Büyük bir pencere şehir silüetine bakmaktadır. Karşılıklı iki sandalye ile kurulmuş bir masa.

- **Alex** (röportajı yapan, profesyonel bir takım elbise giymiş)
- **Jamie** (aday, şık giyinmiş ama biraz gergin)

[**Sahne, Alex'in Jamie'nin özgeçmişini gözden geçirmesiyle açılır.**]

Alex: (yukarı bakarak) Günaydın Jamie! Bugün geldiğiniz için teşekkür ederim.

Jamie: (gülümseyerek) Günaydın Alex! Beni kabul ettiğiniz için teşekkür ederim.

Alex: Öyleyse hemen konuya girelim. Özgeçmişinizden iki farklı pazarlama firmasında çalıştığınızı görüyorum. Oradaki deneyiminizden bahseder misiniz?

Jamie: (başını sallayarak) Kesinlikle! BrandWave'deki ilk işimde sosyal medya stratejisine odaklandım. Altı ay içinde katılımımızı %40 oranında artırmaya yardımcı oldum.

Alex: Etkileyici! Hangi özel stratejileri uyguladınız?

Jamie: Kullanıcı tarafından oluşturulan içerikten yararlanarak Y kuşağını hedefleyen bir kampanya yönettim. Hedef kitlemizi markamızla ilgili kendi hikayelerini paylaşmaya teşvik eden bir hashtag oluşturduk. Onlarla gerçekten rezonansa girdi.

Alex: Görünüşe göre gerçekten hedef kitlenize dokunmuşsunuz. Creative Solutions'daki en son göreviniz hakkında ne düşünüyorsunuz?

Jamie: Creative Solutions'da küçük bir ekibi yönettim ve çeşitli dijital kampanyalar üzerinde çalıştım. En sevdiğim projelerden biri, yerel bir kar amacı gütmeyen kuruluşla işbirliği yapmaktı. Bir yardım kampanyası düzenledik ve farkındalığı artırmak için hedefli reklamlar kullandık. Yarattığımız etkiyi görmek ödüllendiriciydi.

Alex: Kulağa tatmin edici geliyor! Ekip yönetimi zor olabilir. Ekibiniz içindeki çatışmaları veya anlaşmazlıkları nasıl ele alıyorsunuz?

Jamie: Harika bir soru. Açık iletişime inanıyorum. Bir çatışma ortaya çıkarsa, bakış açılarını anlamak için ilgili taraflarla otururum. Odak noktam ortak bir zemin bulmak ve işbirlikçi bir ortamı teşvik etmektir.

Alex: Çok akıllıca bir yaklaşım. Ve neden özellikle şirketimiz için çalışmak istiyorsunuz?

Jamie: Yenilikçi kampanyalarınıza ve sürdürülebilirliğe olan bağlılığınıza her zaman hayran olmuşumdur. Değerlerimi paylaşan bir ekibe katkıda bulunmayı ve topluluk üzerinde olumlu etkisi olan bir şeyin parçası olmayı çok isterim.

Alex: Bunu takdir ediyoruz! Misyonumuz konusunda tutkuluyuz. Son soru: Beş yıl içinde kendinizi nerede görüyorsunuz?

Jamie: Sizinki gibi bir şirkette büyümeyi, daha fazla sorumluluk almayı ve muhtemelen daha büyük projelere liderlik etmeyi hedefliyorum. Gerçekten becerilerimi geliştirmek ve anlamlı bir katkıda bulunmak istiyorum.

Alex: Harika cevap, Jamie. Vizyon sahibi birini arıyoruz ve bu dürtüye sahip olduğunuzu görebiliyorum.

[**Alex bazı notlar alıyor ve gülümsüyor.**]

Alex: Bugün zaman ayırdığınız için teşekkür ederim. Yakında sizinle iletişime geçeceğiz!

Jamie: Teşekkür ederim Alex! Deneyimlerimi tartışma fırsatını takdir ediyorum. İyi günler!

[**Sahne, Jamie'nin umutlu görünerek konferans odasından çıkmasıyla sona erer.**]

At the library

Kütüphanede

1- The Library Encounter

- Sarah: A college student studying for finals.
- Jake: A fellow student looking for a book.

[Scene: A quiet corner of the library, shelves lined with books. Sarah is seated at a table, surrounded by notebooks, highlighting a textbook. Jake walks in, scanning the shelves.]

Jake: (muttering to himself) Where is that history book? I swear it was right here last week...

Sarah: (looking up) Are you talking about "The Rise and Fall of Empires"? I just saw a copy on the second shelf over there.

Jake: (grinning) Really? You're a lifesaver! I've been looking everywhere.

Sarah: (smiling) No problem! It's easy to get lost in here. Sometimes I feel like the books are playing hide and seek.

Jake: (laughs) Right? The library is like a maze. I always end up wandering into sections I didn't even mean to visit.

Sarah: (nods) Same here. I started off looking for a psychology book and ended up in the poetry section yesterday.

Jake: (curious) Poetry? Any favorites?

Sarah: I discovered Rumi. His work is beautiful and so profound. What about you? What're you studying?

Jake: History. I'm trying to refresh my memory before finals. It's been a while since I've tackled this subject.

Sarah: I hear you. I feel like I'm drowning in my notes. It's all so overwhelming sometimes.

Jake: (sitting down across from her) You've got this! Just take it one step at a time.

Sarah: (sighing) I hope so.

Jake: (gesturing to her books) Are you studying for a particular class?

Sarah: Yes, it's Cognitive Psychology. We have a big exam coming up on Monday.

Jake: Oh nice, I took that last semester! Just focus on the key theories and make flashcards. They're a lifesaver for me.

Sarah: (brightening) Flashcards! Why didn't I think of that?

Jake: (smiling) They help me a lot. Want to study together sometime? We can quiz each other.

Sarah: (enthusiastic) I'd love that! It's always better with a study buddy.

Jake: (standing up) Great! Let me grab that book, and we can exchange numbers.

Sarah: (nodding) Sounds like a plan!

[**Jake walks over to the shelf, grabs the book, and returns to Sarah. They both smile at the prospect of collaborating.**]

Jake: (handing her his phone) Here, just put your number in. I'll text you later to plan a study session.

Sarah: (typing) Got it! Thanks for the help today.

Jake: Anytime! Good luck with your studying!

Sarah: You too! And remember, no more wandering into random sections!

Jake: (laughs) No promises!

[**They both smile as Jake walks away, and Sarah returns to her notes, feeling a little lighter about her studies.**]

[**Scene fades as the library continues to hum quietly, a haven for learning and unexpected friendships.**]

1- Kütüphane Karşılaşması

- Sarah: Finallere hazırlanan bir üniversite öğrencisi.
- Jake: Kitap arayan bir öğrenci arkadaş.

[Sahne: Kütüphanenin sessiz bir köşesi, raflar kitaplarla kaplı. Sarah, bir ders kitabını vurgulayan defterlerle çevrili bir masada oturuyor. Jake içeri girer ve rafları tarar.]

Jake: (kendi kendine mırıldanarak) O tarih kitabı nerede? Yemin ederim geçen hafta buradaydı...

Sarah: (yukarı bakarak) "İmparatorlukların Yükselişi ve Çöküşü"nden mi bahsediyorsun? Az önce oradaki ikinci rafta bir kopyasını gördüm.

Jake: (sırıtarak) Gerçekten mi? Sen bir cankurtaransın! Her yere bakıyordum.

Sarah: (gülümseyerek) Sorun değil! Burada kaybolmak çok kolay. Bazen kitapların saklambaç oynadığını hissediyorum.

Jake: (gülüyor) Değil mi? Kütüphane bir labirent gibidir. Her zaman ziyaret etmek istemediğim bölümlere dalıyorum.

Sarah: (başını sallar) Burada da aynı. Bir psikoloji kitabı aramaya başladım ve dün şiir bölümünde sona erdim.

Jake: (meraklı) Şiir mi? Favoriniz var mı?

Sarah: Mevlana'yı keşfettim. Eserleri çok güzel ve çok derin. Ya sen? Ne okuyorsun?

Jake: Tarih. Finaller öncesi hafızamı tazelemeye çalışıyorum. Bu konuyu ele almayalı uzun zaman oldu.

Sarah: Seni duyuyorum. Notlarımın içinde boğuluyor gibi hissediyorum. Bazen her şey çok bunaltıcı.

Jake: (onun karşısında oturuyor) Bunu aldın! Sadece her seferinde bir adım atın.

Sarah: (iç çekerek) Umarım öyledir.

Jake: (kitaplarını işaret ederek) Belirli bir sınıf için mi çalışıyorsun?

Sarah: Evet, bu Bilişsel Psikoloji. Pazartesi günü büyük bir sınavımız var.

Jake: Oh güzel, bunu geçen dönem aldım! Sadece temel teorilere odaklanın ve bilgi kartları yapın. Onlar benim için bir cankurtaran.

Sarah: (parlayan) Bilgi Kartları! Bunu neden düşünmedim?

Jake: (gülümseyerek) Bana çok yardımcı oluyorlar. Bir ara birlikte çalışmak ister misiniz? Birbirimizi test edebiliriz.

Sarah: (coşkulu) Buna bayılırım! Bir çalışma arkadaşıyla her zaman daha iyidir.

Jake: (ayağa kalkarak) Harika! O kitabı alayım ve numaraları değiş tokuş edebiliriz.

Sarah: (başını sallayarak) Kulağa bir plan gibi geliyor!

[Jake rafa doğru yürür, kitabı alır ve Sarah'nın yanına döner. İkisi de işbirliği yapma ihtimaline gülümsüyor.]

Jake: (Ona telefonunu uzatarak) İşte, sadece numaranı gir. Bir çalışma oturumu planlamanız için size daha sonra mesaj atacağım.

Sarah: (yazarak) Anladım! Bugünkü yardım için teşekkürler.

Jake: Her zaman! Çalışmalarınızda iyi şanslar!

Sarah: Sen de! Ve unutmayın, artık rastgele bölümlere dalmak yok!

Jake: (gülüyor) Söz yok!

[Jake uzaklaşırken ikisi de gülümsüyor ve Sarah notları üzerine geri dönüyor, çalışmaları hakkında biraz daha hafif hissediyor.]

[Kütüphane sessizce mırıldanmaya devam ettikçe sahne kayboluyor, öğrenme ve beklenmedik arkadaşlıklar için bir sığınak.]

2- A quiet corner of the library

Mia: (flipping through a book) Wow, I can't believe how much information is packed into this one volume!

Josh: (leaning over to look) What are you reading?

Mia: It's about the history of space exploration. Did you know there were plans to land on Mars as early as the 1960s?

Josh: No way! I thought that was more of a recent development. It's crazy to think how far we've come.

Mia: (nodding) Right? And here we are, planning for missions in the next decade. Just imagine if we actually get to visit Mars!

Josh: (grinning) I'd sign up for that in a heartbeat. But I'd probably end up getting lost in a dust storm.

Mia: (laughs) Or getting into a debate with the aliens about who's the better sci-fi author!

Josh: (playfully exaggerated) "I tell you, Arthur C. Clarke had it right!"

Mia: (pretending to be an alien) "We cannot listen to your Earthly opinions! Zogthar from the planet Glibbor 7 is the true visionary!"

Josh: (giggling) Okay, fair enough. I'll concede to Zogthar. But next time, definitely no debates in space!

Mia: Agreed! So, did you find anything useful for your project on renewable energy?

Josh: Yeah, I found a couple of great sources. I just need to check out this one on solar power efficiency. It's tucked away in the environmental section.

Mia: Want me to help you find it?

Josh: That would be awesome! I always get lost in this place.

Mia: (standing up) Alright, let's go on an adventure through the stacks! The library awaits!

Josh: (mock serious) To the renewable energy section!

(They both laugh and walk off together, leaving a quiet library behind.)

2- Kütüphanenin sessiz bir köşesi

Mia: (bir kitabı karıştırırken) Vay canına, bu tek cilde ne kadar çok bilgi sığdırıldığına inanamıyorum!

Josh: (bakmak için eğilerek) Ne okuyorsun?

Mia: Uzay araştırmalarının tarihiyle ilgili. 1960'ların başlarında Mars'a iniş planları olduğunu biliyor muydunuz?

Josh: Asla! Bunun daha yeni bir gelişme olduğunu düşündüm. Ne kadar ilerlediğimizi düşünmek çılgınca.

Mia: (başını sallayarak) Değil mi? Ve işte buradayız, önümüzdeki on yıldaki görevler için plan yapıyoruz. Mars'ı gerçekten ziyaret edebileceğimizi hayal edin!

Josh: (sırıtarak) Bunun için bir çırpıda kaydolurdum. Ama muhtemelen bir toz fırtınasında kaybolurdum.

Mia: (gülüyor) Ya da uzaylılarla kimin daha iyi bilimkurgu yazarı olduğu konusunda bir tartışmaya girmek!

Josh: (şakacı bir şekilde abartarak) "Sana söylüyorum, Arthur C. Clarke haklıydı!"

Mia: (uzaylı gibi davranarak) "Dünyevi fikirlerinizi dinleyemeyiz! Glibbor 7 gezegeninden Zogthar gerçek bir vizyoner!"

Josh: (kıkırdar) Tamam, yeterince adil. Zogthar'a kabul edeceğim. Ama bir dahaki sefere, kesinlikle uzayda tartışma yok!

Mia: Anlaştık! Peki, yenilenebilir enerji konusundaki projeniz için faydalı bir şey buldunuz mu?

Josh: Evet, birkaç harika kaynak buldum. Sadece güneş enerjisi verimliliği ile ilgili bunu kontrol etmem gerekiyor. Çevre bölümünde saklanmış.

Mia: Onu bulmana yardım etmemi ister misin?

Josh: Bu harika olurdu! Her zaman bu yerde kaybolurum.

Mia: (ayağa kalkar) Pekala, hadi yığınlar arasında bir maceraya atılalım! Kütüphane sizi bekliyor!

Josh: (alaycı ciddi) Yenilenebilir enerji bölümüne!

(İkisi de gülüyor ve birlikte yürüyorlar, arkalarında sessiz bir kütüphane bırakıyorlar.)

3- It's like stepping into another world

A quiet library filled with the soft rustle of pages and the faint sound of typing. Two friends, Mia and Jake, are sitting at a table surrounded by stacks of books.

Mia: (whispers) Can you believe how many books they have here? It's like stepping into another world.

Jake: (grinning) I know! Look at this place. It smells like ancient knowledge.

Mia: (laughs softly) You really are a nerd, you know that? So, are you ready to tackle that research paper?

Jake: (sighs) As ready as I'll ever be. What about you? Have you found anything for your project on local history?

Mia: Yes, actually! I found this amazing book about the town's founding. Did you know it was settled by a group of artists looking for inspiration?

Jake: (raising an eyebrow) Artists? That's a fun twist. I imagined lumberjacks or something.

Mia: (flipping through her book) Nope, they were all about painting landscapes and creating sculptures. It's fascinating how the arts shaped this place.

Jake: (leaning in) That's so cool! You should definitely include that angle in your paper. What else did you find?

Mia: (enthusiastically) There's a whole chapter about the annual art festival they started. It's still a big deal around here.

Jake: (nods) That sounds perfect! I can't wait to read it. Meanwhile, I'm just trying to figure out how to explain quantum physics in a way that won't make my professor's head explode.

Mia: (teasingly) Good luck with that! Maybe you can use some of that artistic inspiration you just learned about.

Jake: (grinning) Oh sure, I'll paint the equations. Nothing says "I understand quantum mechanics" like a watercolor of Schrödinger's cat.

Mia: (chuckling) Hey, it could be a hit! "Artistic Quantum Physics: A New Movement."

Jake: (mock-serious) I'll make a killing in the academic world.

Mia: (smirks) Just make sure you give credit to your 'inspiration' from here in the library.

Jake: Absolutely. Alright, let's get to work before we end up daydreaming about becoming famous artists instead.

Mia: (nodding) Right! Let's dive in. The sooner we start, the sooner we can reward ourselves with some cookies from that café next door.

Jake: Deal! Let's conquer this library adventure.

(They both lean into their books, the hum of the library enveloping them.)

3- Başka bir dünyaya adım atmak gibi

Sayfaların yumuşak hışırtısı ve yazmanın zayıf sesiyle dolu sessiz bir kütüphane. İki arkadaş, Mia ve Jake, kitap yığınlarıyla çevrili bir masada oturuyorlar.

Mia: (fısıldar) Burada kaç tane kitapları olduğuna inanabiliyor musun? Başka bir dünyaya adım atmak gibi.

Jake: (sırıtarak) Biliyorum! Bu yere bak. Eski bilgi gibi kokuyor.

Mia: (hafifçe gülüyor) Sen gerçekten bir ineksin, bunu biliyor musun? Peki, bu araştırma makalesinin üstesinden gelmeye hazır mısınız?

Jake: (iç çeker) Hiç olmadığım kadar hazırım. Ya sen? Yerel tarihle ilgili projeniz için bir şey buldunuz mu?

Mia: Evet, aslında! Kasabanın kuruluşuyla ilgili bu harika kitabı buldum. İlham arayan bir grup sanatçı tarafından çözüldüğünü biliyor muydunuz?

Jake: (bir kaşını kaldırarak) Sanatçılar mı? Bu eğlenceli bir bükülme. Oduncu ya da başka bir şey hayal ettim.

Mia: (kitabını karıştırırken) Hayır, hepsi manzara boyamak ve heykeller yapmakla ilgiliydi. Sanatın burayı nasıl şekillendirdiği büyüleyici.

Jake: (eğilerek) Bu çok havalı! Makalenizde bu açıya mutlaka yer vermelisiniz. Başka ne buldun?

Mia: (coşkuyla) Başlattıkları yıllık sanat festivali hakkında koca bir bölüm var. Buralarda hala büyük bir mesele.

Jake: (başını sallar) Kulağa mükemmel geliyor! Okumak için sabırsızlanıyorum. Bu arada, kuantum fiziğini profesörümün kafasını patlatmayacak şekilde nasıl açıklayacağımı bulmaya çalışıyorum.

Mia: (alaycı bir şekilde) İyi şanslar! Belki de yeni öğrendiğiniz sanatsal ilhamın bir kısmını kullanabilirsiniz.

Jake: (sırıtarak) Oh tabii, denklemleri boyayacağım. Hiçbir şey Schrödinger'in kedisinin suluboyası kadar "kuantum mekaniğini anlıyorum" demez.

Mia: (kıkırdar) Hey, bir hit olabilir! "Sanatsal Kuantum Fiziği: Yeni Bir Akım."

Jake: (alaycı bir ciddiyetle) Akademik dünyada bir cinayet işleyeceğim.

Mia: (sırıtıyor) Buradan, kütüphaneden aldığın 'ilhamın' hakkını verdiğinden emin ol.

Jake: Kesinlikle. Pekala, bunun yerine ünlü sanatçılar olmayı hayal etmeden önce işe koyulalım.

Mia: (başını sallayarak) Doğru! Hadi içeri girelim. Ne kadar erken başlarsak, yandaki kafeden biraz kurabiye ile kendimizi o kadar çabuk ödüllendirebiliriz.

Jake: Anlaştık! Hadi bu kütüphane macerasını fethedelim.

(İkisi de kitaplarına yaslanıyor, kütüphanenin uğultusu onları sarıyor.)

4- Good point

A quiet library filled with the soft rustle of pages turning and the faint hum of overhead lights. Two friends, Sarah and Jake, are sitting at a communal table surrounded by stacks of books.

Sarah: *(whispering)* Do you think we can find the book on quantum physics in this section?

Jake: *(glancing around)* I thought it would be near the science section, but this place is massive. I feel like we could get lost in here.

Sarah: You mean more lost than last time? Remember when we spent an hour looking for that one history book, and it turned out to be right in front of the checkout desk?

Jake: *(chuckling)* Yeah, that was embarrassing. But the coffee shop here makes up for it. We should reward ourselves with some caffeine after this.

Sarah: Totally! Okay, so if we can't find the physics book, what's the backup plan?

Jake: We could always look for that new fantasy novel you mentioned. I think it got great reviews.

Sarah: Right! The one with the talking dragons and the prophecy? That sounds way more fun than calculus.

Jake: *(raising an eyebrow)* You mean quantum physics. Are you saying dragons are more appealing than learning about particle behavior?

Sarah: Well, I can visually imagine dragons. Particles? Not so much.

Jake: Good point. Alright, let's start with science, and if we strike out, we'll dive into the dragons.

(They both stand up and look at the library directory for the science section.)

Sarah: Looks like we need to go to the second floor. Should we take the stairs or the elevator?

Jake: Stairs. I could use a little cardio to counteract all the sitting we've been doing.

Sarah: Smart thinking! Plus, the more time we spend moving, the less time we spend trying to decipher those physics equations.

(They head to the stairs and start climbing.)

Jake: You know, I really appreciate how quiet it is in here. It's like a little oasis from the outside world.

Sarah: Absolutely! It's so peaceful. Makes it easier to concentrate, you know?

Jake: Speaking of concentration, over there at that table, is that Mark?

Sarah: What? The one who always has his nose buried in graphic novels?

Jake: Yep, I think I see a cape and a city skyline. Classic Mark!

(They pause on the landing to watch their friend before continuing.)

Sarah: I wonder if he'll be convinced to join us for that coffee run later.

Jake: Only if we promise not to let him talk about his latest superhero obsession too much.

Sarah: Challenge accepted!

(They finally reach the second floor, ready to embark on their quest for both knowledge and adventure.)

4- İyi nokta

Dönen sayfaların yumuşak hışırtısı ve tepe ışıklarının hafif uğultusuyla dolu sessiz bir kütüphane. İki arkadaş, Sarah ve Jake, kitap yığınlarıyla çevrili ortak bir masada oturuyorlar.

Sarah: *(fısıldayarak)* Sence bu bölümde kuantum fiziği hakkındaki kitabı bulabilir miyiz?

Jake: *(etrafına bakarak)* Bilim bölümüne yakın olacağını düşünmüştüm, ama burası çok büyük. Burada kaybolabileceğimizi hissediyorum.

Sarah: Geçen seferkinden daha fazla kayıp mı demek istiyorsun? O tarih kitabını aramak için bir saat harcadığımızı ve kasanın hemen önünde olduğu ortaya çıktığını hatırlıyor musunuz?

Jake: *(kıkırdar)* Evet, bu utanç vericiydi. Ama buradaki kahve dükkanı bunu telafi ediyor. Bundan sonra kendimizi biraz kafein ile ödüllendirmeliyiz.

Sarah: Kesinlikle! Tamam, eğer fizik kitabını bulamazsak, yedekleme planı nedir?

Jake: Bahsettiğin o yeni fantastik romanı her zaman arayabilirdik. Bence harika eleştiriler aldı.

Sarah: Doğru! Konuşan ejderhalara ve kehanete sahip olan mı? Bu kulağa matematikten çok daha eğlenceli geliyor.

Jake: *(bir kaşını kaldırarak)* Kuantum fiziğini kastediyorsun. Ejderhaların parçacık davranışı hakkında bilgi edinmekten daha çekici olduğunu mu söylüyorsunuz?

Sarah: Ejderhaları görsel olarak hayal edebiliyorum. Parçacık? Çok değil.

Jake: İyi bir noktaya değindi. Pekala, bilimle başlayalım ve eğer saldırırsak, ejderhalara dalacağız.

(İkisi de ayağa kalkar ve bilim bölümü için kütüphane rehberine bakarlar.)

Sarah: Görünüşe göre ikinci kata çıkmamız gerekiyor. Merdivenleri mi yoksa asansörü mü kullanmalıyız?

Jake: Merdivenler. Yaptığımız tüm oturuşlara karşı koymak için biraz kardiyo kullanabilirim.

Sarah: Akıllı düşünme! Ayrıca, hareket etmek için ne kadar çok zaman harcarsak, bu fizik denklemlerini deşifre etmeye çalışmak için o kadar az zaman harcarız.

(Merdivenlere yönelirler ve tırmanmaya başlarlar.)

Jake: Biliyor musun, buranın ne kadar sessiz olduğunu gerçekten takdir ediyorum. Dış dünyadan küçük bir vaha gibi.

Sarah: Kesinlikle! Çok huzurlu. Konsantre olmayı kolaylaştırır, biliyor musun?

Jake: Konsantrasyondan bahsetmişken, şu masada oturan Mark mı?

Sarah: Ne? Burnu her zaman çizgi romanlara gömülen kişi mi?

Jake: Evet, sanırım bir pelerin ve bir şehir silüeti görüyorum. Klasik İşaret!

(Devam etmeden önce arkadaşlarını izlemek için inişte duraklarlar.)

Sarah: Acaba daha sonra o kahve koşusunda bize katılmaya ikna olacak mı acaba?

Jake: Sadece son süper kahraman takıntısı hakkında çok fazla konuşmasına izin vermeyeceğimize söz verirsek.

Sarah: Meydan okuma kabul edildi!

(Sonunda ikinci kata ulaşırlar, hem bilgi hem de macera arayışlarına başlamaya hazırdırlar.)

Asking for directions

Yol tarifi isteme

1- Excuse me

A busy city street. A tourist, Alex, approaches a local, Jamie, who is waiting at a bus stop.

Alex: Excuse me! Hi there. Could you help me? I'm a bit lost.

Jamie: Of course! Where are you trying to go?

Alex: I'm looking for the Central Park entrance. I thought it was nearby, but I can't seem to find it.

Jamie: No problem! You're actually not too far. Just head down this street for two blocks.

Alex: Two blocks, got it. And then?

Jamie: After the second block, take a left onto Maple Street. You'll see a big fountain; the park entrance is right past that.

Alex: Great! Is it a big entrance?

Jamie: Yeah, it's pretty hard to miss! There should be a lot of people around. Are you visiting for long?

Alex: Just a few days. I'm trying to see as much as I can. Do you have any recommendations for things to do in the park?

Jamie: Definitely! Check out the rowboats on the lake and the Bethesda Terrace. It's really beautiful there.

Alex: Sounds amazing! Thank you so much for your help!

Jamie: No problem at all. Enjoy your time in the park!

Alex: I will! Have a great day!

Jamie: You too!

1- Affedersiniz

Kalabalık bir şehir caddesi. Bir turist olan Alex, bir otobüs durağında bekleyen yerel bir Jamie'ye yaklaşır.

Alex: Affedersiniz! Selam. Bana yardım edebilir misin? Biraz kayboldum.

Jamie: Tabii ki! Nereye gitmeye çalışıyorsun?

Alex: Central Park girişini arıyorum. Yakınlarda olduğunu düşündüm ama bulamıyorum.

Jamie: Sorun değil! Aslında çok uzakta değilsin. Sadece iki blok boyunca bu caddeden aşağı inin.

Alex: İki blok, anladım. Ve sonra?

Jamie: İkinci bloktan sonra Maple Street'e doğru sola dönün. Büyük bir çeşme göreceksiniz; Parkın girişi hemen yanından geçiyor.

Alex: Harika! Büyük bir giriş mi?

Jamie: Evet, kaçırmak oldukça zor! Etrafta bir sürü insan olmalı. Uzun süredir mi ziyaret ediyorsunuz?

Alex: Sadece birkaç gün. Elimden geldiğince görmeye çalışıyorum. Parkta yapılacak şeyler için herhangi bir öneriniz var mı?

Jamie: Kesinlikle! Göldeki kayıklara ve Bethesda Terrace'a göz atın. Orası gerçekten çok güzel.

Alex: Kulağa harika geliyor! Yardımınız için çok teşekkür ederim!

Jamie: Hiç sorun değil. Parkta geçirdiğiniz zamanın tadını çıkarın!

Alex: Yapacağım! İyi günler!

Jamie: Sen de!

2- A bustling city street

Alex: Excuse me! Hi there, I'm a bit lost. Could you help me with directions?

Sam: Of course! Where are you trying to go?

Alex: I'm looking for the Central Park entrance. I heard it's a must-see while I'm here.

Sam: You're in luck! It's not too far from here. Just a few blocks away.

Alex: Great! How do I get there?

Sam: Alright, so from here, you'll want to head down this street for two blocks until you reach the first traffic light.

Alex: Okay, got it. Two blocks to the traffic light.

Sam: Right! At the traffic light, take a left. After that, it's about another block until you hit the park.

Alex: Left at the light, then one more block. Sounds easy enough!

Sam: Exactly! You'll see the park entrance right in front of you. If you want, there's also a small café on the corner where you can grab a drink before you go in.

Alex: That sounds perfect! Thanks for the tip. Is there anything else to see around there?

Sam: Definitely! Once you're in the park, check out the Bethesda Terrace and the Bow Bridge. They're beautiful spots for photos!

Alex: Awesome, I'll make sure to find those. Thanks so much for your help!

Sam: No problem at all! Enjoy your time in the park!

Alex: I will! Have a great day!

Sam: You too! Safe travels!

2- Hareketli bir şehir caddesi

Alex: Affedersiniz! Merhaba, biraz kayboldum. Bana yol tarifi konusunda yardımcı olabilir misiniz?

Sam: Tabii ki! Nereye gitmeye çalışıyorsun?

Alex: Central Park girişini arıyorum. Buradayken mutlaka görülmesi gereken bir yer olduğunu duydum.

Sam: Şanslısın! Buradan çok uzak değil. Sadece birkaç blok ötede.

Alex: Harika! Oraya nasıl giderim?

Sam: Pekala, buradan, ilk trafik ışığına ulaşana kadar bu caddeden iki blok aşağı inmek isteyeceksiniz.

Alex: Tamam, anladım. Trafik ışığına iki blok ötede.

Sam: Doğru! Trafik ışıklarında sola dönün. Ondan sonra, parka varana kadar başka bir blok hakkında.

Alex: Işıkta kaldı, sonra bir blok daha. Kulağa yeterince kolay geliyor!

Sam: Kesinlikle! Parkın girişini hemen önünüzde göreceksiniz. İsterseniz köşede, içeri girmeden önce bir şeyler içebileceğiniz küçük bir kafe de var.

Alex: Kulağa mükemmel geliyor! Bahşiş için teşekkürler. Orada görülecek başka bir şey var mı?

Sam: Kesinlikle! Parka girdikten sonra Bethesda Terrace ve Bow Bridge'e göz atın. Fotoğraflar için güzel yerler!

Alex: Harika, bunları bulacağımdan emin olacağım. Yardımın için çok teşekkürler!

Sam: Hiç sorun değil! Parkta geçirdiğiniz zamanın tadını çıkarın!

Alex: Yapacağım! İyi günler!

Sam: Sen de! Güvenli seyahatler!

3- Safe travels

A busy street in a downtown area. A tourist, Alex, approaches a local, Jamie, standing by a coffee shop.

Alex: Excuse me! Sorry to bother you, but I'm a little lost. I'm trying to find the local art museum.

Jamie: No problem at all! You're not far from it. Just a couple of blocks away.

Alex: Great! Can you tell me how to get there?

Jamie: Sure! From here, you'll want to head down this street and take a left at the second intersection.

Alex: So, left at the second intersection. Got it!

Jamie: Exactly! After that, you'll see a park on your right. The museum is right across from the park.

Alex: And how will I know I'm at the right place?

Jamie: You can't miss it! The building is bright blue with a big sign in front. They usually have some interesting exhibits!

Alex: Awesome, thank you! Do you know if there's an admission fee?

Jamie: There is a small fee, but it's free on Sundays!

Alex: Perfect! I might come back next Sunday then. Thank you so much for your help!

Jamie: No problem at all! Enjoy the museum!

Alex: I will! Have a great day!

Jamie: You too! Safe travels!

3- Güvenli seyahatler

Şehir merkezinde işlek bir cadde. Bir turist olan Alex, bir kafenin yanında duran yerel bir Jamie'ye yaklaşır.

Alex: Affedersiniz! Seni rahatsız ettiğim için üzgünüm ama biraz kayboldum. Yerel sanat müzesini bulmaya çalışıyorum.

Jamie: Hiç sorun değil! Bundan çok uzakta değilsin. Sadece birkaç blok ötede.

Alex: Harika! Bana oraya nasıl gideceğimi söyleyebilir misin?

Jamie: Tabii! Buradan, bu caddeden aşağı inmek ve ikinci kavşaktan sola dönmek isteyeceksiniz.

Alex: Yani, ikinci kavşakta sola döndüm. Anladım!

Jamie: Kesinlikle! Bundan sonra sağınızda bir park göreceksiniz. Müze, parkın tam karşısındadır.

Alex: Peki doğru yerde olduğumu nasıl bileceğim?

Jamie: Bunu kaçıramazsın! Bina parlak mavidir ve önünde büyük bir tabela vardır. Genellikle bazı ilginç sergileri vardır!

Alex: Harika, teşekkür ederim! Giriş ücreti olup olmadığını biliyor musunuz?

Jamie: Küçük bir ücret var ama Pazar günleri ücretsiz!

Alex: Mükemmel! O zaman önümüzdeki Pazar günü tekrar gelebilirim. Yardımınız için çok teşekkür ederim!

Jamie: Hiç sorun değil! Müzenin tadını çıkarın!

Alex: Yapacağım! İyi günler!

Jamie: Sen de! Güvenli seyahatler!

4- Exactly

A busy city street. A tourist, Alex, approaches a local resident, Jamie, for directions.

Alex: Excuse me! Hi there, I hope you don't mind me asking, but could you help me with directions?

Jamie: Sure, I'd be happy to help! Where are you trying to get to?

Alex: I'm looking for the nearest subway station. I heard the Green Line can take me to the museum.

Jamie: Ah, you're in luck! The closest subway station is just a few blocks away. You'll want to head down this street for about two blocks.

Alex: Great, and then...?

Jamie: After two blocks, take a right at the coffee shop. The station entrance will be on your left, right next to a small bakery.

Alex: Got it! So, left at the bakery after I turn right at the coffee shop?

Jamie: Exactly! And just so you know, the subway can get pretty busy during rush hour, so keep that in mind.

Alex: Good to know! And about how long does it take to get to the museum from there?

Jamie: If you catch the Green Line right away, it should take about 15 to 20 minutes. Just make sure to get off at the Central Museum stop.

Alex: Perfect! Thanks so much for your help. This city can be a bit overwhelming!

Jamie: No problem at all! Enjoy your visit to the museum!

Alex: I will! Thanks again!

4- Kesinlikle

Kalabalık bir şehir caddesi. Bir turist olan Alex, yol tarifi için yerel bir sakin olan Jamie'ye yaklaşır.

Alex: Affedersiniz! Merhabalar, umarım sormamın bir sakıncası yoktur, ama bana yol tarifi konusunda yardımcı olabilir misiniz?

Jamie: Tabii, yardım etmekten mutluluk duyarım! Nereye ulaşmaya çalışıyorsun?

Alex: En yakın metro istasyonunu arıyorum. Yeşil Hat'ın beni müzeye götürebileceğini duydum.

Jamie: Ah, şanslısın! En yakın metro istasyonu sadece birkaç blok ötededir. Bu caddeden yaklaşık iki blok aşağı inmek isteyeceksiniz.

Alex: Harika, peki ya...?

Jamie: İki blok sonra kafede sağa dönün. İstasyon girişi solunda, küçük bir fırının hemen yanında olacak.

Alex: Anladım! Yani, kafede sağa döndükten sonra fırında sola mı döndüm?

Jamie: Kesinlikle! Ve bildiğiniz gibi, metro trafiğin yoğun olduğu saatlerde oldukça meşgul olabilir, bu yüzden bunu aklınızda bulundurun.

Alex: Bunu bildiğim iyi oldu! Ve oradan müzeye gitmek yaklaşık ne kadar sürüyor?

Jamie: Yeşil Hat'ı hemen yakalarsanız, yaklaşık 15 ila 20 dakika sürecektir. Sadece Central Museum durağında indiğinizden emin olun.

Alex: Mükemmel! Yardımınız için çok teşekkürler. Bu şehir biraz bunaltıcı olabilir!

Jamie: Hiç sorun değil! Müze ziyaretinizin tadını çıkarın!

Alex: Yapacağım! Tekrar teşekkürler!

In a taxi

Takside

1- Sam and Ella

Inside a taxi on a bustling city street. The sounds of honking cars and distant chatter fill the air.

Ella, a young woman in her late 20s, sitting in the back seat, scrolling on her phone.

Sam, the middle-aged taxi driver, glancing at the rear-view mirror.

Sam: (cheerful) So, where to today?

Ella: (not looking up) Oh, um... can you take me to Maple Street, please?

Sam: (nodding) Sure thing! Got any plans for the day?

Ella: (finally looking up) Just meeting a friend for brunch. It's been a while since we caught up.

Sam: Brunch, huh? That sounds nice! What's your go-to order when you're out?

Ella: (smiling) I usually go for avocado toast. You can't go wrong with it, right? What about you? Any favorite spots?

Sam: (chuckling) Well, I'm more of a classic diner breakfast guy. You can't beat a good stack of pancakes and some crispy bacon!

Ella: (laughs) True! You can't go wrong there either. I should probably mix it up one of these days.

Sam: Life is too short for boring breakfasts! You should treat yourself every now and then.

Ella: Good advice. How long have you been driving a taxi?

Sam: (thoughtfully) Oh, around ten years now. You meet all sorts of people. Makes for interesting days!

Ella: I can imagine! Any funny stories?

Sam: (grinning) Well, there was this one time... a guy got in with a parrot on his shoulder. He insisted the parrot could give me directions!

Ella: (laughs) No way! Did the parrot actually give you good directions?

Sam: (shaking his head) Not a chance! It just squawked whenever I asked it something. I ended up taking them to a pet store instead!

Ella: That's priceless! I'd love to see that.

Sam: (smirking) Never a dull moment, I tell ya.

Ella: That's the best part about your job, I suppose.

Sam: You got it! So, what do you do when you're not brunching?

Ella: I work in marketing. It can get pretty hectic, especially with deadlines.

Sam: Oh, I bet! But it probably comes with its own set of interesting stories too.

Ella: For sure! Just last week, we had a campaign launch that went completely sideways. Had to think on my feet!

Sam: (nodding) Sounds intense! But I'm sure you nailed it in the end.

Ella: (smiling) I like to think so. You have to keep your cool in this game.

Sam: Absolutely! Well, here we are—Maple Street!

Ella: (looking out the window) Wow, that was fast! Thank you so much for the ride!

Sam: (turning to her) My pleasure! Enjoy your brunch, and remember, life's too short for boring breakfasts!

Ella: (laughing) I will! Take care!

Ella steps out of the taxi, and Sam watches her go, smiling to himself as he prepares for the next fare.

1- Sam ve Ella

Kalabalık bir şehir caddesinde bir taksinin içinde. Korna çalan arabaların sesleri ve uzaktan gelen gevezelikler havayı dolduruyor.

20'li yaşlarının sonlarında genç bir kadın olan Ella, arka koltukta oturuyor ve telefonunda geziniyor.

Orta yaşlı taksi şoförü Sam, dikiz aynasına bakıyor.

Sam: (neşeli) Peki, bugün nereye?

Ella: (yukarı bakmıyor) Oh, hımm... beni Maple Street'e götürür müsün, lütfen?

Sam: (başını sallayarak) Tabii ki! Gün için herhangi bir planınız var mı?

Ella: (sonunda yukarı bakarak) Sadece brunch için bir arkadaşımla buluşuyorum. Arayı kapatmayalı uzun zaman oldu.

Sam: Brunch, ha? Kulağa hoş geliyor! Dışarıdayken başvuracağınız sipariş nedir?

Ella: (gülümseyerek) Genelde avokado tostu yerim. Bununla yanlış gidemezsin, değil mi? Ya sen? Favori mekanlarınız var mı?

Sam: (kıkırdar) Ben daha çok klasik bir akşam kahvaltısı adamıyım. İyi bir krep yığınını ve biraz çıtır domuz pastırmasını yenemezsin!

Ella: (gülüyor) Doğru! Orada da yanlış gidemezsin. Muhtemelen bu günlerden birinde karıştırmalıyım.

Sam: Hayat sıkıcı kahvaltılar için çok kısa! Arada sırada kendinizi şımartmalısınız.

Ella: İyi tavsiye. Ne zamandır taksi kullanıyorsun?

Sam: (düşünceli bir şekilde) Oh, yaklaşık on yıldır. Her türden insanla tanışıyorsunuz. İlginç günler için yapar!

Ella: Hayal edebiliyorum! Komik hikayeler var mı?

Sam: (sırıtarak) Şey, bir zamanlar bu vardı... Bir adam omzunda bir papağanla içeri girdi. Papağanın bana yol tarifi verebileceği konusunda ısrar etti!

Ella: (gülüyor) Asla! Papağan gerçekten size iyi talimatlar verdi mi?

Sam: (başını sallayarak) Hiç şansı yok! Ne zaman bir şey sorsam ciyakladı. Onun yerine onları bir evcil hayvan dükkanına götürdüm!

Ella: Bu paha biçilemez! Bunu görmeyi çok isterim.

Sam: (sırıtarak) Asla sıkıcı bir an olmadı, sana söylüyorum.

Ella: Sanırım işinin en iyi yanı bu.

Sam: Anladın! Peki, brunching yapmadığınız zamanlarda ne yaparsınız?

Ella: Pazarlama alanında çalışıyorum. Özellikle son teslim tarihleri ile oldukça telaşlı olabilir.

Sam: Ah, bahse girerim! Ama muhtemelen kendi ilginç hikayeleriyle de birlikte geliyor.

Ella: Kesinlikle! Daha geçen hafta, tamamen ters giden bir kampanya lansmanımız oldu. Ayaklarımın üzerinde düşünmek zorunda kaldım!

Sam: (başını sallayarak) Kulağa yoğun geliyor! Ama eminim sonunda başardın.

Ella: (gülümseyerek) Öyle düşünmeyi seviyorum. Bu oyunda soğukkanlılığınızı korumalısınız.

Sam: Kesinlikle! İşte buradayız - Maple Street!

Ella: (pencereden dışarı bakarak) Vay canına, çok hızlıydı! Yolculuk için çok teşekkür ederim!

Sam: (ona dönerek) Benim için zevk! Brunch'ınızın tadını çıkarın ve unutmayın, hayat sıkıcı kahvaltılar için çok kısa!

Ella: (gülüyor) Yapacağım! Kendine iyi bak!

Ella taksiden iner ve Sam bir sonraki ücrete hazırlanırken kendi kendine gülümseyerek onun gidişini izler.

2- Thanks

Inside a taxi, the soft hum of the engine fills the air. The driver, a middle-aged man named Sam, glances in the rearview mirror at his passenger, a young woman named Mia, who looks a bit anxious.

Sam: (smiling) So, where to today?

Mia: (fidgeting with her backpack) Uh, could you take me to 42nd Street, please?

Sam: You got it. Busy day ahead?

Mia: Yeah, I'm actually heading to a job interview. (sighs) I'm a bit nervous.

Sam: (nodding) I remember my first interview. Felt like I was walking into a lion's den. What's the job for?

Mia: Oh, it's for a marketing position at a tech startup. They're really looking for fresh ideas.

Sam: Good luck! You've got this. What do you think makes your ideas fresh?

Mia: (smiling a bit) I guess I try to think outside the box? I mean, I've been doing a lot of research on viral marketing.

Sam: (enthusiastically) That sounds cool! You know, every time I think about going viral, I remember that cat video from years ago—what was it called? Nyan Cat?

Mia: (laughs) That was a classic! It's amazing what goes viral sometimes. It's all about the timing, right?

Sam: Exactly! You never know what's going to hit. It could be something silly or something meaningful. Just like this ride, you never know what stories you'll hear.

Mia: What's the craziest thing you've seen while driving?

Sam: (chuckling) Oh, I've seen a street performer dressed as a giant banana doing the moonwalk in the middle of Times Square. People were just stopping and laughing. It made my day!

Mia: (giggles) That sounds hilarious! I love street performances. They bring such an unexpected joy to the day.

Sam: Absolutely! It's the little things that can lift your spirits. Speaking of lifting spirits, deep breaths before your interview!

Mia: (taking a deep breath) You're right. Thanks for the pep talk!

Sam: No problem! Just remember, if they don't hire you, it's their loss. You're unique, and that's your strength!

Mia: (smiling warmly) That's really kind of you to say. I'll try to keep that in mind.

Sam: Almost there! And remember, be confident. You're more than ready for this.

Mia: (grateful) Thank you, I really appreciate it.

Sam: Anytime! Here we are—good luck!

Mia: (exiting the taxi) Thanks, Sam! You've been great!

Scene fades as Mia walks towards the building, her nerves a bit calmer thanks to the friendly driver.

2- Teşekkürler

Bir taksinin içinde, motorun yumuşak uğultusu havayı doldurur. Sam adında orta yaşlı bir adam olan sürücü, dikiz aynasından biraz endişeli görünen Mia adında genç bir kadın olan yolcusuna bakıyor.

Sam: (gülümseyerek) Peki, bugün nereye?

Mia: (sırt çantasıyla kıpırdanarak) Ah, beni 42. Cadde'ye götürür müsün, lütfen?

Sam: Anladın. Önümüzde yoğun bir gün mü var?

Mia: Evet, aslında bir iş görüşmesine gidiyorum. (iç çeker) Biraz gerginim.

Sam: (başını sallayarak) İlk röportajımı hatırlıyorum. Bir aslanın inine giriyormuşum gibi hissettim. İş ne için?

Mia: Oh, bir teknoloji girişiminde pazarlama pozisyonu için. Gerçekten yeni fikirler arıyorlar.

Sam: İyi şanslar! Buna sahipsin. Sizce fikirlerinizi taze kılan nedir?

Mia: (biraz gülümseyerek) Sanırım kutunun dışında düşünmeye çalışıyorum? Demek istediğim, viral pazarlama üzerine çok fazla araştırma yapıyorum.

Sam: (coşkuyla) Kulağa hoş geliyor! Biliyor musun, ne zaman viral olmayı düşünsem, yıllar önceki o kedi videosunu hatırlıyorum - adı neydi? Nyan Kedi?

Mia: (gülüyor) Bu bir klasikti! Bazen viral olan şey inanılmaz. Her şey zamanlama ile ilgili, değil mi?

Sam: Kesinlikle! Neyin çarpacağını asla bilemezsin. Aptalca bir şey ya da anlamlı bir şey olabilir. Tıpkı bu yolculuk gibi, hangi hikayeleri duyacağınızı asla bilemezsiniz.

Mia: Araba sürerken gördüğün en çılgın şey neydi?

Sam: (kıkırdar) Oh, Times Meydanı'nın ortasında ay yürüyüşü yapan dev bir muz gibi giyinmiş bir sokak sanatçısı gördüm. İnsanlar sadece durup gülüyorlardı. Günümü güzelleştirdi!

Mia: (kıkırdar) Kulağa çok komik geliyor! Sokak performanslarını seviyorum. Güne beklenmedik bir neşe getiriyorlar.

Sam: Kesinlikle! Moralinizi yükseltebilecek küçük şeylerdir. Moralinizi yükseltmekten bahsetmişken, röportajınızdan önce derin nefes alın!

Mia: (derin bir nefes alarak) Haklısın. Moral konuşması için teşekkürler!

Sam: Sorun değil! Unutmayın, eğer sizi işe almazlarsa, bu onların kaybı olur. Sen eşsizsin ve bu senin gücün!

Mia: (sıcak bir şekilde gülümseyerek) Bunu söylemek gerçekten nazikçe. Bunu aklımda tutmaya çalışacağım.

Sam: Neredeyse orada! Ve unutmayın, kendinize güvenin. Bunun için fazlasıyla hazırsınız.

Mia: (minnettar) Teşekkür ederim, gerçekten minnettarım.

Sam: Her zaman! İşte buradayız—iyi şanslar!

Mia: (taksiden çıkarken) Teşekkürler Sam! Harika oldun!

Mia binaya doğru yürürken sahne kayboluyor, arkadaş canlısı şoför sayesinde sinirleri biraz daha sakinleşiyor.

3- No problem

Inside a taxi, rain gently tapping against the windows. The streetlights glow, creating a hazy atmosphere.
Characters:

- **Samantha**: A young woman in her late 20s, dressed for an evening out.
- **Jake**: The taxi driver, in his early 40s, friendly and chatty.

Samantha: (glancing out at the rain) Wow, it really picked up out there. Do you get a lot of calls when it rains?

Jake: (chuckles) Oh, absolutely! Everyone suddenly remembers they need a ride. I guess a little rain goes a long way in convincing people to call a taxi instead of walking.

Samantha: (smiling) Makes sense! I can't imagine navigating these puddles in heels.

Jake: (grinning) Definitely a challenge. Where are you headed tonight?

Samantha: Just to The Velvet Lounge. It's my best friend's birthday.

Jake: Nice spot! They have some killer cocktails. What's the occasion?

Samantha: Just a little celebration. She's turning 30, so we're going all out!

Jake: (nodding) Big milestone! Any surprises planned?

Samantha: (leaning in, conspiratorial) We've rented a private room and brought a cake. She doesn't know about the cake, so I hope she doesn't choose dessert first!

Jake: (laughs) That's brilliant! Is it one of those elaborate cakes with the sparkler on top?

Samantha: (enthusiastically) Yes! A triple chocolate masterpiece. I can't wait to see her face!

Jake: Sounds delicious! Just remember to take a picture before everyone digs in.

Samantha: Absolutely! What about you? Any fun plans for the weekend?

Jake: Actually, I'm working through the weekend, but I'm hoping to catch a game on Sunday. Gotta keep my spirits up with some football!

Samantha: Nice! Which team do you root for?

Jake: (with pride) The Giants! It's been a rough season, but I can't switch allegiances now.

Samantha: (grinning) Loyal to the end, I admire that! I can't say I've got the same dedication to my team. I usually just go for whoever looks good in the playoffs.

Jake: (laughs) Fair enough! Whatever keeps the excitement alive, right?

Samantha: Exactly! (pauses, glancing at her phone) Oh, can we take a little detour? I need to pick up the birthday card from the store.

Jake: Sure thing! Just let me know which way to go.

Samantha: (pointing) It's just a few blocks over. I should've thought about it before!

Jake: No problem at all! It's all part of the adventure.

Samantha: (smiles) That's true! Thanks for being so accommodating.

Jake: Just doing my job, but it's nice to chat with someone who appreciates it.

Samantha: (grinning) Well, you're definitely making the ride more enjoyable!

(The taxi slows down as rain continues to pour outside, with laughter and conversation filling the air inside.)

3- Sorun değil

Bir taksinin içinde, yağmur hafifçe camlara vuruyor. Sokak lambaları parlıyor ve puslu bir atmosfer yaratıyor.
Karakter:

- **Samantha:** 20'li yaşlarının sonlarında, bir akşam dışarı çıkmak için giyinmiş genç bir kadın.
- **Jake:** Taksi şoförü, 40'lı yaşlarının başında, arkadaş canlısı ve konuşkan.

Samantha: (yağmura bakarak) Vay canına, gerçekten orada toparlandı. Yağmur yağdığında çok fazla telefon alıyor musunuz?

Jake: (kıkırdar) Ah, kesinlikle! Herkes birdenbire bir gezintiye ihtiyaçları olduğunu hatırlar. Sanırım biraz yağmur, insanları yürümek yerine taksi çağırmaya ikna etmede uzun bir yol kat ediyor.

Samantha: (gülümseyerek) Mantıklı! Bu su birikintilerinde topuklu ayakkabılarla gezinmeyi hayal edemiyorum.

Jake: (sırıtarak) Kesinlikle bir meydan okuma. Bu gece nereye gidiyorsun?

Samantha: Sadece Velvet Lounge'a. Bugün en iyi arkadaşımın doğum günü.

Jake: Güzel bir yer! Bazı öldürücü kokteylleri var. Durum nedir?

Samantha: Sadece küçük bir kutlama. 30 yaşına giriyor, bu yüzden her şeyimizi ortaya koyuyoruz!

Jake: (başını sallayarak) Büyük dönüm noktası! Planlanan herhangi bir sürpriz var mı?

Samantha: (eğilerek, komplocu bir tavırla) Özel bir oda kiraladık ve bir pasta getirdik. Pastayı bilmiyor, bu yüzden umarım önce tatlıyı seçmez!

Jake: (gülüyor) Bu harika! Üstünde maytap olan o özenli keklerden biri mi?

Samantha: (coşkuyla) Evet! Üçlü bir çikolata şaheseri. Yüzünü görmek için sabırsızlanıyorum!

Jake: Kulağa lezzetli geliyor! Herkes kazmadan önce bir fotoğraf çekmeyi unutmayın.

Samantha: Kesinlikle! Ya sen? Hafta sonu için eğlenceli planlarınız var mı?

Jake: Aslında hafta sonu boyunca çalışıyorum ama Pazar günü bir maç yakalamayı umuyorum. Biraz futbolla moralimi yüksek tutmalıyım!

Samantha: Güzel! Hangi takımı destekliyorsun?

Jake: (gururla) Devler! Zor bir sezon oldu ama şimdi bağlılıklarımı değiştiremem.

Samantha: (sırıtarak) Sonuna kadar sadık, buna hayranım! Takımıma aynı özveriyi gösterdiğimi söyleyemem. Genelde playofflarda kim iyi görünüyorsa onu seçerim.

Jake: (gülüyor) Yeterince adil! Heyecanı canlı tutan ne varsa, değil mi?

Samantha: Kesinlikle! (duraklar, telefonuna bakar) Ah, biraz dolambaçlı yoldan gidebilir miyiz? Doğum günü kartını mağazadan almam gerekiyor.

Jake: Tabii ki! Sadece hangi yöne gideceğimi bana bildirin.

Samantha: (işaret ederek) Sadece birkaç blok ötede. Bunu daha önce düşünmeliydim!

Jake: Hiç sorun değil! Hepsi maceranın bir parçası.

Samantha: (gülümsüyor) Bu doğru! Bu kadar misafirperver olduğun için teşekkürler.

Jake: Sadece işimi yapıyorum, ama bunu takdir eden biriyle sohbet etmek güzel.

Samantha: (sırıtarak) Eh, kesinlikle sürüşü daha keyifli hale getiriyorsun!

(Dışarıda yağmur yağmaya devam ettikçe taksi yavaşlıyor, içerideki havayı kahkahalar ve sohbetler dolduruyor.)

4- Sunset

Inside a bustling city taxi, the sounds of honking horns and chatter fill the air. The driver, a middle-aged man named Frank, is navigating through traffic. In the backseat are two friends, Mia and Alex, heading to a concert.

Mia: (looking out the window) Wow, look at all those lights! I can't believe we're finally going to see The Midnight live!

Alex: (smiles) I know, right? I've been waiting for this since they announced the tour. I hope they play all my favorites!

Frank: (glancing in the rearview mirror) You two must really like 'em. What's your favorite song?

Mia: (excitedly) "Sunset." It's such a vibe! It always puts me in a good mood.

Alex: (nods in agreement) I love that one too! But I'm all about "Crystalline." Takes me back to summer road trips.

Frank: Ah, summer road trips. Those were the best. I used to drive my buddies around everywhere. What about you two? Any road trip stories?

Mia: (grinning) Last summer, we drove down to the beach and played their albums on repeat. It was hilarious when we got stuck in traffic!

Alex: (laughs) Yeah, we ended up dancing in the car! Thank goodness no one was watching.

Frank: (chuckles) That's the spirit! That's what life is all about, right? You gotta make the best out of every moment.

Mia: Exactly! Besides, what's a little traffic compared to a great concert?

Alex: (fist pumps) Yes! Speaking of which, do you think we'll make it on time? I heard the opening act starts soon.

Frank: (eyebrows raised) Don't worry, I know a shortcut. Buckle up, we'll make it!

Mia: (excitedly whispers to Alex) I love a confident taxi driver!

Alex: (with a smirk) Yeah, let's hope he doesn't turn it into a Fast and Furious finale.

Frank: (grinning) Now that would be something! Just keep that energy for the concert. I'm sure it'll be a blast.

Mia: (leaning forward) Trust me, it will! The atmosphere at concerts is unbeatable.

Alex: (reaching for his phone) I've got my playlist ready! Let's make a pre-concert jam.

Frank: (laughs) Just don't get me too hyped up, or I might start singing along!

Mia: (clapping her hands) Yes! That would be the best taxi ride ever!

Alex: (smiling) Just wait until we're parked. Then we'll all belt it out together!

(The taxi picks up speed as they approach the concert venue, laughter filling the air as the trio imagines the night ahead.)

4- Gün batımı

Kalabalık bir şehir taksisinin içinde, korna sesleri ve gevezelik sesleri havayı dolduruyor. Frank adında orta yaşlı bir adam olan sürücü, trafikte geziniyor. Arka koltukta iki arkadaş, Mia ve Alex, bir konsere gidiyorlar.

Mia: (pencereden dışarı bakarak) Vay canına, tüm şu ışıklara bak! Sonunda The Midnight'ı canlı izleyeceğimize inanamıyorum!

Alex: (gülümsüyor) Biliyorum, değil mi? Turu duyurduklarından beri bunu bekliyordum. Umarım tüm favorilerimi oynarlar!

Frank: (dikiz aynasına bakarak) Siz ikiniz onları gerçekten sevmiş olmalısınız. En sevdiğin şarkı nedir?

Mia: (heyecanla) "Gün batımı." Bu öyle bir vibe! Beni her zaman iyi bir ruh haline sokar.

Alex: (onaylayarak başını sallar) Ben de buna bayılıyorum! Ama ben tamamen "Kristal" ile ilgiliyim. Beni yaz yolculuklarına geri götürüyor.

Frank: Ah, yaz yolculukları. Bunlar en iyileriydi. Arkadaşlarımı her yere arabayla götürürdüm. Peki ya siz ikiniz? Herhangi bir yolculuk hikayesi var mı?

Mia: (sırıtarak) Geçen yaz sahile gittik ve albümlerini tekrar tekrar çaldık. Trafikte sıkışıp kaldığımızda çok komikti!

Alex: (gülüyor) Evet, sonunda arabada dans etmeye başladık! Çok şükür kimse izlemiyordu.

Frank: (kıkırdar) İşte ruh bu! Hayat bundan ibaret, değil mi? Her anı en iyi şekilde değerlendirmelisin.

Mia: Kesinlikle! Ayrıca, harika bir konsere kıyasla biraz trafik nedir ki?

Alex: (yumruk pompalar) Evet! Hangisinden bahsetmişken, zamanında başarabileceğimizi düşünüyor musunuz? Duyduğuma göre açılış gösterisi birazdan başlıyormuş.

Frank: (kaşlarını kaldırarak) Merak etme, bir kısayol biliyorum. Kemerlerinizi bağlayın, başaracağız!

Mia: (heyecanla Alex'e fısıldıyor) Kendine güvenen bir taksi şoförünü seviyorum!

Alex: (sırıtarak) Evet, umarız bunu Hızlı ve Öfkeli finaline dönüştürmez.

Frank: (sırıtarak) Şimdi bu bir şey olurdu! Sadece o enerjiyi konser için saklayın. Eminim bir patlama olacak.

Mia: (öne eğilerek) İnan bana, olacak! Konserlerdeki atmosfer rakipsizdir.

Alex: (telefonuna uzanarak) Çalma listemi hazırladım! Konser öncesi bir jam yapalım.

Frank: (gülüyor) Beni fazla heyecanlandırma, yoksa şarkı söylemeye başlayabilirim!

Mia: (ellerini çırparak) Evet! Bu şimdiye kadarki en iyi taksi yolculuğu olurdu!

Alex: (gülümseyerek) Park edene kadar bekle. O zaman hep birlikte kemer takacağız!

(Konser alanına yaklaştıkça taksi hızlanıyor, üçlü geceyi hayal ederken havayı kahkahalar dolduruyor.)

Grocery

Bakkal

1- Grocer's Charm

A cozy small grocery store filled with fresh produce, locally sourced goods, and the warm aroma of baked bread.

- **Maggie**, the friendly store owner in her 50s
- **Tom**, a regular customer in his 30s, looking for ingredients for dinner

[Scene opens with Tom entering the store. The bell jingles as he pushes open the door.]

Maggie: (cheerful) Morning, Tom! How's it going today?

Tom: (smiling) Morning, Maggie! Just the usual—need to whip up something nice for dinner tonight. Got any ideas?

Maggie: (thoughtful) Well, we just got in some beautiful tomatoes and basil from the farmers' market. How about a fresh caprese salad?

Tom: (nodding) Ooh, that sounds delicious! I could use some mozzarella too.

[Maggie gestures to the cheese section.]

Maggie: Right over there! You won't find anything fresher than that! How about some crusty bread to go with it?

Tom: (walking over) You're reading my mind! The bread always smells incredible from your bakery section.

Maggie: (grinning) I'll take that as a compliment! We baked a new batch just this morning.

Tom: (picking up a loaf) This one looks perfect! Do you have any olives or something to add a bit of a kick?

Maggie: (pointing) Absolutely! We've got some garlic-stuffed olives on the shelf. They'll add a nice twist to the salad.

Tom: (enthusiastically) Great idea! I'll take a jar of those too.

[Maggie starts to bag up Tom's items as they chat.]

Maggie: So, any plans for the weekend?

Tom: Just a little get-together with friends. Thought I'd impress them with my culinary skills.

Maggie: (playfully) You, impressing your friends? I'm starting to think I should charge you a commission!

Tom: (laughs) If only grocery shopping could earn me fame! I'd be rich!

Maggie: (smirking) Well, at least you'll be well-fed.

Tom: (taking his bag) Thanks, Maggie! You always make grocery shopping a delight!

Maggie: (beaming) Anytime, Tom! Don't forget to bring me a taste test next time!

Tom: (waving) You got it! See you later!

[**Tom walks out, the bell jingling again. Maggie smiles as she arranges some produce on the shelf.**]

[**Scene ends with the warm ambiance of the little grocery store continuing, filled with the sounds of customers and the scent of fresh goods.**]

1- Bakkalın Cazibesi

Taze ürünler, yerel kaynaklı ürünler ve pişmiş ekmeğin sıcak aromasıyla dolu şirin küçük bir bakkal.

- **Maggie**, 50'li yaşlarında dost canlısı mağaza sahibi
- 30'lu yaşlarında düzenli bir müşteri olan Tom, akşam yemeği için malzeme arıyor

[Sahne Tom'un mağazaya girmesiyle başlar. Kapıyı iterek açarken zil çalıyor.]

Maggie: (neşeli) Günaydın Tom! Bugün nasıl gidiyor?

Tom: (gülümseyerek) Günaydın Maggie! Her zamanki gibi - bu akşam akşam yemeği için güzel bir şeyler hazırlamanız gerekiyor. Herhangi bir fikriniz var mı?

Maggie: (düşünceli) Çiftçi pazarından çok güzel domatesler ve fesleğenler aldık. Taze caprese salatasına ne dersiniz?

Tom: (başını sallayarak) Ooh, kulağa lezzetli geliyor! Ben de biraz mozzarella kullanabilirim.

[Maggie peynir bölümünü işaret ediyor.]

Maggie: Tam orada! Bundan daha taze bir şey bulamazsınız! Yanına biraz çıtır çıtır ekmeğe ne dersiniz?

Tom: (yürürken) Aklımı okuyorsun! Ekmek her zaman fırın bölümünüzden inanılmaz kokuyor.

Maggie: (sırıtarak) Bunu bir iltifat olarak kabul edeceğim! Daha bu sabah yeni bir parti pişirdik.

Tom: (bir somun alarak) Bu mükemmel görünüyor! Biraz tekme katmak için zeytin ya da başka bir şeyiniz var mı?

Maggie: (işaret ederek) Kesinlikle! Rafta biraz sarımsak dolgulu zeytin var. Salataya güzel bir dokunuş katacaklar.

Tom: (coşkuyla) Harika fikir! Ben de onlardan bir kavanoz alacağım.

[**Maggie, sohbet ederken Tom'un eşyalarını toplamaya başlar.**]

Maggie: Peki, hafta sonu için bir planın var mı?

Tom: Arkadaşlarla küçük bir buluşma. Mutfak becerilerimle onları etkileyeceğimi düşündüm.

Maggie: (şakacı bir şekilde) Sen, arkadaşlarını mı etkiliyorsun? Senden bir komisyon almam gerektiğini düşünmeye başlıyorum!

Tom: (gülüyor) Keşke market alışverişi bana ün kazandırabilseydi! Zengin olurdum!

Maggie: (sırıtarak) En azından iyi beslenmiş olacaksın.

Tom: (çantasını alarak) Teşekkürler Maggie! Market alışverişini her zaman bir zevk haline getirirsiniz!

Maggie: (gülümseyerek) Her zaman, Tom! Bir dahaki sefere bana bir tat testi getirmeyi unutma!

Tom: (el sallayarak) Anladın! Sonra görüşürüz!

[**Tom dışarı çıkıyor, zil tekrar çınlıyor. Maggie gülümseyerek bazı ürünleri rafa diziyor.**]

[**Sahne, küçük bakkalın sıcak ambiyansının devam etmesiyle, müşterilerin sesleri ve taze ürünlerin kokusuyla dolmasıyla sona erer.**]

2- Alice

A small, cozy grocery store with bright lights and a friendly atmosphere. The scent of fresh produce fills the air. Two customers, Alice and Ben, are at the checkout counter, chatting with Lisa, the store clerk.

Alice: (holding a bag of oranges) Wow, these oranges look amazing! Do they taste as good as they look?

Lisa: (smiling) Absolutely! They're freshly delivered from the local farm this morning. Sweet and juicy—I'm sure you'll love them.

Ben: (picking up a loaf of bread) And you can't go wrong with this bread. My favorite here is the whole grain. It's perfect for sandwiches.

Alice: (nodding) Oh, I love that one! Are you trying to make a gourmet sandwich again, Ben?

Ben: (grinning) You know me too well. I'm thinking avocado, turkey, and a sprinkle of feta. What do you think?

Lisa: (chuckling) That sounds delicious! You've got to let me know how it turns out.

Alice: (leaning in) Speaking of food, have you guys tried the new pasta sauce they have in aisle three? It's homemade!

Ben: (raising an eyebrow) No, I haven't. Is it worth it?

Alice: Definitely! It has this rich flavor, and it's perfect for a quick dinner. I paired it with some of that organic penne.

Lisa: (nodding in agreement) We can't keep it on the shelves! It's so popular. I think I'll grab a jar for my dinner tonight too.

Ben: (looks at Alice) Looks like we all have dinner plans. Let's do a recipe exchange next time!

Alice: (laughing) You're on! Just don't judge my cooking skills... they might need some work.

Lisa: (ringing up their items) Don't worry, as long as it's made with love, it'll be great!

Ben: (paying) Well, if love doesn't work out, at least we have this wonderful grocery store to save us.

Alice: (grabbing her bags) Agreed! It's like a little slice of home here. Thanks, Lisa!

Lisa: (waving) Anytime! Have a great evening and enjoy your dinners!

(They exit the store, chatting and laughing as they head to their cars.)

2- Alice

Parlak ışıkları ve samimi bir atmosferi olan küçük, şirin bir bakkal. Taze ürünlerin kokusu havayı doldurur. İki müşteri, Alice ve Ben, kasada mağaza görevlisi Lisa ile sohbet ediyorlar.

Alice: (elinde bir torba portakal tutarak) Vay canına, bu portakallar harika görünüyor! Tadı da göründükleri kadar güzel mi?

Lisa: (gülümseyerek) Kesinlikle! Bu sabah yerel çiftlikten taze olarak teslim edildiler. Tatlı ve sulu - eminim onları seveceksiniz.

Ben: (bir somun ekmek alarak) Ve bu ekmekle yanlış yapamazsın. Buradaki favorim tam tahıl. Sandviçler için mükemmeldir.

Alice: (başını sallayarak) Oh, buna bayılıyorum! Yine gurme sandviç yapmaya mı çalışıyorsun Ben?

Ben: (sırıtarak) Beni çok iyi tanıyorsun. Avokado, hindi ve bir tutam beyaz peynir düşünüyorum. Ne düşünüyorsun?

Lisa: (kıkırdar) Kulağa lezzetli geliyor! Nasıl sonuçlandığını bana bildirmelisin.

Alice: (eğilerek) Yemekten bahsetmişken, üçüncü koridordaki yeni makarna sosunu denediniz mi? Ev yapımı!

Ben: (bir kaşını kaldırarak) Hayır, yapmadım. Buna değer mi?

Alice: Kesinlikle! Bu zengin tada sahiptir ve hızlı bir akşam yemeği için mükemmeldir. Onu o organik penne'nin bir kısmıyla eşleştirdim.

Lisa: (onaylayarak başını sallayarak) Onu raflarda tutamayız! Çok popüler. Sanırım bu akşamki akşam yemeğim için de bir kavanoz alacağım.

Ben: (Alice'e bakar) Görünüşe göre hepimizin akşam yemeği planları var. Bir dahaki sefere tarif değişimi yapalım!

Alice: (gülüyor) Başladı! Sadece yemek pişirme becerilerimi yargılamayın... Biraz çalışmaya ihtiyaçları olabilir.

Lisa: (eşyalarını çalarak) Merak etme, sevgiyle yapıldığı sürece harika olacak!

Ben: (ödeme yapıyor) Eğer aşk işe yaramazsa, en azından bizi kurtaracak harika bir marketimiz var.

Alice: (çantalarını tutarak) Kabul ettim! Burası evden küçük bir dilim gibi. Teşekkürler Lisa!

Lisa: (el sallayarak) Her zaman! Harika bir akşam geçirin ve akşam yemeklerinizin tadını çıkarın!

(Mağazadan çıkıyorlar, arabalarına giderken sohbet ediyorlar ve gülüyorlar.)

3- Perfect

A small, cozy grocery store on a sunny afternoon. The bell on the door jingles as a customer, Sarah, enters. She heads straight to the produce section, where she meets Tom, the friendly store owner.

Sarah: (picking up an apple) Hey Tom! These apples look great today. Are they fresh?

Tom: (smiling) Absolutely, Sarah! Just arrived this morning from the local orchard. I even hand-picked a few myself.

Sarah: (laughs) I knew there was something special about them. I love supporting local farms. Do you have any new products in stock?

Tom: Yes! I just got a shipment of homemade granola and some artisanal jams. You should try the raspberry one; it's a customer favorite.

Sarah: (intrigued) That sounds delicious! I'll definitely check that out. Oh, do you have any fresh herbs? I need some for a recipe.

Tom: Right over here! (gestures to a small section) We've got basil, cilantro, and even some fresh parsley.

Sarah: (sniffing the basil) Mmm, that smells amazing. I'll take a bunch of each, please.

Tom: Sure thing! (begins to gather the herbs) What are you cooking up?

Sarah: A homemade pesto for pasta night. I want to impress my friends!

Tom: (grinning) Sounds like a feast! You can't go wrong with fresh ingredients. Do you need anything else? We've got some wonderful cheeses if you're interested.

Sarah: Oh, I could definitely use some cheese! What do you recommend?

Tom: The aged cheddar pairs perfectly with the granola and is excellent on pasta.

Sarah: Perfect! I'll take a small block of that, too.

Tom: (wrapping the cheese) You've got a good taste, Sarah. You'll have to let me know how it all turns out.

Sarah: I will! (grabs her phone out) By the way, could you give me the name of that jam again? I'd love to get it for a quick breakfast.

Tom: Sure, it's the raspberry preserve from the Green Valley homestead. You won't regret it.

Sarah: (typing) Great, thanks! I really appreciate you always having such quality goods here.

Tom: (smiling warmly) It's my pleasure! It's all about keeping the community happy and well-fed.

Sarah: Well, I'll definitely be back soon! Thanks for your help, Tom!

Tom: Anytime, Sarah! Enjoy your cooking and have a lovely day!

Sarah: You too! (waves goodbye as she heads to the checkout)

3- Mükemmel

Güneşli bir öğleden sonra küçük, şirin bir bakkal. Kapının zili şıngırdıyor ve müşteri Sarah içeri giriyor. Doğruca ürün bölümüne gider ve burada dost canlısı mağaza sahibi Tom ile tanışır.

Sarah: (bir elma alarak) Hey Tom! Bu elmalar bugün harika görünüyor. Onlar taze mi?

Tom: (gülümseyerek) Kesinlikle, Sarah! Bu sabah yerel meyve bahçesinden yeni geldim. Hatta birkaçını kendim seçtim.

Sarah: (gülüyor) Onlarda özel bir şey olduğunu biliyordum. Yerel çiftlikleri desteklemeyi seviyorum. Stokta yeni ürünleriniz var mı?

Tom: Evet! Az önce ev yapımı granola ve bazı el yapımı reçellerden oluşan bir sevkiyat aldım. Ahududulu olanı denemelisin; Müşterilerin favorisidir.

Sarah: (merak uyandırarak) Kulağa lezzetli geliyor! Bunu kesinlikle kontrol edeceğim. Oh, hiç taze otun var mı? Bir tarif için biraz ihtiyacım var.

Tom: Tam burada! (küçük bir bölüme el kol hareketleri) Fesleğen, kişniş ve hatta biraz taze maydanozumuz var.

Sarah: (fesleğeni koklayarak) Mmm, harika kokuyor. Her birinden bir demet alacağım lütfen.

Tom: Tabii ki! (otları toplamaya başlar) Ne pişiriyorsun?

Sarah: Makarna gecesi için ev yapımı bir pesto. Arkadaşlarımı etkilemek istiyorum!

Tom: (sırıtarak) Kulağa bir şölen gibi geliyor! Taze malzemelerle yanlış gidemezsiniz. Başka bir şeye ihtiyacın var mı? İlgileniyorsanız harika peynirlerimiz var.

Sarah: Oh, kesinlikle biraz peynir kullanabilirim! Ne önerirsiniz?

Tom: Eski kaşar peyniri, granola ile mükemmel uyum sağlar ve makarnada mükemmeldir.

Sarah: Mükemmel! Ben de bunun küçük bir bloğunu alacağım.

Tom: (peyniri sararak) İyi bir zevkin var, Sarah. Her şeyin nasıl sonuçlandığını bana bildirmen gerekecek.

Sarah: Yapacağım! (telefonunu çıkarır) Bu arada, bana o reçelin adını tekrar verebilir misiniz? Hızlı bir kahvaltı için almayı çok isterim.

Tom: Tabii, Green Valley çiftliğinden ahududu koruma alanı. Pişman olmayacaksın.

Sarah: (yazarak) Harika, teşekkürler! Burada her zaman bu kadar kaliteli mallara sahip olduğunuz için gerçekten minnettarım.

Tom: (sıcak bir şekilde gülümseyerek) Bu benim için zevk! Her şey toplumu mutlu etmek ve iyi beslenmekle ilgili.

Sarah: Eh, kesinlikle yakında döneceğim! Yardımın için teşekkürler Tom!

Tom: Anytime, Sarah! Enjoy your cooking and have a lovely day!

Sarah: You too! (waves goodbye as she heads to the checkout)

Son diyaloglar sadece İngilizce olarak verilmiştir. Okuduğunuz zaman anladığınızı ve kitabın fark yarattığını anlayacaksınız.

4- MRS. JONES

A small, cozy grocery store. The smell of fresh produce fills the air. A friendly cashier, SAM, is ringing up a customer, MRS. JONES, an elderly woman with a warm smile.

MRS. JONES: (holding a bag of apples) These red delicious look fantastic today, Sam! You always have the best produce.

SAM: (grinning) Thanks, Mrs. Jones! We get our deliveries fresh every morning. Those apples are a favorite for pies, I hear.

MRS. JONES: Oh, I'm not making pies today. Just some good old-fashioned apple slices for my grandkids. They love them!

SAM: You can't go wrong with that! Are they coming over this weekend?

MRS. JONES: Yes! I'm so excited. We're going to have a little cookout in the backyard. I've got the hotdogs, and I figured I'd make my famous potato salad to go with it.

SAM: That sounds delicious! You've got the secret ingredient for that potato salad, don't you?

MRS. JONES: (winks) Just a pinch of love and a sprinkle of dill. A family recipe, you know!

SAM: (laughs) I think I need to get that recipe one of these days!

MRS. JONES: I'll write it down for you next time. Oh, and don't forget to remind me to grab some of your homemade cookies from the bakery section!

SAM: Absolutely! They just came out of the oven. I'll add a couple of those to your order.

MRS. JONES: You're a gem, Sam! How's your mom doing, by the way?

SAM: She's doing better, thanks for asking! She's starting her garden again this spring. Looking forward to fresh veggies from her own backyard!

MRS. JONES: That's wonderful! Nothing tastes better than homegrown. I remember when my husband used to tend the garden. He was so proud of his tomatoes!

SAM: (smiling) I bet they were great! There's something special about growing your own food.

MRS. JONES: (nodding) Indeed! Speaking of which, do you have any herbs in stock?

SAM: Right by the entrance—fresh basil, parsley, and even some thyme!

MRS. JONES: I'll grab some basil for my pasta dish as well.

SAM: Perfect! Any other plans for the cookout?

MRS. JONES: Just spending time with family, playing some games, and telling stories. You know how it is!

SAM: Sounds like a lovely time. Family and food, two of the best things in life!

MRS. JONES: (smiling brightly) You said it, dear!

(Sam finishes ringing up her items.)

SAM: All done! That'll be $25.50, please.

MRS. JONES: (handing over cash) Here you go. Thank you for always being so helpful!

SAM: It's my pleasure, Mrs. Jones! Enjoy your weekend with the grandkids!

MRS. JONES: (waving as she leaves) You too, Sam! Don't forget to come over for those cookies!

(Scene fades as MRS. JONES exits the grocery, and SAM greets the next customer with a friendly smile.)

Discussing movie

1- Movie Magic

A cozy coffee shop, two friends, Alex and Jamie, are sitting at a small table with steaming mugs in front of them.

Alex: (sipping coffee) So, did you get a chance to watch "The Last Horizon" yet?

Jamie: (leaning in, excited) Oh my gosh, yes! I finally did! What did you think of it?

Alex: I loved it! The cinematography was breathtaking. Those sweeping shots of the mountains made me want to pack my bags and go hiking immediately.

Jamie: I know, right? And the score! The music during the climactic scenes gave me goosebumps. It really elevated the entire movie.

Alex: Totally! And the way they developed the characters—I felt so attached to Mia. Her struggle felt so real.

Jamie: I agree. I was on the edge of my seat when she faced that tough decision at the halfway mark. It was like, "What would I do in her shoes?"

Alex: Exactly! And I loved how they explored the theme of friendship. The bond between Mia and Liam was so authentic. It reminded me of us!

Jamie: (laughs) Me too! I mean, how they supported each other was just like our hiking trips. Always there to push one another to keep going!

Alex: Right? And the ending... wow. I won't spoil it for anyone who hasn't seen it yet, but it really left me thinking. Did you expect that twist?

Jamie: Not at all! I was seriously shocked. I thought everything was going to turn out perfectly. What a rollercoaster!

Alex: That's what makes a good movie, though—when it surprises you like that. Did you have a favorite scene?

Jamie: Hmm... I think the scene where they finally reached the summit together. It was just so beautifully shot and the emotion was palpable. It made all the struggles worthwhile.

Alex: I felt that too! I loved how they captured the sunrise. It felt like a metaphor for hope and new beginnings.

Jamie: Ugh, I want to watch it again! Let's plan a movie night soon and do a double feature. "The Last Horizon" followed by something totally different to lighten the mood.

Alex: That sounds perfect! I'm in. We could pair it with a classic comedy—something like "Ferris Bueller's Day Off"?

Jamie: Yes! A classic! It's always a mood booster. Let's do it!

Alex: It's a date! (grins) Can't wait to relive that emotional ride with some laughs afterwards!

[The two continue discussing their favorite films, laughter and enthusiasm filling the air.]

2- Movie Night

- Alex: A movie buff
- Jamie: Casual moviegoer

Setting: A cozy living room, snacks piled on the coffee table, a movie playing in the background.

Alex: (pausing the movie) Wait, did you just see that twist? I did not see it coming!

Jamie: (grabbing a handful of popcorn) Honestly, I was half expecting it. The way they set up the character motives felt a bit too obvious to me.

Alex: Really? I thought they played with the audience's expectations. That's what made it so thrilling!

Jamie: I see your point, but sometimes a twist can feel forced. I prefer the ones that you can look back on and think, "Oh, that makes total sense!"

Alex: That's fair. Speaking of twists, remember last week's movie? The one with the mind-bending plot?

Jamie: Oh yeah! *"Mind's Labyrinth,"* right? That was a wild ride. I had to take breaks just to keep track of everything!

Alex: Exactly! It was like a puzzle. I loved how it kept you guessing. The visuals were stunning, too. Did you see how they portrayed reality versus imagination?

Jamie: Absolutely! It made you feel almost nauseous in a good way—like you were experiencing the confusion the characters were feeling. But I have to admit, it got a bit convoluted towards the end.

Alex: True, the ending had a few loose ends, but I think it elevated the mystery. It's one of those films that begs for a second viewing.

Jamie: Definitely! I think I might catch it again just to see what I missed. What else have you watched recently?

Alex: I just saw *"Silent Echoes."* It's a drama about loss and healing. Totally different vibe from the last two we watched, but it's beautifully done.

Jamie: I've heard of that one! I love a good emotional story, but I tend to steer clear of films that are too heavy. Did it have a good balance?

Alex: Yes, it had its heavy moments, but there were also instances of lightness—like the interactions between the characters. It reminded me that life is about those little happy moments, even amidst the sorrow.

Jamie: Sounds like a perfect balance! I should add it to my watchlist. We definitely need to have more movie nights like this.

Alex: Agreed! And next time, I'll make sure to pick something that's both entertaining and thought-provoking.

Jamie: (smiling) Just promise me no more psychological thrillers for a while. I need a break from all the suspense!

Alex: Deal! Let's get back to this one; I can't wait to see what happens next!

(They settle in, the movie resumes, and the room fills with laughter and gasps as the plot unfolds.)

Feel free to adjust the context or characters if you have something specific in mind!

3- Alex's living room

Alex: So, what did you think of "The Grand Adventure"?

Jamie: Honestly, I thought it was a lot of fun! The action scenes were intense! What about you?

Alex: I enjoyed it, but I think it leaned a bit heavily on CGI. It felt less like a real adventure and more like a video game sometimes.

Jamie: That's a fair point. But I always look for movies that make me feel excited and that one definitely delivered! The chase scene through the city was incredible!

Alex: True, that was well done. The pacing was great, too. But the character development felt a bit shallow to me. I didn't really connect with the protagonist.

Jamie: I can see that. I think they tried to pack too much story into it. But it's a blockbuster; sometimes, you have to prioritize those big moments over deep storytelling.

Alex: Exactly. I just wish they'd spent some time giving the characters more background. It could have made those big twists more impactful.

Jamie: Agreed! Though, I guess for me, it was more about the visuals and the thrill than the characters. What did you think of the soundtrack?

Alex: That, I loved! The score really elevated the action. It reminded me of those classic adventure films where the music was almost a character itself.

Jamie: Totally! It added to the excitement. Maybe that's what keeps me coming back to these kinds of movies. They're a blast, even if they aren't perfect.

Alex: That's a good perspective! I appreciate the escapism, too. So, what's next on our movie list?

Jamie: How about that indie film everyone's been talking about? I heard it's got a lot of heart!

Alex: Sounds great! I'm all in for some character-driven stories next.

Jamie: Awesome! Let's plan on it for next week.

Alex: Perfect. I'll bring the popcorn!

4- Great idea

Sure! Here's a dialogue between two friends, Alex and Jamie, discussing a recent movie they've seen:

Alex: Hey Jamie, did you catch that new sci-fi movie last night?

Jamie: Yes! I just finished watching it. What did you think about it?

Alex: I loved it! The visuals were stunning, especially the scenes with the alien landscapes. What stood out to you?

Jamie: I agree, the cinematography was breathtaking. But I was really invested in the plot. The twist at the end took me completely by surprise!

Alex: Right? I never saw that coming! I thought it was just going to be a standard alien invasion story, but then it turned into something much deeper.

Jamie: Exactly! And the character development was fantastic. I felt so connected to the protagonist.

Alex: Same here! The way they dealt with loss really added layers to the story. It made the whole experience more emotional.

Jamie: For sure. I also appreciated how they tackled themes of trust and betrayal. It made it more relatable, even though it's set in space.

Alex: That's true! And the soundtrack... wow, it really set the mood. I can't get that main theme out of my head.

Jamie: I know! I was humming it all the way home. It added so much to the atmosphere.

Alex: Do you think there's going to be a sequel, given how it ended?

Jamie: I wouldn't be surprised. There's definitely room for more exploration of that universe. Plus, I'd love to see what happens next!

Alex: Same! Let's keep an eye out for news about it. I'd love to see it together again.

Jamie: Absolutely! There's so much to discuss. We could do a movie night and dive deeper into all the theories.

Alex: Great idea! I'll bring the popcorn.

Jamie: Perfect! I'll bring my favorite snacks. Can't wait!

Feel free to let me know if you want to modify any part or create a different scenario!

English Stories Turkish

İngilizce Hikayeler "Dil becerilerinizi geliştirmek için tasarlanmış, özenle seçilmiş İngilizce hikayeler koleksiyonumuzu keşfedin! Başlangıç seviyesinden ileri seviyeye kadar çeşitli seviyelere hitap eden bu ilgi çekici hikayeler, kelime dağarcığınızı, anlayışınızı ve akıcılığınızı geliştirmek için keyifli bir yol sunuyor. Büyüleyici hikayelere dalın ve İngilizce yeterliliğinizin nasıl yükseldiğini görün!" Her yaştan insan için mükemmel olan bu kitap, ilgi çekici anlatıları ile dilde akıcılığa giden yolculuğu keyifli ve etkili hale getiriyor. Anlama ve konuşma becerilerinizi geliştirirken eğlenceli vakit geçirin!" "İlginç hikayeler ile İngilizce öğrenmenin keyfini çıkarın! Hikaye anlatma sanatının tadını çıkarırken kelime dağarcığınızı, anlama yeteneğinizi ve dil becerilerinizi geliştiren ilgi çekici hikayelere dalın. Okumanın İngilizcede ustalaşmayı nasıl heyecan verici bir maceraya dönüştürebileceğini keşfedin!"

İngilizce Satır Araları 65

Yeni bir dil öğrenmek hem heyecan verici hem de zorlayıcı olabilir. Dil becerilerini geliştirmenin en etkili yolları; öğrenmeye çalıştığınız dilde hikayeler okuyarak kelime haznenizi geliştirmektir ve günlük yaşamda karşımıza çıkan diyaloglar ile ilgili alıştırma yapmaktır. Bu sebepten ötürü sizler için A1-A2 / B1-B2 seviyesinde kolayca kullanabileceğiniz diyaloglar ve kelime haznenizi geliştirebileceğiniz hikayeler aynı kitapta sizlere sunuldu. A1 seviyesinden başlayarak ileri seviyelere kadar giden çeşitli hikayeler sizlere eğlenerek öğrenme fırsatı sunuyor. Çocuk, genç ve yetişkin insanların sıkılmadan basit bir şekilde okuyabileceği farklı hikaye türlerinde hazırlanan hikayeler sizlerin daha kısa sürede daha fazla şey öğrenmenizi hedefliyor. Kısa ve anlaşılır olarak hazırlanan hikayeler; okuması kolay, eğlenceli ve her hikayenin sonunda hikayeden alınan ders bölümü ile okuduğunuz hikayeye daha iyi hakim olmanızı kolaylaştırıyor. Zaman zaman dil öğrenmek ile ilgili tavsiyeleri de bulabiliyor olmanız sizlere bir hikaye kitabından fazlasını sunuyor.

Don't miss out!

Visit the website below and you can sign up to receive emails whenever cemal yazıcı publishes a new book. There's no charge and no obligation.

https://books2read.com/r/B-A-XLDEB-IHZZE

BOOKS 2 READ

Connecting independent readers to independent writers.

Also by cemal yazıcı

About the Author

Cemal Yazıcı wrote the novels Rocky Stone, Murder in the Forest, Big Bang.. New York, London ; created destination magazines such as Cappadocia

Milton Keynes UK
Ingram Content Group UK Ltd.
UKHW030852270924
448944UK00001B/47

9 798227 637048